Ralf Zoll (Hrsg.)

Gesellschaft in literarischen Texten

Ralf Zoll (Hrsg.)

Gesellschaft in literarischen Texten

Ein Lese- und Arbeitsbuch

Band 1: Raum und Zeit, soziale Ungleichheit, demografische und biologische Aspekte

VS VERLAG FÜR SOZIALWISSENSCHAFTEN

Bibliografische Information Der Deutschen Bibliothek
Die Deutsche Bibliothek verzeichnet diese Publikation in der Deutschen Nationalbibliografie;
detaillierte bibliografische Daten sind im Internet über <http://dnb.ddb.de> abrufbar.

1. Auflage Oktober 2005

Alle Rechte vorbehalten
© VS Verlag für Sozialwissenschaften/GWV Fachverlage GmbH, Wiesbaden 2005

Der VS Verlag für Sozialwissenschaften ist ein Unternehmen von Springer Science+Business Media.
www.vs-verlag.de

Das Werk einschließlich aller seiner Teile ist urheberrechtlich geschützt. Jede Verwertung außerhalb der engen Grenzen des Urheberrechtsgesetzes ist ohne Zustimmung des Verlags unzulässig und strafbar. Das gilt insbesondere für Vervielfältigungen, Übersetzungen, Mikroverfilmungen und die Einspeicherung und Verarbeitung in elektronischen Systemen.

Die Wiedergabe von Gebrauchsnamen, Handelsnamen, Warenbezeichnungen usw. in diesem Werk berechtigt auch ohne besondere Kennzeichnung nicht zu der Annahme, dass solche Namen im Sinne der Warenzeichen- und Markenschutz-Gesetzgebung als frei zu betrachten wären und daher von jedermann benutzt werden dürften.

Umschlaggestaltung: KünkelLopka Medienentwicklung, Heidelberg
Satz: Beate Glaubitz, Redaktion und Satz, Leverkusen
Druck und buchbinderische Verarbeitung: MercedesDruck, Berlin
Gedruckt auf säurefreiem und chlorfrei gebleichtem Papier
Printed in Germany

ISBN 3-8100-3745-1

Inhalt

Vorwort 9

1. Raum
Eingeleitet von Gabriele Sturm:
Raum erschreiben – Darstellung und Interpretation
gesellschaftlicher Räume in literarischen Texten 15

mit Texten von:

Brigitte Wormbs: Vorort 7 Uhr 33

Marcel Proust: Auf der Suche nach der verlorenen Zeit. In Swanns Welt . 35

Nazim Hikmet: Eine Reise ohne Rückkehr 39

    Wäre ich eine Platane 39

    Sie nahmen uns gefangen 39

    In Prag 40

Jack Kerouac: Unterwegs 41

Robert Musil: Die Amsel 44

Umberto Eco: Grundzüge einer Stadtpsychologie: Dresden 46

Joseph Roth: Berliner Norden 49

Stanislaw Lem: Der futurologische Kongreß 52

Rita Mae Brown: Goldene Zeiten 58

Erich Kästner: Sozusagen in der Fremde 62

Gottfried Benn: Das Plakat 64

Rainer Maria Rilke: Das Buch von der Armut und vom Tode ... 66

Adalbert von Chamisso: Reise um die Welt 69

Johannes Gaitanides: Die Insel zwischen Paradies und Purgatorium 72

Iso Camartin: Über Grenzen 76

Johann Wolfgang von Goethe: Italienische Reise 80

Ben Hecht: 1001 Nachmittage in New York 84

    A la troisième Avenue 85

    Auf dem Weg nach Hause 87

Volker Braun: Bodenloser Satz 89

Franz Michael Felder: Aus meinem Leben 92

Christiane Rochefort: Frühling für Anfänger 96

John Ernst Steinbeck: Jenseits von Eden 99

Detlev Freiherr von Liliencron: Auf einem Bahnhof 102

Günter Grass: Ein weites Feld 104

Kurt Tucholsky: Augen in der Großstadt 107

Christine Brückner: Letztes Jahr auf Ischia 109

2. Zeit
Eingeleitet von Hartmut Lüdtke
Die Zeit, eine paradoxe Dimension des Handelns und der sozialen Ordnung in wissenschaftlicher und literarischer Aneignung 115

mit Texten von:

Marjorie Shostak: Nisa erzählt 130

Umberto Eco: Wie man die Uhrzeit nicht weiß 134

    Die achtziger Jahre waren grandios 136

    Wie man seine Zeit nutzt 138

Carl Zuckmayer: Der Seelenbräu 141

Robert Musil: Das verzauberte Haus 143

Thomas Mann: Der Zauberberg 145

Lü Bu We: Frühling und Herbst des Lü Bu We 158
Heinrich Droege: Da bleibst du auf der Strecke. Alle haben Schiß 161
Karl Martell: Der Zweikampf 165
Martin Walser: Ein springender Brunnen 167
Marcel Proust: Auf der Suche nach der verlorenen Zeit. In Swanns Welt . 170
Michael Ende: Momo 172
Stefan Zweig: Unvermutete Bekanntschaft mit einem Handwerk 179
Heinrich Böll: Anekdote zur Senkung der Arbeitsmoral 182
William Faulkner: Wilde Palmen 185

3. Soziale Ungleichheit, soziale Integration,
   sozialer Ausschluss
   Eingeleitet von Thorsten Bonacker
   Soziale Integration, soziale Ungleichheit und sozialer
   Ausschluss. Dimensionen sozialer Differenzierung.............. 193

mit Texten von:

Leo Tolstoi: Anna Karenina 213
Johann Wolfgang von Goethe: Die Leiden des jungen Werther 217
Frank McCourt: Die Asche meiner Mutter 220
Joachim Nowotny: Der glückselige Stragula 224
Franz Werfel: Eine blaßblaue Frauenschrift 229
Manfred Bieler: Maria Morzeck oder Das Kaninchen bin ich 233
Max Frisch: Andorra 236
Wilhelm Raabe: Der Hungerpastor 241
Christa Wolf: Kindheitsmuster 244
Anna Wimschneider: Herbstmilch 250
Wolfgang Koeppen: Tauben im Gras 253
Doris Lessing: England gegen England 256

Alejo Carpentier: Le sacre du printemps 268

Vicki Baum: Der Weg 271

Barbara Frischmuth: Unzeit 274

Hans-Christian Kirsch: Verbrennung einer spanischen Witwe 282

Robert Schneider: Dreck 285

Juan Goytisolo: Johann ohne Land 289

4. Biologische/demographische Aspekte
Eingeleitet von Andreas Nebelung
Zwischen Leben und Tod
Leibliche Erfahrungen, ihre kulturelle Einrichtung
und moderne Normierung 295

mit Texten von:

Aldous Huxley: Schöne neue Welt 311

Mercé Rodoreda: Auf der Plaça del Diamant 319

Wilhelm Raabe: Der Hungerpastor 322

Franz Xaver Kroetz: Oberösterreich 325

Ulla Berkéwicz: Das Geheimnis von Fräulein Doktor Faußt 340

Anna Wimschneider: Herbstmilch 343

Frank McCourt: Die Asche meiner Mutter 345

Gerd Brantenberg: In alle Winde 347

Kenzaburo Oe: Eine persönliche Erfahrung 353

Christopher Davis: Philadelphia 357

Cordula Zickgraf: Ich lerne leben, weil Du sterben mußt 361

Eva Demski: Scheintot 367

Hugo von Hofmannsthal: Jedermann 373

Glossar 379

Verzeichnis der Mitarbeiter 384

Vorwort

Die Idee zur vorliegenden Arbeit ist über dreißig Jahre alt. Sie gründet auf der Beobachtung, die Andreas Dörner und Ludgera Vogt (Literatursoziologie, Opladen 1994, S. 8) so zusammengefasst haben: „... viele soziale oder politische Grundkonstellationen sind tatsächlich in der Literatur derart gut auf den Punkt gebracht, dass kein Einführungsbuch so anschaulich in das sozialwissenschaftliche Denken einführen könnte." Bei den ersten sporadischen Recherchen Anfang der 70er Jahre des vorigen Jahrhunderts stellte ich dann fest, dass auch andere etwa zur gleichen Zeit ähnliche Ideen gehabt hatten. Innerhalb von drei Jahren erschienen Coser: Sociology Through Literature (N.Y. 1972), Knuckman: The Mind's Eye-Readings in Sociology (Hinsdale 1973) und Milstead/Greenberg/Olander/Warrick: Sociology Through Science Fiction (N.Y. 1974). Durch diese Werke eher ermutigt, denn abgehalten, verhinderten allerdings die „hauptberuflichen" Belastungen lange Jahre eine systematische Beschäftigung mit dem Vorhaben. Erst Mitte der 80er Jahre griff ich die Idee wieder auf, um mich dann vor etwa acht Jahren intensiver mit der Realisierung zu befassen.

Das Ergebnis sind zwei Lese- und Arbeitsbücher, eine andere Art Einführung in das, was Gesellschaft charakterisiert. Es handelt sich also weder um eine literatursoziologische noch gar um eine literaturwissenschaftliche Arbeit, sondern um ein didaktisches Unterfangen, das sich in sehr bescheidenem Umfang literatursoziologischer und literaturwissenschaftlicher Erkenntnisse bedient.

Gut zwei Jahrzehnte habe ich, zu Beginn völlig unsystematisch, literarische Texte gesammelt, in denen meiner Ansicht nach soziale Strukturen und Prozesse deutlich aufscheinen. Diese Texte sind für mich nicht einfache Widerspiegelungen gesellschaftlicher Verhältnisse, sondern durch die vielfältigen Einflüsse vermittelt, denen die Produktion und Verbreitung von Literatur unterliegen. Texte stellen komplexe symbolische Gebilde dar.

Komplexität beinhaltet in diesem Zusammenhang auch die Ungleichzeitigkeiten und Widersprüche von Werk, Entstehungskontext, sozialer Herkunft von Autorin und Autor sowie der ideologischen Ausrichtung und Rezeption. Literatur repräsentiert soziale Situationen und Zusammenhänge, soziale und ideologische Milieus in ihren jeweils spezifischen Ausdrucks- und Redeformen. Texte enthalten Zeichen, Merkmale, Charakteristika, die eine Identifikation des sozialen Ortes der handelnden Figuren und ihrer Beziehungen erlauben.

Aus den vielen Möglichkeiten, sich mit literarischen Texten zu befassen, habe ich also eine begrenzte Perspektive ausgewählt: Ich suche nach sozialen Strukturen und Prozessen. Ein solches Vorhaben klingt einfacher als es dann tatsächlich ist. Zwar wird wohl kaum jemand behaupten, es gäbe „gesellschaftsfreie" Literatur. Viele Werke erschließen sich jedoch häufig erst nach langwieriger Beschäftigung mit Autorin oder Autor, den Zeitumständen etc., und zudem überwiegen in der Mehrzahl der Texte psychologische Komponenten. Demgemäss erwies sich die Suche nach sozialen Strukturen und Prozessen in der „schöngeistigen" Literatur als nur begrenzt ergiebig, zumal nicht ein ganzes Werk, sondern Textausschnitte benötigt wurden, wo auf relativ kleinem Raum entsprechende gesellschaftliche Phänomene repräsentiert sind. Hinzu kommt, dass es ab einer bestimmten Phase notwendig wurde, die Suche zu systematisieren. Dabei waren Gliederungsprinzipien verschiedener Einführungen in die Soziologie weniger praktikabel und zwar vor allem, weil viele Texte sich gegen eine weitergehende Differenzierung sperrten und die Absicht des Projektes ja darin bestand, in sozialwissenschaftliches Denken und nicht in die Soziologie einzuführen. Dafür schienen mir „gröbere" Betrachtungsperspektiven geeigneter zu sein. Letztlich entschied ich mich für eine Zweiteilung. Zum einen wählte ich Dimensionen mit gleichsam übergreifender querschnitthafter Relevanz wie „Raum", „Zeit", „Soziale Ungleichheit, soziale Integration und sozialer Ausschluss" (Band I). Zum anderen sollten wichtige gesellschaftliche Teilbereiche wie „Ökonomie", „Politik" und „Kultur" im soziologischen Sinne abgedeckt werden (Band II). Lange Zeit war ich unschlüssig, an welcher Stelle jene Aspekte wie Geburt und Tod, Sexualität, Krankheit, Behinderung oder Alter zur platzieren seien, Aspekte, denen sich die Soziologie nicht gerade mit besonderer Intensität widmet. Einerseits kann man im Sinne von Foucault den gesellschaftlichen Umgang mit den leiblichen Lebenserfahrungen als Biomacht definieren und als sozialen Teilbereich begreifen. Andererseits kommt diesen Aspekten ebenfalls querschnitthafte Relevanz zu, d.h. sie betreffen alle gesellschaftlichen Teilbereiche. Die Entscheidung fiel schließlich pragmatisch, durch eine Begrenzung der Seitenzahl, die der Verlag für beide Bände vornahm.

Die biologisch/demografischen Aspekte finden sich letztendlich in Band I. Die Begrenzung der Seitenzahl führte auch zu der Notwendigkeit, die Aufnahme schon ausgewählter Texte zu verringern. Dieses hatte vor allem Auswirkungen für Band I. Einige Texte finden sich jetzt nur noch als Verweis und sind damit nicht unmittelbar verfügbar. In den Einleitungen werden diese Texte allerdings so behandelt als wären sie abgedruckt. Weiterhin mussten auch die biographischen Angaben zu den Autorinnen und Autoren sowie die Inhaltsangaben zum berücksichtigten Werk kurz gehalten werden.

Die Bände sind wie folgt aufgebaut: Jedes Kapitel enthält eine Hinführung zum Thema und zu den ausgewählten Texten sowie eine kommentierte Bibliographie. Den Texten selbst steht eine Kurzbiographie der Autorin oder des Autors voran und, soweit es sich um Ausschnitte aus einem umfangreicheren Werk handelt, einige Angaben zu dessen Inhalt, die zum Verständnis des Ausschnittes erforderlich sind.

Das Problem, was als Literatur zu gelten habe, wurde pragmatisch gelöst. Neben unstrittiger Klassik orientiere ich mich weitgehend an den Kriterien des Literaturbetriebes, was Begrenzungen impliziert, die sich allerdings, wie ich hoffe, im Ergebnis nicht affirmativ auswirken. Im Zweifelsfalle war jedoch die „soziologische Qualität" des Textes und nicht der literarische Status von Werk oder Autor ausschlaggebend. Selbstverständlich bestimmen zudem die eigenen theoretischen Kenntnisse und Präferenzen sowie die eigene politische Orientierung die Aufnahme von Texten. „Gute" Texte sind in aller Regel vielschichtig und beinhalten häufig auch andere Dimensionen als diejenigen, die zur Auswahl geführt haben. So finden sich beispielsweise bei raumbezogenen Texten häufig auch Zeitbezüge und umgekehrt. Selbstverständlich hängt Textbetrachtung zudem von den theoretischen Entwicklungen ab, die die Soziologie in ihren Teilbereichen leistet. Für die Raumdimension hat das G. Sturm sehr gut nachweisen können.

Bei wenigen Texten mag strittig sein, ob sie zur Literatur zu zählen sind. Beispielsweise halten manche „Das andere Geschlecht" von Simone de Beauvoir für eine wissenschaftliche und nicht für eine literarische Arbeit. Einige Probleme ergaben sich auch, Ursprung bzw. Quelle von Texten zu identifizieren (z.B. Karl Martells Kurzgeschichte). Für einige Autorinnen und Autoren fanden sich zudem nur spärliche Informationen. Insgesamt wurden Texte von annähernd hundert Autoren aus etwa zwei Dutzend Ländern berücksichtigt. Trotz dieser großen Zahl fehlen selbstverständlich viele bekannte Autoren, die man vielleicht erwartet hätte, wie Balzac, Dickens, Kazantzakis, Joyce, Wedekind, Zola usw. Da ich das Projekt keineswegs als abgeschlossen betrachte, kann ich die geneigten Leser nur herzlich bitten, mir oder dem Verlag entsprechende Hinweise auf Texte zu senden, die eine Ergänzung, Erweiterung und Verbesserung darstellen könnten.

Die weit überwiegende Zahl der Texte wurde von mir ausgewählt. Sehr hilfreich waren Hinweise von Studierenden aus Veranstaltungen und die Zuarbeit von studentischen Hilfskräften. Ich komme darauf zurück. Mehrere Texte des Kapitels „Raum" verdanke ich G. Sturm, des Kapitels „Ökonomie" M. Funder.

Die Einleitungen zu den einzelnen Kapiteln wollte ich ursprünglich selbst erstellen. In vielen Gesprächen mit Kolleginnen und Kollegen über mein Projekt konnte ich jedoch erkennen, dass ein zweiter, anderer Blick auf die Ausschnitte eine Erweiterung der Perspektiven und damit eine deutliche Bereicherung bringt. Die Hinführung zu den Texten wurden also alle von Kolleginnen und Kollegen übernommen. Für Bereitschaft und Engagement bin ich sehr dankbar. Dass alle Mitarbeiterinnen und Mitarbeiter zudem am Institut für Soziologie der Philipps-Universität in Marburg lehren, erfordert zwei erläuternde Hinweise. Es handelt sich erstens nicht um ein Projekt des Instituts für Soziologie. Zweitens haben nicht alle Mitglieder des Instituts am Projekt mitgearbeitet, was keinerlei persönliche, sondern rein thematische oder zufällige Gründe besitzt.

Wenn man bedenkt, dass von den gesammelten Texten etwa ein Drittel Aufnahme fand, dann lässt sich der Aufwand ermessen, der für die Herstellung der Bände erforderlich war. Dieser Aufwand konnte von mir nicht alleine geleistet werden. Wie bereits erwähnt, bin ich Studentinnen und Studenten, die in mehrfacher Weise unterstützend tätig waren, zu großem Dank verpflichtet. Das gilt an erster Stelle für Christiane Barth (cb), Annette Ruhl (ar) und Norman Rinkenberger (nr), die sich erfolgreich sowohl an der Textsuche wie an deren Aufbereitung beteiligten. Von ihnen bearbeitete Einleitungsteile sind mit den hinter ihren Namen angeführten Kürzeln gekennzeichnet. Für die Aufbereitung von Band II waren vor allem Christina Westerhorstmann (cw) und Judith Fischer (jf) sehr hilfreich; letztere hat sich zudem um die Erstellung des Glossars gekümmert. Heike Jackmuth (hj) und Marco Tullney (mt) danke ich für verschiedene Dienste beim Kapitel „Raum".

Ralf Zoll

1. Raum

Gabriele Sturm

Raum erschreiben – Darstellung und Interpretation gesellschaftlicher Räume in literarischen Texten

Raum? Als Thema von Dichterinnen und Dichtern, von Reporterinnen und Reportern, von Autorinnen und Autoren literarischer Texte? So naheliegend hört sich das zunächst nicht an – und was fällt mir dazu als Erstes ein? Als Buchtitel, der das Wort „Raum" enthält, zunächst einmal gar keiner. Und wenn ich Raum mit Zeit verknüpfe, kommen mir Science-Fiction-Stories in den Sinn, oder Fantasy-Geschichten. Aber da ist Raum gleich Weltraum, oder bezieht sich vage auf eine vorerst nur gedachte Welt. „Raum in der Literatur" – was könnte das im Weiteren sein? Und wenn Literatinnen und Literaten tatsächlich über gesellschaftliche Räume schreiben – was können wir daraus über die Gesellschaft, in der wir auf-, hinterher-, ver- oder weg-räumen, erfahren?

Alltagsdenken zu Raum

Was mit Raum bezeichnet wird, ist also zunächst noch eher vage zu nennen. Wenn ich meine Gedanken schweifen lasse, fallen mir allerdings eine ganze Reihe, höchst unterschiedliche Gelegenheiten ein, bei denen von Raum gesprochen wird:

- Z.B. werden in einigen deutschsprachigen Regionen Wohnungen nicht als 3ZKB vermarktet, sondern als 3-Raum-Wohnung (ist das eigentlich das Gleiche?), gibt es den Beruf der Raumpflegerin oder an der Universität die Funktion des Raumbeauftragten. Zugleich wird in überregionalen Kontaktanzeigen eine Begrenzung der Suche angegeben mit „im Raum 3" (wobei auf Postleitzahlbezirke verwiesen wird), wird Verkehrsplanung für den Großraum Hannover betrieben – und wofür ist eigentlich das Ministerium für Raumordnung zuständig?

- Zu Schulzeiten gab es – meine ich mich zu erinnern – innerhalb der Mathematik das Gebiet der Raumlehre. War das nicht so etwas Ähnliches oder gar dasselbe wie Geometrie? Und wenn dem so ist, hat Raum dann immer etwas mit messen[1] zu tun oder mit zählen oder mit zeichnen, konstruieren? Ist typische Raumwissenschaft dann am ehesten vielleicht Architektur oder Technik oder doch eher Geografie? Wo bleiben da die Gesellschaftswissenschaften, z.b. die Soziologie? Und was messe oder vergleiche ich, wenn ich von nah bzw. fern, von Vertrautheit, von bekannt bzw. fremd oder überhaupt von Distanzen rede?
- Unangenehmes fällt mir ein: aufräumen!!! – und solches alltäglich und überall. Wehe, ich habe etwas verräumt – dann muss ich lange suchen oder sage „Aus den Augen – aus dem Sinn" oder „Wer aufräumt, ist nur zu faul zum Suchen" oder „Das Haus verliert doch nichts" oder „Ordnung ist das halbe Leben" oder ... . Und auch der Partnerschaftsknatsch ist programmiert, wenn ich etwas für geräumig halte, während mein Liebster oder meine Liebste dieselbe Situation zu eng bzw. voll findet. Hat Raum also mit wahrnehmen oder Wahrnehmung bzw. mit Ordnung oder ordnen zu tun? Und wer legt fest, welche Ordnung oder welcher Lebensstil gerade bedeutsam ist?
- Wenn Kinder nicht ordentlich sind, gibt es als Strafmöglichkeit den Hausarrest. Das bedeutet, dass sie einen in seinen Grenzen festgelegten Ort nicht verlassen dürfen. Hat auch dies mit Raum zu tun? Welcher Raum ist dann ein Gefängnis? Und was hat diese Vorstellung von Raum als begrenzter Ort damit zu tun, dass im deutschen Faschismus vom „Volk ohne Raum" gesprochen wurde oder immer wieder in politischen Reden „Das Boot ist voll" verkündet wird? Wie freiwillig oder unfreiwillig, erwünscht oder unerwünscht kann Raumbesitzen sein, was hat Raum mit Grenze(n) zu tun, und wer hat Macht oder Einfluss, die impliziten wie expliziten Regeln für die Raumverteilung bzw. Grenzziehung aufzustellen?
- „Der/die hat ein einnehmendes Wesen", „der/die macht sich dünne/breit", „der/die macht sich fort", „rück mir nicht so auf die Pelle", „die stehen durch Dick und Dünn zusammen" – ganz offensichtlich ist auch unsere körperliche Existenz nicht unabhängig von

---

1 Entgegen den gültigen Rechtschreibregeln werden die tätigkeitsbetonenden Substantive hier klein geschrieben, um den verbalisierenden, prozesshaften Charakter neben und gegenüber einem substantivierenden, strukturhaften Charakter zu betonen.

räumlichen Gegebenheiten zu denken. Welcher Raum ist unser Körper? Ändern sich mit Schönheitsidealen auch Raumbilder – oder umgekehrt? Und in welchem Ausmaß stellen wir Raum durch unsere körperliche Präsenz her – existiert Raum nur dort, wo wir als denkende und handelnde Menschen sind?

- Und mir fällt wieder der Weltraum ein. In der griechischen Antike hieß Kosmos ‚die schöne Ordnung' und die Vorstellung davon glich einem geschichteten Käseglocken-Universum – heute streiten sich die Physikerinnen und Physiker um verschiedene Modelle der Entwicklung und Zukunft des Alls. Raumfahrt ist zunächst allenfalls innerhalb unseres Sonnensystems realisierbar – alle weiteren Vorstellungen beziehen sich auf einen virtuellen Raum, was auch immer dieser sei. Inwieweit ist Raum an Materielles gebunden? Was für ein Raum ist das Atommodell oder das Internet? Und wenn ich Virtualisierungen weiterdenkend problematisiere – welche Konsequenzen könnten sich dann z.B. für die bürgerliche Parole „Die Gedanken sind frei" ergeben und für wen?
- Manchmal ist der Zusammenhang bzw. die Vermischung von Raum und Zeit recht greifbar, z.B. wenn wir von Zeiträumen, Zeitpunkten oder Ortszeit reden. In der Regel sind wir eher von dem begrenzten Fassungsvermögen von Raum und Zeit überzeugt: es können nicht zwei Dinge oder Lebewesen zur selben Zeit am selben Ort sein bzw. ein Mensch kann nicht zu einer Zeit an zwei voneinander entfernten Orten unterschiedliche Aufgaben erfüllen bzw. kein Lebewesen ist am selben Ort zu zwei Zeitpunkten völlig identisch. Alternativen gibt es wiederum in Gedankenräumen, Traumwelten oder mittels Virtueller Realität. Was hat Ort mit Raum gemeinsam? Und wie verhält es sich mit dem Zusammenhang von Raum und Zeit?

Vor dem Hintergrund dieser Gedankensammlung ist nun doch davon auszugehen, dass nicht nur zahlreiche, sondern auch recht unterschiedliche Vorstellungen von Raum unser Alltagsleben durchziehen, selbst wenn die Wortsilben -raum, Raum- oder -räum- relativ selten gebraucht werden. Und wenn wir im Alltag – mehr als beim ersten Gedanken angenommen – doch so häufig auf Raumbezüge zurückgreifen, scheinen sich darin offensichtlich wichtige persönliche und kollektive Erfahrungen darzustellen. Da sich Literatur zunächst allem widmet, was schriftlich aufzeichenbar erscheint, ist zu erwarten, dass vielfältige Erfahrungen mit vorgefundenen, veränderten oder hergestellten Räumen textlich festgehalten worden sind. Es dürfte sich also weniger die Frage nach auffindbaren Materialien stellen, sondern eher die nach Auswahl und Anordnung derselben. Um zu einer Ordnung der denn auch zahlreich zu findenden literarischen Texte über Raum zu gelangen, kann ein Blick auf die wissenschaftliche Sprache über Raum hilfreich sein, den ich hier nun sehr kurz – entlang zentralen historischen Stationen – folgen lasse.

Wissenschaftliches Denken zu Raum

Die aus dem Alltagsgebrauch entstandenen Assoziationsketten enthalten bereits Hinweise darauf, dass

- Raum für gesellschaftliche Fragestellungen nur interessant ist, wenn Menschen oder Institutionen davon in ihrem Tun berührt werden oder ihn durch ihr Tun gestalten. Denn was interessieren uns Kulturräume, das Weltall oder Wohnungszuschnitte, wenn wir nichts davon wissen oder wenn wir nicht davon ausgingen, dass sie unser Leben in irgend einer Weise beeinflussen;

und weiterhin, dass

- menschliches Zusammenleben und gesellschaftliche Entwicklungen sich im Raum bzw. mittels Raum ausdrücken können. Ohne lang darüber nachdenken zu müssen, sind wir daran gewöhnt, dass sich gedachte Ordnungen oder soziale Zusammenhänge auch im materiellen Neben-, Über- oder/und Hintereinander manifestieren. Darauf verweisen Landesgrenzen, Nutzungsrechte oder territoriales Verhalten bzw. körpersprachliches Aushandeln.

Allerdings war Raum lange Zeit kein Wort, das man mit der Beschreibung von Gesellschaft verbunden hätte. Über Raum sprachen zuerst die Philosophie, die Geometrie und die Naturwissenschaften. Vor allem die Physik als Leitwissenschaft der Moderne prägt bis heute Vorstellungsbilder hinsichtlich Raum. Sie orientierte sich lange ausschließlich am Modell des absoluten Raumes, dessen Konstruktionsprinzipien Ende des 17. Jahrhunderts von Isaac Newton als Bezugssystem für mechanische Prozesse formuliert worden waren. Ganz entsprechend hatte für den philosophischen Diskurs Immanuel Kant im 18. Jahrhundert Raum und Zeit als „Anschauungsformen a priori" eingestuft: Sie wurden als unbeeinflussbare, überörtlich und überzeitlich gültige Ordnungsraster angesehen, die all unseren sinnlichen Wahrnehmungen und somit aller Anschauung und Erkenntnis zugrunde liegen. In Mathematik, Physik und Philosophie wurde dieser Raum- wie auch der entsprechende Zeitbegriff im 20. Jahrhundert verändert. Galt es um 1900 als erstrebenswert, alle wissenschaftlichen Gegenstände – so auch Raum – als möglichst neutral, d.h. unabhängig von alltagsgebundenen Interessen zu definieren und zu erklären, wurde zunehmend deutlich, dass auch jedes wissenschaftliche Ergebnis von in ihrer Erkenntnisfähigkeit beschränkten Menschen erzeugt wird. Denn schließlich leben auch Wissenschaftlerinnen und Wissenschaftler in dieser Welt abhängig von ökonomischen, politischen und kulturellen Bedingungen, d.h. abhängig von gesellschaftlichen Gegebenheiten. Insofern sind auch wissenschaftliche Begriffe und Forschungsergebnisse in ihren Entstehungszusammenhängen, ihrer inhaltlichen Reichweite und ihren Wirkungsmöglichkeiten zu bedenken. Diese Relativierung der Geltung führte zu veränderten theoretischen Konzepten von Raum und Zeit: Physikalische Relativitäts- und Quantentheorie können Räume nicht ohne Bezugnahme auf ein Ereignis denken, und intuitionistische Mathematik wie konstruktivistische Philosophie nehmen in ihre Vorstellungen von Raum wieder den Ort der Anschauung, also den Blickwinkel und die Erfahrungen der Beobachterin bzw. des Beobachters, auf.

Auch einige Gesellschaftswissenschaftlerinnen und -wissenschaftler haben sich Anfang des 20. Jahrhunderts dem Thema des Raumes gewidmet. Im Bereich der Erziehungswissenschaften arbeiteten Bärbel Inhelder und Jean Piaget zum Lernen räumlicher Wahrnehmung bei Kindern oder im Bereich der Soziologie widmete sich Georg Simmel der Beschreibung großstädtischer Raumgebilde sowie deren Wirkung auf menschliche Lebensformen. Allerdings gingen vor allem die Soziologen davon aus, dass Raum in seiner geografischen Wirkmächtigkeit infolge der neuen Techniken für Verkehr und Telekommunikation immer unwichtiger werden würde. Folglich erschien ihnen Raum als Gegenstand der Soziologie zunehmend vernachlässigbar. Zum zentralen Thema entwickelte sich die Stadt als Ort beschleunigter ökonomischer, sozialer und kultureller Entwicklungen und somit als Brennglas für aktuelle und zukünftige soziale Konflikte (z.B. die Forschungen der Chicago School oder in Deutschland die Arbeiten von Hans Paul Bahrdt) – entsprechend unwichtiger wurde das Land als Gegenstand moderner Soziologie, da es mit Vorstellungen von rückständigem Stillstand versehen war. Zusätzlich wurde für die Soziologie im Forschungsbereich ab den 60er Jahren die Befragung als ideales Datenerhebungsinstrument bevorzugt, was eine Vernachlässigung der Dingwelt (zu erheben mittels Inhaltsanalyse) und des aktuellen menschlichen Verhaltens (zu erheben mittels Beobachtung) zur Folge hat. Solches entzieht einer Soziologie des Raumes in weiten Bereichen die Materialbasis. Erst in den 90er Jahren des 20. Jahrhunderts wird Raum wieder zu einem zunehmend beachteten Thema in der Soziologie: Gesellschaftlichen Raum zugleich als vielfältigen empirischen Gegenstand und als theoretisch sinnvoll ordnendes Bezugssystem zu verstehen, könnte ermöglichen, dass Themenfelder der Kultursoziologie, der Land- und Agrarsoziologie, der Ökologie, der Stadt- und Regionalsoziologie oder der Wissenschafts- und Technikforschung wieder deutlicher aufeinander bezogen bearbeitet werden.

Wissenschaftliche Modelle und Konzeptionen sollten in der Regel das abbilden und erklären können, was alltäglich nicht nur von den forschenden, sondern von allen Gesellschaftsmitgliedern erfahren werden kann. Dies ist ein Kerngedanke empirischer Wissenschaften: Sie folgen dem Anspruch, durch Abstraktion von situationsgebundenen individuellen und kollektiven Erfahrungen zu verallgemeinerbareren Aussagesystemen zu gelangen, in denen Problemlösungen grundsätzlicher abgeleitet werden können. Entsprechend der eingangs angedeuteten Vielfalt alltäglicher Verwendung von Raumbezügen wird heute auch in den Wissenschaften die Überzeugung geteilt, dass Raum keine objektive Widerspiegelung einer unveränderlichen Naturgegebenheit ist – also weder ein gefüllter oder leerer Behälter noch ein in die Unendlichkeit weisendes Koordinatensystem noch ein aus menschlichen Interaktionen resultierendes Beziehungsnetz. Statt dessen muss Raum als abstrakter Gegenstand verstanden werden, der sich entsprechend den historischen Gegebenheiten gemäß dem entwickelten menschlichen Synthesevermögen ergibt und den Erfordernissen der jeweils thematisierten Situation angemessen verwirklicht wird. Entsprechend vielfältige Raumrealitäten dürften also in literarischen Texten aufzufinden sein. Die verschiedenen erfahrungsgeprägten Blickwinkel der Autorinnen und Autoren liefern uns Hinweise, was als gesellschaftlicher Raum verschriftlicht werden kann/ konnte und folglich in den Gesellschaftswissenschaften als zu bearbeitende Themen Aufnahme finden sollte.

Entwicklung verhaltensabhängiger Raumvorstellungen

Im Weiteren gehe ich von Erfahrungsbereichen unterschiedlicher Reichweite aus, die sich wie konzentrische Kreise um die Autorinnen und Autoren ordnen, um so zu einer möglichen Gliederung der ausgewählten Raumtexte zu gelangen. Dazu möchte ich zunächst einen eher etymologisch ausgerichteten Blick auf die Vertextung von Raum werfen. Die Entwicklung europäischer Sprachen enthält viele Hinweise auf eine ursprünglich menschenzentrierte Raumkonstitution. Ausgehend vom eigenen Körper und seinen Sinneswahrnehmungen wurde ein konkreter körpergebundener Aktionsraum entwickelt und entsprechend bezeichnet: So ist es in europäischen Sprachen üblich,

- Richtungsangaben (oben – unten, vorne – hinten, rechts – links),
- Bewegungsformen (an-, auf-, be-, über-, um-, ver-, vor-, zu-gehen oder an-, auf-, be-, über-, um-, ver-, vor-, zu-fassen/-greifen),
- traditionelle Maßangaben (Elle, Fuß, Handvoll, Tagwerk),
- Zeitmuster (Lebenslauf, Traumtänzer), aber auch
- Statusbezeichnungen innerhalb einer geschlossenen Gesellschaft (Häuptling, Fußvolk, Familienoberhaupt, Staatsoberhaupt, die rechte Hand)

an von allen Menschen nachvollziehbaren körperlichen Gestaltelementen zu orientieren. Eine alltägliche Verständigung über räumliche Ordnungen geht so bis heute einher mit der Entwicklung individueller und kollektiv erforderlicher körperlicher Fähigkeiten wie mit kulturell geteilten Körperbildern. Letztere können wie Raumbilder als ein Zusammenspiel von Materialität des Körpers (bzw. Raumes) mit Bedeutungen und Lebensstilen verstanden werden. Ob jemand als groß oder klein, als dick oder dünn eingeschätzt wird, sagt also etwas über je aktuell gültige Körperräume aus – ob eine zurückzulegende Distanz als kurz oder lang beurteilt wird, hängt von je üblichen Mobilitätsmöglichkeiten und Zeitmustern ab. Mobilität versteht sich dabei durchaus mehrschichtig: In der abendländischen Geschichte gab es – teils lokal begrenzt, teils mit ortsspezifisch widersprüchlichen Ausprägungen – sowohl Phasen relativ allseitiger Ruhe als auch Phasen hoher territorialer Beweglichkeit (Völkerwanderungen, Expansion von Herrschaftsräumen) als auch Phasen gesteigerter geistiger Kreativität (abstrakt-ideale Raumkonzepte griechisch antiker Wissenschaft, neuzeitliche und moderne Raumwelten der Physik oder der Informatik) als auch Phasen starker spiritueller Wirkkräfte

(Seelenräume christlich mittelalterlichen Glaubens). Vor diesem Hintergrund ist anzunehmen, dass nicht nur in alten Texten (z.B. gilt Dante Alighieri als Kartograf des christlichen Seelenraums), sondern auch unter den Schriften der modernen bürgerlichen Gesellschaften Darstellungen verbreitet sind, die den Zugang zur Welt von der – körperlichen, seelischen, psychischen – Erfahrung des Eigenraums her eröffnen. Die anschließende Literaturauswahl wird deshalb mit Texten beginnen, die ich mit *(A) Körper- und Seelenräume* überschrieben habe:

Brigitte Wormbs beginnt bei ihrem morgendlich erwachenden Körper als Raum im Raum, um den täglich erneut stattfindenden Zugang zur Welt nachzuzeichnen. *Marcel Proust* bewegt sich parallel zu seinem – aufgrund körperlicher Leiden nicht zu verlassenden – Aufenthaltsort in einem phantasierten und somit virtuellen Erfahrungsraum, deren beider Atmosphären er mittels diverser Raummetaphern kennzeichnet. Ähnlich bindet *Nazim Hikmet* in seinem Liebesgedicht die emotionalen Bezugnahmen auf die Welt an die Erinnerung der Nutzung allseits vertrauter räumlicher Gebilde. Zwischen Fiktion und Realität bewegt sich die Beschreibung eines Partyraums bei *Jack Kerouac* durch die wahrnehmungsverändernde Brille eines – auch mit Drogen experimentierenden – jugendlichen Beatniks.

In all diesen Texten wird eine Beschreibung der gesellschaftlichen Wirklichkeit nur durch die Selbstreflexionen der schreibenden Personen hindurch erschließbar.

Wesentlich umfangreicher sind Texte vertreten, die Orte der Raumerfahrung konkret beschreiben. Bereits 1786 wusste der Holsteiner Volksdichter Matthias Claudius um das Resultat einer spannenden Reise, indem er proklamierte: „Wenn einer eine Reise tut, dann kann er was erzählen". Seit der Zeit der Renaissance war in Europa eine Reiseliteratur entstanden, die die Begegnung mit dem Fremden auf höchst unterschiedliche Art zu verarbeiten suchte: Während durch Marco Polo noch hauptsächlich Staunen über legendäre und exotische Wunder verbreitet wurde, versuchten sich Reisende ab dem 18. Jahrhundert mit eher aufklärerischem Interesse in den Dienst der Wissenschaften zu stellen. Reiseberichte waren fast immer auch autobiografisch geprägt, so wie bedeutende Autobiografien stark von Reiseschilderungen durchsetzt waren: Neben der Reise in eine zu entdeckende Außenwelt stand gleichrangig die Reise in die ähnlich unbekannte Welt des Ich. Seit dem 19. Jahrhundert zählt Reisen zum Pflichtprogramm (groß-)bürgerlicher Bildung. Für das erlebte Ungewöhnliche und Neue fanden und finden sich nach der Rückkehr der Reisenden eine Menge Zuhörerinnen und Zuhörer bzw. Leserinnen und Leser. Bis heute sind wir in abendländischen Darstellungsformen daran gewöhnt, uns beschriebene Orte vergegenwärtigen zu können und sie mit uns bereits Geläufigen zwecks Beurteilung abzugleichen. Die meisten Literatur-Räume dürften also konkrete Orte der Raumerfahrung betreffen. Allerdings ist zu erwarten, dass die berichteten Raumerfahrungen sich je nach Vorkenntnis und Absicht der Schreibenden auf unterschiedliche Konstitutionsebenen des jeweiligen Ortes beziehen. Die hier ausgewählten Texte werden nach sieben Perspektiven auf den konkreten Ort unterschieden, wobei sich deren Reihenfolge an einer zunehmenden Abstraktion der raumcharakterisierenden Zuschreibungen orientiert.

Von der je eigenen Erfahrungswelt ausgehend wird beim Reisen alles Neue durch Vergleich zum bislang Gekannten in Beziehung gesetzt. Insofern bietet sich der *(B) Vergleich von innen und außen, vom Eigenen mit dem Fremden, von Nähe und Ferne* als grundlegend für Mitteilungen an Daheimgebliebene bzw. als Mittel der Unterscheidung an:

Robert Musil verweist mit der Beschreibung des räumlichen Ablösungsprozesses eines Internatsschülers vom elterlichen Zuhause sowohl auf ortsabhängige als auch auf im Heimweh auftauchende psychische Distanzierungen. *Umberto Eco* betont mit der Fokussierung auf typische Befindlichkeiten in einer Stadt die Wirkung historischer Entwicklungen auf ortsgebundene Atmosphären – letztere speisen sich sowohl aus dem kollektiven Gedächtnis der ansässigen Bevölkerung als auch aus entsprechenden Erwartungen der Besucherinnen und Besucher. Um *Joseph Roth*s Beschreibung des Berliner Nordens zu verstehen, bedarf es der von ihm vorausgesetzten Kenntnis anders gestalteter, besserer Stadtviertel – erst durch den implizierten Vergleich wirkt sein Genrebild auch als Anklage der sozialen und politischen Verhältnisse. Einen ganz anderen Gegensatz präsentiert *Stanislaw Lem*, der seinem Sternenfahrer Tichy Zugang zu einer doppelten Realität (mit bzw. ohne bewusstseinsändernde Drogen) eröffnet, wobei sich nicht nur ihm die Frage nach einer wie und wo auch immer existenten wirklichen Welt stellt.

Wird dagegen der aktualisierte Lebensvollzug mit Idealvorstellungen hinsichtlich menschlicher Lebensorganisation verglichen, betrifft dies auf der räumlichen Ebene in der Regel *(C) Vergleiche von öffentlich und privat bzw. Reich der Freiheit versus Reich der Notwendigkeit* und darin implizit enthalten den von *Stadt und Land*. Deren Verknüpfung stammt aus der gesellschaftlichen Organisation der antiken griechischen Polis und wurde im Zuge der Renaissance und der humanistischen Aufklärung für bürgerschaftliches Denken reaktiviert. Die hier versammelten literarischen Texte verweisen gleichwohl auf die Schwierigkeiten, die nicht nur einer modernen städtischen Öffentlichkeit anhaften, sondern auch einer im 19. Jahrhundert bürgerlich idealisierten Privatheit:

Das geheime Versteck dreier Internatszöglinge beschreibt *Robert Musil* als privaten Raum, der in einem halbprivaten bzw. halböffentlichen Raum eingeschlossen ist. *Rita Mae Brown*s Inszenierung regelwidrigen Handelns nutzt die festgelegten gesellschaftlichen Nutzungsregeln öffentlicher Orte, um mittels Verletzung diverser Erwartungshaltungen Komik, Irritation oder Nachdenken und möglicherweise veränderndes Handeln zu erzeugen. Dagegen weisen die ausgewählten Gedichte, die alle aus der ersten Hälfte des 20. Jahrhunderts stammen, auf „die Fröste der Freiheit" (Marieluise Fleißer) in der modernen Großstadt: *Erich Kästner* thematisiert vor allem die Einsamkeit, *Gottfried Benn* die Anonymität und *Rainer Maria Rilke* Armut und Verzweiflung in den Steinwüsten der schnell wachsenden Städte, die den suchenden Menschen Arbeit, Glück und somit erfülltes Leben versprechen, solches jedoch nur Wenigen gewähren.

Wenn also Freiheit nicht auf Öffentlichkeit und Notwendigkeit nicht auf Privatheit beschränkt sind, dann muss das Leben an einem überschaubaren Ort entsprechend nicht gleichzusetzen sein mit einem beschränkten Lebenshorizont bzw. umgekehrt. So sind in einer dritten Untergruppe Texte versammelt, die nach dem Spektrum *(D) Begrenzter Ort versus Weite der Welt – geschlossene versus offene Gesellschaft* fragen:

Adalbert von Chamisso beteiligte sich zwecks wissenschaftlicher Berichterstattung an Weltreisen und beschreibt sehr anschaulich die Verteilung und Organisation des Raumes und der Zeiten auf einem Segelschiff – hinsichtlich der Zuweisung von Platz und Tätigkeiten gemäß der sozialen Wertigkeit der Handelnden in dieser sehr beengten Situation. Vergleichbar beschreibt *Marcel Proust* die Enge eines französischen Dorfes, in dem – da in einem sozial kontrollierten und dadurch abgeschlossenen Universum angeordnet – alle Dinge und Lebewesen ihre bekannte Zugehörigkeit haben. Die innere Gefangenheit, die nicht zwingend mit einer sichtbaren Gefangenheit einhergehen muss, wird im Liebesgedicht von *Na-*

zim Hikmet beklagt. Demgegenüber preist *Johannes Gaitanides* die Chancen, die eine Insel bietet, indem sie mittels Isolation vom Rest der Welt hilft, sich von modernen Stressphänomenen zu befreien und traditionelle Werte und Verlässlichkeiten neu zu entdecken. Erfahrungen in den bündnerromanischen Alpentälern lassen *Iso Camartin* anhand dort ansässiger „Angrenzungskulturen" über den Charakter von Grenzen reflektieren.

Die bislang versammelten Texte sind wesentlich durch die Beschreibung bzw. Vorstellbarkeit der Materialität eines Ortes gekennzeichnet. Raum besteht jedoch nicht nur aus physischen, durch anfassen oder ansehen begreifbaren Elementen. Jeder Ort bleibt uns in Erinnerung durch das dortige Geschehen, durch Menschen und Ereignisse. Und Orte gestalten sich teilweise auch um entsprechend dort häufig stattfindende Ereignisse. Deshalb wende ich mich im Weiteren literarischen Raumbeschreibungen zu, die Aussagen hinsichtlich der *(E) Herstellung des (sozialen) Raumes* enthalten:

Bereits *Johann Wolfgang von Goethe* beschreibt in den Erinnerungen über seine italienische Reise, wie sich die Hauptstraße des damaligen Roms durch die Inszenierungen des Karnevals in einen zeitabhängigen Raum mit völlig veränderten gesellschaftlichen Regeln und sozialen Verhaltensweisen wandelt. Ähnliche Wandlungen stellen *Joseph Roth* für den wöchentlichen Bauernmarkt mitten im großstädtischen Berlin oder *Andrea De Carlo* für die Umfunktionierung einer Schulturnhalle als Demonstrationsort revoltierender italienischer Schüler vor. Dagegen weist *Ben Hecht* auf die Dauerhaftigkeit sozialen und kulturellen Verhaltens im Café für französische Migrantinnen und Migranten in New York hin, das eine Rauminsel inmitten des Zeitstroms erzeugt. *Volker Braun* zeigt noch weitere Charakteristika für den Wandel eines Sozialraums auf – für ein Dorf am Rande des Braunkohletagebaus beschreibt er, wie die Interessen der Dorfbewohnerinnen und Bewohner u.a. von deren sozialer und politischer Stellung im Dorfverband abhängen und wie sich die entsprechenden Hierarchien in territorialen Kämpfen der Interessendurchsetzung darstellen.

Für unsere Bewegung in bekannten wie noch fremden Räumen richten wir uns nach gelernten Regeln aus. Diese fallen kaum auf, solange wir uns nicht wirklich Neuem aussetzen. Allerdings haben sich Gesellschaften und somit auch ihre Räume inzwischen in einem so hohen Maße ausdifferenziert, dass die Unsicherheit bezüglich des räumlich, zeitlich und sozial angemessenen Verhaltens immer größer wird. Texte, die das meist unangesprochene Regelwerk gesellschaftlicher Räume thematisieren, sind unter dem Fokus *(F) Normen, Regeln, Gesetze im (gesellschaftlichen) Raum* versammelt. Sie verdeutlichen, dass soziale Milieus sich vor allem durch diese meist eher unbewussten Verhaltensrichtlinien herstellen:

Als armer Bauer reist *Franz Michael Felder* in die Stadt und liefert anschließend eine präzise Reflexion der unterschiedlichen Normierungen dörflichen und städtischen Auftretens, das sich in Kleidung, Sprache und Verhalten ausdrückt. Die zwangsweise Angleichung und dadurch gegenseitige Kenntnis des täglichen Tuns thematisiert *Robert Musil* anhand der Wohnungsgrundrisse in Berliner Hinterhäusern, die für die dort ansässige eher proletarische Bevölkerung kaum mehr individuelle Besonderheit zulassen. Dagegen zeigt *Christiane Rochefort* die selbstverständlich gepflegte Unverbindlichkeit in Tagesabläufen einer Pariser großbürgerlichen Familie auf, die eine isolierende Unabhängigkeit inszenieren. Wie stark Individuen staatlicher Kontrolle und Gesetzgebung ausgesetzt sind, wird an *Joyce Carol Oates*' Erzählung über eine Kontrolle an der Grenze zwischen Kanada und den USA deutlich. Und schließlich entwirft *Stanislaw Lem* in einem abschreckenden Szenario Vorstellungen einer Weltgesellschaft, in der individuell ausgehandelte Regeln unmöglich geworden sind und das Überleben der Menschheit scheinbar nur durch Verlust des bürgerlichen Subjektstatus ermöglicht wird.

Werden die einem Raum eingeschriebenen Regeln durch alltägliches Verhalten und Handeln der Raumnutzerinnen und -nutzer schließlich so dauerhaft, dass sie materiale Gestalt annehmen (z.B. der Trampelpfad über das Abstandsgrün einer Wohnanlage; die Möblierung in einem Schulzimmer, einem Kirchenschiff oder an einer Bushaltestelle; Piktogramme an/in öffentlichen Gebäuden), wirken sie quasi als – meist nur noch unbewusst wahrgenommene – Wegweiser. Literaturauszüge, die solche Erfahrung mit Zeichensystemen belegen, sind mit *(G) Räumliche Zeichen und Symbole* überschrieben. Zu einem solchen Repräsentationssystem werden in einem Text auch Worte, die an vorgängige ortsgebundene Erfahrungen erinnern, die im kollektiven Gedächtnis einer Gesellschaft abgelegt sind:

John Steinbeck charakterisiert ein Tal anhand der dem eigenen Empfinden entstammenden Bilder und der in der Besiedlungsgeschichte aufgeschichteten Namensgebungen – dabei zeigt sich, wie nachhaltig Namenszeichen Herrschaftskultur abbilden. Die Charakteristik eines Bahnhofes, die *Detlev Freiherr von Liliencron* vornimmt, enthält zahlreiche Merkmale dieses für Mobilität notwendigen Durchgangsraumes, der durch eilige bis gehetzte, müde oder gelangweilte, sich erinnernde bzw. abgestumpfte Menschen mit ihren aktuellen Befindlichkeiten geprägt ist, und zugleich auf die am Horizont aufscheinenden Symbole der modernen Zeit, die eben solche Flexibilität verlangt, verweist. Von ganz klassischer Zeichensprache geht *Wolfgang Koeppen* aus, wenn er vom Stadtplan inspiriert über Paris und seine Erinnerungsgeschichten mit dieser Stadt nachdenkt. Die Zeichen in *Ben Hecht*s Geschichte führen unterschiedliche Lebenswelten zusammen und schließlich wieder auseinander – die Persönlichkeit des New Yorker Künstlers, die Spuren im Schnee, die Kette des Psychatrieinsassen. An früheres Leiden und erlittenes Unrecht erinnert das Gedicht von *Nazim Hikmet*, dessen Symbolsprache allerdings nur historisch Eingeweihten verständlich ist. Die erniedrigende Wirkung faschistischer Herrschaftsarchitektur beschreibt schließlich *Günter Grass* am Beispiel von Berlin.

Und schließlich geht es um mit Zeit verknüpften Raum. Dabei sind Ortserfahrungen nicht nur durch ihre historisch-terminliche Abfolge an die Zeit gebunden. Die Art der Nutzung eines Ortes ist tages- oder jahreszeitlich verschieden, Zeitempfindungen sind kulturell an bestimmte räumliche Gegebenheiten gebunden (Liegestuhl versus Rennrad, Sonnenuhr versus Stoppuhr) oder gehören zur Charakteristik eines Ortes. Texte, die solches belegen, sind mit *(H) Zeitvergleiche: Erfahrungen, Dynamiken* überschrieben:

*Kurt Tucholsky*s Gedicht zeigt zunächst mit der Flüchtigkeit in menschlichen Kontaktaufnahmen eine individuelle Perspektive der Zeiterfahrung auf, die auf die Getriebenheit und Unverbindlichkeit im modernen Gesellschaftsleben verweist und indirekt zu alternativem Tun auffordert. Ganz anders wirkt die ‚schnelle' Beschreibung *Juan Goytisolo*s aus Istanbul, die eine eigene raumtypische Zeitkultur der traditionsreichen Weltstadt mit den anders ausgerichteten Rhythmen der Urlauberinnen und Urlauber verknüpft. Die saisonbedingten Folgen für Aktivitätsniveau und Erscheinungsform einer italienischen Insel, die gänzlich durch Tourismus geprägt ist, führt *Christine Brückner* aus. Dagegen beschreibt *Alexander Wampilow* mit einem ‚langsamen' Text den Bau eines Staudamms und einer Eisenbahnlinie nahe einem sibirischen Dorf, wodurch nicht nur das alte Dorf in seiner Baustruktur zerstört wird, sondern sich auch die Bewohnerschaft und all ihre Sozialbeziehungen ‚zeitgemäß' ändern. Zeitprobleme einer phantasierten zukünftigen Welt finden sich bei *Douglas Adams*, deren raumzeitlich technischen Errungenschaften jedoch nicht zwingend Kommunikationsprobleme der Universumsbewohnerinnen und -bewohner lösen.

Fasse ich diese recht unterschiedlichen Ebenen der literarisch vermittelten Erfahrung mit konkreten Orten zusammen, so sind für die Darstellung gesellschaftlicher Wirksamkeit von Räumen diverse Erscheinungsebenen zu konstatieren:

- die materielle Gestalt von Orten in Form von Landschaft, Klima und gebauter Umwelt wie auch in Gestalt der Bewohnerinnen und Bewohner;
- das territoriale Verhalten und raumerzeugende Handeln von Lebewesen;
- die ordnende Sozialstruktur und andere dem menschlichen Handeln zugrundeliegenden Regeln und Normen;
- die der Orientierung dienenden Zeichen und Symbole.

Literarisch vermittelte Räume weisen also sowohl individuelle als auch kollektive Bedeutsamkeiten auf, folgen realen wie virtuellen Weltbildern oder bilden Ordnungsvorstellungen unterschiedlichster Prägung und Herkunft ab.

Ausblick

Auch wenn die ausgewählten Belegtexte jeweils nur einem Gliederungspunkt zugeordnet wurden, bedeutet dies nicht, dass sie nur diesen Aspekt literarischer Raumdarstellung bedienen können. In der Regel weist jeder Text mehrere Raumebenen auf, was der theoretischen Vorstellung entspricht, dass gesellschaftlicher Raum immer zugleich materialisiert und materiell, sozial und sozialisierend, regulierend und verregelt, gezeichnet und repräsentierend ist. Insofern mag manche Leserin und mancher Leser eine andere Präferenz der Zuordnung hegen wie ich sie hier vorgenommen habe, ohne dass dadurch die Grundaussage eines vielfach geschichteten Raumes, der sehr differenzierte Betrachtungen über gesellschaftliche Wirklichkeiten erlaubt, falsch würde. Letzteres gilt übrigens auch hinsichtlich der vorgestellten Gliederung für vertextete Raumerfahrungen: Eine Betrachtungslinie, die sich nicht am menschlichen Zugriff auf die Welt – ausgehend von der konkreten eigenen Körperkenntnis bis hin zur Unbestimmtheit einer nur prinzipiell zu wissenden Welt – orientiert, würde wahrscheinlich andere Zugänge zu Raum eröffnen. Insofern darf probiert werden.

Dieser Einleitungstext ist insgesamt mit „Raum erschreiben" betitelt. Damit möchte ich – einer Argumentation von Erich Pankoke folgend – darauf hinweisen, dass sprachlich mit der Verwendung verschiedener Vorsilben unterschiedliche Handlungsdynamiken ausdrückbar sind: Eine Verobjektivierung der Handelnden, d.h., ein Entziehen von Handlungsmöglichkeiten und spezieller Handlungskompetenzen zu Lasten eines möglichst reibungslosen Funktionierens in vorgegebenen Verhaltensabläufen, drückt sich in Worten mit der Vorsilbe ‚ver-' aus (z.B. ver-fügen, ver-ordnen, ver-walten, ver-richten). Dies erinnert an eine tradierte hierarchische Entscheidungsstruktur des Handelns in gesellschaftlich verregelten bzw. zu verregelnden Zusammenhängen. Dagegen stehen nach wie vor sprachliche Ausdrucksformen für entdeckende Aktivitäten, die häufig mit der Vorsilbe ‚er-' beginnen (z.B. er-möglichen, er-obern, er-streiten; er-stellen, er-öffnen). „Raum erschreiben" soll vor dem Hintergrund dieser Erklärung auf Folgendes hinweisen:

- Autorinnen und Autoren stellen mit ihren Texten für die Menschen ihrer Um- und Nachwelt Erfahrungen, Hoffnungen und Wünsche vor, die sie weitervermittelt wissen wollen. Zugleich aber transportiert jeder Text Einblicke in individuelle und kollektive Realitäten emotionaler wie kognitiver Art, die über die Absicht der Schreibenden hinausweisen können. Was von den Leserinnen und Lesern aufgenommen und verwertet wird, hängt wiederum von deren je aktueller Lebenssituation ab. Ob ein im Text beschriebener Raum als langweilig, abstoßend, interessant, an- oder aufregend begriffen wird, hängt also auch von Ort und Termin der Rezeption ab. Entdeckungen sind in diesem Rahmen jederzeit und überall möglich.
- Des Weiteren sind lesende und schreibende Entdeckungen erwünscht. Wenn Raum und Zeit nichts starr Vorgegebenes sind, sondern einerseits zwar menschliches Tun strukturieren zugleich andererseits durch Denken und Handeln verändert werden, könnten wir bewusst spielerischer und experimenteller mit Raum und Zeit umgehen. In Form von Texten ist dies zunächst auch weniger riskant – obwohl die Diktatoren dieser Welt um die Macht des Wortes wissen. Sich in Literaturen neu erschließende Räume laden ein, nicht nur zum Träumen, sondern auch zum Fragen, zum Erkunden, zum Leben und als empirisches Material nicht zuletzt auch zur Erweiterung und Veränderung soziologischen Erforschens der Gesellschaft, in der wir leben.

Wissenschaftliches zum Thema: Gesellschaft und Raum

Ahrens, Daniela (2001). *Grenzen der Enträumlichung: Weltstädte, Cyberspace und transnationale Räume in der globalisierten Moderne.* Opladen: Leske + Budrich.
Die Studie führt aus, dass in der heutigen Gesellschaft unsere bisherigen Raumvorstellungen in Unordnung gebracht werden, ohne dass dies zu einem Verschwinden jeglicher Grenzen und der Auflösung des Realen im Virtuellen führen würde.

Bausinger, Hermann; Beyrer, Klaus & Korff, Gottfried (Hg.) (1991). *Reisekultur: Von der Pilgerfahrt zum modernen Tourismus.* München: C.H. Beck.
Eine amüsante und anregende Kulturgeschichte des Reisens aus der Sicht empirischer Kulturwissenschaft.

Dörhöfer, Kerstin & Terlinden, Ulla (1998). *Verortungen: Geschlechterverhältnisse und Raumstrukturen.* Basel, Boston, Berlin: Birkhäuser.
Die zusammengestellten Aufsätze regen zur Diskussion darüber an, wie sich das Verhältnis der Geschlechter im Raum niederschlägt, wie es durch den Raum beeinflusst wird und wie sich beider Wandel miteinander verknüpfen lässt.

Ecarius, Jutta & Löw, Martina (Hg.) (1997). *Raumbildung – Bildungsräume: Über die Verräumlichung sozialer Prozesse.* Opladen: Leske + Budrich.
In Bildungsprozessen werden subtil Kompetenzen der Raumaneignung und Raumwahrnehmung vermittelt. Das Buch analysiert die Vermittlungsformen, dekonstruiert Raumbilder und untersucht Veränderungen in Folge sozialen und technologischen Wandels.

Gestring, Norbert; Glasauer, Herbert; Hannemann, Christine; Petrowsky, Werner & Pohlan, Jörg (Hg.). (2001). *Jahrbuch StadtRegion 2001 – Schwerpunkt: Einwanderungsstadt.* Opladen: Leske + Budrich.
Als Schwerpunktthema werden Handlungsmöglichkeiten der Kommunen hinsichtlich Integration, die Bedeutung der sogenannten ethnischen Ökonomie, die Frage nach ethnischer Segregation und die neuen Anforderungen an Schulen behandelt.

dies. (2002). *Jahrbuch StadtRegion 2002 – Schwerpunkt: Die sichere Stadt.* Opladen: Leske + Budrich.
Die Beiträge des Schwerpunktes diskutieren verschiedene Maßnahmen zur Förderung der Sicherheit und stellen die zugrundeliegenden Intentionen und Annahmen dar, wobei es vor allem um eine Stärkung der Kompetenzen der Menschen in der Nutzung des öffentlichen Stadtraumes geht.

Häußermann, Hartmut (Hg.). (1998). *Großstadt: Soziologische Stichworte.* Opladen: Leske + Budrich.
In etwa 30 Stichwortartikeln gibt das Handbuch einen Überblick über die wichtigsten Themen der soziologischen Stadtforschung. Es bietet damit ein Kompendium zur Stadtentwicklung der Gegenwart.

Häußermann, Hartmut; Ipsen, Detlev; Krämer-Badoni, Thomas; Läpple, Dieter; Rodenstein, Marianne & Siebel, Walter (1991). *Stadt und Raum: Soziologische Analysen.* Pfaffenweiler: Centaurus.
Dieser Band versammelt Grundsatzartikel zu fünf zentralen Themenfeldern der Stadt- und Regionalsoziologie.

Häußermann, Hartmut & Siebel, Walter (1996). *Soziologie des Wohnens: Eine Einführung in Wandel und Ausdifferenzierung des Wohnens.* Weinheim: Juventa.

Herausbildung und Ausdifferenzierung unserer heutigen Wohnformen sind stark durch staatliche Eingriffe beeinflusst, weshalb die Autoren ihre Darstellung von Wohnungsversorgung und Wohnungsnot mit der von Wohnungspolitik verflechten.

Haupt, Heinz-Gerhard (Hg.). (1994). *Orte des Alltags: Miniaturen aus der europäischen Kulturgeschichte.* München: C.H. Beck.

SozialgeschichtlerInnen nehmen die alltäglichen Orte wie den Acker, das Bergwerk, die Mühle oder den Brunnen, die Küche, das Kinderzimmer oder das Fest, das Theater, den Friedhof als Entfaltungsstätten europäischer Kulturgeschichte in den Blick.

Henckel, Dietrich & Eberling, Matthias (Hg.) (2002). *Raumzeitpolitik.* Opladen: Leske + Budrich.

Aus verschiedenen wissenschaftlichen Fachperspektiven werden ein Überblick über die Verknüpfung von Stadt- bzw. Regionalforschung und Zeitforschung zusammengestellt und Ansätze für notwendige theoretische wie empirische Weiterentwicklungen abgeleitet.

Ipsen, Detlev (1997). *Raumbilder: Kultur und Ökonomie räumlicher Entwicklung.* Pfaffenweiler: Centaurus.

In einer Reihe von Aufsätzen beschäftigt sich der Autor mit der Bedeutung, die Raumbilder für die Modernisierung des Raumes haben.

Lange, Sigrid (Hg.) (2001*).* *Raumkonstruktionen in der Moderne: Kultur – Literatur – Film.* Bielefeld: Aisthesis.

Aus geisteswissenschaftlichen Perspektiven werden Räume des Theaters oder in Romanen im 20. Jahrhundert entdeckt und analysiert.

Lindner, Rolf (1990). *Die Entdeckung der Stadtkultur.* Frankfurt a.M.: Suhrkamp.

Sehr anschaulich und spannend geschrieben liefert dieses Buch eine wissenschaftshistorische Einführung in die kultursoziologisch interessanten Studien des Instituts für Soziologie der Universität Chicago aus den 20er Jahren des 20. Jahrhunderts.

Löw, Martina (Hg.) (2002). *Differenzierungen des Städtischen.* Opladen: Leske + Budrich.

Verschiedene Konzepte für gesellschaftliche Differenzierung werden erstmals systematisch auf städtischen Alltag und Stadtstrukturen bezogen und zueinander in Beziehung gesetzt.

Matthiesen, Ulf (Hg.). (1998). *Die Räume der Milieus: Neue Tendenzen in der sozial- und raumwissenschaftlichen Milieuforschung, in der Stadt- und Raumplanung.* Berlin: edition sigma.

Die Beiträge verknüpfen Perspektiven der Sozial- und Politikwissenschaften sowie der Volkswirtschaft, um „Milieu" als heuristisches Konzept zu fassen, das in spezifischer Abgrenzung zu physischen, sozialen und symbolischen Räumen neue Erkenntnischancen eröffnet.

Reulecke, Jürgen (1987). *Geschichte der Urbanisierung in Deutschland.* Frankfurt a.M.: Suhrkamp.

Der Autor liefert einen einführenden Überblick über den Prozess von Verstädterung und Urbanisierung in Deutschland bis 1945: Behandelt werden Wachstum und die innere Entwicklung der Städte sowie die wichtigsten sozialen und politischen Probleme der Stadtentwicklung.

Sturm, Gabriele (2000). *Wege zum Raum: Methodologische Annäherungen an ein Basiskonzept raumbezogener Wissenschaften.* Opladen: Leske + Budrich.

Aus Mathematik, Physik und Sozialwissenschaften werden Denkansätze für die Behandlung von Raum und Zeit zusammengetragen, um daraus – vor dem Hintergrund verschiedener Forschungsmethoden – ein RaumZeit-Modell als Orientierungsrahmen für raumbezogene Forschung abzuleiten.

Terlinden, Ulla (ed.). (2002). *City and Gender: Intercultural Discourse on Gender, Urbanism and Architecture*. Opladen: Leske + Budrich.

The book brings together the international discourses on gender and space. Contributors are architects, social scientists and scholars from city and regional planning from the U.S., Turkey, Israel, Chile, UK, Lesotho and Germany.

Wertheim, Margaret (2000). *Die Himmelstür zum Cyberspace: Eine Geschichte des Raumes von Dante zum Internet*. Zürich: Ammann. (Original 1999).

Aus eher naturwissenschaftlicher Perspektive bietet die Wissenschaftsjournalistin einen kulturübergreifenden Blick auf diverse paradiesische Räume an, beginnend beim mittelalterlichen Seelen-Raum in Dantes Göttlicher Komödie bis zur heutigen Cyber-Utopia.

Wunder, Heide (1986). *Die bäuerliche Gemeinde in Deutschland*. Göttingen: Vandenhoeck & Ruprecht.

Die Autorin beschreibt und analysiert in einer historischen Darstellung die Entstehung, Entwicklung und Veränderung der „bäuerlichen Gemeinde" in Deutschland als politisch-administrativen Verband und als soziales Gebilde.

Brigitte Wormbs

Brigitte Wormbs wird am 14. Mai 1937 in Betzdorf (Sieg) geboren. Sie studiert Gartenarchitektur, Landschaftsplanung und -ökologie, Städtebau und Kunstgeschichte und ist anschließend als freie Autorin tätig. In zahlreichen Veröffentlichungen setzt sie sich mit der Landschaftswahrnehmung, -darstellung und -gestaltung sowie mit der Gartenkunst in Geschichte und Gegenwart und der Beziehung zwischen Architektur und Landschaft auseinander.

Werke u.a.:

1976   Über den Umgang mit Natur
1981   Ortsveränderung
1986   Raumfolgen. Essays

(mt)

Vorort 7 Uhr (gekürzte Fassung)

In den Vordergrund des Raumes hängt eine Haarsträhne über dem Augenhöhlenrand, darunter ist der Rücken einer Nase andeutungsweise sichtbar, in kurzem Abstand folgen Brust, Arme und Hände, die ein Buch über dem Bauch halten, dann die übereinandergeschlagenen Beine, auf die Füße und das Fußende des Bettes zufluchtend. Nicht weit dahinter endet der Blick geradeaus an der Klinke der geschlossenen Tür.
[...]
Sobald die mit dem Auflegen des Hörers nachgerieselte Gewohnheit die Spuren des Einbruchs der Außenwelt überdeckt hat, zeigt sich das Zimmer wieder von seiner heimlichsten Seite, im Rahmen eines einzigen Augenpaares als Gegenstandswelt außerhalb eines Ich wahrgenommen, das von ihr wie von einer Kapsel umschlossen wird.

Alles, was mich in diesem Gehäuse umgibt, ist so angeordnet, daß keine zweite Person hier mir nichts dir nichts einen Platz fände, wo ihre Gegenwart nicht auf die von mir und für mich festgesetzten Stellen des Aufenthalts in diesem Raum bezogen wäre. Es gibt keine offenen Zwischenräume in dieser Innenwelt für eine Person allein mit dem innersten Innen jeweils an der Stelle, wo sie sich gerade aufhält.

Sie, die Person, die ich bin und zugleich aus meiner augenblicklich horizontalen Lage am Rande in ihrem Verhältnis zu diesem Raum zu beobachten versuche, würde mit jeder Bewegung ein anderes Stück vom Volumen des Raumes durch das eigene ersetzen, so weit es die Nachgiebigkeit des Rauminhalts erlaubt. Müßte dessen vollständige Beschreibung dann nicht ein Bild des Zimmers ergeben, worin nur ein Hohlraum von den äußeren Umrissen der Gestalt dieser Person ausgespart bliebe?

Bis an die Grenzen ihrer Haut dem Raum, den sie sich eingerichtet hat, ausgesetzt, von seiner Luft, seiner Atmosphäre bis ins Innere ihrer Organe durchdrungen, geht die Person Verbindungen von wechselnden Mischungsverhältnissen mit ihrer Umgebung ein. Darin scheint einmal die eine, die sogenannte subjektive Seite des Ich, ein anderes Mal die andere, die sogenannte objektive Seite der umgebenden Gegenstände die Oberhand zu gewinnen.

In manchen Augenblicken dehnt sich das Zimmer mit dem Recken und Strecken gut aufgelegter Gedanken und Gefühle; die äußeren Umstände färben sich zutraulich auf die gelöste Stimmung ein, erscheinen porös, luftig, leicht zu nehmen, beinahe durchlässig für Dringenderes als ihre Anwesenheit. Dann wieder nehmen solche Augenblicke expansiver Subjektivität eine Wendung ins Gegenteil. Der Raum zieht sich zusammen, rückt der Person, seiner Bewohnerin, zu Leibe, drängt gegen ihr physisches und psychisches Volumen an. Die Geborgenheit im wohlvertrauten Interieur schlägt in die Unheimlichkeit von Anfeindungen um, die ihren Ursprung außerhalb des Bereichs subjektiver Wahrnehmungs- und Einflußmöglichkeiten zu haben scheinen. Oder sollte das Ich sich selbst in die Falle gegangen sein?

Wormbs, Brigitte: Vorort 7 Uhr. In: dies.: Raumfolgen. Darmstadt und Neuwied: Luchterhand, 1986. S. 9-12, [zit. S. 9, 10-12]
© Luchterhand 1986.

Marcel Proust

Der Schriftsteller Marcel Proust wird am 10. Juli 1871 in Auteuil geboren. Als Sohn einer reichen Arztfamilie und schon früh an Asthma leidend, wächst er verwöhnt und behütet auf. Nach dem Militärdienst studiert Proust Jura und arbeitet kurzzeitig in einer Anwaltskanzlei. Schon bald wendet er sich jedoch der Literatur zu. Marcel Proust gastiert in den vornehmsten Pariser Salons bis der Tod seiner Eltern und die Verschlimmerung seines Asthmaleidens eine Wende in sein Leben bringen. Proust zieht sich mehr und mehr in sein schallisoliertes Zimmer zurück, in dem er von 1913 bis 1922 an seinem siebenteiligen Hauptwerk „À la recherche du temps perdu" arbeitet. Er stirbt am 18. November 1922 in Paris.

Werke u.a.:

1896	Les plaisirs et les jours (Tage der Freuden, 1926)
1913-1927	À la recherche du temps perdu (Auf der Suche nach der verlorenen Zeit)
1952	Jean Santeuil (Jean Santeuil, 1965)
1954	Contre Sainte-Beuve (Gegen Sainte-Beuve,1962)
1919	Pastiches et Mélanges (Pastiches und Vermischte Schriften, 1969)

Auf der Suche nach der verlorenen Zeit (1913-1927)

In dem siebenteiligen Roman beschreibt Proust den Verfall des französischen Adels und Großbürgertums in der Zeit vor dem Ersten Weltkrieg. Erzählt wird die Geschichte durch Erinnerungen und Assoziationen des Ich-Erzählers, dessen Person stark mit der des Autors verknüpft ist. Das Werk, dessen Stil von überlangen Sätzen, zahlreichen Metaphern und Einschüben geprägt ist, hatte bedeutenden Einfluss auf den europäischen Roman des 20. Jahrhunderts.

(cb)

Auf der Suche nach der verlorenen Zeit. In Swanns Welt. (Ausschnitte)

In meinem Körper schon weniger verhaftet als das Leben der Personen folgte dann, halb vor meine Augen hinprojiziert, die Landschaft, in der die Handlung sich abspielte; in meinem Denken nahm sie einen viel größeren Raum ein als die andere, nämlich die, die wirklich vor meinen Blicken lag, sobald ich sie von dem Buche hob. So habe ich zwei Sommer hintereinander in der Hitze des Gartens von Combray wegen des Buches, in dem ich las, Sehnsucht nach einem gebirgigen, flußreichen Lande mit vielen Sägewerken gehabt, wo auf dem Grunde des klaren Wassers Holzstücke unter Büscheln von Kresse vermoderten; nicht weit davon hingen an niederen Mauern Trauben von violetten und rötlichen Blüten herab. Und da der Traum von einer Frau, die mich lieben würde, in meinen Gedanken immer eine Rolle spielte, so war in jenen Sommern dieser Traum von der Kühle fließenden Wassers durchtränkt; und an was für eine Frau auch immer ich dachte, auf alle Fälle war sie von Trauben violetter und rötlicher Blüten wie von Farben umrahmt, durch die sich ihre eigenen hoben.

Das kam nicht nur daher, daß ein Bild, von dem wir träumen, immer durch den Widerschein der an sich fremden Tönungen gekennzeichnet, verschönt und über sich selbst erhoben wird, mit denen wir es zufällig in unseren Phantasien umgeben; denn die Landschaften in den Büchern, die ich las, waren für mich nur Landschaften, die meiner Einbildungskraft eindringlicher vorgestellt wurden als diejenigen, die Combray zu meiner Verfügung hielt, die aber an sich dabei hätten die gleichen sein können. Durch die Auswahl, die der Schriftsteller traf, durch die Gläubigkeit, mit der ich sie als Offenbarung hinnahm, schienen sie mir – und niemals hatte ich in einer Region in der ich mich aufhielt, diesen Eindruck gehabt, vor allem nicht in unserem Garten, dem trivialen Erzeugnis der gradlinigen Phantasie des Gärtners, dem die Nichtachtung meiner Großmutter galt – ein wirklicher Teil der echten Natur zu sein, der es sehr wohl verdiente, eingehend betrachtet und erforscht zu werden.

Hätten meine Eltern mir erlaubt, den Schauplatz eines Buches, das ich las, selber aufzusuchen, so hätte das meiner Meinung nach einen unschätzbaren Fortschritt in der Eroberung der Wahrheit bedeutet. Denn wenn man die Empfindung hat, immer in seiner Seele zu leben, so ist es nicht so, als befände man sich in einer festverankerten Gefängniszelle: vielmehr wird man mit ihr davongetragen in dem unaufhörlichen Drang, über sie hinaus ins Freie zu gelangen, allerdings begleitet von einem Gefühl der Entmutigung, weil man immer um sich her den gleichen Klang vernimmt, der nicht ein Echo von draußen ist, sondern die Resonanz des eigenen inneren Bebens. In den Dingen, die dadurch kostbar werden, sucht man den Widerschein zu entdecken, der von unserer Seele her auf sie fällt; enttäuscht stellt man fest, daß sie von Natur jenen Reiz nicht besitzen, den sie in der Welt unserer Gedanken durch die Nachbarschaft gewisser anderer Vorstellungen angenommen haben; manchmal verwandelt man alle Seelenkräfte in Grazie und Glanz, nur um auf Wesen einzuwirken, von denen wir feststellen müssen, daß sie ihren Platz nun einmal außerhalb von uns haben und niemals für uns erreichbar sind. Wenn ich also die Frau, die ich liebte, mir an Stätten erträumte, nach denen ich damals gerade das größte Verlangen trug, oder wenn ich mir wünschte, daß sie mich erst zu ihnen hinführen und mir damit neue Regionen erschließen möchte, so lag das nicht einfach an dem Zufall einer Gedankenassoziation; nein, es kam vielmehr daher, daß meine Reise- und Liebesträume nur verschiedene Momente eines gleichen, durch nichts zu bändigenden Aufsprudelns aller meiner Lebenskräfte waren, die ich heute willkürlich voneinander trenne, als legte ich an verschieden hohen Stellen einen Schnitt durch einen in allen Farben spielenden und scheinbar unbeweglichen Wasserstrahl.

[...]

Meine Tante wußte dabei recht gut, daß sie Françoise nicht ›wegen nichts‹ herbeigeschellt hatte, denn in Combray war jemand, ›den man nicht kannte‹, ein ebensowenig glaubhaftes Wesen wie ein Gott der Mythologie, und tatsächlich konnte sich niemand erinnern, daß nicht jedes Mal, wenn in der Rue Saint-Esprit oder auf dem Marktplatz eine solche rätselhafte Erscheinung aufgetaucht war, sorgfältige Nachforschungen dies Fabelwesen alsbald auf die Maße einer Person, ›die man kannte‹ – sei es persönlich, sei es sozusagen abstrakt, das heißt standesamtlich erfaßt als mehr oder weniger nah verwandt mit den Bewohnern von Combray – hätten zurückführen können. Da war es dann entweder der Sohn von Madame Sauton, der vom Militärdienst zurück war, die Nichte des Abbé Perdreau, die aus dem Kloster kam, der Bruder des Pfarrers, ein Steuereinnehmer aus Châteaudun, der Exerzitien gemacht hatte oder das Osterfest im Pfarrhaus verleben wollte. Bei ihrem Anblick hatte man mit der erregenden Möglichkeit gespielt, es gebe in Combray Leute, die man nicht kenne; jedoch nur deshalb konnte man es, weil man sie nicht auf der Stelle erkannt oder identifiziert hatte. Und doch hatten Madame Sauton und der Pfarrer lange im voraus jedermann wissen lassen, daß sie ihre ›Reisenden‹ erwarteten. Wenn ich am Abend beim Nachhausekommen einem Spaziergang wie gewöhnlich zu meiner Tante hinaufging und ihr dabei einmal unvorsichtigerweise erzählte, wir hätten nahe der alten Brücke einen Mann getroffen, den mein Großvater nicht kannte, war sie nicht zu beruhigen: „Ein Mann, den Großpapa nicht kennt! Das glaubst du doch selber nicht!" Immerhin beschäftigte sie diese Neuigkeit auch weiterhin so sehr, daß sie Klarheit darüber haben mußte; mein Großvater wurde also herbeigeholt. „Sag, Onkel, wen habt ihr denn da an der alten Brücke getroffen? Einen Mann, den du nicht kennst?" – „Aber nicht doch", gab mein Großvater zur Antwort, „es war Prosper, der Bruder des Gärtners von Madame Bouillebœuf." – „Aha! Natürlich!" sagte meine Tante beruhigt, aber noch etwas rot vor Aufregung; achselzuckend und mit einem ironischen Lächeln fügte sie hinzu: „Wie kann er mir auch sagen, ihr hättet einen Mann getroffen, den du nicht kennst!" Und man empfahl mir an, ein andermal etwas umsichtiger zu sein und meine Tante nicht durch unüberlegte Reden aufzuregen.

In Combray kannte man alles, was vorüberkam, Menschen sowohl wie Tiere, so gut, daß meine Tante, auch wenn sie einen Hund auf der Straße sah, ›den sie nicht kannte‹, unaufhörlich daran dachte und dieser unfaßbaren Tatsache ihren ganzen Scharfsinn und alle Stunden, in denen sie unbeschäftigt war, widmete.

– Es wird der Hund von Madame Sazerat gewesen sein, meinte Françoise ohne rechte Überzeugung, offenbar nur um meine Tante zu beruhigen und zu verhindern, daß sie sich ›den Kopf zerbräche‹.
– Als wenn ich den Hund von Madame Sazerat nicht kenne! antwortete meine Tante, deren kritischer Geist nicht so einfach etwas als Tatsache hinnahm.
– Ach! Ich weiß! Es ist sicher der neue Hund, den Herr Galopin aus Lisieux mitgebracht hat.
– Ah ja! Das könnte schon eher sein.

Proust, Marcel: Auf der Suche nach der verlorenen Zeit. In Swanns Welt I. 75. und 76. Tausend dieser Ausg. 1982. Text folgt der von Eva Rechel-Mertens übersetzten Proust-Ausgabe „Auf der Suche nach der verlorenen Zeit. I". Frankfurt am Main: Suhrkamp Verlag, 1961. [zit. S. 118-120, 80-81]
© Suhrkamp Verlag, Frankfurt am Main, 1953

Nazim Hikmet

Nazim Hikmet wird am 20. Januar 1902 in Thessaloniki in eine Familie der türkischen Elite geboren. Schon als Jugendlicher beginnt er, Gedichte zu verfassen. Mit 17 schließt er sich dem Kommunismus an und geht 1920 zum Studium nach Moskau. In die Türkei zurückgekehrt gibt er eine linke Zeitschrift heraus, wird daraufhin verfolgt und flieht in die UdSSR. Als er 1928 in die Türkei zurückkommt, wird er weiter verfolgt, mehrfach inhaftiert und 1938 wegen angeblicher aufrührerischer Propaganda sogar zu 28 Jahren Gefängnis verurteilt. Im Gefängnis entstehen zahlreiche Gedichte. Nach vorzeitiger Haftentlassung siedelt er 1953 endgültig nach Moskau über, wo weiter Gedichte und Theaterstücke entstehen. Hikmet stirbt am 3. Juli 1963.

(mt)

Eine Reise ohne Rückkehr (gekürzte Fassung)

Wäre ich eine Platane – würde ich in
    ihrem Schatten ausruhen Wäre ich ein Buch,
würde ich, ohne langweilig zu sein, in schlaflosen Nächten lesen
ein Bleistift wollte ich nicht sein, nicht
    einmal zwischen meinen Fingern
Wäre ich eine Tür
Würde ich mich für die Guten öffnen und für die Schlechten schließen
Wäre ich ein Fenster, ein weit offenes Fenster, ohne Vorhänge,
würde ich die Stadt in mein Zimmer holen
Wäre ich ein Wort,
würde ich nach dem Schönen, dem Gerechten, dem Wahren rufen
wäre ich ein Wort,
würde ich leise meine Liebe sagen.

Sie nahmen uns gefangen,
warfen uns ins Gefängnis:
    ich innerhalb der Mauern,
    du außerhalb.
Unsere Sache ist unbedeutend.

Eigentlich das Schlimmste jedoch:
der Mensch trägt, wissentlich oder unwissend,
das Gefängnis in sich selbst ...
Viele, viele Menschen trieb man soweit,
ehrliche, fleißige, gute Menschen,
die es verdienen, so sehr geliebt zu werden, wie ich dich liebe ...

In Prag karrt ein Pferdewagen
    Einspännig einsam
  Am Jüdischen Friedhof vorbei
Hat Sehnsucht geladen nach einer anderen Stadt,
    Ich sitz auf dem Bock ...

Zitiert nach: Frankfurter Rundschau, Jg. 58, Nr. 10/2, Sa., den 12.1.02, S. 19; Copyright: Hikmet, Nazim: In: ders.: Eine Reise ohne Rückkehr/Dönüşü Olmayan Yolculuk, (dt. von Eike Schönfeld). Berlin: Dagyeli, 2001.
© Dagyeli.

Jack Kerouac

Jack Kerouac wird am 13. März 1922 in Lowell (Massachusetts) geboren. Nachdem er kurze Zeit die Columbia-Universität besucht, dient er während des Zweiten Weltkrieges in der Handelsmarine. Später trampt er jahrelang als Gelegenheitsarbeiter kreuz und quer durch die Vereinigten Staaten und Mexiko. Er gehört zu den zentralen Autoren der beat generation. Kerouac stirbt am 21. Oktober 1969 in St. Petersburg (Florida).

Werke u.a.:

1950	The Town and the City	(The Town and the City, 1984)
1957	On the Road	(Unterwegs, 1959)
1958	The Dharma Bums	(Gammler, Zen und Hohe Berge, 1963)
1959	Doctor Sax	(Doctor Sax, 1987)
1960	Lonesome Traveller	(Lonesome Traveller, 1981)
1962	Big Sur	(Big Sur, 1984)

Unterwegs (1959)

Der junge Schriftsteller Sal Paradise lernt nach der Trennung von seiner Frau Dean Moriarty kennen, der einen großen Teil seines Lebens in staatlichen Erziehungsanstalten verbracht hat. Dieser möchte von Sal lernen, Schriftsteller zu werden. Sal lebt bei seiner Tante in New York. Von dort starten Sal und Dean zu einer Reise durch die Welt und führen ein von Jazz und Drogen geprägtes wildes Leben.

(mt)

Unterwegs (Ausschnitt)

Die Partys waren unwahrscheinlich; mindestens hundert Menschen waren in einer Souterrainwohnung irgendwo in den neunziger Straßen der Upper Westside. Die Leute überfluteten die Kellerräume neben der Heizung. In jeder Ecke war etwas los, auf jedem Bett und jeder Couch – keine Orgie, sondern nur eine New Yorker Silvesterparty mit irrem Geschrei und wilder Radiomusik. Auch eine Chinesin war da. Dean flippte wie Groucho Marx von einer Gruppe zur anderen und fand alle fabelhaft. Von Zeit zu Zeit rannten wir zum Wagen hinaus, um noch mehr Leute einzusammeln. Damion kam. Damion ist der Held meiner New Yorker Bande, so wie Dean der Häuptling und Held im Westen ist. Die beiden waren einander auf Anhieb unsympathisch. Damions Mädchen setzte Damion plötzlich einen satten rechten Schwinger ans Kinn. Er begann zu schwanken. Sie schleppte ihn nach Hause. Ein paar von unseren verrückten Zeitungsfreunden kamen aus der Redaktion und brachten Flaschen mit. Draußen tobte ein ungeheurer wunderbarer Schneesturm. Ed Dunkel flog auf Lucilles Schwester und verschwand mit ihr; ich vergaß zu sagen, daß Ed Dunkel sehr sanft im Umgang mit Frauen ist. Er ist eins neunzig groß, weichherzig, zuvorkommend, angenehm, freundlich und ganz reizend. Er hilft Frauen in den Mantel. So muß man's machen. Um fünf Uhr morgens rasten wir alle über den Hinterhof einer Mietskaserne und kletterten durchs Fenster in eine Wohnung, wo eine riesige Party im Gang war. Im Morgengrauen landeten wir wieder bei Tom Saybrook's. Die Leute malten Bilder und tranken schales Bier. Ich schlief mit einem Mädchen namens Mona in den Armen auf einer Couch. In hellen Scharen kamen sie jetzt von der alten Columbia-Campus-Bar. Das ganze Leben, alle Gesichter des Lebens drängten sich in diesem einen muffigen Raum. Bei Ian MacArthur ging die Party weiter. Ian MacArthur ist ein wunderbarer lieber Typ; er trägt eine Brille, durch die er voll Entzücken in die Welt blickt. Damals lernte er gerade, alles im Leben zu bejahen, genau wie Dean, und hat seither nicht aufgehört damit. Beim wilden Sound von Dexter Gordon und Wardell Gray, die „The Hunt" spielten, warfen Dean und ich Marylou über die Couch hin und her; sie war gar kein so leichtes Püppchen. Dean lief ohne Unterhemd herum, nur in Hosen und barfuß, bis es Zeit war, wieder ins Auto zu steigen und noch mehr Leute zu holen. Alles konnte passieren. Wir trafen den ekstatisch ausgerasteten Rollo Greb und blieben eine Nacht in seinem Haus auf Long Island. Rollo wohnt mit seiner Tante in einem schönen Haus; wenn sie einmal stirbt, gehört das Haus ihm, aber bis dahin erfüllt sie ihm nicht einen einzigen Wunsch. Sie haßt seine Freunde. Er brachte die ganze wüste Bande mit – Dean, Marylou, Ed und mich – und ließ eine krachende Party steigen. Die alte Dame verzog sich nach oben, sie drohte die Polizei zu rufen. „Oh, halt doch den Mund, du alte Runzel!" brüllte Greb. Ich fragte mich, wie er mit dieser Frau unter einem Dach leben konnte. Er hatte mehr Bücher, als ich jemals im Leben gesehen hatte – zwei Bibliotheken, zwei Zimmer, bis an die Decke an allen vier Wänden mit Büchern vollgestopft, darunter Werke wie die apokryphen Sowieso-Schriften in zehn Bänden. Er ließ Verdi-Opern laufen und tanzte dazu Pantomime in seinem Pyjama, der einen langen Riß am Rücken hatte. Er scherte sich einen Dreck um alles. [...] Dean stand vor ihm, den Kopf über ihn gebeugt, und sagte immer wieder: „Ja ... Ja ... Ja ..." Er zog mich in eine Ecke. „Dieser Rollo Greb, das ist der Größte und Wunderbarste von allen. Das ist das, was ich dir dauernd sagen wollte – so möchte ich gern sein. Ich möchte sein wie er. Er hängt nie durch, er verströmt sich in alle Richtungen, er läßt es heraus, er weiß, was Zeit ist, er braucht nichts zu tun, als vor- und zurückzuschaukeln. Mann, er ist am Ziel! Hörst du, mach's nur wie er, dann wirst du's erreichen."

„Was erreichen?"

„ES! ES! Ich sag's dir noch – keine Zeit jetzt, jetzt haben wir keine Zeit." Dean lief zurück, um weiter Rollo Greb zuzuschauen.

George Shearing, der großartige Jazz-Pianist, sagte Dean, sei genauso wie Rollo Greb. An diesem langen verrückten Wochenende gingen Dean und ich auch zu Shearing ins Birdland. [...] Shearing griff jetzt seine berühmten Akkorde; in satten Schauern rollten sie aus dem Klavier, man hätte meinen sollen, der Mann hatte gar nicht die Zeit, sie aneinanderzureihen. Sie rollten und rollten wie Wellen im Meer. „Go!" schrien die Leute. Dean schwitzte; der Schweiß lief ihm in den Kragen. „Er hat's! Das ist er! Großer Gott! Großer Gott Shearing! Ja! Ja! Ja!" Und Shearing spürte den Irren hinter seinem Rücken, er hörte jeden von Deans Seufzern und Rufen, er nahm es wahr, auch wenn er's nicht sehen konnte. „Ja, genau!" rief Dean. „Ja!" Shearing lächelte; er wiegte sich vor und zurück. Schweißgebadet stand Shearing vom Piano auf, das war damals seine große Zeit, 1949, bevor er cool und kommerziell wurde. Als er gegangen war, deutete Dean auf den leeren Klavierhocker. „Gottes verlassener Thron", sagte er. Auf dem Klavier stand eine Trompete; ihr goldener Schatten warf sonderbare Reflexe auf die Wüstenkarawane, die an die Wand hinter den Drums gepinselt war. Gott war fortgegangen; was er zurückließ, war Schweigen. Es war eine Regennacht. Es war der Mythos einer Regennacht. Dean fielen vor ehrfürchtigem Staunen die Augen aus dem Kopf. Dieser Wahnsinn würde ins Nichts führen. Ich wußte nicht, was mit mir los war, und plötzlich wurde mir klar, daß es nur das Gras war, das wir rauchten.

Kerouac, Jack: Unterwegs. Deutsch von Thomas Lindquist. Reinbek bei Hamburg: Rowohlt, 1998. [zit. S. 154-158]
© 1955/1957 Jack Kerouac
© 1959/1998 Rowohlt.

Robert Musil

Robert Musil wird am 6. November 1880 in Klagenfurt geboren. Für die Offizierslaufbahn vorgesehen besuchte er verschiedene militärische Bildungsinstitute und bricht schließlich die Ausbildung ebenso ab wie danach ein Maschinenbaustudium. In Berlin promoviert er nach einem erfolgreichen Studium der Philosophie, Psychologie, Mathematik und Physik und arbeitet danach als freier Schriftsteller in Wien. 1913 kehrt er nach Berlin als Redakteur beim S. Fischer Verlag zurück. Nach dem 1. Weltkrieg lebt er abwechselnd in Berlin und Wien und arbeitet wieder als Schriftsteller und Theaterkritiker. 1938 emigrieren Musil und seine jüdische Frau nach Zürich, seine Bücher werden verboten. Robert Musil stirbt am 15. April 1942 in Genf. Für sein literarisches Werk erhält er unter anderem den Kleist-Preis und den Gerhart-Hauptmann-Preis. Musils größter Roman „Der Mann ohne Eigenschaften" wurde teilweise erst nach seinem Tod im Jahre 1952 von seiner Frau veröffentlicht.

Werke u.a.:

1906   Die Verwirrungen des Zöglings Törleß
1908   Vereinigungen
1921   Die Schwärmer
1924   Drei Frauen
1952   Der Mann ohne Eigenschaften

(cw)

Die Amsel (gekürzte Fassung)

Zu den sonderbarsten Orten der Welt – sagte Azwei – gehören jene Berliner Höfe, wo zwei, drei, oder vier Häuser einander den Hintern zeigen, Köchinnen sitzen mitten in den Wänden, in viereckigen Löchern, und singen. Man sieht es dem roten Kupfergeschirr auf den Borden an, wie laut es klappert. Tief unten grölt eine Männerstimme Scheltworte zu einem der Mädchen empor, oder es gehen schwere Holzschuhe auf dem klinkernden Pflaster hin und her. Langsam. Hart. Ruhelos. Sinnlos. Immer. Ist es so oder nicht?

Da hinaus und hinab sehen nun die Küchen und die Schlafzimmer; nahe beieinander liegen sie, wie Liebe und Verdauung am menschlichen

Körper. Etagenweise sind die Ehebetten übereinander geschichtet; denn alle Schlafzimmer haben im Haus die gleiche Lage, und Fensterwand, Badezimmerwand, Schrankwand bestimmen den Platz des Bettes fast auf den halben Meter genau. Ebenso etagenweise türmen sich die Speisezimmer übereinander, das Bad mit den weißen Kacheln und der Balkon mit dem roten Lampenschirm. Liebe, Schlaf, Geburt, Verdauung, unerwartete Wiedersehen, sorgenvolle und gesellige Nächte liegen in diesen Häusern übereinander wie die Säulen der Brötchen in einem Automatenbüfett. Das persönliche Schicksal ist in solchen Mittelstandswohnungen schon vorgerichtet, wenn man einzieht. Du wirst zugeben, daß die menschliche Freiheit hauptsächlich darin liegt, wo und wann man etwas tut, denn was die Menschen tun, ist fast immer das gleiche: da hat es eine verdammte Bedeutung, wenn man auch noch den Grundriß von allem gleich macht. Ich bin einmal auf einen Schrank geklettert, nur um die Vertikale auszunutzen, und kann sagen, daß das unangenehme Gespräch, das ich zu führen hatte, von da ganz anders aussah.

Musil, Robert: Die Amsel. In: ders.: Gesammelte Werke in Einzelausgaben. Prosa, Dramen, späte Briefe. Hg. von Adolf Frisé. Hamburg: Rowohlt, 1978.
Hier zitiert nach 1.-7. Tausend. Hamburg: Rowohlt, 1957: S. 521-535, [zit. S. 523]
© 1978 Rowohlt Hamburg

Weitere Textempfehlung:
Musil, Robert: Die Verwirrungen des Zöglings Törleß. In: ders.: Gesammelte Werke in Einzelausgaben. Prosa, Dramen, späte Briefe. Hg. von Adolf Frisé. Hamburg: Rowohlt, 1978. [Ausgabe 1.-7. Tausend. Hamburg: Rowohlt 1957: S. 15-17; 45-47]
© 1978 Rowohlt Hamburg.

Umberto Eco

Umberto Eco wird am 5. Januar 1932 in Alessandria geboren. Er studiert Philosophie in Turin und promoviert 1954. Danach arbeitet er für das italienische Fernsehen und für verschiedene Zeitungen. Seit 1966 ist er als Professor für visuelle Kommunikation und Semiotik an mehreren italienischen Universitäten und als Gastprofessor in den USA, unter anderem in Yale, tätig.

Darüber hinaus ist er sowohl Betreuer als auch Herausgeber mehrerer italienischer und ausländischer Zeitschriften. Seit 1971 leitet er das Institut für Kommunikations- und Theaterwissenschaften in Bologna. Ecos erster Roman „Il nome della rosa" (Der Name der Rose) erscheint im Jahre 1980.

Werke u.a.:

1968 La struttura assente (Einführung in die Semiotik, 1972)
1980 Il nome della rosa (Der Name der Rose, 1982)
1988 Il pendolo di Foucault (Das Foucaultsche Pendel, 1988)
1994 L'isola del giorno prima (Die Insel des vorigen Tages, 1995)
      Baudolino (Baudolino, 2001)

(cb)

Grundzüge einer Stadtpsychologie: Dresden (gekürzte Fassung)

Ich komme gerade aus Dresden zurück. Dresden ist eine Stadt, die alle Gründe hätte, sich zu beklagen. Glänzende Hauptstadt Sachsens, von Herder als „Florenz des Nordens" bezeichnet, in einer romantischen Landschaft erster Klasse gelegen, wurde sie drei Monate vor der Kapitulation Hitlerdeutschlands dem gnadenlosesten konventionellen Bombardement des ganzen Weltkriegs unterzogen. Ausradiert, und das ohne zwingende Gründe; man wußte bereits, daß die Russen bald da sein würden, und das „Dritte Reich" lag schon am Boden. Das geben inzwischen auch die Anglo-Amerikaner zu, die nicht aufhören, Gewissensbisse und Solidarität zu bekunden.

Aber die Stadt hat, ohne zu vergessen, ihre Trauer ohne Gejammer, ohne Opfergetue und, man möchte fast sagen: ohne Groll getragen. Die Dresdner gehen davon aus, daß man die Geschichte kennt, und zeigen dem Besucher stolz die wieder aufgebauten Paläste, die Türme, die Kirchen, die unglaubliche Pinakothek, sie sagen ihm, wie weit im Jahre 2006, zur Achthundertjahrfeier der Stadt, alles wieder hergerichtet sein wird; sogar die scheußlichen Bauten, die nach dem Krieg schnell hochgezogen worden sind, werden bis dahin ersetzt sein, und die Barockfassaden, die Bellotto so genau auf seinen Bildern festgehalten hat, werden restauriert sein (Bellotto hatte kein so feines Gespür für die Ungreifbarkeit der Atmosphäre wie sein Onkel Canaletto, aber er war von einem glasklaren Realismus, der es erlaubt hat, auch die Altstadt von Warschau wieder aufzubauen).

Die Dresdner fragen einen gar nicht, ob einem die Stadt gefällt. Sie sagen es einem. Das bringt mich auf den Gedanken, daß man die Städte normalerweise in zwei Kategorien einteilen kann: in die selbstsicheren und die anderen. Ich werde hier nur einige der selbstsicheren beim Namen nennen, möchte jedoch betonen, daß unter den anderen auch Hauptstädte sind.

In den selbstsicheren Städten kommt es den Leuten gar nicht in den Sinn, den Besucher zu fragen, wie er ihre Stadt findet. Einige verkaufen schamlos ihren Mythos („Paris, la ville lumière" – „Quanto sei bella Roma" – „New York, New York"), aber sie verlangen keine Konsensbekundungen. Sie setzen stillschweigend voraus, daß man überwältigt ist, und wenn nicht, hat man eben Pech gehabt. Andere, zum Beispiel London, Mailand oder Amsterdam, legen einem zwar den Prospekt oder den Führer mit den Sehenswürdigkeiten ins Hotelzimmer, reden aber nicht viel von sich und sind jedenfalls nicht an den Meinungen ihrer Besucher interessiert. Eine Kategorie für sich sind die Bewohner von Buenos Aires: Spät in der Nacht befragen sie sich und einander nach der argentinischen Identität, aber das ist ein nationales Spiel; daß „Buenos Aires querido" zum Verlieben ist, haben sie nie in Zweifel gezogen.

In Italien bezeichnet sich eine Stadt, wenn es ihr an Selbstvertrauen gebricht, bei öffentlichen Gelegenheiten als „nobilissima città", also eine Stadt von ältestem – sprich antikem – Adel. Es liegt auf der Hand, daß alle italienischen Städte, so wenige Jahrhunderte sie auch erst alt sein mögen (außer den erst vor ein paar Jahrzehnten gebauten), antiken Ursprungs sind, aber die komplexbeladenen haben das Bedürfnis, es ausdrücklich zu sagen. Im allgemeinen jedoch – und dies gilt überall in der Welt – erkennt man mangelndes Selbstvertrauen daran, daß einem sofort bei der Ankunft die Frage gestellt wird: „Was denken Sie über unsere Stadt?"

Mir ist es passiert, daß ich bei der Ankunft in sehr komplexbeladenen Städten auf dem Flugplatz von Journalisten umringt wurde, und die erste Frage war: „Kommen Sie zum erstenmal her? Was denken Sie über unsere Stadt?" Wenn ich dann zu bedenken gab, daß ich noch gar nichts über sie denken könne, weil ich sie ja noch gar nicht gesehen hatte, insistierten sie: „Ja, aber was haben Sie zu finden erwartet, welches Bild hatten sie von ihr?" Sie wissen genau, daß man, wenn man kein Provokateur ist, eine höfliche Antwort geben wird. Am besten, man sagt, man habe schon viel über diese faszinierende und (wenn man ehrlich ist) kontrastreiche Stadt gehört. Dann geben sie erstmal Ruhe, aber solange man da ist, fragen sie immer wieder danach.

In manchen Städten widersprechen sie der höflichen Antwort. Sie wetteifern miteinander, dem Besucher zu sagen, daß die Gegensätze gewaltig, die Probleme dramatisch und ungelöst seien. Man hüte sich, auf die Provokation einzugehen und zu antworten, das sei wahr. Sie werden beleidigt sein. Manchmal wird einem die schicksalhafte Frage auch in Städten gestellt, die für ihre Effizienz und ihre Schönheit berühmt sind. Dann entdeckt man, daß die Stadt unter ihrer Opulenz einen Mangel an Identitätsbewußtsein verbirgt.

Es gibt auch Städte, die ihr Selbstvertrauen wiedergewinnen. Neapel war bekannt für seine Mischung aus leidendem Stolz und triumphierender Selbstbeschimpfung. Einer meiner Freunde sagte kürzlich zu dem Taxifahrer, der ihn zum Flughafen bringen sollte, sie würden vielleicht wegen des Verkehrs zu spät ankommen. Der Taxifahrer antwortete stolz (ohne zu leiden), der Verkehr funktioniere jetzt sehr gut. Kommentar meines Freundes: Zum ersten Mal in seinem Leben (und in der ganzen Welt) sei er einem Taxifahrer begegnet, der gut von der Stadtverwaltung sprach.

In anderen Fällen beginnt eine Stadt, die früher sehr selbstsicher war, sich langsam unwohl zu fühlen. Man achte darauf, ob man gefragt wird, was man über sie denke. Es empfiehlt sich, eine begeisterte Antwort zu geben, aber man schaue sich um und suche nach Gründen für ein Unbehagen.

(1996)

Eco, Umberto: Grundzüge einer Stadtpsychologie: Dresden. In: ders.: Sämtliche Glossen und Parodien 1963-2000. Aus dem Italienischen von Burkhart Kroeber und Günter Memmert. Frankfurt am Main: Zweitausendeins., [zit. S. 471-474]
© Lizenzausgabe mit freundlicher Genehmigung des Carl Hanser Verlags für Zweitausendeins.

Joseph Roth

Joseph Roth wird am 2. September 1894 in Schwabendorf bei Brody (Galizien) geboren. Er beginnt sein Studium in Lemberg und Wien, das er zugunsten der freiwilligen Teilnahme am 1. Weltkrieg abbricht. Ab 1918 ist er als Journalist in Wien tätig. In dieser Zeit entwickelt er ein starkes Interesse am Sozialismus. 1920 siedelt er nach Berlin über, wo er für verschiedene Zeitungen schreibt. Finanzielle Sorgen und die zunehmende politische Verzweiflung angesichts des heraufziehenden Faschismus führen dazu, dass er sein politisches Interesse verliert und sein journalistisches Schaffen einschränkt. Damit beginnt seine dichterische Schaffensphase, die mit seinem Roman „Hiob" (1930) eingeleitet wird. In Voraussicht der kommenden politischen Katastrophe geht er 1933 nach Paris ins Exil, wo er am 27. Mai 1939 an den Folgen seiner Alkoholabhängigkeit stirbt.

Werke u.a.:
1924   Die Rebellion
1927   Die Flucht ohne Ende
1930   Hiob
1932   Radetzkymarsch
1938   Die Kapuzinergruft
1939   Die Legende vom heiligen Trinker

(ar)

Berliner Norden

Berlin, im Juni
Die Menschen, die in dieser grausamsten Gegend der großen grausamen Stadt wohnen, wissen den Dollarkurs nicht – weil sie sich keine Zeitung kaufen können. Der halbverhungerte Beamte aus dem alten Westen, der Lumpenhändler aus dem Osten, der Lehrer und der Gelehrte, der Künstler und der Schriftsteller – sie kannten wenigstens immer noch die unmittelbare Ursache ihrer täglichen Katastrophen: den Stand des Dollars. Ein Bürokollege, ein Freund, ein Nachbar, die Zimmervermieterin haben ein Abendblatt, einen Kurszettel. Die unglücklichen Beamten, Lehrer, Künstler sehen das Schwellen der anrollenden Lawine, sie sind wehrlos zwar, aber nicht blind. Die Menschen des Berliner Nordens aber, denen die bitterste Armut die primitivsten Beziehungen eines Men-

schen aus dem zwanzigsten Jahrhundert zu seiner Umwelt: die Zeitung, verwehrt, sehen nicht und fühlen nur. Sie gleichen den Zwischendeckpassagieren eines sinkenden Schiffes, den tief in den unterweltlichen Maschinenräumen eingeschlossenen Heizern, die die Anzeichen der drohenden Katastrophe nicht mit den Augen zu erkennen vermögen, die in dumpfem Schrecken die Schläge eines unbekannten, zitternd erahnten Schicksals erwarten.

Längst haben die Bewohner des Berliner Weddings, der Müllerstraße, der Mullackstraße ihr Interesse für die Weltgeschichte verloren. Sie haben keine Zeit für die Fragen des Ruhrgebietes, der Kohlenlieferungen, der Reparationen. Die Frage, die den abgehärmten Müttern, den arbeitslosen Vätern Tag und Nacht in den Ohren klingt, ist jene ihrer hungernden Kinder: *Wo ist Brot?* Längst ist die letzte kupferne Türklinke beim Alteisenhändler verkauft. In diesen großen grauen Kästen, die man „Häuser" nennt, in denen zweihundert Parteien, die durch papierdünne Wände mehr verbunden als getrennt wohnen, in diesem beängstigenden riesigen Gewirre von Lichthöfen, Kindern, Schmutzwäsche, Hunden mit triefenden Augen, meckernden Ziegen, Lumpenhaufen, Mistkästen ist schwerlich ein Gegenstand zu finden, der irgendeinen Geldwert darstellte – es sei denn ein gestohlener oder geraubter, für den der Verbrecher bei seinem Hehler auch nur einen lächerlichen Betrag erhält. An den braunen, längst nicht mehr braunen, von Schnee und Regen verwaschenen Bretterzäunen, die eine gleichförmige Reihe militärisch ausgerichteter Zinskasernen plötzlich unterbrechen – häßliche Lücken im häßlichen Gleichmaß der Straße –, an den Wänden improvisierter Bretterbuden der zigeunernden Schnellphotographen hängen seit Monaten Inserate, Verkaufsanzeigen, die man wegen der teuren Inseratenpreise der Zeitungen hier angebracht hat – kleben *Briefe,* die man wegen der ständigen Portoerhöhungen nicht mehr durch die Post befördern lassen kann. Man liest den „offenen Brief" der kleinen Hilfsarbeiterin an ihren Freund, den Wunsch des arbeitslosen „soliden Herrschaftsgärtners" nach einer „sauberen Schlafstelle". Schamlos preisgegeben dem neugierigen kalten Blicke des fremden Passanten sind hier Heimlichkeit und Sehnsucht, es schreit die unverhüllte Not von den grausam tönenden Wänden.

Lang, unendlich lang ist die Müllerstraße, als hieße sie nicht nach einem, sondern nach allen Müllers der Welt. An ihrem äußersten Ende, dort, wo bereits das schwindsüchtige, blasse Grau im Fabriksdunst sterbender Wiesen beginnt, haben sich ein paar schmutzige *Chinesenfamilien* niedergelassen, nicht etwa durch mongolische Rasseeigentümlichkeiten erkennbar, sondern durch die gespenstische Ruhe, in der sie, zum Unterschied von ihren europäischen und ostjüdischen Nachbarn, ihre Kinder gebären und züchtigen, Karten spielen und ihrer Beschäftigungslosigkeit nachgehen. [...]

Viele leben vom mühseligen Aufklauben der Zigarrenreste. Man verkauft sie in den kleinen Fabriken ostjüdischer Einwanderer, die vom geheimen Tabakhandel leben – und sterben. Das Pfund wird mit *zweihundert* Mark gehandelt; weiß man, wie oft man sich bücken muß, tief in den Staub der Straße, ehe ein ganzes Pfund Zigarettenstummel in der Rocktasche geborgen ist?

Gleich neben dem „Reeselokal" kann man die Zigarettenstummel loswerden. Neben dem Reeselokal, in dem die Lampen in melancholisches Rosenrot getaucht sind, ein gedämpftes Licht, elektrische Birne in billige papierene Ballettröckchen gekleidet. Hier tanzt die Verbrecherwelt Tango, hier lauert der stiernackige Polizist – übrigens wohlgelitten und sogar beliebt –; hier schlägt man die „Schore" los, die geraubte Ware. Und gleich daneben der dunkel gähnende Schlund des ewig offenen Haustors, in den die armen Zigarettenklauber einzeln fallen, gleichsam tropfen, und drei Schritte weiter der finstere Marktplatz, in dessen nächtlicher Ruhe der Obdachlose schlummert, im Schlaf noch zitternd vor dem fern hallenden Schritt des patrouillierenden Schutzmannes. [...]

Aber seht: hinter jener endlos langen Müllerstraße erhebt sich der wunderbare, stille Schillerpark – als wäre er strafweise aus dem Westen hierher verbannt –, ein Park mit traurigen Pappeln, vornehm schweigsamen, und silbernen Birken und jungen, blonden Mädchen, die an Birken erinnern, und einem ernsten Parkwächter, der sich von Brombeeren nährt. In diesen Park kommen am Nachmittag, dem nicht immer ein Mittagessen vorausging, die Mütter mit den Kindern, die schlitzäugigen Chinesenfrauen, die aus rätselhaften Gründen üppigen Ostjüdinnen und Berlinerinnen – und alle Kinder sind rachitisch und puddeln mit krummen Beinen im Sand. Und wenn sie hungrig werden, bekommen sie von den Müttern – ich sah es – grüne rohe Schoten.

Neues Wiener Tagblatt, 24. Juni 1923

Roth, Joseph: Berliner Norden. In: ders.: Unter dem Bülowbogen. Prosa zur Zeit. Hg. von Rainer-Joachim Siegel. Köln: Kiepenheuer & Witsch, 1994. S. 186-190.
© 1994 Kiepenheuer & Witsch.

Weitere Textempfehlung:
Ders.: Dorfidyll bei der Untergrundbahn. Der Großmarkt um die Kirche – Billige Waren – Düngerduft und Kauflust., ebenda, S. 143-146

Stanislaw Lem

Stanislaw Lem wird am 12. September 1921 in Lwów (Polen) geboren. Nach seinem Abitur 1939 beginnt er ein Medizinstudium, das er mit Beginn des Zweiten Weltkrieges unterbrechen muss. Während der deutschen Besatzungszeit arbeitet er als Automechaniker, nach dem Krieg nimmt er sein Studium wieder auf und erweitert es durch die Fächer Physik, Philosophie und Biologie. Er beendet das Studium ohne Abschluss und arbeitet eine Zeit lang als Geburtshelfer. Zu schreiben beginnt er bereits mit 16 Jahren, 1951 erscheint sein erster Science-Fiction-Roman „Astronauci". Bekannt wird er jedoch durch den 1961 erschienenen Roman „Solaris", der später von Andrej Tarkowski verfilmt wird.

Werke u.a.:

1951   Astronauci (Der Planet des Todes, 1954)
1959   Eden (Eden, 1960)
1961   Solaris (Solaris, 1972)
1964   Bajki Robotów (Robotermärchen, 1964)
1964   Summa technologiae (Summa technologiae, 1976)
1968   Opowieści o Pilocie Pirxie (Pilot Pirx, 1978)
1976   Katar (Der Schnupfen, 1977)

Der futurologische Kongreß (1974)

Anlässlich des achten Weltkongresses reist der Weltraumfahrer Ijon Tichy nach Costaricana. Bei einer Revolte wird er jedoch so schwer verletzt, dass er eingefroren werden muss. Als er im Jahre 2039 wieder aufgetaut wird, erlebt er eine völlig neue Welt. Statt der Realität erleben die Menschen eine durch Halluzinogene verzerrte Umwelt.

(cb)

Der futurologische Kongreß (Ausschnitte)

Über den Tisch beugte er sich zu mir.
„Tichy, ich tue das Ihnen zuliebe. Ich verletze das Berufsgeheimnis. Von allem, worüber Sie sich beklagt haben, weiß jedes Kind. Wie denn

anders? Die Entwicklung mußte diese Richtung nehmen, seit auf Narkotika und Urhalluzinogene die stark selektiv wirkenden sogenannten Psychofokussierer gefolgt waren. Doch der eigentliche Umschwung fand erst vor fünfundzwanzig Jahren statt, als die Maskone synthetisiert wurden, das heißt, die Hapunkter, die punktuellen Halluzinogene. Narkotika trennen den Menschen nicht von der Welt; sie verändern nur sein Verhältnis zu ihr. Halluzinogene verwirren und verschleiern die ganze Welt. Sie, mein Bester, konnten sich davon ja selbst überzeugen. Die Maskone aber – die fälschen die Welt!"

„Maskone ... Maskone ..." – sprach ich nach. „Das Wort kenne ich doch. Aha! Massenkonzentrationen unter der Mondkruste, solche Mineralverdichtungen? Was haben die damit zu tun?"

„Nichts. Weil nämlich das Wort jetzt etwas anderes besagt. Will sagen, beschmackt. Es kommt von ›Maske‹. Bei Eintritt ins Gehirn vermögen entsprechend synthetisierte Maskone jedes beliebige Objekt der Außenwelt so geschickt durch Scheinbilder zu verhüllen, daß die chemaskierte Person nicht weiß, was an dem Wahrgenommenen echt und was vorgetäuscht ist. Freund, wenn Sie einen Blick auf die Welt würfen, die uns *wirklich* umgibt, nicht auf diese durch Chemaskierung geschminkte – Sie wären entgeistert!"

„Moment mal! Was für eine Welt? Wo gibt es die? Wo ist sie zu sehen?"

„Sogar hier!" – flüsterte er mir ins Ohr, nach allen Seiten ausspähend. Er setzte sich neben mich, reichte mir unter dem Tisch ein Glasfläschchen mit fest eingepaßtem Korken und hauchte geheimnistuerisch:

„Das ist Antich, aus der Gruppe der Wachpulver, ein starkes Gegenmittel gegen Psychemie. Ein Nitrodazylderivat des Pejotropins. Nicht erst die Anwendung – das bloße Mittragen gilt als Kapitalverbrechen. Bitte unterm Tisch entkorken und einmal durch die Nase einatmen. Aber nur einmal! So, als schnupperten Sie an Ammoniak. Na, so wie Riechsalze. Dann aber ... Um Himmels willen, beherrsch dich, halt an dich, denk daran!

Mit bebenden Händen entkorkte ich das Fläschchen. Der Professor nahm es mir weg, als ich kaum den stechenden Mandeldunst eingesogen hatte. In die Augen schossen mir reichliche Tränen. Als ich sie mit der Fingerspitze weggestreift und die Lider abgewischt hatte, da verschlug es mir den Atem: der herrliche Saal mit Majolika-Wänden, Teppichen, Palmen, prunkvoll schimmernden Tischen und einem im Hintergrund postierten Kammerorchester, das uns zum Bratengang aufgespielt hatte – das alles war verschwunden. Wir saßen an einem nackten Holztisch in einem Betonbunker; unsere Füße versanken in einer arg zerschlissenen Strohmatte. Musik hörte ich weiterhin. Aber wie ich nun merkte, entströmte sie einem Lautsprecher, der an einem rostigen Draht hing. Die kristallschillernden Kandelaber hatten verstaubten kahlen Glühbirnen Platz gemacht. Doch die gräßlichste Wandlung war auf dem Tisch vor sich gegangen. Das schneeige Tafeltuch war fort; statt der Silberschüssel, worin auf knusprigem Brot das Rebhuhn geduftet hatte, stand vor mir ein Teller aus Steingut; darauf lag ein unappetitlicher graubrauner Breiklumpen. [...] Die Augen wollten mir schier aus den Höhlen treten, als das entsetzliche Bild erzitterte und sich wieder zu verwischen begann, wie vom Zauberstab berührt. Die Hosenbändchen neben meinem Gesicht ergrünten und wurden wieder zu blättrigen Palmzweigen; der Spülichteimer, der kaum drei Schritte entfernt zum Himmel stank, erglänzte dunkel und wurde zum reliefgeschmückten Palmentopf; die schmutzige Tischplatte wurde weiß wie von erstem Schnee. Kristallene Gläschen blinkten auf; der pappige Brei nahm edle Bratenfarbe an; ihm wuchsen Flügelchen und Keulen, wo sie hingehörten; das Zinnbesteck erstrahlte in echtem Silber; und ringsum schwirrten Kellnerfräcke. Ich blickte auf meine Füße; das Stroh verwandelte sich in Perser. Die Welt des Luxus hatte mich wieder; schwer keuchend starrte ich auf die üppige Rebhuhnbrust, unfähig zu vergessen, was sich darunter tarnte.

„Nun erst beginnen Sie die Wirklichkeit zu erfassen" – flüsterte Trottelreiner vertraulich. Er sah mir ins Gesicht, als befürchtete er eine allzu heftige Reaktion meinerseits. „Und bedenken Sie, daß wir in einem Lokal der Extraklasse weilen! Wenn ich nicht im voraus Ihre etwaige Einweihung in Betracht gezogen hätte, dann wären wir in ein Restaurant gegangen, dessen Anblick Ihnen vielleicht den Verstand verwirren könnte."

„Wie? Also ... Es gibt noch ärgere?"

„Ja."

„Unmöglich."

„Seien Sie versichert. Hier haben wir wenigstens echte Tische, Stühle, Teller und Bestecke. Anderswo liegt man auf vielstöckigen Pritschen und frißt mit den Fingern – aus Eimern, die ein Förderband vorüberschiebt. Auch das Futter unter der Rebhuhnmaske ist dort lang nicht so nahrhaft."

„Was ist das? "

„Nichts Giftiges, Tichy. Bloß ein Extrakt aus Gras und Futterrüben, in gechlortem Wasser aufgeweicht und zusammen mit Fischmehl vermahlen. Meist fügt man Knochenleim und Vitamine hinzu und befettet den Teig mit synthetischem Schmieröl, damit er im Schlund nicht stekkenbleibt. Sie haben doch wohl den Geruch bemerkt?"

„Hab ich. Und ob!!!"

„Na eben."

„Professor, bei Gottes Barmherzigkeit – was ist das? Sagen Sie es mir! Ich beschwöre Sie. Absprache? Verrat? Ein Plan, um die ganze Menschheit auszurotten? Eine teuflische Verschwörung?"

„Warum nicht gar, Tichy. Werden Sie nicht dämonisch. Das ist einfach eine Welt, worin weit über zwanzig Milliarden Menschen leben. Mein Lieber, haben Sie den heutigen ›Herald‹ gelesen? Die pakistanische Regierung behauptet, in der diesjährigen Hungerkatastrophe seien nur 970 000 Menschen umgekommen; die Opposition spricht von sechs Millionen. Wo fänden sich in einer solchen Welt Chablis, Rebhühner, Frikassee in Bearnaisersauce? Die letzten Rebhühner sind vor einem Vierteljahrhundert ausgestorben. Diese Welt ist ein Leichnam, freilich in bestem Zustand, denn sie wird ja fortwährend mit Geschick mumifiziert. Anders gesagt – wir haben diesen Todesfall maskieren gelernt."

„Warten Sie! Ich kann die Gedanken nicht zusammenhalten ... Das heißt also, daß ..."

„Daß Ihnen niemand übelwill. Ganz im Gegenteil. Aus Mitleid, aus Gründen höherer Menschenliebe wird der chemische Humbug angewandt, wird die Wirklichkeit getarnt und mit fremden Federn und Farben aufgeputzt ..."

„Und dieser Betrug ist überall, Herr Professor?"

„Ja."

[...]

Wir verabredeten uns für den folgenden Tag. Beim Abschied fragte ich neuerlich nach dem Versagen von Maskonen.

„Gehen Sie bitte auf den Rummelplatz" – sagte der Professor und erhob sich. „Wenn Sie unliebsame Enthüllungen wünschen, besteigen Sie das größte Karussell, und sobald es auf vollen Touren läuft, schneiden Sie mit dem Taschenmesser ein Loch in die Hülle der Kabine. Die Hülle wird just deshalb benötigt, weil sich während des Herumwirbelns die Phantasmen verschieben, womit das Maskon die Wirklichkeit verdunkelt. So, als spreizte die Fliehkraft die Scheuklappen auseinander. Mein Lieber, Sie werden sehen, was dann hinter den holden Trugbildern hervorlugt ..."

Gebrochen schreibe ich dies um drei Uhr morgens. Was kann ich hinzufügen? Ich erwäge ernstlich, vor der Zivilisation zu fliehen, mich irgendwo in der Einöde zu verkriechen. Selbst die Galaxis lockt mich nicht mehr; Reisen hat keinen Reiz, wenn du nirgendshin heimkehren kannst.

[...]

Bei einem Kiosk auf dem Weg zum Sitzungssaal kaufte ich meiner Gewohnheit gemäß einen Stapel einheimischer Zeitungen. Natürlich mache ich es nicht überall so. Doch im Spanischen kann der Gebildete den Sinn ungefähr erschließen, auch ohne diese Sprache zu beherrschen.

Über dem Podium prangte eine bekränzte Tafel mit der Tagesordnung. Den ersten Punkt bildete die urbanistische Weltkatastrophe, den zweiten die ökologische, den dritten die atmosphärische, den vierten die energetische, den fünften die der Ernährung, dann sollte eine Pause folgen. Technologische, militaristische und politische Katastrophe sowie Anträge außer Programm waren für den nächsten Tag vorgesehen.

Jeder Redner hatte vier Minuten Zeit, um seine Thesen darzulegen. Das war ohnehin viel, wenn man bedenkt, daß 198 Referate aus 64 Staaten angemeldet waren. Um das Beratungstempo zu steigern, mußte jeder die Referate selbständig vor der Sitzung durchstudieren; der Vortragende aber sprach ausschließlich in Ziffern, die auf Kernstücke seiner Arbeit verwiesen. Um derlei reiche Sinngehalte leichter aufzunehmen, schalteten wir samt und sonders die mitgeführten Tonbandgeräte und Kleincomputer ein, welch letztere nachher die grundsätzliche Diskussion bestreiten sollten. Stanley Hazelton aus der Abordnung der USA schokkierte sofort das Auditorium, denn er wiederholte nachdrücklich: 4, 6, 11 und somit 22; 5, 9, ergo 22; 3, 7, 2, 11 und demzufolge wiederum 22!!! Jemand erhob sich und rief, es gebe immerhin 5, allenfalls auch 6, 18 und 4; diesen Einwand wehrte Hazelton blitzartig ab: so oder so ergebe sich 22! Ich suchte im Text seines Referats den Codeschlüssel und entnahm ihm, daß die Zahl 22 die endgültige Katastrophe bezeichnete. Sodann schilderte der Japaner Hayakawa die neue, in seinem Lande entwickelte Hausform der Zukunft: achthundertstöckig, mit Gebärkliniken, Kinderkrippen, Schulen, Kaufläden, Museen, Tierparks, Theatern, Kinos und Krematorien. Der Entwurf umfaßte unterirdische Lagerräume für die Asche der Verstorbenen, vierzigkanäliges Fernsehen, Berauschungs- und Ausnüchterungszellen, turnsaalähnliche Hallen für Gruppensexbetrieb (der Ausdruck fortschrittlicher Gesinnung seitens der Entwerfer) sowie Katakomben für unangepaßte Subkulturgruppen. Einigermaßen neu war der Gedanke, jede Familie solle jeden Tag aus der bisherigen Wohnung in die nächste übersiedeln, entweder in der Zugrichtung des Schach-

Bauern oder im Rösselsprung, alles, um Langeweile und Frustration zu verhüten. Doch dieses siebzehn Kubik-Kilometer ausfüllende, im Meeresgrund wurzelnde und bis in die Stratosphäre ragende Bauwerk hatte sicherheitshalber auch eigene Heiratsvermittlungscomputer mit sadomasochistischem Programm (Ehen zwischen Sadisten und Masochistinnen oder umgekehrt sind statistisch gesehen am haltbarsten, weil jeder Partner das hat, wonach er sich sehnt); auch gab es ein Therapiezentrum für Selbstmordkandidaten. Hakayawa, der zweite Vertreter Japans, zeigte uns das Raummodell eines solchen Hauses im Maßstab 1 : 10 000. Das Haus hatte eigene Sauerstoffspeicher, aber weder Wasser- noch Nahrungsreserven; es war nämlich als geschlossenes System geplant und sollte alle Ausscheidungen wieder aufbereiten, sogar den aufgefangenen Todesschweiß und sonstige Ausflüsse des Körpers. Yahakawa, ein dritter Japaner, verlas die Liste aller aus den Abwässern des ganzen Bauwerks regenerierbaren Gaumenfreuden; dazu gehörten unter anderem künstliche Bananen, Lebkuchen, Shrimps und Austern, ja, sogar künstlicher Wein; trotz seiner Herkunft, die unliebsame Nebengedanken wachrief, schmeckte er angeblich so gut wie die besten Tropfen der Champagne. In den Saal gelangten formschöne Fläschchen mit Kostproben und für jeden ein Pastetchen in Klarsichtpackung. Doch niemand war sehr aufs Trinken erpicht, und die Pastetchen ließ man diskret unter die Sessel verschwinden, also behandelte ich meines ebenso. Nach dem ursprünglichen Plan hätte jedes solche Haus mittels gewaltiger Rotoren auch fliegen können, was Gesellschaftsreisen ermöglicht hätte. Davon wurde jedoch abgesehen, denn erstens sollten für den Anfang 900 Millionen solcher Häuser entstehen, zweitens war der Ortswechsel gegenstandslos: selbst wenn das Haus 1000 Ausgänge hätte, die alle zugleich benützt würden, kämen niemals alle Bewohner ins Freie, da ja neue Kinder geboren würden und heranwüchsen, ehe der letzte das Gebäude verlassen hätte.

Lem, Stanislaw: Der futurologische Kongress. Aus Ijon Tichys Erinnerung. Aus dem Polnischen von I. Zimmermann-Göllheim. Frankfurt am Main: Insel Verlag, 1972. [zit. S. 98-103; 22-24]
© 1972 Stanislaw Lem
© dt. Ausgabe 1972 Insel Verlag

Rita Mae Brown

Rita Mae Brown wird am 18. November 1944 in Hanover (Pennsylvania) geboren und wächst bei Adoptiveltern in Florida auf. Nachdem sie wegen ihres politischen Engagements von der University of Florida ausgeschlossen wird, studiert sie in New York Anglistik und Kinematographie und ist aktives Mitglied der „National Organization of Women" (NOW) und der radikalfeministischen Gruppe der „Redstokkings", des „Furies-Kollektivs" sowie der „Radicalesbians". Sie lebt heute in Charlottesville (Virginia). 1973 gelingt ihr bereits mit ihrem ersten Roman „Rubyfruit Jungle" der Durchbruch. Sie veröffentlicht mehrere Gedichtbände und zahlreiche Romane, darunter auch Kriminalromane.

Werke u.a.:

1973   Rubyfruit Jungle (Rubinroter Dschungel, 1981)
1976   In Her Day (Goldene Zeiten, 1992)
1978   Six of One (Jacke wie Hose, 1980)
1982   Southern Discomfort (Wie du mir, so ich dir, 1983)
1993   Venus Envy (Venusneid, 1993)

Goldene Zeiten (1992)

Die New Yorker Universitätsdozentin Carole Hanratty verliebt sich in die viel jüngere Feministin und Frauenrechtlerin Ilse. Diese versucht, Carole für ihre politischen Aktivitäten und Ideale zu gewinnen. Doch Carole, die eine überzeugte Einzelkämpferin ist, misstraut dem Enthusiasmus und dem solidarischen Hochgefühl, das sie als Vereinnahmungsversuch wahrnimmt und das ihren persönlichen Freiheitsdrang behindert.

(mt)

Goldene Zeiten (Ausschnitt)

„Brauchst du Hilfe?"
   „Nein, ich hab fast alles im Griff. Die blöde Autovermietung erlaubt nicht, daß BonBon uns chauffiert. Jetzt weiß ich nicht, ob ich ei-

nen privaten Rolls-Royce mieten oder auf BonBon als Fahrerin verzichten soll."

„Ist sie sauer, wenn sie nicht fährt?"

„Glaub ich nicht. Wenn sie nur bei dem Spaß dabei ist; in welcher Funktion, ist ihr egal."

„Gut. Weißt du schon, was du anziehst?"

„Diese hautenge Nummer, die du mir geschenkt hast. Es ist wirklich absolut der Stil der dreißiger Jahre. Und was ziehst du an?"

„Gib mir fünf Minuten, dann zeig ich's dir. Komm mir nicht nach. Laß dich überraschen – wenn's dir nicht gefällt, kann ich mich immer noch umziehen."

LaVerne stürmte ins Schlafzimmer und schloß die Tür. Lester kletterte daraufhin schnabelschwenkend an der Käfigseite hoch. Aprikosen wirkten anregend auf seine sportliche Natur. Lester liebte Adele, und sie schäkerte mit ihm, während sie auf LaVerne wartete. Es machte ihm Spaß, ihr die Zunge herauszustrecken, und sie tat so, als würde sie sie packen. Dann sagte er jedesmal: „Hübsches Kerlchen" und nickte mit dem Kopf. LaVerne öffnete die Schlafzimmertür und erschien in einem blaßgelben Chiffonkleid und einem breitkrempigen Hut. Es sah aus, als sei sie direkt aus den zwanziger Jahren eingeschwebt.

„Schatz, wo kommst du her?" „Aus dem Cotton Club." „Hinreißend. Umwerfend. Einfach großartig. Du siehst aus wie eine Debütantin auf dem Weg zum entscheidenden Ball. Und das Gelb, es läßt deine Haut schimmern. Verdammt, jetzt weiß ich nicht, was ich anziehen soll."

„Adele, wolltest du nicht die Bluse anziehen, die ich dir geschenkt habe?"

„Schon, aber jetzt hast du mich übertroffen. Ich muß mir was Besseres einfallen lassen."

„Gehen wir den Kleiderschrank durch und lassen unsere Phantasie spielen."

Nach anderthalb Stunden des Kombinierens entschied sich Adele für einen blutroten Overall mit weiten Beinen und einem breiten schwarzen Bindegürtel. Sie beschloß außerdem, den Rolls-Royce nicht privat, sondern doch beim Autoverleih zu mieten.

Ein glänzender, hochvornehmer Rolls-Royce holte Adele und La-Verne um Punkt sieben Uhr abends ab. Auf dem Weg zu Carole probierten sie im Fond die zahllosen technischen Finessen aus, dann sahen sie majestätisch aus dem Fenster und genossen es, die Leute zu beobachten, die die Hälse reckten, um zu sehen, wer in dem Auto saß. Als sie vor Caroles Haus hielten, ließ Adele den Chauffeur hupen. Gibt es etwas Vollkommeneres, dachte sie, als mit der Hupe zum Rendezvous gerufen zu werden? Sie bedauerte, daß sie nicht daran gedacht hatte, Pelzwürfel zu kaufen und an den Rückspiegel zu hängen. Die Tür ging auf, und Carole blieb wie angewurzelt auf der Treppe stehen. Adele kurbelte das Fenster herunter und brüllte: „Beweg deinen Arsch her, Caroline, wir fahrn jetzt mit der Limousine!" [...]

„Carole, das ist das schönste Kleid, das ich je gesehen habe. Es steht dir phantastisch. Wo hast du es gekauft?" LaVerne befühlte den Stoff.

„Irgendwann hab ich mir mal alte Kostümbücher angesehen. Ich finde, die Mode des zwölften und dreizehnten Jahrhunderts war einfach prachtvoll, und da kam ich auf die Idee, dieses Kleid zu entwerfen. Da du und Adele mir in den Ohren gelegen habt, ich soll mich aufdonnern, bin ich damit zu einer Modedesignerin gegangen, die ich kenne, und sie hat es mir genäht. Sie arbeitet hervorragend."

„Chauffeur, zu McDonald's, 70th Street Ecke Second Avenue", bestimmte Adele.

„Adele?" LaVerne traute ihren Ohren nicht.

„Wir beladen uns mit Plastikfraß und essen auf dem Weg zum Theater. Wetten, ihr habt noch nie auf dem Rücksitz eines Rolls-Royce einen Big Mac gegessen?"

Der Fahrer parkte in zweiter Reihe zwischen 70th und 60th Street direkt vor McDonald's, und nachdem Adele die Bestellungen entgegengenommen hatte, eilte sie hinein. Leute kamen aus dem Lokal, um das Auto zu bestaunen. Ebenso viele blieben drinnen, um Adele zu bestaunen. Sie kam heraus, stieg in den Wagen und erteilte Befehle wie die Bedienung eines Drive-in-Restaurants. „Moment noch. Wartet, bevor ihr auspackt. LaVerne, gib mir die Handtücher, die da hinten liegen. So, und jetzt deckt euch mit den Handtüchern zu, ich will nicht, daß ihr euch von oben bis unten bekleckert. Okay, auf zum Theater."

Als sie vor einem Off-Broadway-Theater vorfuhren, das früher einmal eine Tingeltangel-Kaschemme gewesen sein mußte, schärfte Adele dem Chauffeur ein, ihren McDonald's-Abfall unter keinen Umständen wegzuwerfen.

Der Mann von la Mancha, Mitte der sechziger Jahre ein großer Erfolg, wurde wieder auf die Bühne gebracht. Sogar der Rückgriff auf die unmittelbare Vergangenheit des Theaters erschien weniger riskant als die Gegenwart. Die meisten Produzenten hatte der Mut verlassen. Das Stück war den Revivals aus der Zeit um 1916 die am Broadway liefen, allemal vorzuziehen. Da heute Cervantes' Geburtstag war, betrachtete Adele die Wiederaufnahme des Stückes als vielversprechenden Zufall.

Nach der Vorstellung wies Adele den Chauffeur an, zum Plaza zu fahren.

„Was hast du jetzt vor? Das Stück war genug", rief Carole aus.

Das grandiose Hotel kam in Sicht, ein kostspieliges Relikt aus alter Zeit, das am südöstlichen Ende des Central Parks hofhielt. Als das glänzende Auto um den weißen Springbrunnen herumfuhr, trat der Türsteher erwartungsvoll vor. Wahrscheinlich rechnete er mit Gepäck oder zumindest mit dem Aussteigen der Insassen, die sodann in einem der überteuerten Speiselokale verschwinden würden. Ein Rolfs-Royce besaß offenbar eine geradezu magische Anziehungskraft: Wieder warteten Leute auf beiden Seiten des roten Teppichs, um zu sehen, welche Berühmtheit zum Vorschein kommen und einen fatalen Makel enthüllen würde, etwa einen Hängebusen oder ein unverkennbares Toupet.

Mit der Miene dessen, der den ständigen Umgang mit Millionären gewöhnt ist, öffnete der Türsteher in seiner nachgemachten preußischen Uniform den Wagenschlag.

Adele steckte den Kopf raus und sagte: „Hallo, zusammen. Wir sind bloß mal auf einen Sprung vorbeigekommen", und warf ihm sämtliche Big-Mac-Verpackungen von McDonald's, die Pommes-frites-Tüten, Milchshakebecher und schmutzigen Servietten vor die Füße. Der Portier ließ den Wagenschlag entsetzt fahren – die Szene war mindestens so grauenhaft wie der Mord in Sarajewo –, und Adele streckte zwanglos einen blutroten Arm heraus und schloß die Tür. Der Chauffeur gab Gas, und sie rasten über die Fifth Avenue. Die drei Frauen brüllten vor Lachen über das Spektakel.

Brown, Rita Mae: Goldene Zeiten, Reinbek bei Hamburg: Rowohlt, 1992. [zit. S. 136-140]
Copyright für die deutsche Übersetzung von Margarete Längsfeld
© 1992 by Rowohlt Taschenbuch Verlag GmbH, Reinbek bei Hamburg

Aktuelle Ausgabe:
Brown, Rita Mae: Goldene Zeiten. Berlin, Ullstein 2002

Erich Kästner

Erich Kästner wird am 23. Februar 1899 in Dresden als Sohn eines Sattelmeisters geboren. Durch den Ersten Weltkrieg muss er seine Ausbildung zum Volksschullehrer abbrechen, er wird Soldat. Nach dem Krieg studiert er Germanistik in Berlin, Rostock und Leipzig. 1925 promoviert er und lebt seit 1927 als freier Schriftsteller in Berlin. Während des Nationalsozialismus hat Kästner Publikationsverbot, emigriert aber nicht. Seit 1945 wohnt er in München und ist dort von 1945 bis 1948 Feuilletonredakteur der „Neuen Zeitung". 1946 gründet er die Jugendzeitschrift „Der Pinguin", ist Mitwirkender am Kabarett „Die Schaubude" und von 1952 bis 1962 Präsident des deutschen PEN-Zentrums. Er erhält 1952 den Georg-Büchner-Preis. Am 29. Juli 1974 stirbt Kästner in München.

Werke u.a.:

1928   Emil und die Detektive
1931   Fabian
1948   Der tägliche Kram
1949   Das doppelte Lottchen

(ar)

Sozusagen in der Fremde

Er saß in der großen Stadt Berlin
an einem kleinen Tisch.
Die Stadt war groß, auch ohne ihn.
Er war nicht nötig, wie es schien.
Und rund um ihn war Plüsch.

Die Leute saßen zum Greifen nah,
und er war doch allein.
Und in dem Spiegel, in den er sah,
saßen sie alle noch einmal da,
als müßte das so sein.

Der Saal war blaß vor lauter Licht.
Es roch nach Parfum und Gebäck.

Er blickte ernst von Gesicht zu Gesicht.
Was er da sah, gefiel ihm nicht.
Er schaute traurig weg.

Er strich das weiße Tischtuch glatt.
Und blickte in das Glas.
Fast hatte er das Leben satt.
Was wollte er in dieser Stadt,
in der er einsam saß?

Da stand er in der Stadt Berlin,
auf von dem kleinen Tisch!
Keiner der Menschen kannte ihn.
Da fing er an, den Hut zu ziehn ...
Not macht erfinderisch.

Kästner, Erich: Sozusagen in der Fremde. In: Riha, Karl (Hg.): Deutsche Großstadtlyrik.
    Eine Einführung. München u.a.: Artemis, 1983. [zit. S. 33]
© Artemis.

Gottfried Benn

Gottfried Benn wird am 2. Mai 1886 in Mansfeld (Westprignitz) geboren. In Marburg studiert er Philologie und Theologie, wechselt dann zum Medizinstudium nach Berlin. Während der beiden Weltkriege arbeitet er als Militärarzt, ab 1918 ist er als Facharzt für Haut- und Geschlechtskrankheiten in Berlin tätig. Er begrüßt den Nationalsozialismus als Überwindung der Stagnation und des Nihilismus, distanziert sich Mitte der dreißiger Jahre vorsichtig vom Regime. Benn schreibt hauptsächlich Gedichte, aber auch Dramen, Erzählungen und Essays. Er stirbt am 7. Juli 1956 in Berlin an Krebs.

Werke u.a.:

1913 Söhne
1922 Die gesammelten Schriften
1927 Gesammelte Gedichte
1933 Der neue Staat und die Intellektuellen
1949 Trunkene Flut
1951 Fragmente

(mt)

Das Plakat

Früh, wenn der Abendmensch ist eingepflügt
und bröckelt mit der kalten Stadt im Monde;
wenn Logik nicht im ethischen Konnex,
nein, kategorisch wuchtet; Mangel an Aufschwung
Bejahung stänkert, Klammerung an Zahlen
(zumal wenn teilbar), Einbeinung in den Gang
nach Krankenhaus, Fabrik, Registratur
im Knie zu Hausbesitzerverein, Geschlechtsbejahung,
Fortpflanzung, staatlichem Gemeinsystem
ingrimmige Bekennung –
tröstet den Trambahngast
allein das farbenprächtige Plakat.
Es ist die Nacht, die funkelt. Die Entrückung.

Es gilt dem kleinen Mann: selbst kleinem Mann
steht offen Lust zu! Städtisch unbehelligt:
die Einsamkeit, die Heimkehr in das Blut.
Rauschwerte werden öffentlich genehmigt.
Entformung, selbst Vergessen der Fabrik
soll zugestanden sein: ein Polizist
steht selber vor der einen Litfaßsäule! –
O Lüftung! Warme Schwellung! Stirnzerfluß!
Und plötzlich bricht das Chaos durch die Straßen:
Enthemmungen der Löcher und der Lüste,
Entsinkungen: die Formen tauen
sich tot dem Strome nach.

Benn, Gottfried: Das Plakat. In: ders.: Gesammelte Werke in vier Bänden. Bd. 3. Gedichte. Hg. von Dieter Wellershoff. Wiesbaden: Limes 1960, S. 39.
© Limes Verlag Wiesbaden 1960

Aktuelle Ausgabe:
Benn, Gottfried: Das Plakat. In: Sämtliche Gedichte. Klett-Cotta, Stuttgart 1998

Rainer Maria Rilke

Rainer Maria Rilke wird am 4. Dezember 1875 in Prag als René Karl Wilhelm Johann Josef Maria Rilke geboren. Nach verschiedenen abgebrochenen Ausbildungen erlangt er 1895 doch noch das Abitur und beginnt ein Studium in Prag. Im folgenden Jahr zieht er nach München, wo er eine Beziehung mit der russischen Nietzsche-Biografin Lou Andreas-Salomé eingeht, die ihn für Nietzsche und Russland begeistert. Angesichts der Grauen des Ersten Weltkriegs wandelt sich Rilke schnell vom Kriegsbefürworter zum Kriegsgegner. Nach Kriegsende beantragt er die tschechoslowakische Staatsangehörigkeit, wohnt in der Folgezeit jedoch hauptsächlich in der Schweiz und in Frankreich. Er nimmt seine dichterische Tätigkeit wieder auf und erfährt vor allem in Paris Bewunderung und Anerkennung. Eine Leukämieerkrankung erfordert ab 1923 immer wieder Sanatoriums-Aufenthalte. Am 29. Dezember 1926 stirbt Rilke im Sanatorium von Val-Mont in der Schweiz.

Werke u.a.:

1899-1905 Das Stundenbuch
1899-1904 Die Weise von Liebe und Tod des Cornets Christoph Rilke
1902   Das Buch der Bilder
1904-1910 Die Aufzeichnungen des Malte Laurids Brigge
1909   Requiem
1922-1923 Die Sonette an Orpheus
1912-1923 Duineser Elegien

(mt)

Das Buch von der Armut und vom Tode (gekürzte Fassung)

Denn, Herr, die großen Städte sind
verlorene und aufgelöste;
wie Flucht vor Flammen ist die größte, –
und ist kein Trost, daß er sie tröste,
und ihre kleine Zeit verrinnt.
Da leben Menschen, leben schlecht und schwer,
in tiefen Zimmern, bange von Gebärde,
geängsteter denn eine Erstlingsherde;

und draußen wacht und atmet deine Erde,
sie aber sind und wissen es nicht mehr.
Da wachsen Kinder auf an Fensterstufen,
die immer in demselben Schatten sind,
und wissen nicht, daß draußen Blumen rufen
zu einem Tag voll Weite, Glück und Wind, –
und müssen Kind sein und sind traurig Kind.
Da blühen Jungfraun auf zum Unbekannten
und sehnen sich nach ihrer Kindheit Ruh;
das aber ist nicht da, wofür sie brannten,
und zitternd schließen sie sich wieder zu.
Und haben in verhüllten Hinterzimmern
die Tage der enttäuschten Mutterschaft,
der langen Nächte willenloses Wimmern
und kalte Jahre ohne Kampf und Kraft.
Und ganz im Dunkel stehn die Sterbebetten,
und langsam sehnen sie sich dazu hin;
und sterben lange, sterben wie in Ketten
und gehen aus wie eine Bettlerin.
Da leben Menschen, weißerblühte, blasse,
und sterben staunend an der schweren Welt.
Und keiner sieht die klaffende Grimasse,
zu der das Lächeln einer zarten Rasse
in namenlosen Nächten sich entstellt.
Sie gehn umher, entwürdigt durch die Müh,
sinnlosen Dingen ohne Mut zu dienen,
und ihre Kleider werden welk an ihnen,
und ihre schönen Hände altern früh.
Die Menge drängt und denkt nicht sie zu schonen,
obwohl sie etwas zögernd sind und schwach, –
nur scheue Hunde, welche nirgends wohnen,
gehn ihnen leise eine Weile nach.
Sie sind gegeben unter hundert Quäler,
und, angeschrien von jeder Stunde Schlag,
kreisen sie einsam um die Hospitäler
und warten angstvoll auf den Einlaßtag.
Dort ist der Tod. Nicht jener, dessen Grüße
sie in der Kindheit wundersam gestreift, –
der kleine Tod, wie man ihn dort begreift;

ihr eigener hängt grün und ohne Süße
wie eine Frucht in ihnen, die nicht reift.
O Herr, gieb jedem seinen eignen Tod.
Das Sterben, das aus jenem Leben geht,
darin er Liebe hatte, Sinn und Not.

Rilke, Rainer Maria: Das Buch von der Armut und vom Tode. In: ders.: Werke. Band 1. Gedichte 1895-1910. Hg. von Manfred Engel und Ulrich Fülleborn. Frankfurt am Main/Leipzig: Insel Verlag, 1996. S. 231-252, [zit. S. 234-236]
© 1996 Insel Verlag Frankfurt am Main/Leipzig.

Adalbert von Chamisso

Adalbert von Chamisso wird am 30. Januar 1781 als Louis Charles Adélaïde de Chamisso de Boncourt auf Schloss Boncourt in der Champagne geboren. Die Wirren der französischen Revolution verschlagen ihn nach Preußen. Ab 1812 studiert er Botanik und Medizin und schreibt sein erstes großes Werk, „Peter Schlemihls wundersame Geschichte", das von einem Mann handelt, der seinen Schatten verkauft und in eine Identitätskrise gerät. Zwischen 1815 und 1818 unternimmt er eine dreijährige Weltreise an Bord der russischen Fregatte Rurik. Die Ergebnisse dieser Reise schreibt er unter dem Titel „Reise um die Welt" nieder. Schließlich wird er Adjunkt am Botanischen Garten in Berlin, später Vorsteher des Herbariums. Während dieser Zeit entstehen mehrere Gedichtzyklen. Sein Liederkreis „Frauenliebe und -leben" wird von Robert Schumann vertont. Ab 1832 gibt Chamisso gemeinsam mit Gustav Schwab den „Deutschen Musenalmanach" heraus. Am 21. August 1838 stirbt Chamisso in Berlin.

Werke u.a.:

1806   Adelberts Fabel
1806   Fortunati Glückseckel und Wunschhütlein
1813   Peter Schlemihls wundersame Geschichte
1836   Reise um die Welt in den Jahren 1815-1818
1837   Über die Hawai'sche Sprache

„Reise um die Welt mit der Romanzoffischen Entdeckungsexpedition in den Jahren 1815-18"

Das Buch, als Tagebuch geführt, beschreibt die dreijährige Weltreise des russischen Schiffes Rurik, an der Chamisso als naturwissenschaftlicher Beobachter und Zeichner der Botanik teilnahm.

(mt)

Reise um die Welt (Ausschnitte)

Es ist hier der Ort, von der abgesonderten kleinen Welt, zu der ich nun gehörte, und von der Nußschale, in der eingepreßt und eingeschlossen sie drei

Jahre lang durch die Räume des Ozeans geschaukelt zu werden bestimmt war, eine vorläufige Kenntnis zu geben. Das Schiff ist die Heimat des Seefahrers; bei solcher Entdeckungsreise schwebt es über zwei Drittel der Zeit in völliger Abgeschiedenheit zwischen der Bläue des Meeres und der Bläue des Himmels; nicht ganz ein Drittel der Zeit liegt es vor Anker im Angesichte des Landes. Das Ziel der weiten Reise möchte sein, in das fremde Land zu gelangen, das ist aber schwer, schwerer, als sich es einer denkt. Überall ist für einen das Schiff, das ihn hält, das alte Europa, dem er zu entkommen vergeblich strebt, wo die alten Gesichter die alte Sprache sprechen, wo Tee und Kaffee nach hergebrachter Weise zu bestimmten Stunden getrunken werden, und wo das ganze Elend einer durch nichts verschönerten Häuslichkeit ihn festhält. Solange er vom fremden Boden noch die Wimpel seines Schiffes wehen sieht, hält ihn der Gesichtsstrahl an die alte Scholle festgebannt. – Und er liebt dennoch sein Schiff! – wie der Alpenbewohner die Hütte liebt, worin er einen Teil des Jahres unter dem Schnee freiwillig begraben liegt.

Hier ist, was ich zu Anfang der Reise über unsere wandernde Welt aufschrieb.

[...]

Der Rurik, dem der Kaiser auf dieser Entdeckungsreise die Kriegsflagge zu führen bewilligt hat, ist eine sehr kleine Brigg, ein Zweimaster von 80 Tonnen, und führt acht kleine Kanonen auf dem Verdeck. Unter Deck nimmt die Kajüte des Kapitäns den Hinterteil des Schiffes ein. Von ihr wird durch die gemeinschaftliche Treppe die Kajüte *de Campagne* getrennt, die am Fuß des großen Mastes liegt. Beide bekommen das Licht von oben. Der übrige Schiffsraum bis zu der Küche am Fuße des Vordermastes dient den Matrosen zur Wohnung.

Die Kajüte *de Campagne* ist beiläufig zwölf Fuß ins Gevierte. Der Mast, an dessen Fuß ein Kamin angebracht ist, bildet einen Vorsprung darin. Dem Kamine gegenüber ist ein Spiegel und unter dem, mit der einen Seite an der Wand befestigt, der viereckige Tisch. In jeglicher Seitenwand der Kajüte sind zwei Kojen befindlich, zu Schlafstellen eingerichtete Wandschränke, beiläufig sechs Fuß lang und dritthalb breit. Unter denselben steht ein Vorsprung der Länge der Wand nach zum Sitz und gibt Raum für Schubladen, von denen je vier zu jeder Koje gehören. Etliche Schemel vollenden das Ameublement.

Zwei der Kojen gehören den Offizieren, die zwei anderen dem Doktor und mir. Choris und Wormstiold schlafen im Schiffsraum in Hängematten. Meine Koje und drei der darunter befindlichen Schubladen sind der einzige Raum, der mir auf dem Schiffe angehört; von der vierten Schublade hat Choris Besitz genommen. In dem engen Raume der Kajüte schlafen vier, wohnen sechs und speisen sieben Menschen. Am Tische wird morgens um 7 Kaffee getrunken, mittags um 12 gespeist und sodann das Geschirr gescheuert, um 5 Uhr Tee getrunken und abends um 8 der Abhub der Mittagstafel zum zweitenmal aufgetragen. Jede Mahlzeit wird um das Doppelte verlängert, wenn ein Offizier auf dem Verdecke die Wache hat. In den Zwischenzeiten nimmt der Maler mit seinem Reißbrett zwei Seiten des Tisches ein, die dritte Seite gehört den Offizieren, und nur wenn diese sie unbesetzt lassen, mögen die anderen sich darum vertragen. Will man schreiben oder sonst sich am Tische beschäftigen, muß man dazu die flüchtigen, karggezählten Momente erwarten, ergreifen und geizig benutzen; aber so kann ich nicht arbeiten. Ein Matrose hat den Dienst um den Kapitän, Scheffecha, ein kleiner Tatar, ein Mohammedaner; ein anderer in der Kajüte *de Campagne,* Sikoff, einer der tüchtigsten, ein Russe fast herkulischen Wuchses. – Es darf nur in der Kajüte Tabak geraucht werden. – Es ist wider die Schiffsordnung, das Geringste außerhalb des jedem gehörigen Raumes unter Deck oder auf dem Verdeck ausgesetzt zu lassen. – Der Kapitän protestiert beiläufig gegen das Sammeln auf der Reise, indem der Raum des Schiffes es nicht gestatte und ein Maler zur Disposition des Naturforschers stehe, zu zeichnen, was dieser begehre. Der Maler aber protestiert, er habe nur unmittelbar vom Kapitän Befehle zu empfangen.

Chamisso, Adalbert von: Reise um die Welt mit der Romanzoffischen Entdeckungsexpedition in den Jahren 1815-18. Erster Teil: Tagebuch. Leipzig: Weidmann, 1836. S. 7-258, [zit. S. 20, 21-22]
© Winkler Verlag München 1975

Johannes Gaitanides

Keine biographischen Angaben zu ermitteln.

Die Insel zwischen Paradies und Purgatorium. Nabelschau eines Inselsammlers (gekürzte Fassung)

Keine Epoche auch, keine Gesellschaft, die nicht dem verlorenen Paradies nachtrauert und seiner wieder habhaft zu werden suchte, im Rückgriff etwa auf das immer vergangene „Goldene Zeitalter" oder – nach Marxens Muster – im Vorgriff auf die Zukunft; wenn aber solche Sehnsucht, auf konkrete Gegenwärtigkeit erpicht, ihr Ziel ins Hier und Heute verlegt, dann in eine geschützte Idylle fernab den Stürmen und Strömen der Zeit – auf die Insel eben, die zudem noch die Aura des Anfangs konserviert, das Ius primi diei.
Die frühen Weltfahrer, Adlige und Abenteurer, fanden auch prompt auf ihr, was sie erwarteten, und ließen es nicht an Zeugenschaft für die Insel-Seligkeit fehlen. Nicht anders heute, im Zeitalter des demokratischen Massentourismus, der nun auch die Insel zu seinem Abladeplatz erkoren hat. Wer sich mit ihm nicht gemein machen will, halte sich an den kanadischen Eilandverkäufer, der für seine Objekte mit dem Slogan wirbt: „We are selling dreams of kingdoms" – „Wir verkaufen Träume von Königreichen". Ich empfehle einen zweiten: Die Insel ist ein Aphrodisiakum der Freiheit. Dennoch: Mag die Insel dem nie versiegenden Bedarf nach Illusion dienen, sie ist kein Irrtum.
[...]
Die Insel macht frei – sie entrückt ihren Gast seiner Gesellschaft, dem Druck der Leistung und der Konkurrenz, sie reißt ihm das Korsett seiner Komplexe und Tabus vom Leibe. Solch Sichentfernen von der Fron und Front läßt sich nun leicht als „Flucht" abqualifizieren, als Eskapismus und Realitätsverweigerung. Doch abgesehen davon, daß der Motor, erst recht der menschliche, von Zeit zu Zeit überholt werden muß, und die Batterien der Aufladung bedürfen, ist es ein Laster des germanischen Offensivdenkens, jegliches Abstandnehmen und Zurückweichen als Schwäche, Furcht und Feigheit zu diffamieren; als ob die Be-

sinnung durch Distanzierung und die Konzentrierung der Kräfte im Rückzug nicht Voraussetzung jeder neuen Runde, jedes neuen Anfangs wäre. Und wer hat denn was gegen die Flucht? Der Kerkermeister! Schließlich ist dieser vermeintliche Ausstieg ein Umstieg, denn der landet nicht im Niemandsland der Leere, der schönen Täuschung oder in sonstiger Unverbindlichkeit – was er eintauscht und in was er eintaucht ist eine andere Gegenwärtigkeit, und sie ist gewiß nicht von geringerer Dichte. Der Ortswechsel ist ein Zeitenwechsel, ein Substanzentausch mit Gewinn. Er versetzt den Ägäisfahrer in einen Klärungsprozeß, der die Spreu vom Weizen sondert. Denn Inseln sind Reparaturwerkstätten für Realisten, nicht Asyle für Romantiker noch für Abstinenzler der Zeit. Auf ihnen findet sich, wer sich sucht, nicht, wer sich flieht.

Isolation im Raum isoliert in der Zeit. Alle große Entscheidung fällt und geschieht drüben, auf dem Kontinent; auf dem Weg über See unterliegt sie einem Verzögerungseffekt, wird sie verdünnt, gefiltert, gebrochen, und bis zur Landung setzt sie Algen und Patina an. So geschwächt, läßt sie die Insel mehr Spielraum für Annahme und Ablehnung: gegen das Bloß-Modische ist sie immun, die Revolution findet auf ihr keine Startfläche – das Neue muß sich bewährt haben, ehe es von ihr zugelassen wird. So gehen die Uhren der Insel langsamer, sie hinkt der Geschichte immer einen Schritt hinterher und liefert ihr Nachhutgefechte, sie legt die alten Kleider nicht so schnell ab, ihre Vergangenheit hat mehr Gegenwärtigkeit. [...]

So unberührte Natur, so jungfräuliche Geschichte, wie ihr die Fatamorganisten unterstellen, ist die Insel nun auch wieder nicht. Die Narben ihrer permanenten Vergewaltigung durch das Raubtier Homo sapiens schließen sich nicht. Die Jahrtausende hindurch haben ihr fremde Herren und Korsaren die grüne Haut abgezogen – in der Ägäis: die Minoer, Hellenen, Byzantiner, Normannen, Venezianer, Kreuzritter, Türken –, sie alle holten sich von ihr das Holz für die Flotten und Festungen, für ihre Häuser, Burgen und Kirchen, die Einwohner dazu den Brennstoff für den Herd, und was an jungleckerem Forst nachkeimt, fällt der Freßgier des unvermeidlichen Ziegenvolkes zum Opfer. Doch die Natur selber betätigt sich in eifriger Konkurrenz an der Demontage ihres eigenen Werkes. Um 1520 v. Chr. soll der Vulkanausbruch von Santorin (viermal stärker als 1883 die Eruption der indonesischen Insel Krakatau, die gewaltigste in der Neuzeit) mit seinen Glutwolken weithin das Insel- und Festlandgehölz abgesengt haben. Schon Platon sprach im „Kritias" von den „fernen Zeiten", da das Land bedeckt war mit fetter Erde und dicken Waldteppichen auf den Bergen, und ein halbes Jahrhundert nach ihm hieß es: „Jetzt aber ist wie von einem erkrankten Körper nur das Knochengerüst übrig, weil alle weiche Erde weggeschwemmt und nur das nackte Skelett zurückgeblieben ist." Seither ist die Insel wehrloser der Erosion ausgesetzt; daher es denn auch nicht mehr mit ihrem Wasserhaushalt stimmt. Zu ihrem Glück betätigt sich das Geschick der „geheimen List" in der Natur nicht minder als in der Geschichte: Im Prozeß einer partiellen Wiedergutmachung überzog sie die aufgerissenen Blößen mit dem weitmaschigen Schleier eines lockeren Grüns, geknüpft aus den Trockenkulturen der Rebstöcke, der Zitrus-, Ölbaum- und Pinienhaine, der zahllosen Macchien und Phrigana mit ihren Igelgewächsen, welche die Krume zu einigem Halt stabilisieren und die Insel zumindest im Minimum der Menschenwohnlichkeit erhalten. Doch auch Natur aus zweiter Hand ist – Natur, mögen Zyniker sie als Demi-vierge denunzieren. Den Nisomanen ficht es nicht an: Diese Inseln können sich die Nacktheit leisten; entkleidet präsentieren sie sich in noch reinerem Glanz.

[...]

Das Regime von Gesellschaft und Gemeinschaft kann sich ungehindert entfalten, weil auf der Insel der Staat kaum stattfindet. Seine Präsenz beschränkt sich auf *einen* Polizisten, *einen* Lehrer, *einen* Posthalter, *einen* Hafenkommandanten, *einen* Arzt (und nicht jeder von ihnen immer und überall). Ob in der antipodischen Hemisphäre, im fernen Athen, Diktatorenstiefel auf der Freiheit herumtrampeln oder sich die Demokraten wechselseitig die Köpfe einschlagen – es macht für die Insel kaum einen Unterschied. Denn sie ist weithin autark: Fast alle ihre Bewohner sind „Selbständige", sind „Unternehmer" im Einmann- oder Familienbetrieb, und dazu haben sie auch noch die Axt im Haus, die den Zimmermann ersetzt, und manch anderes Werkzeug, da auch die anderen Handwerke meist nicht ihren Mann auf der Insel ernähren. Sie produzieren vorwiegend für den Eigenbedarf der noch intakten Großfamilie, kaum aber für fremde und ferne Märkte, sind doch die meisten Inseln erst ansatzweise dem Kreislauf der nationalen Volkswirtschaft angeschlossen. Vielerlei Abhängigkeiten und die Zwänge der Konkurrenz sind ihnen somit erspart. Ihre „Freiheit" erstreckt sich freilich nicht auf die „Freiheit von Not". Die Erbfolge und die geradezu selbstmörderische Pflicht der Mitgift haben den Landbesitz zu höchst unökonomischen Produktionseinheiten zersplittert, die bestenfalls das Existenzminimum hergeben. Und da das bergige Gelände reich nur ist an Steinen, fordert es doppelte Mühe; die Sechzigstundenwoche versteht sich von selber, und im Mangel an Wasser zahlt sie sich nicht einmal aus. Nein, die Insel ist keine Stätte der Traumseligkeit, der blauen Blume, des Dolce far niente, sie ist hart und herb. Und wo mit den fremden Touristen doch größeres Geld den Weg zu ihr findet, dann allenfalls als Kuchen für die wenigen, nicht als Brot für die vielen. So lassen sich auf der Insel keine Schätze sammeln, und sie ist auch, wie wir noch sehen werden, kein Ort, die Messer des Intellekts zu wetzen oder die Früchte der Libertinage zu pflücken. [...]

Nichts auf der Insel im Plural – sie ist der Ort der kleinen Zahl. Oft hat sie nur *ein* Dorf, *eine* Taverne, sicher aber mehrere Kafenia sowie zahllose Kirchen und Kapellen, und dort kann man einander nicht ausweichen: das macht wohl oder übel tolerant. Und da sich auf ihr die Gesichter und Geschehnisse nicht im schnellen Wechsel jagen, münzt sich die mangelnde Quantität der Ereignisse in eine höhere Qualität der Begegnung um, erst recht gegenüber dem Fremden, der farbige Tupfer in das Einerlei des Inselalltags setzt.

An der „Insel der Seligen" sind also etliche Abstriche anzubringen. Wozu der Mythos wiederum einige Fingerzeige gibt – er spricht ja auch von der „Insel der Verdammten": von Helios, der auf ihr – wo die Nacht begann – seine tägliche Sonnenfahrt endete, von den menschenfressenden Kyklopen, die Insulaner waren gleich den Gorgonen, gleich der Circe, Kalypso und den Sirenen, die das Schöne als Waffe des Schrecklichen handhabten.

Gaitanides, Johannes: Die Insel zwischen Paradies und Purgatorium. Nabelschau eines Inselsammlers. In: Gaitanides, Johannes: Griechisches allzu Griechisches. München 1982
© 1982 by Verlag Molden in der F.A. Herbig Verlagsbuchhandlung GmbH, München.

Iso Camartin

Iso Camartin wird 1944 in Chur (Schweiz) geboren. Es studiert Philosophie und Romanistik in München, Bologna und Regensburg, wo er auch promoviert. Von 1974-85 folgen Forschungs- und Lehrtätigkeiten an den Universitäten in Harvard, Fribourg, Genf sowie Zürich. 1985 wird er ordentlicher Professor für rätoromanische Literatur und Kultur an der Eidgenössischen Technischen Hochschule und der Universität Zürich. Für seine Essays erhält er zahlreiche Preise. 2000 übernimmt Camartin die Leitung der Kulturabteilung des Schweizerischen Fernsehens DRS. Er lebt heute in Zürich.

Werke u.a.:
1991   Von Sils-Maria aus betrachtet. Ausblicke vom Dach Europas
1992   Nichts als Worte
1994   Die Bibliothek von Pila
1998   Der Teufel auf der Säule
1999   Graziendienst
2003   Jeder braucht seinen Süden

(jf)

Über Grenzen (gekürzte Fassung)

„Border is fate": so lautet der Titel eines Buches über Randgruppen in Europa. Der Wahrheitsgehalt dieser Aussage ist bescheiden, doch die Intention der Überschrift ist durchsichtig. Daß ein Dasein am Rande „fataler" sein soll als ein Dasein im Zentrum, ist nicht ohne weiteres einsichtig. Denn man lebt im Zentrum weder schicksallos noch bewahrt vor Verhängnis. Dennoch würde einem Satz wie „Center is fate" gleichsam die Sinnspitze fehlen. An den Rändern hat man Anspruch auf Besonderheit. Das lernt man dort schnell und übt sich in der Betonung und Bekräftigung dieses Anspruchs. Mag auch die Liebe an der Geographie krepieren – wie es einmal in Kästners „Fabian" heißt –, das Mitleid gesundet an ihr. Rand- und Grenzbewohner können unserer Anteilnahme gewiß sein.

Im allgemeinen Bewußtsein sind Grenzbewohner vom Schicksal mißgünstig plaziert. Diese Ideologie stimmt mit der Realität schlecht überein. Sobald man einmal darüber nachzudenken beginnt, was Grenzen eigentlich sind, was sie für Menschen und Menschengruppen bedeuten, kommt man dem Unsinn rasch auf die Spur. Nein, so verhängnisvoll geht es an den meisten Grenzen gar nicht zu. Ganz im Gegenteil. Da läßt sich leben, nicht schlechter als anderswo, manchmal sogar besser. „Border is privilege"; dies wäre eine mindestens so zutreffende Behauptung.

Doch mit solchen Schlagworten kommen wir nicht sehr weit. Versuchen wir es, indem wir den Begriff der Grenze näher beleuchten.

Grenzen sind nicht für jedermann dasselbe. Das ist nicht so trivial, wie es sich anhört. Für den Mathematiker bedeuten Grenzen etwas anderes als für den Geographen, der Politiker sieht sie anders als der Militärexperte, der Patriot zieht aus ihnen trotz vergleichbarer Wertschätzung nicht den gleichen Gewinn wie der Kontrabandist. So variieren notgedrungen auch die Definitionen. Bleiben sie allgemein, nehmen diese oft eine Wendung ins Komische. In „Meyers Konversationslexikon" von 1904 heißt es, die Grenze sei „das Ende einer Sache, jenseits dessen sie aufhört". Das ist fürs Kabarett brauchbar, doch der gesunde Menschenverstand bäumt sich hier auf, obwohl die Umschreibung ja nicht falsch ist. Über Grenzen läßt sich nur konkret nachdenken, von ihrer Funktion her und von der Erfahrung desjenigen, der vor ihnen haltmacht oder sie überschreitet. Machen wir es uns leicht. Räumen wir den Erfahrungen ein Vorrecht ein.

Zehn Jahre lang überquerte ich zweimal in der Woche eine Landesgrenze. Wer im Zug sitzt, sieht keine Schlagbäume. Vom Fenster aus ist nicht zu entscheiden, wie die Grenze verläuft. Unterschiedlich uniformierte Grenzpolizei und Zollbeamte signalisieren zwar einen Wechsel der Rechtshoheit, aber die meistens sehr freundlichen Herren mit ihren stereotypen Fragen steigen vor der Grenze schon ein und reisen eher diskret mit, als daß sie durch übermäßige Umtriebe auffallen. Gute Zeiten, in denen Grenzbeamte beinah schon wie ein Relikt einer schlechteren Vergangenheit erscheinen und sich entsprechend zurückhalten. Man bemerkt manchmal, daß sie im Abteil nebenan Karten spielen. Einzelgänger unter ihnen ziehen sich nach dem Pflichtgang die Mütze übers Gesicht und dösen vor sich hin. Oft bleiben sie überhaupt unsichtbar. Ein sanfter Übergang also, der nur dann bewußt wahrgenommen wird, wenn man etwas im Gepäck hat, von dem man nicht ganz sicher ist, daß es zollfrei passiert.

Empfindlich dagegen reagiert man zwei Waggons weiter.

Sitzt man im Speisewagen, weiß man augenblicklich, welchen Landes Essenssitten gerade herrschen. Nase und Gaumen sind unbestechlicher als die Augen. So schärft sich die Empfindung für die Unterschiede.

Dann sehen auf einmal auch die Augen, wie jenseits der Grenze Kirchtürme anders aus den Dörfern ragen, wie die Gärten unterschiedlich angelegt sind, wie die Linien der Weinberge eigenartig verlaufen. Man ist nicht mehr im eigenen Land. Gestikulieren auf einmal die Menschen nicht auch anders, hat sich ihre Redeweise nicht auch verändert?

Wo sie durchlässig sind, können Grenzen zur Offenbarung werden. Wo sie immer noch Sperren sind, müssen sie es werden. Es kommt vor, daß die Herren in den grünen oder die in den grauen Uniformen bei einem Mitreisenden ungute Papiere zu entdecken glauben. Für den Betroffenen wird die Grenze sogleich zur Tortur. Manchmal blättert ein besonders gewissenhafter Diener des Staates auch in meinem Paß mißtrauisch herum. Seit einiger Zeit tippen die auf „Nummer Sicher" gehenden Herren zur Überprüfung der Dokumente die Paßnummer in ein Funkgerät. Wenn der Registriereifer mir auch nicht gefällt, geschadet hat er mir meines Wissens bisher noch nicht. Fällt ein Nachbar ins Mißtrauen oder in den Argwohn der Grenzwächter, ist es mit der Behaglichkeit beim Grenzübertritt vorbei. Die Grenze zeigt sogleich ihre harte und unfreundliche Seite. Selten, aber manchmal eben doch, wird ein Mitreisender aufgefordert, sein Gepäck zu nehmen und der Polizei zu folgen. Fast immer sind es Menschen, deren Aussehen auf ferne Länder schließen läßt und deren Mitteilungsfähigkeit gering ist. Nur solange Grenzen passierbar bleiben, erschrecken sie uns nicht.

Wo die Grenzen geschlossen sind, entwickeln die Menschen mit Sicherheit falsche Vorstellungen übereinander. Was man nicht kennt, läßt sich leicht geringschätzen und verachten. Sobald die Erfahrung fehlt, ist für Vorurteile Raum vorhanden. Wenn Grenzen dichtgemacht werden, erzeugt die Abwehr Feindbilder, die die Menschen auf der anderen Seite prophylaktisch vorverstümmeln. „Warum uns hassen und Grenzen setzen zwischen den Rassen?" hat der konservative Romantiker Lamartine in einem Gedicht gefragt. „De frontières au ciel voyons-nous quelques traces?" Nein, in der Himmelskuppel sind keine Grenzen eingezeichnet, aber die Menschen scheinen ohne sie nicht auskommen zu wollen.

Seit früher Zeit schlägt sich die Menschheit damit herum, Grenzen zu ziehen und Grenzen zu überschreiten. Auch abgelegene, machtpolitisch unbedeutende, ja geradezu bedeutungslose Menschengruppen sind über Grenzen häufiger in Streit geraten als über andere Dinge. Freilich waren es weniger Landesgrenzen, die hier die Gemüter erregten. Wenn ich an die Bündnerromanen am Inn oder am Rhein denke: daß ein Knecht oder eine Magd aus dem Tirolischen oder aus dem Lombardischen stammte, spielte eine geringe Rolle, solange ihre Arbeit gut genug war. Nicht die Grenzen einer anderen Sprache oder Nation machten der Gemeinschaft zu schaffen, sondern die der Nachbarn untereinander. In Dorfordnungen und Gerichtsstatuten wird exzessiv umschrieben und verfügt, wie „Jedem das Seine" nicht nur Prinzip sein soll, sondern Realität werde. Aus Archivakten erfahren wir, wie Familien sich wegen des Grenzverlaufs eines Feldstücks gegenseitig ruiniert haben, als läge in einer Handbreit Erdreich für beide Seiten das vollkommene irdische Glück. Jahrelange Feindseligkeit konnte zwischen Gemeinden und Weilern aus einem Disput über eine Grenzziehung entstehen. Ja, heimtückisch und blutrünstig wurden sonst ganz friedfertige Menschen, wenn sie sich über die Auslegung eines Grenzverlaufs nicht zu einigen vermochten. [...]

Um die Abgrenzung von Eigentum wird indessen nicht nur in bäuerlichen Kulturen bis aufs Blut gerungen. Doch geben Randkulturen noch anderen und spezielleren Anlaß, über Grenzen nachzudenken. Zuerst einmal beweist die Geschichte der Emigration tausendfach, daß, wer zu Hause hungern mußte, bei anderen Leuten oft doch sein Glück machen konnte. Die Grenzen der eigenen Gemeinschaft zu überschreiten mag vielen schwergefallen sein. Doch war manchmal nur so mit dem Leben davonzukommen. Man denkt anders über Grenzen, jenseits deren es wieder möglich wird zu hoffen.

War man einmal auf und davon, wurden schnell auch die Grenzen der Sitten und der Bräuche aufgeweicht. Darüber haben vor Verwunderung die Einheimischen oft ihren Ohren nicht getraut. Doch hat die Seele der Auswanderer an solcher Entgrenzung selten nur Schaden genommen. Die andere Lebensart, von der die Rückkehrer im Dorf zu berichten wußten, hat manche eigene Unart zuerst ins Zwielicht, dann zum Verschwinden gebracht. Daß für viele ein Leben jenseits der eigenen Grenzen zur unwiderstehlichen Lockung werden konnte, ist bei der Bescheidenheit des eigenen Zuhauses mehr als begreiflich. Nicht alle erwartete dort freilich das Glück. Manche sind über die Grenze gezogen, und von ihnen wurde nie mehr ein Laut vernommen. Als seien sie ins Nichts gefallen. Doch gezählt hat man die Erfolgreichen, die manchmal mit mehr Geld zurückkamen, als man es sich zu Hause ausmalen konnte. Sie haben all denen, die nicht zu früh aufgeben wollten, den Weg über die Grenzen leichter gemacht.

Camartin, Iso: Über Grenzen. In: Von Sils-Maria aus betrachtet, Frankfurt am Main: Suhrkamp, 1990

Johann Wolfgang von Goethe

Johann Wolfgang von Goethe, geboren am 28. August 1749 in Frankfurt am Main, beginnt sein Studium der Rechtswissenschaft auf Wunsch des Vaters 1768 in Leipzig. Auf Einladung von Herzog Carl August von Sachsen-Weimar-Eisenach zieht der junge Rechtsanwalt und Erfolgsautor (der Roman „Die Leiden des jungen Werther" von 1774 macht Goethe weltberühmt) 1775 von Frankfurt nach Weimar, wo er ab 1776 im Staatsdienst arbeitet. Er leitet dort als – 1782 geadelter – Minister die Ressorts Finanzen, Bergbau und Militärwesen, sowie später auch Theater- und Bildungswesen. Daneben fungiert er als Fürstenerzieher und dient dem Herzog als Gesellschafter und Reisebegleiter. Im Herbst 1786 tritt Goethe eine Reise nach Italien an, von der er 1788 zurückkehrt. Das Erlebnis der Antike und einer in Natur und Gesellschaft allgegenwärtigen Sinnlichkeit spiegelt sich unter anderem in den „Römischen Elegien" (1788 bis 1790) wider. Mit Christiane Vulpius bekommt Goethe im Jahre 1789 einen Sohn. Goethe hat Kontakt zu bedeutenden Dichtern und Gelehrten wie Schiller, Herder und Wieland. Nach seiner zweiten Italienreise ist Goethe von 1791 bis 1817 Direktor des Weimarer Hoftheaters. Am 22. März 1832 stirbt Goethe in Weimar.

Werke u.a.:

1773	Götz von Berlichingen
1774	Die Leiden des jungen Werther
1779	Iphigenie auf Tauris
1788	Egmont
1795	Wilhelm Meisters Lehrjahre
1798	Hermann und Dorothea
1808	Faust, 1. Teil
1809	Die Wahlverwandtschaften
1808-1810	Die Farbenlehre
1833	Faust, 2. Teil

(cb)

Italienische Reise

Goethes „Italienische Reise" ist ein Bericht über die Geographie, Bevölkerung, die Sitten und vor allem die Kunst des Landes. Die Reise, die ursprünglich als Flucht aus einer Lebenskrise beginnt, führt Goethe von

1786 bis 1788 über Verona, Venedig, Rom, Neapel und von dort nach Sizilien. Erst 30 Jahre später veröffentlicht er das Reisetagebuch, in dem das Land und die Kultur in amüsanten Episoden dargestellt werden. Das ursprüngliche Werk wird erweitert um den zweiten römischen Aufenthalt 1787/88. Die Beschreibung des Römischen Karnevals und die Geschichte von Goethes Zuneigung zur Schönen Mailänderin werden ergänzt.

(jf)

Italienische Reise. Das römische Karneval (Ausschnitte)

Indem wir eine Beschreibung des römischen Karnevals unternehmen, müssen wir den Einwurf befürchten, daß eine solche Feierlichkeit eigentlich nicht beschrieben werden könne. Eine so große, lebendige Masse sinnlicher Gegenstände sollte sich unmittelbar vor dem Auge bewegen und von einem jeden nach seiner Art angeschaut und gefaßt werden.

Noch bedenklicher wird diese Einwendung, wenn wir selbst gestehen müssen, daß das römische Karneval einem fremden Zuschauer, der es zum erstenmal sieht und nur sehen will und kann, weder einen ganzen noch einen erfreulichen Eindruck gebe, weder das Auge sonderlich ergötze noch das Gemüt befriedige.

Die lange und schmale Straße, in welcher sich unzählige Menschen hin und wider wälzen, ist nicht zu übersehen; kaum unterscheidet man etwas in dem Bezirk des Getümmels, den das Auge fassen kann. Die Bewegung ist einförmig, der Lärm betäubend, das Ende der Tage unbefriedigend. Allein diese Bedenklichkeiten sind bald gehoben, wenn wir uns näher erklären; und vorzüglich wird die Frage sein, ob uns die Beschreibung selbst rechtfertigt.

Das römische Karneval ist ein Fest, das dem Volke eigentlich nicht gegeben wird, sondern das sich das Volk selbst gibt.
[...]

Der Corso

Das römische Karneval versammelt sich in dem Corso. Diese Straße beschränkt und bestimmt die öffentliche Feierlichkeit dieser Tage. An jedem andern Platz würde es ein ander Fest sein; und wir haben daher vor allen Dingen den Corso zu beschreiben.

Er führt den Namen, wie mehrere lange Straßen italienischer Städte, von dem Wettrennen der Pferde, womit zu Rom sich jeder Karnevalsabend schließt und womit an andern Orten andere Feierlichkeiten, als das Fest eines Schutzpatrons, ein Kirchweihfest, geendigt werden.

Die Straße geht von der Piazza del Popolo schnurgerade bis an den Venezianischen Palast. Sie ist ungefähr viertehalbtausend Schritte lang und von hohen, meistenteils prächtigen Gebäuden eingefaßt. Ihre Breite ist gegen ihre Länge und gegen die Höhe der Gebäude nicht verhältnismäßig. An beiden Seiten nehmen Pflastererhöhungen für die Fußgänger ungefähr sechs bis acht Fuß weg. In der Mitte bleibt für die Wagen an den meisten Orten nur der Raum von zwölf bis vierzehn Schritten, und man sieht also leicht, daß höchstens drei Fuhrwerke sich in dieser Breite neben einander bewegen können.

Der Obelisk auf der Piazza del Popolo ist im Karneval die unterste Grenze dieser Straße, der Venezianische Palast die obere. [...]

Aus jenen Zeiten mag sich noch die Gewohnheit herschreiben, daß der Trupp Reiter, welcher, von Trompetern begleitet, in diesen Tagen die Preise in ganz Rom herumzeigt, in die Häuser der Vornehmen hineinreitet und nach einem geblasenen Trompeterstückchen ein Trinkgeld empfängt.

Der Preis bestehet aus einem etwa drittehalb Ellen langen und nicht gar eine Elle breiten Stück Gold- oder Silberstoff, das an einer bunten Stange wie eine Flagge befestigt schwebt und an dessen unterm Ende das Bild einiger rennenden Pferde quer eingewirkt ist.

Es wird dieser Preis Palio genannt, und so viel Tage das Karneval dauert, so viele solcher Quasi-Standarten werden von dem ersterwähnten Zug durch die Straßen von Rom aufgezeigt.

Inzwischen fängt auch der Corso an, seine Gestalt zu verändern; der Obelisk wird nun die Grenze der Straße. Vor demselben wird ein Gerüste mit vielen Sitzreihen über einander aufgeschlagen, welches gerade in den Corso hineinsieht. Vor dem Gerüste werden die Schranken errichtet, zwischen welche man künftig die Pferde zum Ablauf bringen soll.

An beiden Seiten werden ferner große Gerüste gebaut, welche sich an die ersten Häuser des Corso anschließen und auf diese Weise die Straße in den Platz herein verlängern. An beiden Seiten der Schranken stehen kleine, erhöhte und bedeckte Bogen für die Personen, welche das Ablaufen der Pferde regulieren sollen.

Den Corso hinauf sieht man vor manchen Häusern ebenfalls Gerüste aufgerichtet. Die Plätze von San Carlo und der Antoninischen Säule werden durch Schranken von der Straße abgesondert, und alles bezeichnet genug, daß die ganze Feierlichkeit sich in dem langen und schmalen Corso einschränken solle und werde.

Zuletzt wird die Straße in der Mitte mit Puzzolane bestreut, damit die wettrennenden Pferde auf dem glatten Pflaster nicht so leicht ausgleiten mögen.

Signal der vollkommenen Karnevalsfreiheit

So findet die Erwartung sich jeden Tag genährt und beschäftigt, bis endlich eine Glocke vom Kapitol, bald nach Mittage, das Zeichen gibt, es sei erlaubt, unter freiem Himmel töricht zu sein.

In diesem Augenblick legt der ernsthafte Römer, der sich das ganze Jahr sorgfältig vor jedem Fehltritt hütet, seinen Ernst und seine Bedächtigkeit auf einmal ab.

Die Pflasterer, die bis zum letzten Augenblicke gekläppert haben, packen ihr Werkzeug auf und machen der Arbeit scherzend ein Ende. Alle Balkone, alle Fenster werden nach und nach mit Teppichen behängt; auf den Pflastererhöhungen zu beiden Seiten der Straße werden Stühle herausgesetzt; die geringern Hausbewohner, alle Kinder sind auf der Straße, die nun aufhört, eine Straße zu sein: sie gleicht vielmehr einem großen Festsaal, einer ungeheuren ausgeschmückten Galerie.

Denn wie alle Fenster mit Teppichen behängt sind, so stehen auch alle Gerüste mit alten gewirkten Tapeten beschlagen; die vielen Stühle vermehren den Begriff von Zimmer, und der freundliche Himmel erinnert selten, daß man ohne Dach sei.

So scheint die Straße nach und nach immer wohnbarer. Indem man aus dem Hause tritt, glaubt man nicht im Freien und unter Fremden, sondern in einem Saale unter Bekannten zu sein.

Goethe, Johann Wolfgang von: Italienische Reise. In: ders.: Werkausgabe in zehn Bänden. Bd. 7. Hg. von Bettina Hesse. Köln: Könemann, 1998. S. 378-413, [zit. S. 378-385]
© 1998 für diese Ausgabe Könemann Verlagsgesellschaft.

Weitere Textempfehlung:
De Carlo, Andrea: Zwei von Zwei. Aus dem Italienischen von Renate Heimbucher. München: Piper, 2001, [S. 50-53]

Ben Hecht

Ben Hecht wird am 28. Februar 1894 in New York geboren. Im Alter von zwölf Jahren ist er kurze Zeit Zirkusakrobat. Nach einem kurzen Aufenthalt an der Universität von Wisconsin zieht er nach Chicago, wo er beginnt, als Journalist zu arbeiten. Am Ende des Ersten Weltkrieges schickt ihn eine Chicagoer Zeitung nach Berlin zur Berichterstattung über die revolutionären Bestrebungen. In Berlin freundet sich Hecht mit George Grosz an. Die Artikel seiner täglichen Kolumne „1001 Afternoons in Chicago" bringen Hecht nach seiner Rückkehr nach Chicago Anerkennung. Er gründet eine literarische Zeitschrift, die nach zwei Jahren sein privates Vermögen aufzehrt. Hecht zieht wieder nach New York. Ab den 1930er Jahren arbeitet er als Autor für die Filmindustrie in Hollywood. Im 1961 erschienenen Band „Perfidy" gibt er seinen Abschied vom Zionismus bekannt. Am 18. April 1964 stirbt Hecht in New York an einer Thrombose.

Werke u.a.:

1921	Erik Dorn
1922	A Thousand and One Afternoons in Chicago
1923	The Egoist
1927	The Sinister Sex and Other Stories of Marriage
1928	The Front Page
1934	Viva Villa
1941	Afternoons in New York (1001 Nachmittage in New York, 1992)

(nr)

1001 Nachmittage in New York

Ben Hecht beschreibt New York in seinen Geschichten über Alltäglichkeiten, Kuriositäten und Monstrositäten. Ebenso wie aus Interviews aufgeschnappte Geschichten finden Polizeikontrollen ihren Niederschlag in seinen Erzählungen, wobei ihm als Lokalitäten sowohl das teure Hotel als auch das Leichenschauhaus dienen. Daraus entwickelt Hecht ein faszinierendes Personal- und Geschehnis-Puzzle der damaligen Zeit.

(jf)

1001 Nachmittage in New York

A la Troisième Avenue (gekürzte Fassung)

Stellen Sie sich vor M. Le Moal's Café, und was sehen Sie? Einen Third Avenue Saloon ohne jede Spur von Glanz. Treten Sie durch die staubige Tür, blicken Sie sich um, und noch immer entdecken Sie nichts Bemerkenswertes. Sie sehen eine Bar, dahinter Tische, und im Hintergrund spielt ein Grammophon.

An der Bar geht es ein wenig gedrängt zu, an den Tischen weniger. Nichts springt in die Augen, nur daß alles ein wenig unansehnlich und schäbig ist und die Standards, die ansonsten in der Third Avenue gelten, nicht ganz erreicht sind. Das liegt daran, daß geistige Dinge nicht fürs Auge gemacht sind. M. Le Moal's kleine Ansammlung von Tischen und Stühlen und Bestecken ist kein Café. Es ist Paris, das noch an der Ecke unserer So. Straße atmet.

Wenn Sie sich die Männer an der Bar ein wenig genauer ansehen, wird Ihnen auffallen, daß es zumeist Seeleute sind. Sie sind auf Landgang von der *Normandie* und anderen französischen Schiffen, die auf unserem Fluß festliegen. Sie haben kein Geld und warten darauf, daß ein guter Samariter kommt und ihnen einen Drink oder eine Mahlzeit spendiert. Als Gegenleistung werden sie von der Glorie der französischen Marine sprechen und ihrer unverminderten Bedrohung für die Nazis.

In der Zwischenzeit stehen sie herum und sagen so gut wie gar nichts. Feierlich und sonderbar geduldig studieren sie die verblichenen Wandmalereien über M. Le Moal's Bar. Diese zeigen Szenen an der bretonischen Küste, nicht besonders gut gezeichnet, aber nichtsdestoweniger holen zerlumpte Fischer Austern vom bretonischen Meeresgrund herauf.

An den Tischen im Inneren sitzt keine Ansammlung von Essensgästen, sondern eine Arche Noah – eine Arche Noah, die heil von Paris herübergebracht wurde. Fernand Leger, der Maler, sitzt über seiner Hähnchenkasserolle. Ein fülliger und literarischer Industrieller, einst berühmt für seinen Ausstoß an Leinen, schlürft seinen *vin ordinaire*. Sie dürfen sicher sein, daß er in dieser Stunde den Verlust seiner Fabrik und die wachsende Dringlichkeit, einen Job zu finden, vergessen hat.

An einem anderen Tisch sitzt ein gewisser Henri Szamota – Sieger des Pariser Radfahrrennens von 1936 und heute Vertreter für eine New

Yorker Sodawasser-Firma. Und Sie dürfen sicher sein, daß Henri in diesem Moment nicht an den Absatz von Sodawasser denkt.

Noch ein anderer Maler ist zugegen, Mané-Katz. Er ist polnischer Jude, lebte lange in Paris und floh vor kurzem aus einem Konzentrationslager. In diesem Lager begegnete er Picasso.

„Was sollen wir bloß tun?" fragte Mané-Katz diesen verzweifelt.

„Mit etwas Glück können wir entkommen", sagte Picasso, „und eine Ausstellung machen."

Mané-Katz entkam, malte sich die Finger wund und stellte seine Bilder in der Sterner Galerie aus.

Und da in keinem Bistro Amerikaflüchtlinge fehlen dürfen, gibt es auch hier einen, der den heimatlichen Gefilden entflohen ist – trotz der Third Avenue draußen vor der Tür –, der sich inmitten der exotischen Gerüche von billigem Wein und Gedünstetem in dieser sicheren Enklave in der Fremde vergnügt. Dieser Amerikaner, der Paris in der Third Avenue aufgespürt hat, ist der Maler Waldo Peirce.

Und da in keinem Bistro ein Kreis von Erlauchten fehlen darf, verkehren hier Leute von Rang und Namen. Dies sind Prinz Chavchavadze und seine Gemahlin, einst eine Romanow, die sich „Nina von Rußland" nennt; neben ihnen gibt es noch einige Vertreter geringeren Adels. Sie schauen herein, um den Seeleuten etwas zu trinken zu spendieren. Vor Jahren, kurz nachdem man ihm sein Land und seine Schlösser unter der Nase weggeschnappt hatte, fand der königliche Chavchavadze Zuflucht und Wein in genau solch einem Bistro wie diesem. Und hier, in diesem Winkel der East Side, atmet Paris noch voller Willkommensgrüße und Erinnerungen für ihn. Michael Strange, Schauspielerin, Dichterin, Reisende und die nicht am wenigsten exzentrische der Ehefrauen John Barrymores, fügt diesem Gestern glücklicher Tischtücher eine weitere erlauchte Note hinzu. Einige Gäste haben ihre Mahlzeit beendet und spielen *belote*. An dem Ernst, mit dem sie spielen, kann man erkennen, daß weder Politik, Tragödien noch Träume ihre Seele in dieser Stunde verdüstern. Nichts hat sich verändert. Paris atmet noch in diesem Raum voller Gerüche.

Hecht, Ben: A la Troisième Avenue. In: ders.: 1001 Nachmittage in New York. Aus dem Amerikanischen von Helga Herborth. Frankfurt am Main/Leipzig: Insel Verlag, 1992. S. 341-343.

© der dt. Übersetzung: Insel-Verlag Frankfurt am Main und Leipzig.

Auf dem Weg nach Hause (gekürzte Fassung)

Henry ist einer der besten amerikanischen Maler. Sein Ruhm reicht weit, und seine Gemälde und Keramiken sind über viele Museen verstreut.

Gelegentlich ist Henry in der Stadt zu sehen, wo er so fehl am Platz wirkt wie ein Braunbär, der mit einem Polizisten spricht. In seinem Steinhaus an der South Mountain Road, das er sich selbst vor Jahren baute, lugt jedoch New York aus den Winkeln heraus. An Winterabenden brennt hier ein Holzfeuer, und die Wildnis preßt ihre Nase an ein vertrautes Fenster.

An einem solchen Winterabend saß Henry am Feuer und lauschte, wie der Sturm den Schnee durch die Dunkelheit trieb, als er ein Geräusch an der Tür hörte. Es war spät, kalt, und die Straßen waren unpassierbar. Henry wunderte sich, wer zu solcher Stunde wohl zu Besuch käme.

Ein junge von siebzehn Jahren stand vor der Tür. Er schlotterte in den Sturmböen. Henry lächelte ihn an und ließ ihn ein. Der Junge trug eine kurze Jacke über einem abgetragenen Hemd und dünnen Hosen und war halb erfroren. Er erwiderte Henrys Lächeln und blickte sehnsüchtig zu den brennenden Holzscheiten hin.

Henry nahm wieder seinen Platz vor dem Feuer ein und fragte sich, warum der junge in dieser Sturmnacht umherirrte. Da mein Freund ein schweigsamer Mensch ist, stellte er keine Fragen, während sein Besucher sich vor dem Feuer die Glieder auftaute. Es geschieht oft, daß Fremde an Henry Poors Tür klopfen, manchmal sehr sonderbare Fremde, denn die Kunst ist ein Magnet, der die wunderlichsten Dinge der Welt anzieht.

Des Jungen Augen wanderten im Raum umher, und beim Anblick eines jeden Gegenstands an den Wänden und auf den Regalen leuchteten sie auf. Sein Gastgeber fühlte sich an einen Hund erinnert, der einen warmen, fremden Ort beschnüffelt. Auch die Kaffeekanne, die auf dem Holztisch stand, lächelte der Junge an. Auf die Frage, ob er hungrig sei, nickte er eifrig.

Kaffee und Brot und Butter wurden von dem Maler aufgetischt, und während der nächsten zehn Minuten aß sein Besucher und schwieg. Als er sich aufgewärmt hatte und sein Hunger gestillt war, wanderte der Junge durch den Raum und strahlte so glücklich über alles, was er sah, daß mein Freund ihn nicht zu stören wagte. Ihm fiel auf, daß der Junge sich auf eine sonderbare Weise bewegte und daß er trotz seiner Verlorenheit in einem Wintersturm vollkommen glücklich wirkte. Und jedesmal, wenn der Junge dem auf ihm ruhenden Blick des Hausherrn begegnete, vertiefte sich sein Lächeln, und sein Gesicht glühte vor Aufregung.

Schließlich ging Henrys Besucher zu einer Bank neben dem Kamin. Dort streckte er sich aus, gähnte mehrmals und lachte dann vergnügt vor sich hin. Glück und Zufriedenheit lagen in dem Lachen. Henrys roter Hund kam heran und beschnüffelte den Jungen, ganz so, wie dieser zuvor den Raum beschnüffelt hatte. Der Besucher lachte laut auf, legte seinen Arm um den Hals des Hundes und preßte seine Wange gegen dessen Kopf. Dann sah er Henry an, und sein Lachen verstummte. Seine Augen füllten sich mit Tränen.

Aber er sagte immer noch nichts. Er legte seinen Kopf auf die Bank, und dann, nach einem dankbaren Lächeln zu Henry hin, schlummerte er ein. Alle paar Minuten jedoch öffnete er plötzlich die Augen und ließ sie begierig durch den vom Feuer erleuchteten Raum und über die heimeligen Dinge darin schweifen. Und jedesmal, nachdem er einen glücklichen Seufzer darüber ausgestoßen hatte, daß es sie, den Kamin, den roten Hund an seiner Seite und den schweigsamen Mann, der da saß und ihn anlächelte, gab, schlummerte er wieder ein. Henry brauchte keine Fragen mehr zu stellen. Er wußte alles über den Jungen. An einer Kette um seinen Hals hing eine silberne Plakette. Die Vorderseite war nach innen gekehrt. Diese Plakette wird von den Bewohnern von Letchworth Village in Thiells, New York, getragen. In diesem Dorf bringt der Staat seine Verrückten unter. Sie streifen über die Felder, spielen auf Wippen oder Schaukeln, sitzen vor sich hinstarrend oder mit Spielen beschäftigt auf den Wiesen und geben so gut wie keinen Laut von sich. Sie dürfen sich frei bewegen, aber immer sind Schwestern und Wärter da, die sie beaufsichtigen.

Henrys Besucher war ein aus Letchworth entflohener Schwachsinniger. Er war meilenweit durch Schneewehen und Windböen gestapft, um in die Freiheit zu fliehen. Aber er hatte vergessen, sich die Plakette vom Hals zu nehmen, die ihm seinen Platz in der Welt zuwies.

Die ganze Nacht schlief Henrys Besucher auf der Bank vor dem Kamin. Der rote Hund wich nicht von seiner Seite und beoachtete ihn. Am Morgen erschienen zwei Wärter. Henrys Besucher nickte ihnen traurig zu. Er folgte ihnen in den Schneemorgen. Als er schon zur Tür hinaus war, drehte er sich um und lächelte dem roten Hund und den heimeligen Dingen in Henrys Haus noch einmal zu.

Hecht, Ben: Auf dem Weg nach Hause. In: ders.: 1001 Nachmittage in New York. Aus dem Amerikanischen von Helga Herborth. Frankfurt am Main/Leipzig: Insel Verlag, 1992. S. 363-365.
© der dt. Übersetzung: Insel-Verlag Frankfurt am Main und Leipzig.

Volker Braun

Volker Braun wird am 7. Mai 1939 in Dresden geboren. Nach dem Abitur arbeitet er in einer Druckerei und im Tiefbau Schwarze Pumpe. 1960 erhält er einen Studienplatz in Leipzig, wo er bis 1964 Philosophie studiert. Anschließend wird er Dramaturg beim Berliner Ensemble. Von 1972 bis 1978 ist Braun am Deutschen Theater in Berlin tätig, danach wieder am Berliner Ensemble. Für seine Gedichte und Romane erhält Braun Auszeichnungen in der DDR und der BRD. Während der Wendezeit 1989 bis 1990 propagiert Braun gemeinsam mit anderen eine Reform der DDR statt des erfolgten Anschlusses der DDR an die BRD. Heute lebt Braun als freier Autor in Berlin.

Werke u.a.:

1965	Provokation für mich. Gedichte
1972	Die Kipper
1974	Gegen die symmetrische Welt
1979	Training des aufrechten Gangs
1985	Hinze-Kunze-Roman
1990	Bodenloser Satz
1995	Der Wendehals

(mt)

Bodenloser Satz (gekürzte Fassung)

um zurückzukommen auf mein Land, was auch erzählt wurde, es hilft mir nicht, wenn es nicht *meine* Stimme ist, die sagt: das ists ... DAS IST ABBRUCHGEBIET, leipziger Raum, BETRETEN FÜR UNBEFUGTE VERBOTEN, das Schild am Hoftor, das ich grinsend las, denn das Haus war bewohnt, Wäsche troff an der Leine, und nur der Holunder bedrängte die frisch gestrichene Tür; die Welt war noch heil ... darf ich hineingehn wie einst, als wir nicht fragten, als wir auf den Geräten wohnten, die ruhig näherrückten ... und jetzt wohne ich auf dem Boden, auf dem Schluff, auf der öden Oberfläche; und mir ist heimlich hier, denn ich fühle mich noch befugt, aus einem unklaren Interesse, dem ich lächelnd folge in den zerfahrenen Blumengarten, wo ich das Bohrloch sah ... sie brachten die Bohrungen mitten in den Gehöften nieder, das ist der Beginn der ERSCHLIESSUNG, wußte ich, ich muß nur weiterbohren ... und den Grund durchwühlen, der mich bleiben ließ; um meine phantastische Herkunft zu bekennen ... in der sanften blühenden Aue; war es glaublich, daß man sich so vergriff, im Ton, und den Landstrich zum Bergbauschutzgebiet deklarierte, per DEKRET, das der Bürgermeister Anton im Tanzsaal bekanntgab, dem verurteilten Dorf, das sein Schicksal versteinert entgegennahm; man hatte es kommen sehn ... man war auf alles gefaßt, es galt nur, das Vorfeld freizumachen, sagte der Bürgermeister und ging mit seinem Hund von Haus zu Haus, ein rüstiger Sechziger, der sich noch keine grauen Haare wachsen ließ, der den Fortschritt hereinregierte ins Kollektiv, er bellte die Anweisungen aus, er glich, in seiner zupackenden Art, meinem Bewußtsein: rasch und roh, mit dem ich alles begriff, ohne daß mir die Notwendigkeit erklärt werden mußte, NACH DER POSITIVEN ENTSCHEIDUNG HAT DIE STÖRUNGSFREIE DURCHFÜHRUNG DER MASSNAHMEN ZU BEGINNEN – ich beginne schon, ich lasse mich nicht stören, ich bin trotz verhängter Zuzugssperre in den Ort gedrungen, um mich in der Landschaft festzusetzen, während Anton die Umsiedlung organisierte; ungemeldet aber angewurzelt stehe ich auf dem Anger in der sagenhaften Stille; die Einwohner in ihre Töpfe und Kannen verkrochen wärmten sich wütend an ihrem Wohlstand; und neben mir vor der riesigen Linde die Landvermesser und einige Forstarbeiter, die verlegen ihre kleinen Sägen hielten [...]

denn jetzt kamen die RIESEN, die Großgeräte in unaufhaltsamem Vormarsch, der ANSCHNITT begann, die Zeitungen meldeten begeistert die rasche Erdbewegung, Kriegsberichte von der Kohlefront, die Bürgermeister Anton sich laut vorlas im leeren Büro, DIE EIMERKETTEN DER BAGGER DES FÖRDERVERBANDS HABEN DIE ORTSLAGE ERREICHT. DIE FÖRDERBRÜCKE SCHWENKT IN IHR OSTFELD EIN. DER WENDERADIUS BESCHREIBT EINEN FÄCHERFÖRMIGEN BOGEN, DER FAKTISCH DIE GANZE LANDSCHAFT EINBEGREIFT; der Anschnitt vom Kuchen der Erde ... einBEGREIFT; die Störche waren zum erstenmal nicht gekommen; ein schwefliger Wind; das Dröhnen der Panzer; die Stunde Null, die man erwartet hatte, aber was mitnehmen auf der Flucht, den Spaten? die Blumenkästen? was bei sich behalten, was brauchten sie, um zu überleben ... das Notwendige, das Liebste ... auf dem Möbelwagen, bepackt mit dem Glück, dem Müll des Moments, den die Vertriebenen retteten in die

Neubaublocks, um den Tisch zu decken, um den Kuchen zu essen – doch das Eigentliche sah ich zurückgelassen im Niemandsland, aufgegeben, weggeworfen die Gründel und Hügel, die winzigen Wiesen, verloren im Kampfgebiet das Bächlein der Kindheit, die Gegend der Liebe, sperriges Gut, das die Umsetzung nicht erlaubt, verzichtbare Habe, die nur den Rückzug erschwerte, den Weg zum ... zum Ziel; denn es wird ERREICHT, las der Bürgermeister in die Zeitung geduckt, die er feierlich glattstrich und wieder zerknüllte; er stand auf dem Anger mit seltsam leuchtendem Blick, im abgetragenen Feldzeug und Gummistiefeln und seinem Imkerhut, mitten im Aufbruch selber reglos; nur der Hund versah sein Amt und rannte von Haus zu Haus; der Genosse der große Chef, und er hält mich auf ... er hielt sich – am Arm und flüsterte fröhlich: nicht wahr, ich hab es erreicht, im Leben, die Herren enteignet, das Land verteilt und wieder zusammengetan. Ich hab es erreicht, was zu erreichen war, die Erträge erhöht den Viehbesatz den Boden verbessert; und er stieß sich durch die Gasse: sieh es dir an, dein Leben, die Ställe, der Kindergarten, SIEH, WAS AUS UNS GEWORDEN IST, eine Gemeinschaft, sind wir es nicht; und er trat zwischen die Möbelträger und zischte konspirativ: und jetzt kommt die Befreiung; und sie sahn dem Weinenden schief ins Gesicht unter ihren Lasten, und die Bauern auch hatten zu hasten, während der Hund herrisch hechelte ... und ich nichts zu erwidern weiß ... und Anton würdig das Stroh von der Straße rechte: holla, rief er, vorwärts der Nase nach, wie euch der Sinn steht, Genossen, ich entlasse euch. Unterdrückte aller Länder, ihr seid alt genug. Zerbrecht die Ketten, Spieß voran. Weil wir jung sind ist die Welt so schön, weil wir voll Vertrauen vorwärts gehn. Geh aus, mein Herz, wenn die Wahrheit in die Türe tritt, steht die Macht als Bettler da. Schickt sie fort. Ich kenne dich nicht, alter Mann, wo sind deine Orden. Ich verstehe die Welt. Man hat dich in die Wüste geschickt. Es ist kein Gras gewachsen. Das ist unsere Ordnung, daß alles in Ordnung ist.

Braun, Volker: Bodenloser Satz. In: ders.: Texte in zeitlicher Folge. Bd. 9. Bodenloser Satz. Verstreute Gedichte 1979-1988. Transit Europa. Der Ausflug der Toten. Schriften. 1. Aufl. Suhrkamp Verlag Frankfurt 1990
© Suhrkamp Verlag Frankfurt

Franz Michael Felder

Franz Michael Felder wird am 13. Mai 1839 in Schoppernau im Bregenzerwald (Österreich) geboren. Er arbeitet als Bauer und lebt allein von der Milchwirtschaft. Erste Veröffentlichungen erregen Aufsehen, und er muss sich gegen das Vorurteil durchsetzen, ein Dorfbewohner könne keine Literatur verfassen. Neben der Tätigkeit als Bauer und Schriftsteller wird Felder auch als Sozialreformer tätig, so z.B. als Gründer einer bäuerlichen Genossenschaft. Auch die Gründung einer Volksbibliothek zur Bildung der bäuerlichen Familien in Schoppernau geht auf Felder zurück. 1866 gründet er mit der Vorarlbergischen Partei der Gleichberechtigung die erste Arbeiterpartei der k. u. k. Monarchie, die sich zwei Jahre später unter dem Druck politischer Verfolgung wieder auflöst. Am 26. April 1869 stirbt Felder im Alter von nur 29 Jahren.

Werke u.a.:

1863	Nümmamüllers und das Schwazokaspale
1867	Sonderlinge
1868	Reich und Arm
1904	Aus meinem Leben

Aus meinem Leben (1987)

In seiner posthum erschienenen Autobiografie schildert Felder sein kurzes, aber ereignisreiches Leben in Schoppernau. Aufgrund seiner reformistischen Ideen und seiner Kritik lokaler Eliten (Großbauern, Kirche) wird Felder zum Außenseiter, dem man selbst dann nicht beisteht, als er zu ertrinken droht.

(mt)

Aus meinem Leben (Ausschnitt)

Nun ging ich noch nach Lindau, obwohl ich dort eigentlich nichts zu tun hatte. Der kleine Umweg ließ sich wohl gelegenheitlich einbringen. Wieder warf die scheidende Sonne ihre letzten Strahlen aus dem stillen See, als ich über die lange Brücke der freundlichen Inselstadt zuschritt. Ich hörte das Pfeifen und Schnauben des Dampfrosses und eilte sogleich auf den Bahnhof, während ich wieder einmal recht lebhaft an meinen guten Seppel denken mußte. Der hatte uns oft von der Eisenbahn erzählt, aber wir konnten ihm recht glauben. Es war zu traumhaft, zu wunderbar. Und nun sah ich die eisernen Stränge vor mir, die Leipzig und Paris und ganz Europa mit dieser Inselstadt verbanden. Mir wurde weit und frei neben den glänzenden Schienen. Es war also doch nicht bloß Geschwätz, was man von dem Siege des Menschengeistes über Raum und Zeit sagte. Wir in unserem Tale mussten uns freilich den Naturkräften beugen, und fast alle waren da als Feinde bekannt. Feuer, Wasser und Luft blieben uns im ganzen furchtbar, hier aber sah ich sie zum Arbeiten für das Menschengeschlecht, zur Vermittlung des geistigen und materiellen Verkehrs gezwungen. Und den Erfinder des Dampfrosses hatte man seinerzeit auch für einen „Bischer" gehalten. Mir war das ein rechter Trost, obwohl es mir nicht einfiel, mich neben ihn zu stellen. Nun, „Bischer" nannte man wohl jeden, mit dem man schnell fertig zu werden wünschte, ohne etwas zugestehen zu müssen. Meinetwegen wohl! Ich hatte genug, daß es kein Traum war, was man von den Wundern unseres Jahrhunderts sagte. Hier lag etwas ganz anderes in der Luft als zwischen unseren Bergen, etwas, das ich wie das Wehen eines Unendlichen empfang, dem ich mich aber verwandt fühlte, wie ein Glied dem ganzen Körper. Mit unbeschreiblichem Behagen schaute ich dem bunten Treiben im Bahnhofe zu. Gewiß hätten das meine Landsleute alles ebenso wenig begriffen als mich und meine Worte. Dennoch war es so und war recht für die Welt und nur zu groß für sie in den engen Tälern mit den engen Begriffen. Jetzt wußte ich, warum es dem Seppel bei uns nicht mehr gefiel, warum er mit den Leuten eigentlich nur noch spielen mochte. Was konnte man anderes tun, wenn man das Enge ihrer Urteile, das Unbedeutende ihres Lobes und ihres Tadels einmal erkannte? O, von jetzt an wollte auch ich nicht mehr so empfindlich sein und in bösen Tagen immer an diese schöne Stunde denken!

Aufrechter, sicherer als ich sonst durch mein Dorf ging, schritt ich jetzt durch die Stadt und suchte die Riegersche Buchhandlung auf. Beim Eintreten dachte ich an meines Fuhrmanns Beschreibung einer Buchhandlung. Ich machte mich auf Großartiges gefaßt, aber vor den vielen Büchern hier ward mir denn doch so angst, daß nur Herrn Stettners gewinnende Freundlichkeit, den Mut zum Reden wieder weckte. Die Mundart meiner Heimat vermied ich so gut als es einer kann, der in ihr zu denken und zu reden gewohnt ist. Jede Bregenzerwälder lernt als

Schüler jedes Wort ins Hochdeutsche übersetzen; aber seine Briefe und alles Hochdeutsch, das er verbraucht, kann man nur mehr oder minder gut übersetzte Mundart nenne, deren Wortfolge jeder beibehält, der sich nicht später in ein unnatürliches Bücherdeutsch mit endlosen Sätzen verliert. Geschrieben fällt das weniger auf und nimmt sich zuweilen recht gut aus; schlimmer ist's, wenn man einem Fremden zu Ehre seiner Rede das Festkleid anziehen will. Ich hatte das schmerzlich empfunden, so oft ich mit jemand reden wollte, dem ich kein Verständnis meiner Mundart zutrauen durfte. Wie war ich jetzt beschämt, sogar die kleinen Kinder des Buchhändlers ein Deutsch reden zu hören, wie ich's nur von Gelehrten erwartet hätte. Ich sollte ihnen von meiner Heimat, ihren Schönheiten und den Sitten ihrer Bewohner erzählen, aber ich brach die Unterhaltung schnell ab und ging. Auch im Gasthofe, wo ich übernachtete, erschrak ich, so oft ein Wort an mich gerichtet wurde. Im Bette machte ich mir darum Vorwürfe. Solang schon habe ich mich da heraus gesehnt, und nun verdarb ich mir alles aus Furcht, mich bei weiß Gott wem lächerlich zu machen. Jetzt sah ich, dass wir Bregenzerwälder nicht nur durch unsere Berge, sondern vielmehr noch durch Erziehung und Gewohnheit von der Welt abgeschlossen waren. Nicht einmal das hatten wir, daß wir zwölf Stunden von der Heimat noch ordentlich mit den Leuten reden konnten. Auch ich war noch nicht so weit, nicht aus der Enge heraus, nur zwischen Tür und Angel vermochte ich mit aller Mühe mich zu bringen.

Am anderen Morgen machte ich mich früh nach Bregenz hin auf. Ich hätte gerade auf einem Dampfschiffe fahren können; aber ich wollte nichts mehr, was nicht auch daheim zu haben war. Das Schicksal bestimmte mich zum Gehen und schloß mich ab von den Errungenschaften unserer Zeit. Nun – es sollte seinen Willen haben. Lange haderte ich mit der Glocke, die drüben am Hafen zur Abfahrt läutete, und ich glaubte ihr einen rechten Possen zu spielen, wenn ich so schnell als möglich lief. Mancher Bregenzerwälder will aus Furcht vor dem großen Wasser auf kein Schiff. Diese Furcht kannte ich nicht. Wenn ein Schiff mit mir unterginge, was wäre daran gelegen? Ich stand still und suchte mir's auszumalen, bis ich das Zischen und Tosen zu hören meinte. Es ließe sich wohl herrlich ruhen da drunten in der stillen blauen Tiefe. Meine Landsleute – ich hörte sie schon – hätten dann gesagt: „Da hat er's nun! Immer wollte er weiter als andere – nun tröst ihn Gott und gebe dem Ruhelosen die ewige Ruhe! Es ist ihm leicht wohler als bei uns, und wir können's haben ohne ihn." – Ja, so hätten sie gesagt, und mit

Recht. Mein Gut wäre von anderen so geschickt als durch mich und mit mehr Freude verwaltet worden, und alles Träumen und aller Unfriede hätte ein Ende gehabt für immer. Die Mutter – nun, sie hätte kummerfrei gelebt – vielleicht – und neben mir konnte sie das nicht. Aber warum nicht? War ich denn gar nichts? Zu allem unfähig? Ich konnte ja arbeiten so gut als einer, wenn ich meine Kräfte recht zusammen nahm. Hier in der Welt war ich doch auch nichts. Es erfaßte mich ein Heimweh, welches mich nicht mehr ermüden ließ, bis abends spät in Schoppernau unsere Haustür hinter mir ins Schloß fiel.

Felder, Franz Michael: Aus meinem Leben. Frankfurt am Main: Suhrkamp, 1987.
© Suhrkamp.

Aktuelle Ausgabe:
Felder, Franz Michael: Aus meinem Leben. Mit einem Nachwort von Walter Methlage.
  Lengwil: Libelle 2004

Christiane Rochefort

Christiane Rochefort wird am 17. Juli 1917 in Paris geboren. Nach dem Studium der Medizin, Psychologie und Ethnographie an der Sorbonne arbeitet sie zunächst als Model, Schauspielerin und später als Journalistin. Bis 1968 ist sie für 15 Jahre beim Filmfestival in Cannes in der Presseabteilung tätig. Der internationale Durchbruch gelingt ihr 1958 mit „Le repos du guerrier" (Das Ruhekissen). Für ihre Arbeit wird Rochefort 1961 mit dem Prix du Roman Populiste und 1988 für „La porte du fond" (Die Tür dahinten) mit dem Médicis ausgezeichnet. Am 24. April 1998 stirbt Christiane Rochefort in Paris.

Werke u.a.:

1958	Le repos du guerrier (Das Ruhekissen, 1977)
1961	Les petits enfants du siècle (Kinder unserer Zeit, 1978)
1963	Les stances à Sophie (Mein Mann hat immer Recht, 1978)
1966	Un rose pour Morrison (Eine Rose für Morrison, 1980)
1975	Encore heureux qu'on va vers l'été (Zum Glück gehts dem Sommer entgegen, 1977)
1988	La porte du fond (Die Tür dahinten, 1990)

Frühling für Anfänger (Printemps au parking)

Eines Abends dreht der 16-jährige Christoph Ronin durch. Er entzieht sich dem Einfluss des häuslichen Fersehapparates, um seine eigenen Wege zu finden. Sein ursprüngliches Ziel war Tahiti, jedoch führt ihn sein Weg über Pommes-frites-Buden, Flipperlokale, eine Bibliothek, drei Betten und einen Parkplatz.

(jf)

Frühling für Anfänger (Ausschnitt)

*Zwischenspiel * Um unkenntlich zu werden, muß man die gesellschaftliche Klasse wechseln * Schlechte Verteilung des Überflusses*

Das Gute an diesen Wohnungen der Reichen ist, daß man nicht direkt in das Zimmer hereinkommt, in dem alle sitzen und sofort die Gelegenheit ergreifen, einen auszufragen, wo man herkommt, warum man so spät kommt usw. Mit all den Szenen, die notwendigerweise auf diese Art von Fragen folgen. Man kommt heim, geht durch den Korridor in sein Zimmer, ohne daß einen jemand gesehen hat, und ist untergebracht. Hinterher könnte man sogar erzählen, daß man schon eine ganze Weile da ist, daß man bloß mal für fünf Minuten hinausgegangen war, um sich Zigaretten zu kaufen. Falls es jemand in den Sinn käme, einen was zu fragen. Aber sie sind derart daran gewöhnt, sich nicht zu sehen, daß sie nicht einmal daran denken. Solche Voraussetzungen würden sogar das Familienleben möglich machen. Und wie Boubou sagt (niemand hatte gemerkt, daß er nach Hause gekommen war und mit ihm ein anderer Junge), das nimmt mir jeden Elan, warum sollte ich türmen, sie sind ja selber nie da, sie würden es nicht einmal merken, es sei denn, ich lasse es sie durch einen Gerichtsboten wissen. Mein Bruder Sebastian hat es einmal versucht (er wollte weg), vierzehn Tage später ist er wiedergekommen, er ist mitten ins Abendessen geplatzt, seine Mutter hat zu ihm gesagt: „Du hättest dich wenigstens umziehen können, um dich zu Tisch zu setzen." Er hat es nie wieder getan. Da vergeht einem die Lust. Was tust du vor dem Spiegel des Narzißmus?

„Ich habe mich wegen meiner Personenbeschreibung betrachtet. Was sie wohl angegeben haben?"

„Durchschnittsnase, Durchschnittsstirn, hellbraunes Haar, das wie bei allen die vorschriftsmäßige Länge überschreitet, wenn sie nicht dazu gesagt haben, hübsches Gesicht, werden sie ganze Züge voll von deiner Sorte finden. Und selbst wenn sie dazu sagen, hübsches Gesicht, die Jugend ist heutzutage ganz allgemein schöner ..."

„Jacke mit roten und schwarzen Karos ..."

„Das ist schon schlechter."

„Mit Lederkragen. Jacquard-Pullover. Man sollte in einem neutralen Anzug türmen."

„Ja, das ist dumm. Dafür aber leichter zu ändern. Komm her."

In einem anderen Zimmer öffnete er einen riesigen Kleiderschrank, der eine ganze Wand einnahm. Ein richtiger Kleiderladen. Und nichts als erstklassiges Zeug, prima Sachen. Rote und sogar kleingeblümte Westen, ein sin-grün-blauer Smoking oder weiß der Teufel wie, eine Garderobe für professionelle Playboys. Du mußt dich als Sohn reicher Leute anziehen, sagte Boubou, das ist die beste Tarnung. Hast du was gegen auberginenfarbenes Antilopenfell? Es ist verdammt schön, aber meinst du nicht, daß es etwas nach Homo aussieht? meinte ich: Und ob, sagte Boubou, aber ich würde das eher lustig finden.

Er war an die Schubladen einer großen Kommode geraten und warf alles hinaus. Das wäre sehr süß, sagte er.

„Auberginenfarben mit Rot, das ist mal wieder ganz typisch", sagte eine gedehnte Stimme hinter uns. Boubou zuckte zusammen und drehte sich um. Er ließ die Arme hängen und machte ein Gesicht wie ein Kind, das beim Naschen ertappt wird. „Was den schlechten Geschmack angeht, so bist du von beiden Seiten erblich belastet", sagte ein gut gekämmter und hochmütiger Kerl, der sich in einem schwarzen Bett am andern Ende des Zimmers aufrichtete.

Rochefort, Christiane: Frühling für Anfänger. 3. Aufl.. Frankfurt am Main: Suhrkamp, 1981. [zit. S. 121-122]
© dieser Übersetzung: Suhrkamp. Alle Rechte vorbehalten.

Weitere Textempfehlung:
Oates, Joyce Carol: Grenzkontrolle. In: Silatan, Götz (Hg.): Sommerferien. Frankfurt am Main. Leipzig: Insel Verlag 1992, S. 27-42
© 1978 Dt. Verlagsanstalt Stuttgart.

John Ernst Steinbeck

John Ernst Steinbeck wird am 27. Februar 1902 in Salinas (Kalifornien) als Sohn eines Schatzmeisters und einer Lehrerin geboren. Er ist deutsch-irischer Abstammung und wächst in Kalifornien auf. An der Stanford University studiert er ab 1918 Naturwissenschaften (Meeresbiologie) und schreibt bereits seine ersten Romane. Neben seinem Studium arbeitet er als Reporter und kurzzeitig auch als Maurer in New York. Im Zweiten Weltkrieg ist er als Berichterstatter tätig und lebt seit 1936 als Schriftsteller wieder in Kalifornien. Seine Arbeit wird 1962 mit dem Nobelpreis für Literatur gewürdigt. Steinbeck stirbt am 20. Dezember 1968 in New York City.

Werke u.a.:

1935   Tortilla Flat (Tortilla Flat, 1943)
1936   In Dubious Battle (Stürmische Ernte, 1955)
1937   Of Mice and Men (Von Mäusen und Menschen, 1940)
1939   The Grapes of Warth (Die Früchte des Zorns, 1940)
1952   East of Eden (Jenseits von Eden, 1953)

Jenseits von Eden (1953)

In der turbulenten Zeit Amerikas, zwischen Bürgerkrieg und Erstem Weltkrieg, entwickelt Steinbeck eine Familiensaga, die eine Mischung aus Realismus und romantisierendem Mythos ist. Der Autor erzählt im Rahmen des biblischen Kainsmythos das Schicksal, der aus Irland eingewanderten Familien Trask und Hamilton.

(ar)

Jenseits von Eden (Ausschnitte)

Das also war das Salinas Valley. Seine Geschichte unterscheidet sich nicht von der des übrigen Staatsgebiets. Zuerst waren die Indianer dagewesen, ein minderwertiger Schlag ohne Tatkraft, Erfindungsgabe oder Kultur, die, zu faul zum Jagen oder Fischen, sich von Maden, Heuschrecken und Schalentieren ernährten. Sie verschlangen, was ihnen in die Hände fiel; sie bauten nichts an, sie pflanzten nichts. Bittere Eicheln und Eckern zerklopften und zerrieben sie zu Mehl. Selbst ihre Kriegszüge waren kraftlose Pantomimen.

Dann brachen, hart und rauh, die Spanier ein, erforschten, durchwühlten alles, erfüllt von Habsucht und Wirklichkeitssinn; Gold oder Gott – darauf ging ihre Gier aus. Sie sammelten Seelen und Juwelen. Sie rafften Berge und Täler zusammen, Flüsse und Ströme, ja ganze Horizonte, so wie heute einer Bauparzellen zusammenrafft. Diese zähen, abgezehrten Männer zogen rastlos Küste auf, Küste ab. Manche von ihnen blieben sitzen auf Gütern von der Größe europäischer Fürstentümer, die ihnen von spanischen Königen – die keine Ahnung davon hatten, was sie da verschenkten – verschrieben worden waren. Diese ersten Grundeigentümer hausten in armseligen, im Stil des Feudalwesens betriebenen Niederlassungen, ließen ihr Vieh frei weiden und sich vermehren. Von Zeit zu Zeit schlachteten sie zur Gewinnung von Häuten und Talg die Rinder ab; das Fleisch überließen sie den Geiern und Koyoten zum Fraß.

Als die Spanier kamen, mußten sie allem, was sie sahen, Namen geben. Das ist die erste Pflicht eines Entdeckers, seine Pflicht und sein Recht. Man muß ein Ding benennen, ehe man es auf der von eigener Hand gezeichneten Karte festlegen kann. Bekanntlich waren die Spanier ein religiöses Volk, und diejenigen von ihnen, die lesen und schreiben konnten, die Aufzeichnungen machten und Karten herstellten, waren die ausdauernden, unermüdlichen Priester, die die Truppen begleiteten. So leiteten sich die ersten Ortsnamen von Heiligen oder christlichen Festen her, die an den Rastplätzen begangen wurden. Es gibt zahlreiche Heilige, aber unerschöpflich ist ihre Zahl doch nicht, und so finden wir viele Wiederholungen bei den ersten Namensgebungen. Da gibt es San Miguel und San Ardo, San Bernardo und San Benito, San Lorenzo und San Carlos, San Francisco und San Francisquito. Und dazu die Feiertage: Natividad und Nacimiente, die Geburt Christi; Soledad, die Einsamkeit. Es gab aber auch Orte, die nach der Stimmung benannt wurden, in denen sich die Entdecker gerade befanden Buena Esperanza, gute Hoffnung; Buena Vista aus Freude über die schöne Aussicht, oder Chualar, weil das Land lieblich war. Dann kamen beschreibende Namen: Paso de los Robles, weil der Paß von Eichwald bedeckt war; oder Los Laureles um der Lorbeerhaine willen, Tularcitos nach den Binsen am Sumpfried und Saunas, weil die kalihaltige Erde wie Salz aussah.

Dann wiederum Namen nach Tieren und Vögeln, die sie erblickt hatten: Gabilanes nach den Weihen, die in diesem Gebirge vorkamen; Topos nach den Maulwürfen, Los Gatos nach den Wildkatzen gewisser Gegenden. Bisweilen legte die Form oder die Beschaffenheit der Örtlichkeit ein Bild zur Bezeichnung nahe: Tassajara, d. i. Tasse und Untertasse; Laguna Seca, d. i. trockener See; Corral de Tierra, d. i. ein Pferch aus Erde; Paraiso, das Paradies.

Dann aber kamen die Amerikaner, die sich noch gieriger auf das Land stürzten, schon weil ihre Zahl größer war. Sie bemächtigten sich der Ländereien, schufen neue Gesetze, um ihre Rechtstitel unangreifbar zu machen. Bauernhof nach Bauernhof bedeckte das Land, zuerst in den Tälern, danach immer weiter die Hänge der Vorberge hinauf; kleine mit Rotholzschindeln gedeckte Blockhäuser, Pfahlzaunpferche, die sogenannten Corrals. Wo nur ein Wasserrinnsal dem Boden entsickerte, sprang ein Haus hoch, wuchs und mehrte sich eine Familie. Mit Geranien- und Rosensetzlingen wurden die Vorgärten bepflanzt. Karrengeleise lösten die Fährtenpfade ab; Mais-, Gerste- und Weizenfelder wurden rechteckig aus der gelben Senfkrautwildnis herausgeschnitten. An den Fahrstraßen erstand alle zehn Meilen ein Kramladen und eine Hufschmiede, die die Keimzellen von Ortschaften wurden: Bradley, King City, Greenfield.

Der Hang der Amerikaner, Ortschaften nach Menschen zu benennen, war stärker als der der Spanier. Als die Täler einmal besiedelt waren, tauchten mehr Namen auf, die sich auf bestimmte Vorkommnisse an Ort und Stelle bezogen; diese Namen haben mich immer am meisten in ihren Bann gezogen, weil ein jeder von ihnen auf eine vergessene und verschollene Geschichte weist. Mir fällt etwa Bolsa Nueva ein: Neuer Geldbeutel; Morocojo: Lahmer Mohr (wer mag das gewesen und wie mag er dorthin gekommen sein?); die Wildpferd-Schlucht und die Hemdzipfel-Schlucht. Ortsnamen sind immer eine Willensäußerung seitens derjenigen; die sie gaben, ob sie ehrerbietig oder unehrbietig, rein beschreibend, poetisch verklärend oder verunglimpfend sind. San Lorenzo kann man jeden x-beliebigen Ort nennen; aber Hemdzipfel-Schlucht oder Lahmer Mohr, damit verhält es sich ganz anders.

Am Nachmittag pfiff der Wind über die Ansiedlungen bin; und die Farmer machten sich bald daran, meilenlange Reihen von Eukalyptusbäumen als Windbrecher anzupflanzen, um die bestellte Ackerkrume vor dem Verwehtwerden zu schützen. So etwa stand es um das Salinas Valley, als mein Großvater mit seiner Ehefrau daherkam und sich in den Vorbergen östlich von King City niederließ.

Steinbeck, John: Jenseits von Eden. Frankfurt am Main/Berlin/Wien: Ullstein, 1980. [zit. S. 7-9]
© 1963 Diana Verlag Zürich.

Detlev Freiherr von Liliencron

Detlev Freiherr von Liliencron wird am 3. Juni 1844 in Kiel als Sohn eines Zollverwalters und einer Generalstochter geboren. Nach preußischem Militärdienst wird er 1863 Offizier. 1875 muss er wegen Verschuldung aus der Armee ausscheiden und arbeitet danach ohne Erfolg in verschiedenen Berufen in Amerika. Nach seiner Rückkehr nach Deutschland ist Liliencron als Gesangslehrer in Hamburg und als Landesvogt auf der nordfriesischen Insel Pellworm tätig. Anschließend lebt Liliencron als freier Schriftsteller in München, Berlin und Altona. Liliencron stirbt am 22. Juli 1909 in Alt-Rahlstedt bei Hamburg.

Werke u.a.:

1883   Adjudantenritte
1885   Knut, der Herr
1887   Arbeit adelt
1895   Kriegsnovellen
1908   Leben und Lüge

(nr)

Auf einem Bahnhof

Aus einer Riesenstadt verirrt' ich mich
Auf einen weit entlegnen kleinen Bahnhof.
Ein Städtchen wird vielleicht von hier erreicht
Von Männern, die vom Morgen an viel Stunden
Am Pult, in Läden und Kanzlei gesessen,
Und nun den Abend im Familienkreise
Den Staub abschütteln wollen vom „Geschäft".

Ein glühend heißer Sommertag schloß ab.
Es war die Zeit der Mitteldämmerung.
Der neue Mond schob wie ein Komma sich
Just zwischen zwei bepackte Güterwagen.
Im Westen lag der stumme Abendhimmel
In ganz verblaßter milchiggelber Farbe.
An diesem Himmel stand wie ausgeschnitten

Ein Haufen Schornsteintürme vor der Helle.
Aus allen Schloten qualmte dicker Rauch,
Erst grad' zur Höh', dann wie gebrochen bald,
Beinah im rechten Winkel, einem Windzug
Nachgebend, der hier Oberhand gewonnen.
In wunderlich geformten Öfen dort,
Die offne Stellen zeigten, lohte ruhig,
Ganz ruhig, ohne jeden Flackerzug,
Ein dunkelblauer starker Flammenmantel.
Und aus der großen Stadt klang dumpf Geräusch,
Ein brodelnd Kochen, das ich einmal schon
Gehört, als vor Paris wir Deutschen lagen,
Indessen drinnen die Kommune sich
Im Höllenlärme blutige Wangen wusch.

Das fiel mir ein in diesem Augenblick.
Und wie auch damals, kam ein Bild von neuem:
Scharf, wie geputztes Messing blank, erglänzte
Hoch über allem Zank der Jupiter.
Und heut wie einst: Der Jupiter stand oben,
Von allen Sternen er allein zu sehn,
Und schaute auf den ewigen Erdenkampf,
Der mir so wüst in dieser Stunde schien –
Und wie bezwungen sprach ich vor mich hin
Mit leiser Lippe: Zwanzigstes Jahrhundert.

Um mich war's leer; ein letzter Zug hielt fertig,
Die letzten Arbeitsmüden zu erwarten.
Ein Bahnbeamter mit knallroter Mütze
Schoß mir vorbei mit Eilgutformularen.
Sonst nichts. Nur oben stand der Jupiter.
Die blauen Flammen lohten geisterhaft,
Und aus der Stadt her drang verworrener Ton.

Liliencron, Detlev Freiherr von: Auf einem Bahnhof. In: ders.: Gesammelte Werke. Bd. 2. Gedichte. Hg. von Richard Dehmel. Berlin: Schuster & Loeffler 1911, S. 248-249.

Weitere Textempfehlung:
Koeppen, Wolfgang: Reisen nach Frankreich. In: ders.: Gesammelte Werke in sechs Bänden. Bd. 4 Berichte und Skizzen I. Hg. von Marcel Reich-Ranicki. Frankfurt am Main: Suhrkamp Verlag, 1986. S. 467-657

Günter Grass

Als Sohn einer kaufmännischen Familie wird Günter Grass am 16. Oktober 1922 in Danzig geboren. Im Jahre 1944 wird er als Luftwaffenhelfer eingezogen und gerät bis 1946 in amerikanische Gefangenschaft. Nach dem Krieg absolviert er eine einjährige Steinmetzlehre in Düsseldorf. Anschließend studiert Grass Grafik und Bildhauerei an der Düsseldorfer Kunstakademie. Von 1953 bis 1956 ist er Schüler des Bildhauers Karl Hartung an der Hochschule für Bildende Künste in Berlin. In Tempelhof und Stuttgart sind von Grass in den Jahren 1956 und 1957 erste Ausstellungen zu sehen. Zu diesem Zeitpunkt beginnt er zu schreiben, zunächst vor allem Gedichte, Theaterstücke und Kurzprosa.

Im Jahre 1958 bekommt er für sein Manuskript „Die Blechtrommel" den Preis der „Gruppe 47", der Roman erscheint ein Jahr später.

Neben seiner literarischen Tätigkeit tritt Günter Grass vor allem politisch in Erscheinung. Von 1982 bis 1993 ist er Mitglied der SPD, für die er sich an Wahlkampfveranstaltungen beteiligt. Er äußert sich zu aktuellen politischen Ereignissen und beteiligt sich an Protestaktionen. Grass gehört auch zu den Initiatoren des sogenannten „Willy-Brand-Kreises".

Am 10. Dezember 1999 erhält er den Literaturnobelpreis für sein Lebenswerk.

Werke u.a.:

1959	Die Blechtrommel
1961	Katz und Maus
1963	Hundejahre
1966	Die Plebejer proben den Aufstand
1968	Briefe über die Grenze
1969	Davor
1972	Aus dem Tagebuch einer Schnecke
1977	Der Butt
1986	Die Rättin
1992	Unkenrufe
1995	Ein weites Feld
1999	Mein Jahrhundert

Ein weites Feld (1995)

„Ein weites Feld" spielt nach dem Fall der Berliner Mauer, betrachtet aber die aktuelle Entwicklung vor dem Hintergrund der ersten „deutschen Einheit" von 1870/71. Als Hauptakteure lässt Grass Fontane in Gestalt von Theo Wuttke und den Romanhelden H.J. Schädlichs „Tallhover" in Gestalt von Hoftaller sinnierend, debattierend und argumentierend durch Berlin und die nähere Umgebung streifen und flanieren.

(cb)

Ein weites Feld (Ausschnitt)

Viele Vaterunser lang
Da sind sie wieder, vor das Portal gestellt, das beide zu Winzlingen macht. Kein Zufall wirkte, der Architekt hatte sich dem Willen eines Bauherrn unterworfen, dem das Bombastische als Uniform angepaßt saß. In jener zurückliegenden Zeit wurde ein Berliner Spottlied verboten, das mit dem Kehrreim „Hermann-heeßt-er..." ausklang; und dieser besungenen Größe sollte hoch und breit das Portal entsprechen.

Fortan wurde jeder, der entschlossen oder zögernd Anlauf, dann die Stufen nahm, durch eine Architektur verkürzt, die vorm Eintritt alle Personen schrumpfen ließ, denen sie Diensträume und Sitzungssäle hinter fugendichten Muschelkalkfassaden eingeräumt hatte. Wer sich hier näherte, empfand sich als geduckt, ob ministerieller Mitarbeiter gleich welchen Ranges oder Besucher des Hauses. Sogar Staatssekretäre, die im Dienstwagen vorfuhren, und hohe ausländische Gäste, etwa Italiens Graf Ciano oder Ungarns Admiral Horthy, mußten die augenblickliche Minimalisierung erdulden, und sei es als Gefühl inwendiger Enge.

So übte das Portal gleichmachende Gerechtigkeit. Alle, die ihm nahe kamen, hatten sich zwangsläufig als degradiert zu begreifen; erst im Inneren des über endlose Korridore verzweigten Gebäudes herrschte wieder jene den Dienstweg bestimmende Rangfolge, nach der es Untergebene und Vorgesetzte, die abgestufte Ordnung gab.

Um so viel Erniedrigung und Erhöhung zu erfahren, mußte zuvor eine Durststrecke überwunden werden: Dem breitgelagerten und mit mehreren Büroflügeln in die Tiefe gehenden Gebäudekomplex war von der Straßenseite her eine Freifläche ausgestanzt worden; jeder, der in Zivil oder Uniform zum Portal wollte, hatte den Ehrenhof zu überwinden.

Von drei hochragenden Fassaden flankiert, lag er als Präsentierteller. Selbst nach dem Krieg, als der Ehrenhof nicht mehr Ehrenhof hieß, haben ihn viele als bedrückend, wenn nicht überwältigend empfunden; Fonty jedoch hatte seine Ausmaße schon in jungen Jahren als „zu kolossal" eingeschätzt. Wenn wir auch zugeben, daß „kolossal" zu seinen Lieblingswörtern gehörte und er wenig Hemmung kannte, irgend etwas – und sei es ein Blumentöpfchen – „kolossal niedlich" zu finden, muß gesagt sein: Zum Ehrenhof paßte sein forsches „Zu kolossal, Hoftaller! Werde mich nie dran gewöhnen. Einfach zu kolossal!"

Jetzt erst näherten sie sich. Vom Zaun aus, der den Hof zur Straßenseite hin begrenzte, sah es aus, als sauge das Portal sie an, mehr noch, als wachse der von elf Pfeilerprofilen gehobene Einlaß über sich hinaus, während beide zu verschieden großen Gnomen wurden; und diese Verzwergung widerfuhr ihnen zu jeder Jahreszeit, sogar bei Regenwetter, wenn sie sich unter schützendem Schirm näherten.

Hoftaller, dem die veränderten Proportionen zur Erfahrung geworden waren, litt nicht wie Fonty, der, kaum hatte er „kolossal, zu kolossal" gerufen, seinen Tagundnachtschatten hörte: „Mir gibt das ne gewisse Festigkeit. Weiß jedesmal, wenn ich hier antrabe, wohin ich gehöre. Und in Zeiten wie gegenwärtig, die sowieso auf ne gewisse Haltlosigkeit hinauslaufen, steigt in mir Dankbarkeit auf, wenn ich das Portal sehe, wie es größer, immer größer wird. Auch Sie, mein lieber Wuttke, sollten sich hier zu Hause, zumindest geborgen fühlen. Bißchen Demut kann nicht schaden."

Fonty, den das Tausendjährige Reich immer noch kränkte, blieb schroff: „Hielt nur zwölf Jahre, wirft aber einen kolossal langen Schatten."

Grass, Günter: Ein weites Feld. Roman. Werkausgabe, Band 13. Göttingen: Steidl Verlag 1997
© Steidl 1995 Göttingen

Kurt Tucholsky

Kurt Tucholsky wird am 9. Januar 1890 in Berlin als Sohn eines Kaufmanns und Bankdirektors geboren. Bis 1899 lebt er mit seiner Familie in Stettin. 1909 beginnt Tucholsky ein Jura-Studium an der Friedrich-Wilhelm-Universität in Berlin. Von 1913 bis 1933 arbeitet er als Journalist bei der Zeitschrift „Schaubühne" (später „Weltbühne"), in dieser Zeit führt er auch seine Pseudonyme „Ignaz Wrobel", „Peter Panter" und „Theobald Tiger" ein. 1918 übernimmt er die Redaktion des „Ulk", der satirischen Wochenbeilage des „Berliner Tageblatts" und der „Berliner Volks-Zeitung", und führt das Pseudonym „Kaspar Hauser" ein.

Ab 1924 lebt Tucholsky weitgehend im Ausland. 1933 wird er durch den NS-Staat ausgebürgert, seine Bücher verbrannt. Tucholsky begeht am 21. Dezember 1935 in Hindas bei Göteborg Selbstmord.

Werke u.a.:

1912   Rheinsberg. Ein Bilderbuch für Verliebte
1920   Träumereien an preußischen Kaminen
1929   Deutschland, Deutschland über alles! Ein Bilderbuch
1931   Schloß Gripsholm

(cw)

Augen in der Großstadt

Wenn du zur Arbeit gehst
am frühen Morgen,
wenn du am Bahnhof stehst
mit deinen Sorgen:
    da zeigt die Stadt
    dir asphaltglatt
    im Menschentrichter
    Millionen Gesichter:
Zwei fremde Augen, ein kurzer Blick,
die Braue, Pupille, die Lider –
Was war das? Vielleicht dein Lebensglück ...
vorbei, verweht, nie wieder.

Das geht dein Leben lang
auf tausend Straßen;
du siehst auf deinem Gang,
die dich vergaßen.
    Ein Auge winkt,
    die Seele klingt;
  du hast's gefunden
  nur für Sekunden...
Zwei fremde Augen, ein kurzer Blick,
die Braue, Pupille, die Lider;
was war das? Kein Mensch dreht die Zeit zurück ...
Vorbei, verweht, nie wieder.

Du mußt auf deinem Gang
durch Städte wandern;
siehst einen Pulsschlag lang
den fremden Andern.
    Es kann ein Feind sein,
    es kann ein Freund sein,
    es kann im Kampfe dein
    Genosse sein.
  Es sieht hinüber
  und zieht vorüber...
Zwei fremde Augen, ein kurzer Blick,
die Braue, Pupillen, die Lider.
Was war das?
    Von der großen Menschheit ein Stück!
Vorbei, verweht, nie wieder

Tucholsky, Kurt: Augen in der Großstadt. In: Riha, Karl (Hg.): Deutsche Großstadtlyrik.
    Eine Einführung. München u.a.: Artemis, 1983. S. 87.
© Artemis.

Weitere Textempfehlung:
Goytisolo, Juan: Johann ohne Land. Aus dem Spanischen von Joachim A. Frank. Frankfurt am Main: Suhrkamp, 1988. [S. 93-97]

Christine Brückner

Als Tochter eines evangelischen Geistlichen wird Christine Brückner (geborene Emde) am 10. Dezember 1921 in Schmillinghausen (Waldeck) geboren. Ihr Abitur macht sie 1943. Während des Krieges ist sie in einem Flugzeugwerk als Buchhalterin tätig und in einem Generalkommando. Sie studiert Germanistik, Kunstgeschichte und Psychologie und beschließt nach dem Krieg ihr Studium in Stuttgart als Diplombibliothekarin. Ihr Roman „Ehe die Spuren verwehen" ist so erfolgreich, dass sie als freie Schriftstellerin leben kann. Sie erhält zahlreiche Preise und ist von 1980 bis 1984 Vizepräsidentin des deutschen PEN. Christine Brückner stirbt am 21. Dezember 1996.

Werke u.a.:

1954   Ehe die Spuren verwehen
1975   Jauche und Levkojen
1977   Nirgendwo ist Poenichen
1985   Die Quints
1987   Letztes Jahr auf Ischia

Letztes Jahr auf Ischia (1987)

Der Roman erzählt die Geschichte eines Filmteams, das einen für sich selbst sprechenden Film über Ischia drehen will. Es werden die Schicksale von Menschen geschildert und ihre Probleme, sich im Leben zurechtzufinden. Nur die Insel selbst vermittelt Ruhe und Beständigkeit. Die Erzählerin des Romans, auf der Suche nach Vertrauen und Selbstvertrauen, entscheidet sich schließlich, auf Ischia zu bleiben.

(cb)

Letztes Jahr auf Ischia (Ausschnitt)

Der triefäugige Hund, den die Fremden immer Bismarck rufen, schnüffelt um meine Beine herum, schubst an meine Knie, sabbert auf meine Hosen, ich bin sentimental genug zu glauben, daß er mich wiedererkennt. Er bekommt ein Stück Kuchen, legt sich an die Hauswand in die letzten Sonnenstrahlen. Der Platz, an dem die Handschuhverkäufer immer ihren Tisch hatten, ist leer. Der Platz vor der Boutique, wo immer die kleine Gina-ginetta saß, ist leer. Am Strand spielt der junge Pfarrer mit den Schulkindern Fußball, seine Soutane fliegt, man sieht seine kräftigen weißen Beine in den klobigen schwarzen Schuhen. Außer ihm und den Kindern ist niemand am Strand.

Paul hindert mich daran, mein Glück auch in der Boutique zu versuchen. Ich könnte gut ein Paar von den seidenen Hosen gebrauchen, Margherita wird sie in diesem Jahr nicht mehr verkaufen, und im nächsten Jahr sind sie nicht mehr modern. Sie hat auch heute wieder ihre ausgebleichten Strohhüte in das kahle Astgestänge vor ihrem Lädchen gebaumelt. Ein verdorrter Feigenbaum, sie knüpft Chiffonschals in die Aste, hängt bunte Strohhüte mit verschlissenen Seidenbändern hinein. Jeden Morgen schmückt sie ihren Feigenbaum wie einen Christbaum. Wir nicken uns zu. Paul kauft mir zum Trost ein Seidentuch – damit du endlich Ruhe gibst! Dann setzen wir uns, bis es Abend wird, auf die Steinbank und sehen übers Meer, haben die Bucht vor uns, den Berg mit dem alten Kastell, die Steilküste, den kleinen Sandstrand. Kein Boot ist draußen, kein Auto auf der Straße. Nachts, wenn ich wachliege, versuche ich, die Silhouette nachzuziehen, sie in mein Gedächtnis einzugravieren. Paul nimmt einen Stock und zeichnet sie in den Sand, ich halte ihm die Augen zu, dann versuche ich es, mit seiner Hand vor den Augen. – Du hast noch lange nicht genug hingesehen, sagt Paul. Seine Linien sind sehr viel genauer, bei mir ist alles überzeichnet, die Buchten zu tief, die Klippen zu steil.

Tramonto. In Blau, in Rot, in Gelb, dann kommt Grün dazu, das ganze Spektrum, immer neue Farbschichten schieben sich übereinander. Kein Dunst schwächt die Farben ab wie im Sommer. Nirgends ist der Sonnenuntergang so schön wie von dieser Bank aus. Unten der dunkle, grobkörnige Sand, dann das Wasser, vielfach getönt, dann der Himmel. Paul sagt – wenn du dich langweilst, gehen wir natürlich. – Ich langweile mich nicht. Nie werde ich müde, dem Sonnenuntergang zuzusehen, er wiederholt sich nie, er hat kein Ende und ist plötzlich vorbei. Dann bricht die Nacht über uns herein, überfällt uns. Man reagiert depressiv, das tun alle, man ist auf einmal müde, gereizt. Sitzt nebeneinander und fühlt sich einsam. Es hat keinen Zweck, dann mit Händen oder Worten gegen diese Einsamkeit anzugehen, sie bleibt, man muß sie respektieren.

Wir gehen zum Essen. Paul spendiert uns eine Languste. Eine einzige hat Maria noch, wir haben Glück. Sie erlaubt uns, in die Küche zu kommen, wir wollen endlich hören, ob das stimmt, daß die Langusten singen, wenn man sie ins kochende Wasser wirft. Ihr Schwanengesang.

Nichts als ein hoher pfeifender Ton. Die gekrümmten Schwänze ziehen sich zusammen. Paul behauptet, daß sie sich strecken, wir starren in den Topf, sehen im Dampf nichts. Maria schickt uns an unseren Tisch, gleich wird sie die Languste bringen, den Wein wird sie spendieren. Zu der Languste kann sie uns nicht einladen, sie muß mit ihren Brüdern abrechnen, oft kommen sie mit leeren Körben zurück, es gibt nicht mehr viele gute Fische hier, im Herbst müssen sie weit hinausfahren. Es werden zuviel Fische gegessen, die Stranieri wollen immer Fisch und immer die guten Fische. Im Frühjahr wird es besser. Sie setzt sich zu uns, wir sind ihre einzigen Gäste. Im Sommer war es auf ihrer Veranda oft so voll, daß man keinen Tisch bekam. Sie hat eine Mayonnaise gerührt, sie macht sie immer selbst. Wir loben sie, sie ist eine gute Köchin. Sie sagt, dies sei eine schöne, praktische Frisur; sie hat schon gehört, daß ich beim Barbier gewesen bin. Es hat ihr sehr leid getan, daß ich so lange krank war. Jetzt geht es wieder gut? – Bene, bene! Die Gesundheit, das ist das wichtigste. Sie hat mit Rheuma zu tun, in diesem Winter will sie auch ein paar Bäder nehmen. Sie wollen eine Veranda bauen, aus Steinen, diese muß in jedem Herbst abgebrochen werden, es wird Zeit, vielleicht kommt bald Sturm, dann reißt das Meer sie fort. Sie zeigt uns, wie hoch das Wasser steigt, oft sind sie abgeschnitten vom Dorf, dann überspült das Meer die Mole, tagelang. Immer muß das Haus getüncht werden, in jedem Frühling, diesmal soll es blau werden wie das Haus vom ›Pescatore‹. Es ist schwer, die Brüder sind schon fort, sie arbeiten in der Schweiz, sie gehen immer zu derselben Firma, schon den dritten Winter. Es ist still hier, viele Männer sind fort, viele arbeiten auch in Deutschland, alle wollen verdienen. Sie wird für uns kochen, ein Kaninchen, ein Omelett, etwas hat sie immer. Wir sind gute Gäste gewesen.

Brückner, Christine: Letztes Jahr auf Ischia. In: dies.: Ein Frühling im Tessin – Die Zeit danach – Letztes Jahr auf Ischia. Drei Romane. Frankfurt am Main/Berlin: Ullstein, 1987. [zit. S. 189-191]
© Ullstein.

Weitere Textempfehlung:
Wampilow, Alexander: Weiße Städte. In: Tietze, Rosemarie (Hg.): Weiße Städte. Sibirische Erzählungen der Gegenwart. Aus dem Russischen von Bernd Rullkötter u.a.. München: R. Piper, 1991. S. 71-76.

Adams, Douglas: Das Restaurant am Ende des Universums. Aus dem Englischen von Benjamin Schwarz. München: Rogner & Bernhard, 1982, S. 46-47 und 72-73.

2. Zeit

Hartmut Lüdtke

Die Zeit, eine paradoxe Dimension des Handelns und der sozialen Ordnung in wissenschaftlicher und literarischer Aneignung

Übersicht

Einem Freund antwortete der Kirchenvater Augustin sinngemäß: Du fragst mich, was die Zeit sei – darauf kann ich Dir nicht antworten. Denke ich aber nicht an die Zeit, so kenne ich sie genau. Offenbar ist die Zeit für den Menschen eine paradoxe Dimension; sie entzieht sich, ähnlich einem Elektron beim Versuch seiner genauen Zustandsmessung, der Fixierung. Zeit ist nur bestimmbar als Verhältnis zwischen gedachten oder beobachteten Fixpunkten. Genau dies meinte Albert Einstein, als er formulierte: Zeit ist die Ordnung der Ereignisse, Raum die Ordnung der Dinge.

Zeitwahrnehmung ergibt sich daher als ein psychisches Konstrukt in der Herstellung von Beziehungen zwischen Tätigkeiten, Beginn und Ende von Abläufen, Vergangenheit und Gegenwart, Vorher und Nachher usw. Genau diese Erfahrung macht auch der Sanatoriumspatient Castorp in Thomas Manns „Zauberberg", einer der Schlüsselromane des 20. Jahrhunderts über die Zeit. Die objektive Kehrseite der Zeitmedaille zeigt sich jedoch in der Unausweichlichkeit und dem Zwangscharakter von Zeitverhältnissen: in der frühen Menschheitsgeschichte die Abhängigkeit des Lebens von Tag- und Nachtwechsel, Mond- und Jahreszeiten. Alle Kulturen erfanden dann institutionelle Ordnungen von Zeit für vorgeschriebene Tätigkeiten, Rituale, religiöse und weltliche Feste, besondere Herausforderungen wie die Initiation vom Kind zum Erwachsenen, die Heirat oder die Ernte, des Gedenkens usw. Mit der Erfindung und Standardisierung von Kalender und Uhr, der Normierung und Synchronisation organisierter Prozesse und industrieller Arbeit entstanden schließlich in der Moderne Systeme von Zeitregimes mit einer Unzahl von geregelten Arbeits-, Dienst-, Öffnungs-, Zugangs-, Betriebs-, Apparate-, Verfalls-, Verkehrs-, Ferien- und Freizeiten einschließlich der Normierung von Regel-, Mindest-, Rekord- oder Maximalzeiten für verschiedene Bereiche nach speziellen Maßstäben der Wertigkeit, Rentabilität, Verknappung oder Tolerierung bestimmter Zeitquanten, die pro Aktivität, Ablauf oder Stück als angemessen erscheinen.

Es entstanden parallele Zeitordnungen und Zeitkulturen mit steigenden Koordinations- und Synchronisationsansprüchen für Individuen und Gruppen. Wachsende kollektive Zeitangleichung ist jedoch, soll die Gesellschaft nicht infolge von Übersteuerung kollabieren, auch verbunden mit der internen Ausgliederung von besonderen Zeitnischen, von erlaubter oder sogar notwendiger Zeitflexibilisierung im Kleinen. Daher bildeten sich in einer hoch differenzierten und pluralistischen Gesellschaft verschiedene Möglichkeiten heraus, auf der kollektiven Ebene besondere „Systemzeiten" auszugrenzen, ähnlich wie für manche glückliche Individuen, „Eigenzeiten" der relativ freien Verfügbarkeit von Zeit zu retten oder zurückzuerobern. Die moderne Gesellschaft bringt inzwischen Prozesse der zunehmenden „Verzeitlichung" hervor, mit ständiger Verfeinerung und Verfestigung von Zeitordnungen, zugleich aber auch der Zerstörung und Reform bestehender. Und in ihrem ohnehin dichten Geflecht von Gegensätzen und Konflikten steigern sich die Abstimmungsprobleme der Zeitregimes wie der individuellen Zeitinteressen.

Die vielen möglichen Perspektiven des Blicks auf die Zeit, ihre Flüchtigkeit beim Versuch, sie „dingfest" zu machen, schließlich ihr paradoxer, mehrdeutiger Charakter haben viele Autoren gereizt, sie sich als literarisches Thema zu erschließen. Die in diesem Band versammelten Beiträge, von der kurzen Glosse und der poetischen Notiz bis zum längeren Ausschnitt von Romanprosa, zeugen von der Vielfalt der Möglichkeiten, sich der Zeit zu nähern. Einige Texte haben einen bestimmten Zeitbezug, andere deren viele. Fast alle Texte, ohnehin ein Wesensmerkmal literarischen Erzählens und Dichtens, thematisieren Zeiterleben, Zeitgefühl oder Zeitempfinden, d.h. „psychische" Zeit in der Perspektive handelnder Personen. Sie reflektieren dabei oft zugleich objektive, gesellschaftliche Zeitordnungen und -zwänge, also „soziale" Zeit. Der Assoziationsreichtum des literarisch dargestellten Zeiterlebens und die dabei gewählten Formen lassen es fast unmöglich erscheinen, die in den Texten anklingenden Zeitmotive in eine systematische Ordnung zu bringen. Der folgende Versuch, in ihnen einige zentrale Begrifflichkeiten und Kategorien der sozialwissenschaftlichen Zeitforschung wiederzufinden, muss daher unvollständig bleiben. Er mag aber die Leser dazu anregen, den roten Faden und die Verzweigungen des Reflektierens auf Zeit weiterzuspinnen und mit ihren persönlichen Zeiterfahrungen zu vergleichen.

Ich möchte fünf Dimensionen unterscheiden, in denen das Verhältnis Mensch – Zeit jeweils verschiedene Formen annehmen kann:

- *Zeitfunktionen*: die Bedeutung der Zeit für das Handeln in der Umwelt und im gesellschaftlichen Raum;
- *Zeitbewusstsein*: allgemeine Formen der Wahrnehmung von Zeit und der Interpretation des Verhältnisses zwischen Vergangenheit, Gegenwart, Zukunft, Beginn und Ende, Kurz- und Langfristigkeit, Erfahrung und Erwartung u. dgl.;
- *subjektive Zeitvorstellungen* und Alltagstheorien über die Zeit als Schemata des Umgangs mit Zeit und der Bewältigung von Zeitproblemen;
- *Zeithorizont*: die perspektivische Reichweite der Zeitorientierung;
- *Zeitpraktiken*: persönliche Techniken und Routinen für den Umgang mit der Zeit und die psychische Steuerung der Erlebnisqualität von Zeit.

Zeitfunktionen

Von besonderer psychologischer Bedeutung ist zunächst die *Orientierungsfunktion*: Mit Hilfe von Kalender und Uhr fixiert der moderne Mensch Zeitorte für bestimmte Tätigkeiten, Wege und Begegnungen als ein Regelwerk von Terminen und Zeitspannen für Anwesenheiten, Pflichten, Kontakten und Auszeiten. Sie erst ermöglichen Vorausschau, Planung und soziale Koordination. Jede Organisation, sei sie individueller oder kollektiver, privater oder öffentlicher Art, beinhaltet eine solche Verteilung von Zeitspannen und Zeitplänen auf Personen, Positionen, Zwecke und Handlungen. Die auf diese Weise hergestellten Rhythmen und Takte des Lebens, der Wechsel zwischen Ruhe und Aktivität oder verschiedenen Geschwindigkeiten im Ablauf dienen uns zur Sicherung von Verhaltensmustern und Routinen, aber auch zum Erwerb sinnvoller Ordnungen von Anspannung und Entspannung. Die meisten Menschen verfügen (noch) über eine, in der Evolution erworbene innere Uhr, angepasst an die Biozeit der Gattung. Auch der immer wieder unternommene Versuch, aus der Hektik des modernen Lebens in die Biozeit zurückzukehren, dient solcher Orientierung im Alltag.

Im von Shostak nacherzählten Leben der Afrikanerin Nisa entwickelte sich die biografische Zeitorientierung, ausgehend vom Schockerlebnis der

Menstruation der Mutter, im Zuge des Erlernens der noch weitgehend naturabhängigen Vorgänge der elementaren Existenzsicherung wie Regenzeiten, Auffinden von Wasserlöchern oder Jagderfolge. In extremem Gegensatz dazu kann sich der von Eco glossierte Luxusmensch unserer Tage sogar in die Lage versetzen, die Zeit anhand der Uhr nicht mehr bestimmen zu können, weil ihre Funktion der Demonstration von Wohlstand und Prestige ihren eigentlichen Zwecknutzen, nämlich die genaue Angabe der Tageszeit in Stunden, Minuten und Sekunden, völlig verdeckt hat. Zuckmayer glaubt, als Wanderer in Köstendorf einen Ort entdeckt zu haben, dessen Leere und äußeres Ambiente darauf schließen lässt: hier gibt es „keine Zeit", will heißen: bei scheinbar völliger Ereignislosigkeit kann Zeit nicht mehr orientieren. Bei Musil tritt die Liebe in das Leben einer schon resigniert habenden Frau: dessen Einöde wird aufgebrochen, das Ereignis bringt das Zeitgefühl zurück. Bei Thomas Mann schließlich erwirbt Castorp in der Abfolge verschiedener Ereignisse und Regeln eine neue Orientierung an der ungewohnten Zeitordnung des Sanatoriums, wächst in ihre Routinen hinein und lernt z.B. „die durch die Hausordnung geheiligten Stunden der Hauptliegekur" zu schätzen.

Zeit, in ihren institutionellen, kulturell und gesellschaftlich gestalteten Formen, ist ein Medium der sozialen *Ordnungsbildung und Kontrolle*. Gruppen, Organisationen, Verbände, schließlich der Staat treten nicht nur als externe Zeitgeber für den Einzelnen in Erscheinung, sondern auch, wie schon eingangs gesagt, als Koordinations- und Synchronisationsagenten, deren Zeitregimes überhaupt erst gesellschaftliche Arbeitsteilung, Kooperation und Kommunikation wirksam werden lassen. Dass mit der Ordnungsfunktion auch mehr oder minder handfeste, sichtbare und unsichtbare Macht und Kontrolle über Menschen mittels Zeit verbunden ist, liegt auf der Hand. Man denke z.B. an die relative Macht oder den relativen Zwang von arbeitszeitregelnden Tarif- oder Arbeitsverträgen, der Stechuhr, der Fahrpläne, der Warteschlangen vor Ladenkassen usw.

Bestandteil der Kultur des alten China war, wie der Text von Lü Bu We dokumentiert, ein hoch komplexes Regelwerk von Bräuchen und Ritualen des Umgangs mit Menschen, Dingen, Göttern, Natur und innerer Einkehr, die der Herstellung von Harmonie zwischen Mensch, Gesellschaft, Natur und Himmel dienten. Die Jahreszeiten und ihre Abschnitte scheinen noch völlig durch den Gang der Natur geprägt, der sich die Kultur anpasste. Zeit-, Geschlechter- und ästhetische Ordnung bilden eine Einheit, so in der Symbolisierung der Monate durch je sechs Yang- („weiblich") und Yintöne („männlich").

Viele Jahrhunderte später finden wir die moderne Arbeitszeitordnung mit ihren Zwängen der Disharmonie. Im Text von Droege werden die Macht der Stechuhr wie auch die Nebenfolgen der fordistischen Industriearbeit für das Familienleben anschaulich aus der Sicht der Betroffenen – „wie eine mechanische Puppe kommt man sich vor" – dargestellt. Im „Zweikampf" von Martell wird diese Form der Zeitherrschaft auf die Spitze getrieben: ein Zeitnehmer misst die Tätigkeit eines Industriearbeiters und setzt eine neue Stichzeit fest. Der Arbeiter ist immer der Verlierer, Gewinner über diesen wie auch den Stopper bleibt der Unternehmer, als eigentlicher Herr der Zeitordnung. In Endes Roman wird mit den Mitteln der phantastischen Fiktion die Herrschaft der abstrakten, total standardisierten Zeit unter dem Diktat rigoroser Zeitökonomie ausbuchstabiert. Eine, freilich weniger folgenreiche, Vereinheitlichung und Vereinfachung von Zeitperspektiven sind wir beim Blick zurück gewohnt. Walser macht auf die historisierende Ordnungsbildung in Form einer zunehmenden Schematisierung von Vergangenheit aufmerksam: Von Jahrzehnt zu Jahrzehnt „wird der Umgang mit der Vergangenheit strenger normiert". Ganz ähnlich nimmt Eco das verbreitete Spiel der Glorifizierung der „x"ziger Jahre aus dem Blickwinkel der Gegenwart auf die Hörner („Die achtziger Jahre waren grandios"): „das Spiel der Chronologien mit starren Kästchen". Seine Glosse mahnt uns, manche Willkürlichkeit der historischen Einordnung nicht mit der Wahrheit zu verwechseln, die sich erst bei genauer Erinnerung unter Überwindung der Distanz zur Gegenwart erschließt.

Die minuziöse Beschreibung des Einlebens von Castorp in eine Zeitordnung durch Thomas Mann schildert Prozess und Probleme der individuellen Einpassung in diese. Neue, fremde Zeitzwänge spiegeln sich hier besonders in Castorps Versuch, das persönliche Zeiterleben in einem „ununterbrochenen Gleichmaß" zu retten. Proust weist, sozusagen in umgekehrter Blickrichtung, auf einen interessanten Doppelaspekt der Zeitordnung hin: Wird eine lange Routine regelmäßig gestört – hier durch das um eine Stunde vorgezogene Mittagessen am Samstag –, dann tritt neben die erste „eine zweite Art von (Zeit-) Ordnung". Diese Enttaktung des Wochenablaufs und der Wiedereintritt in die Routine machen diese erträglicher und halten das Bewusstsein von der übergreifenden, der ersten Zeitordnung wach.

Die wohl objektivste Form der Zeiterfahrung spiegelt sich in der Funktion von Zeit als *Ressource*, als Mittel oder auch „Kapital" zur Zielerreichung im Handeln von Personen und Gruppen. Noch niemals in der

Geschichte der Menschheit war Zeit ein so knappes, so extremer Nutzungskonkurrenz ausgesetztes Gut wie in der nachindustriellen Gesellschaft. Da ein Tag, eine Woche, ein Jahr, eine Lebenszeit absolut begrenzt ist, da die Zeit linear in eine Richtung verstreicht und da die modernen Zeitordnungen, insbesondere die der Arbeit, der Technik und der Wirtschaft, die Termine der meisten Menschen über all diese verschiedenen Zeitspannen verorten, werden sinnloses Zeitverschwenden und verpasste Gelegenheiten als hoch kostenträchtig erlebt und gesellschaftlich bewertet. Wir werden heute immer mehr dazu verpflichtet, mit unserem „Zeitbudget" – wie es die Forscher nennen – möglichst sparsam und in sinnvoll verteilten Nutzungen umzugehen.

Anders als kleine Geldreste lassen sich vertane Zeitreste des Tages oder auch längerer Zeitspannen nicht zu größeren „Summen" und damit späterer sinnvoller Nutzung „ansparen", sie sind verloren (wie etwa das verpasste Flugzeug, das nur einmal pro Woche ein exotisches Ziel ansteuert und erst wieder nach Urlaubsende erreichbar sein würde). Die modernen Prozesse von Produktion, Verkehr, Kommunikation, des Betriebs von Apparaten und Rechnern, des Arbeitens im umfassenden ökonomischen Sinn sind derart in Richtung auf minimalen Zeiteinsatz bei maximaler Effizienz durchrationalisiert, dass Zeit hier fast zum Stellvertreter für alle möglichen Kapital- und Kostenarten geworden ist. Gleichwohl gilt die Formel „Zeit ist Geld" nur noch bedingt in unserer Welt: Längst haben sich parallele Zeitkulturen, z.B. der Freizeit, des Tourismus, der Erlebnisszenen, der intimen Beziehungen, alternativer Lebensstile usw. etabliert, in denen die spezifischen Wertigkeiten der Zeit vom Bewertungsstandard der Geldökonomie abgekoppelt sind.

Ecos Glosse „Wie man seine Zeit nutzt" verknüpft die einschlägigen Stichworte des modernen Ressourcenproblems der Zeit: Das eigene Zeitbudget ist in Wirklichkeit kleiner als die Summe der für alle (notwendigen?) Tätigkeiten erforderlichen Zeiten; und beim Versuch, der Zeitknappheit durch sinnvolle Zeitplanung zu entgehen, wird man leicht überfordert und tappt in eigene Zeitfallen. Stechuhr und Akkordlohn in der Metallindustrie bei Droege sowie die Stoppuhr des Zeitnehmers im Text von Martell symbolisieren überdeutlich die systemtragende Bedeutung der industriellen Zeitökonomie für den Erfolg kapitalistischer Unternehmen. Und in Endes Roman „Momo" stehen die Institutionen der Zeitherrschaft, von den Zeitagenten bis zu den Zeitsparkassen, für das industriegesellschaftliche, ökonomisch-rationale Wert- und Normensystem, wird unsere „sanfte" Zeitdiktatur zu einer leibhaftigen. Selbst Fusi, der brave angepasste Friseur, muss eine Zeitparadoxie erfahren: von aller eingesparten Zeit blieb ihm niemals etwas übrig.

Zeitsouveränität oder Zeitautonomie nennt man die erworbene, meist leider nur strukturell begrenzte Fähigkeit, nach Belieben über Eigenzeit zu verfügen, und das heißt auch: Herr über sein eigenes Zeitbudget bzw. die Definition von Zeitwohlstand zu sein. Zwei Texte zeichnen jeweils eine Figur in einer solchen Position: Stefan Zweig den Parisreisenden, der sich in müßigem Flanieren treiben lässt und mit großem Vergnügen allen urbanen Reizen hingibt; Böll den Fischer im perfekten Gleichgewicht von Arbeitszeit und Zeitautonomie, der nur so viel fischt, wie er braucht, und daher an der Rationalisierung seiner Produktion nicht interessiert sein kann.

Zeitbewusstsein

Mit *Zeitbewusstsein* ist ein besonderer Aspekt der Orientierungsfunktion von Zeit angesprochen: Vorstellungen und Erfahrungen der Unterscheidung von jetzt und nicht jetzt, vorher und nachher, Vergangenheit – Gegenwart – Zukunft sowie der kontinuierlichen Bewegung und Beschleunigung. Mit diesen Vorstellungen steuern die Menschen ihre positiven oder negativen, optimistischen oder pessimistischen, hoffnungsvollen oder resignativen Haltungen gegenüber dem Alltags- und Lebensfluss. Mit ihnen verbunden sind auch Weltanschauungen, politische Einstellungen und Überzeugungen, insbesondere was die Gestaltbarkeit und Veränderbarkeit der Lebenswelt und der Zukunft betrifft. In der Zeitforschung werden vier Hauptformen des Zeitbewusstseins unterschieden, hinsichtlich derer die Menschen in unserer Gesellschaft sich deutlich, vor allem nach Alter und Bildung, unterscheiden.

Das *okkasionale* Zeitbewusstsein ist vor allem am Hier und Jetzt orientiert, ohne Berücksichtigung von Vergangenheit und Zukunft. Von einem *zyklischen* Zeitbewusstsein spricht man dann, wenn jemand von seinem Leben nichts Neues mehr erwartet und glaubt, auf Ereignisse keinen Einfluss zu haben. Ein zyklisches Zeitbewusstsein reflektiert auch die Erfahrung der ständigen Wiederkehr gleicher Abläufe; es war daher wahrscheinlich typisch für die vorindustrielle Gesellschaft mit ihrer Abhängigkeit von natürlichen Zyklen der Jahreszeiten, der Bewegung von Sonne und Mond, der Wetterschwankungen usw. Als *linear geschlossen* gilt ein Zeitbewusstsein, das an der persönlichen Entwicklung auf ein bestimmtes Ziel hin orientiert ist, dessen Erreichen durch eigenes Handeln beeinflusst werden kann. Die *linear offene* Form des Zeitbewusstseins ist hiermit stark verwandt, allerdings mit dem Unterschied relativ unklarer Vorstellungen von der eigenen Zukunft.

Nach den Ergebnissen jüngerer sozialwissenschaftlicher Umfragen verfügen fast zwei Drittel der Deutschen über ein lineares Zeitbewusstsein, davon wiederum die meisten über eines der zukunftsoffenen Form. Darin dokumentiert sich der Niederschlag einer jahrhundertlangen Kulturgeschichte: Spuren der Aufklärung und des Liberalismus mit ihrer Forderung nach Selbstverantwortung des Subjekts und individueller Gestaltung des eigenen Lebens, der Fortschrittsglaube in den Sozialtheorien des 19. Jahrhunderts und die Hoffnung der Moderne auf die Gestaltbarkeit der Zukunft. Das lineare Zeitbewusstsein zeigt sich dabei als Eigenschaft insbesondere jüngerer Menschen und solcher mit gehobener Bildung. Fast ein Drittel, vor allem Ältere und Personen mit niedrigem Schulabschluss, neigen zum zyklischen Zeitbewusstsein, und der kleine Rest, weniger als 10 Prozent, zu einem eher okkasionalen Verhältnis zur Zeit.

Es ist nicht ganz einfach, in den einzelnen Texten auf eine bestimmte, dauerhaft wirkende Form des Zeitbewusstseins der Protagonisten zu schließen, ist dieses doch zuallererst eine individuelle Eigenschaft, erst aus der Schilderung innerer Befindlichkeiten abzulesen, allerdings gefördert durch einen bestimmten gesellschaftlichen Kontext. In den altchinesischen Texten schlägt ersichtlich eine Zeitkultur durch, mit der eigentlich nur ein zyklisches Zeitbewusstsein vereinbar scheint. Wenn dagegen Walser die Vergangenheit bloß als „eine Stimmung oder Laune der Gegenwart" deutet, die Zukunft nur als „grammatische Fiktion" sieht und es daher nichts als die Gegenwart gebe, dann äußert er sich als typischer Vertreter des okkasionalen Zeitbewusstseins. Gleiches gilt für das Zeitgefühl des Flaneurs bei Stefan Zweig. Allerdings deutet sich in dieser Momentaufnahme auch die, in der Zeitforschung noch nicht genauer untersuchte, Möglichkeit an, dass Menschen über verschiedene, lang- oder kurzfristig orientierte Formen des Zeitbewusstseins verfügen. Das freie Erleben des Hier und Jetzt kann daher bedeuten, dass unser Parisreisender sich vorübergehend der okkasionalen Form hingibt, während die dauerhafte Schicht des (linearen?) Zeitbewusstseins in den Hintergrund gerückt ist.

Man könnte meinen, im Zeitbewusstsein des Fischers bei Böll mische sich die zyklische mit der okkasionalen Form: letztere, weil die momentane Bedürfnisbefriedigung als Arbeitsmotiv im Vordergrund steht und eine lineare Zukunftsorientierung, im Sinne des Anstrebens einer effizienteren Produktionsmethode, irrelevant scheint; erstere, weil hier eine zweifellos oft wiederkehrende Erfahrung des Fischers den Ausschlag gegeben hat.

Der Protagonist bei Thomas Mann ist im Sanatorium ganz neuen Zeiterfahrungen ausgesetzt und wird offenbar veranlasst, je nach Situation zwischen verschiedenen Koordinaten des Zeitbewusstseins zu wechseln – sozusagen aus der Befindlichkeit der Krise der erworbenen Zeitvorstellungen heraus. Da er aber einer existenziellen Geduldsprobe in Bezug auf die Einschätzung seiner Genesungschancen ausgesetzt ist, dürfte sich sein Zeitbewusstsein in Richtung auf ein Hin und Her zwischen der (zweifels-) offenen und der (hoffnungsvoll) geschlossenen Form des linearen Zeitbewusstseins entwickeln.

Subjektive Vorstellungen und Alltagstheorien über die Zeit

Während die Formen des Zeitbewusstseins auf der Ebene eines relativ weiten Zeithorizonts (siehe unten) angesiedelt sind, nämlich der Erfahrungen und Erwartungen in biografischer Perspektive, begründen Alltagstheorien über die Zeit individuelle Strategien des Umgangs mit ihr und der Bewältigung von Zeitproblemen. Bekannte Sinnsprüche und Sprichwörter bringen solche „Theorien" auf den Punkt. In einer Studie über den Umgang von Studenten und Lehrenden mit der Zeit habe ich mit zwei Mitarbeitern anhand der Zustimmung bzw. Ablehnung solcher Sprichwörter vier Muster unterscheiden können, die wir als Alltagstheorien über die Zeit interpretierten. *Zeitökonomie*: Wenn jemand streng der Regel „Zeit ist Geld" zu folgen versucht, so macht er sich das Zweck-Mittel-Denken der rigiden Zeitökonomie zueigen und hat entsprechend klare Präferenzen der Bewertung von Alternativen der Zeitnutzung. *Aktivität angesichts verstreichender Zeit*: Hinter „Morgenstund' hat Gold im Mund" oder „Was du heute kannst besorgen, das verschiebe nicht auf morgen" steht das Leitmotiv, möglichst immer früh aktiv zu werden, weil dies mehr Erfolg verspricht als Abwarten oder Handeln „im letzten Augenblick". *Beachtung der Eigengesetzlichkeit von Dingen und Personen*: „Alles zu seiner Zeit", „Eile mit Weile" oder „Sorge macht alt vor der Zeit" beinhalten die Vorstellung, dass Personen, Systeme, Aufgaben, Apparate, besondere Ereignisse, andere Kreaturen usw. jeweils über notwendige oder sinnvolle Eigenzeiten verfügen. Diese sollte man respektieren und deshalb skeptisch sein gegenüber abstrakten, standardisierten Zeitnormen. *Positiv-gelassene Langzeitperspektive*: Diese nehmen Personen ein, die zwei weiteren Sprichwörtern zustimmten: „Die Zeit heilt alle Wunden" und „Was lange währt, wird endlich gut".

Der Text von Lü Bu We scheint geradezu prototypisch für eine Zeitordnung, in der den Jahreszeiten und ihren Symbolen derartige Eigengesetzlichkeiten im Sinne der vierten „Alltagstheorie" zugeschrieben werden. Rigide Zeitökonomie dagegen tritt den Arbeitern bei Droege und Martell als Ausfluss der fordistischen Arbeits- und Verwertungslogik entgegen, Bestandteil der vorherrschenden Wirtschaftstheorie, aber wohl kaum auch als Alltagstheorie der Arbeiter selbst. Man darf darüber spekulieren, ob dies bei den Kapitaleignern und Managern der Unternehmen der Fall ist. Zu bedenken ist aber, dass subjektive Alltagstheorien über die Zeit nicht identisch sein müssen mit den systemischen Theorien der Begründung eines betont ökonomischen Arbeitszeitregimes. Vielmehr können solche Theorien gerade auch als Versuche entstehen oder angeeignet werden, den kollektiven Zeitzwängen des Alltags zu entgehen.

Eine Annäherung an die „Theorie" der Eigenzeiten lässt sich bei Proust erahnen: indem der eigentlich „regelwidrige" Samstag als „sympathisch" erlebt wird, kommt ihm ein eigener Zeitsinn zu. Thomas Manns Protagonist wird einem geradezu verwirrenden Wechselspiel spezifischer Eigenzeiten unterworfen und dadurch zur Vorstellung temporaler Eigengesetzlichkeiten zumindest herausgefordert. Vier Situationen in diesem Text illustrieren dies besonders deutlich: das 7 Minuten im Mund zu haltende Fieberthermometer, die Konfusion der Jahreszeiten, wenn Schnee (hier in den Bergen) im Sommer fällt, das Wachsen von Nägeln und Haaren als biologische Zeituhr und das „stehende Jetzt", erlebt beim Spaziergang am Strand.

Zeithorizonte

In der wissenschaftlichen Literatur findet sich wiederholt der Vorschlag, drei Zeithorizonte, d.h. verschiedene perspektivische Reichweiten der Zeitorientierung zu unterscheiden: Alltags-, Lebens- und Weltzeit. Der moderne Mensch bewegt sich in beliebigem Wechsel und verschiedenen Kombinationen aller drei Horizonte, obwohl seine Orientierung an der

Alltagszeit verständlicherweise, abgesehen von Ausnahmesituationen, überwiegt. Die Differenz zwischen den Zeithorizonten lässt sich verdeutlichen, wenn man ihnen jeweils den Blick auf Vergangenheit, Gegenwart und Zukunft zuordnet.:

Alltagszeit: Die Vergangenheit zeigt uns in ihr unser Lernen durch Versuch und Irrtum, die Relationen zwischen konkreten Erwartungen (zuerst) und Enttäuschungen (danach), und was sie für unser aktuelles Handeln bedeuten können. Die Gegenwart der Alltagszeit ist der Ort unmittelbaren Erlebens, der Bedürfnisbefriedigung und der (Un-) Sicherheit. Die Zukunft ist hier die Projektion von persönlichen Wünschen und privater Planung.

Lebenszeit: Als gelebte Biografie stellt sich uns hier die Vergangenheit dar. Die Gegenwart ist der Bezugspunkt der individuellen und sozialen Identität: Wer bin ich geworden und wozu gehöre ich nun? Und in die Zukunft projizieren wir unsere weitgespannten Hoffnungen bzw. Zweifel und Resignation.

Weltzeit: Die Vergangenheit in der Weltzeit verstehen wir als schematisierte „Geschichte" im allgemeinen Sinn, die Gegenwart als Ordnung versus Chaos, als Ungleichzeitigkeit des Gleichzeitigen (z.B. in den Widersprüchen der Globalisierung), zumal in einer Zeit der uns weltweit „informierenden" Medien. Die Zukunft auf dieser Ebene erschließt sich als weltanschaulich-religiöse Transzendenz, als Frage nach dem Wohin, dem Sinn des Lebens oder dem Ende der Welt.

Die beiden Industriereportagen in dieser Sammlung vermitteln anschaulich den Arbeitsstress in der Alltagszeit. Derselbe Zeithorizont wird in Zweigs Erzählung aufgespannt, allerdings mit diametral entgegengesetzter Erlebnisqualität für den Parisreisenden. Faulkner beschreibt die Umwertung der Zeit und die Neuentstehung einer persönlichen Zeitordnung beim Akt des Malens eines Kalenders: einem Ereignis der Alltagszeit, mit wahrscheinlich aber langfristigen Folgen für die Lebenszeiterfahrungen des Malerpaares.

Prousts Reminiszenz bewegt sich vor dem Horizont der Lebenszeit, ebenso der Zeitbruch bei der von Musil beschriebenen Frau. In Nisas Erzählungen im Text von Shostak wird ebenfalls ausschließlich Lebenszeit thematisiert.

Ecos Glosse über die achtziger Jahre und Walsers Räsonieren über die Konstruktion von Vergangenheit beziehen sich auf Weltzeit, allerdings ersichtlich mit Einschlüssen biografischer Erfahrung: Lebenszeit.

Thomas Manns Romanauszug schließlich führt in alle drei Zeithorizonte, und die Leser mögen selbst ergründen, in welchen der hier geschilderten Situationen Alltags-, Lebens- und Weltzeit jeweils hervortreten oder sich teilweise überlagern.

Zeitpraktiken

Die psychologischen Dimensionen der Zeit, genauer: unseres Zeiterlebens – vor allem Zeitbewusstsein, temporale Alltagstheorien und Zeithorizont – bestimmen, in Wechselwirkung mit den objektiven Zwängen und Begrenzungen der Kalender- und Uhrzeit, die Art und Weise unseres Umgangs mit der Zeit. Einerseits geben letztere den Rahmen der Zeiterfahrung vor, andererseits steuern erstere das Zeiterleben, je nach Art der Situation und Bedürfnislage. Neben alten Formen des Zeiterlebens hat der moderne Mensch eine ganze Reihe neuer Zeitpraktiken entwickelt und erfindet immer neue, vor allem als Reflex der wachsenden Schwierigkeiten bei der Abstimmung der verschiedenen Zeitfunktionen und Zeitregimes, die auf ihn einwirken. Man kann z.B. die Zeitverwendung durch gezielte Planung in eigene Regie nehmen, mit einem gegebenen Zeitfluss mitschwimmen, ihn subjektiv beschleunigen oder entschleunigen. Einige spezielle Zeitpraktiken sind uns wohlvertraut, u.a.:

- *Zeitelastizität*: die Fähigkeit des Wechsels und der Verbindung verschiedener Zeithorizonte für eine Handlung, auch: die Flexibilität des Zeitaufwands für eine Tätigkeit oder die Emanzipation von Standardzeitnormen;
- *Zeitvertiefung*: die parallele Ausübung mehrerer Tätigkeiten (z.B. Fernsehen, Essen, Unterhaltung mit Kindern), meist zugunsten der Flüchtigkeit einzelner Handlungen;
- *Zeitverdichtung*: die Beschleunigung eines zeitlichen Ablaufs, z.B. beim wiederholten Zappen vor dem Fernsehschirm;
- *Zeitdehnung*: das Empfinden von großem Erlebnisreichtum trotz kurzer Zeitspanne;
- *Zeitraffung*: Konzentration auf den Bedeutungskern von Ereignissen und Informationen, so dass in einem Zeitabschnitt mehr zu passieren scheint als üblich, auch: Technik der Bewältigung unangenehmer Vorgänge unter Minimierung des Gefühlsaufwands;

- *Beschleunigen – Entschleunigen, Takten – Enttakten*: das Verändern der Zeitstruktur von Handlungen nach eigenen sinnvollen Kriterien;
- *Zeitmanagement, Zeit- und Terminplanung*: rationale Vorausschau und Fixierung von Zeitorten, Koordination von Tätigkeiten, Kontakten, Orten und Terminen;
- *Vergessen, Erinnern*: die subjektive Verkürzung bzw. Erweiterung der biografischen Erfahrung mittels Rückens von Ereignissen in den Hintergrund bzw. ihres Hervorrückens aus dem Hintergrund.

Walser bemerkt in seinem Text, dass die Menschen dazu neigen, die Vergangenheit emotional und kognitiv zu manipulieren, und Eco glossiert dies am Beispiel der achtziger Jahre. Abgesehen von der beim Blick zurück wohl unvermeidlichen Zeitraffung, bedienen sich die Menschen dabei, je nach Art ihres Schematisierungsinteresses, der Praktiken des (Sich-) Erinnerns oder Vergessens bzw. beider in Wechselwirkung: der selektiven Erinnerung. Eine solche wird auch sichtbar in der Erzählung von Nisa im Text von Shostak, die durch existenziell wichtige, wiederkehrende Ereignisse markiert ist.

Die extreme Zeitautonomie und ihr Genießen beim Flaneur in Zweigs Text lassen sich als Ergebnis des Enttaktens, Entschleunigens sowie Dehnens der Zeit im Verhältnis zum vorangegangenen Zeitfluss deuten. Die in der Familientradition entstandene, kurzfristige und vorübergehende Enttaktung des Wochenablaufs wird in Prousts Erinnerung zu einer positiv erlebten Flexibilität der Zeitordnung. Ganz anders die extrem fremdbestimmte Arbeits- und Akkordzeit der Industriearbeiter: Sie lässt sich nur als Ergebnis rigorosen kollektiven Zeittaktens durch die Macht der Betriebsorganisation und ihre Regisseure verstehen.

Den Wanderer Zuckmayer verführt die äußere Bewegungs- und Ereignislosigkeit zur Vorstellung einer „Zeitlosigkeit" in Köstendorf, soll heißen: eines scheinbaren Stillstands der Zeit, ihrer völligen Enttaktung und Entschleunigung. Wie wir ja theoretisch wissen, „verschwindet" Zeit bei mangelnder Herstellbarkeit von Beziehungen zwischen Ereignissen. Zu einer vergleichbaren Erfahrung eines „stehenden Jetzt" gelangt bei Thomas Mann Castorp während des Spaziergangs am Strand, indem er sich völlig dem Ambiente der Landschaft und seiner Stimmung und damit einer „Verwirrung und Verwischung zeitlich-räumlicher Distanzen" hingibt, „denn du bist der Zeit und sie ist dir abhanden gekommen". Was bei Mann das Naturerleben, bewirkt bei Faulkner die ungewohnte neue Tätigkeit für den Maler: ein Stillstehen der Zeit, d.h. Entschleunigen, Enttakten, Dehnen und Flexibilisieren der Zeit – ironischerweise beim Malen eines Kalenders.

Schluss

Mit unterschiedlicher Schwerpunktsetzung und in künstlerischer Übertreibung, aber teilweise auch in Verfolgung mehrerer Aspekte spiegeln die Texte dieses Bandes Ordnung, Zwänge, Erfahrungen und Probleme der Zeit wie ihrer Verwendung, sei es auf der Ebene der Individuen, sei es auf der von Kultur und Gesellschaft. Zeit erscheint ebenso als strukturelle Vorgabe wie als Medium individuellen Handelns. Was im wissenschaftlichen Denken nur analytisch-theoretisch trennbar ist, darf in den Erzählungen, Reportagen, Essays, Glossen unscharf, vielfarbig und exemplarisch dargestellt werden. Der Versuch, die Texte im Lichte einiger zentraler Kategorien der Zeitforschung zu interpretieren, mag die Leser daher beflügeln, bei der Lektüre auch ganz andere Aspekte der Zeit zu entdecken oder auch die dargestellten Ereignisse neu zu deuten. Denn das bleibt die Zeit: eine flüchtige, unscharfe und paradoxe Dimension.

Ausgewählte Literatur zur Zeit in den Sozialwissenschaften

Ein populärwissenschaftlicher Überblick als Einstieg:
Wendorff, Rudolf (1988): Der Mensch und die Zeit. Ein Essay. Opladen (Westdeutscher Verlag).

Zur „Geschichte" der Zeit und ein Gang durch 100 Jahre des philosophischen und wissenschaftstheoretischen Nachdenkens über die Zeit:
Dux, Günter (1998): Die Zeit in der Geschichte. Ihre Entwicklungslogik vom Mythos zur Weltzeit. 2. Aufl. Frankfurt a.M. (Suhrkamp).
Zimmerli, Walther, Ch., Mike Sandbothe (Hrsg.) (1993): Klassiker der modernen Zeitphilosophie. Darmstadt (Wiss. Buchgesellschaft).

Ein Klassiker der historisch-soziologischen Untersuchung der Zeit, ihrer institutionellen Ordnung, ihrer Orientierungsfunktion und des Zeitbewusstseins:
Elias, Norbert (1985): Über die Zeit. Arbeiten zur Wissenssoziologie II, hrsg. v. Michael Schröter. 2. Aufl. Frankfurt a.M. (Suhrkamp).

Soziologische Arbeiten zur Zeit mit Übersichtscharakter oder breiter Orientierung:
Nassehi, Armin (1993): Die Zeit der Gesellschaft. Auf dem Weg zu einer soziologischen Theorie der Zeit. Opladen (Westdeutscher Verlag).

Nowotny, Helga (1993): Eigenzeit. Entstehung und Strukturierung eines Zeitgefühls. Frankfurt a.M. (Suhrkamp).

Rinderspacher, Jürgen P. (1985): Gesellschaft ohne Zeit. Individuelle Zeitverwendung und soziale Organisation der Arbeit. Frankfurt a.M./New York (Campus).

Zeit, Zeitverwendung, Freizeit und temporale Muster in der empirischen Sozialforschung:

Dollase, Rainer, Kurt Hammerich, Walter Tokarski (Hrsg.) (2000): Temporale Muster. Die ideale Reihenfolge der Tätigkeiten. Opladen (Leske + Budrich).

Ehling, Manfred, Joachim Merz u.a. (2001): Zeitbudget in Deutschland – Erfahrungsberichte der Wissenschaft, hrsg. vom Statistischen Bundesamt. Stuttgart (Metzler-Poeschel).

Garhammer, Manfred (1999): Wie Europäer ihre Zeit nutzen. Zeitstrukturen und Zeitkulturen im Zeichen der Globalisierung. Berlin (edition sigma).

Jetzkowitz, Jens, Hartmut Lüdtke, Jörg Schneider (2003): O tempora o mores. Verschwenden Studierende ihre Zeit? Opladen (Leske + Budrich).

Lüdtke, Hartmut (2001): Freizeitsoziologie. Arbeiten über temporale Muster, Sport, Musik, Bildung und soziale Probleme. Münster/Hamburg/Berlin/London (LIT).

Zur praktisch-pädagogischen und politischen Anleitung zu einem aufgeklärten und selbstverantwortlichen Umgang mit der Zeit:

Eberling, Matthias, Dietrich Henckel (1998): Kommunale Zeitpolitik. Veränderungen von Zeitstrukturen – Handlungsoptionen der Kommunen. Berlin (edition sigma).

Freericks, Renate (1996): Zeitkompetenz. Ein Beitrag zur theoretischen Grundlegung der Freizeitpädagogik. Baltmannsweiler (Schneider Verlag Hohengehren).

Reheis, Fritz (1998): Die Kreativität der Langsamkeit. Neuer Wohlstand durch Entschleunigung. 2., überarb. u. erg. Aufl. Darmstadt (Primus).

Marjorie Shostak

Marjorie Shostak wird 1945 geboren. Im Jahre 1969 geht die Literaturwissenschaftlerin zusammen mit ihrem Mann nach Afrika, wo sie sich einem Team von Anthropologen der Harvard Universität anschließt, das bereits an einer Langzeitstudie über die !Kung San, ein Jäger- und Sammlervolk der nördlichen Kalahari, arbeitetet. Shostak lebt eine lange Zeit mit den !Kung San zusammen und lernt ihre Sprache. Sie führt zahlreiche Interviews, insbesondere mit Nisa, einer fünfzigjährigen !Kung Frau, deren Lebensgeschichte sie 1981 unter dem Titel „Nisa: The Life and Works of a !Kung Woman" veröffentlicht. Im Jahre 1993 besucht Shostak Nisa noch einmal, um ein zweites Buch über sie zu schreiben. Das Buch „Return to Nisa" erscheint, nicht ganz fertiggestellt, im Jahr 2000. Marjorie Shostak stirbt am 6. Oktober 1996 an Krebs.

Nisa erzählt (1982)

„Nisa erzählt" ist die Autobiographie der !Kung Frau Nisa, übersetzt und kommentiert von Marjorie Shostak. Die einzelnen Kapitel behandeln Stationen und Themen aus Nisas Leben, beginnend mit ihren ersten Erinnerungen. Der Schwerpunkt des Buches liegt auf der Schilderung der Geschlechterbeziehungen der !Kung San.

(cb)

Nisa erzählt (Ausschnitt)

Das Leben ging weiter und ich wurde größer. Eines Tages, als ich schon etwas älter war, sah ich etwas Rotes am Schenkel meiner Mutter. Es war Blut. Ich sah es an und sah es an und sah es an. Schließlich sagte ich: „Mami, was ... wieso ist da Blut?" Sie schimpfte mit mir. „Nisa, bist du verrückt? Du bist noch ein Kind und starrst schon auf die Genitalien anderer. Was glaubst du denn, was da ist zum Anstarren?" Sie menstruierte, sie ‚sah den Mond'. Sie fuhr fort: „Glaubst du, du weißt schon alles über die Genitalien einer Frau, daß du sie einfach so ansiehst? Ich schlage dich, bis du dich vollmachst! Ich sag es deinem Vater, und er wird dich auch verprügeln. Glaubst du, du kannst einfach so über meine Genitalien reden?"

Ich schwieg. Sie stand auf und setzte sich wieder. Ich sagte: „Mami ... da ist Blut ... da ist Blut!" Dann wiederholte ich flüsternd: „Mami ... Mami ... da ist Blut!" Sie sagte: „Wo ist Blut? Weißt du nicht, daß deine Genitalien auch bluten, wenn du eines Tages erwachsen bist? Du wirst auch einmal menstruieren. Warum starrst du mich so an?" Ich sagte: „Was? Ich? Ich werde nicht menstruieren. Mir fehlt, was man dazu braucht. Ich werde niemals menstruieren." Sie sagte: „Sieh dich doch an. Du hast eine Scheide. Dort. Und eines Tages wirst du menstruieren. Du weißt nicht, was du redest." Ich fragte: „Warum wischst du das Blut nicht ab? Nimm doch Blätter, Mami, und wisch es ab." Das tat sie aber nicht. Statt dessen gab sie mir eine Ohrfeige, und ich begann zu weinen. Ich weinte und weinte.

Am nächsten Tag sagte ich: „Was ist das, Mami? Woher kommt das Rot? Hat Papi dich mit dem Speer getroffen?" Sie sagte: „Nein. Es ist Blut, und wenn du erwachsen bist, wird es auch aus deinen Genitalien fließen. Was ich heute erlebe, wirst du eines Tages ebenfalls erleben." Ich sagte: „Oh ... wirklich?" Sie antwortete: „Ja, Tochter, wirklich. Aber ich will dir etwas sagen. Wenn eine Tochter zu ihrer Mutter sagt, daß sie ihr Menstruationsblut sieht, ist das eine Beschimpfung. Also beschimpfe mich nicht wieder, indem du darüber redest. Sonst werde ich es deinem Vater sagen, und er wird dich schlagen. Er wird dich wirklich schlagen." Ich antwortete: „Nein, das stimmt nicht. Papi wird mich heute nicht schlagen. Nein, er wird mich nicht schlagen. Du blutest. Wisch es ab. Mami. Wisch das Blut ab. Aber sie weigerte sich. Sie wischte es nicht ab.

Ein paar Tage später hatte der Mond sie verlassen, und als ich auf ihre Schenkel blickte, dachte ich: „Oh, he! Ihre Schenkel sind sauber." Ich flüsterte: „Mami ... Mami ... Deine Schenkel sauber! Es fließt kein Blut mehr. Mami, Mami, an deinen Schenkeln ist kein Blut mehr."

Wir lebten weiter und sie menstruierte wieder. Es begann, als der Mond bei Sonnenuntergang hoch am Himmel stand. Dann ging ein Mond vorbei. Ein anderer kam und ging. Dann noch ein Mond und noch ein Mond. Die Monde gingen vorbei. Sie war wieder schwanger.

Damals war ich bereits älter. Mein Bruder Kumsa war auch schon größer, aber wir vertrugen uns noch immer nicht und stritten dauernd miteinander. Wenn er zu Mutter gehen wollte, um bei ihr zu trinken, nahm ich ihn trug ihn in den Busch und ließ ihn fallen. Ich schlug ihn und sagte: „Siehst du nicht, daß Mami schwanger ist?"
[...]
Ich beobachtete meinen Vater, wenn er, den Köcher über der Schulter, frühmorgens das Dorf verließ. Normalerweise blieb er den ganzen Tag

weg. Wenn er zurückkam und etwas geschossen hatte, sagte er: „Eh, als ich heute morgen in den Busch hinausging, sah ich als erstes ein Tier, eine Giraffe. Aber ich verlor ihre Spur. Dann sah ich eine Elenantilope und traf sie mit dem Pfeil. Wir wollen bis morgen warten, dann gehen wir sie suchen." Am nächsten Tag füllten wir die Straußeneier, unsere Wasserbehälter, und gingen alle zu der Stelle, wo das Tier verendet war.

Einmal ging mein Vater mit anderen Männern auf die Jagd, und sie nahmen Hunde mit. Als erstes sahen sie ein junges Weißschwanzgnu und erlegten es. Dann folgten sie dem Muttertier und erlegten es ebenfalls. Außerdem schossen sie noch Warzenschwein.

Ich sah sie, als sie zurückkamen, und rief: „Ho, ho, Papa bringt Fleisch nach Hause! Papa kommt mit Fleisch nach Hause." Meine Mutter sagte: „Rede keinen Unsinn. Dein Vater ist noch nicht zu Hause." Dann drehte sie sich um und sah in die Richtung, in die ich blickte: „Eh-hey, Tochter! Dein Vater hat etwas geschossen. Er kommt mit Fleisch."

Ich erinnerte mich daran, daß der jüngere Bruder meines Vaters von weit her kam und bei uns lebte. Am Tag vor seiner Ankunft tötete er eine Elenantilope. Er ließ sie im Busch liegen und kam in unser Dorf. Nur meine Mutter und ich waren da. Er begrüßte uns und fragte nach seinem Bruder. Mutter sagte: „Eh, er folgt ein paar Spuren von einem Stachelschwein. Er kommt zurück, wenn die Sonne untergeht." Wir saßen den ganzen Tag beisammen. Als die Sonne tief am Himmel stand, kam mein Vater zurück. Mein Onkel sagte: „Ich habe gestern auf meinem Weg hierher Spuren von einer Elenantilope entdeckt – vielleicht wir es nur eine kleine –, und ich habe sie lange verfolgt und schließlich in dem Dickicht hinter dem ausgetrockneten Wasserloch getötet. Warum holen wir nicht das Fleisch und bringen es ins Dorf?" Wir packten ein paar Sachen ein, hängten andere in die Bäume und gingen an die Stelle, wo die Elenantilope lag. Es war ein großes Tier mit viel Fett. Wir lebten dort, während sie das Tier enthäuteten, das Fleisch in Streifen schnitten und zum Trocknen aufhängten. Nach ein paar Tagen machten wir uns auf den Rückweg. Die Männer trugen das Fleisch an Stöcken über der Schulter und die Frauen in ihren Fellmänteln.

Zuerst trug meine Mutter mich auf den Schultern. Wir waren schon lange gegangen, als sie mich absetzte. Ich begann zu weinen. Sie war ärgerlich: „Du bist ein großes Mädchen. Du kannst alleine laufen." Es stimmte, ich war damals schon ein recht großes Mädchen, aber ich wollte noch immer getragen werden. Mein älterer Bruder sagte: „Hör auf, sie anzuschreien. Sie weint schon." Er nahm mich hoch und trug mich.

Nachdem wir lange gegangen waren, setzte er mich ebenfalls ab. Schließlich kamen wir ins Dorf zurück. Wir lebten und aßen das Fleisch. Wir lebten und lebten. Dann war es aufgegessen.

[...]

Einmal wanderten wir zu einem Wasserloch, aber es gab dort kein Wasser. Wir waren alle durstig. Das einzige Wasser, das wir fanden, kam von einer Kwa, einer großen wasserhaltigen Wurzel. Meine Mutter schabte das Fruchtfleisch zu kleinen Häufchen zusammen und preßte das Wasser heraus, damit ich trinken konnte. Sie sagte:

„Nisa ist nur ein kleines Kind, aber sie hat großen Durst." Die Kwawurzeln enthalten viel Wasser, aber sie schmecken bitter. Als ich den Saft trank, weinte ich.

Wir lebten dort, und nach einiger Zeit sahen wir Regenwolken am Himmel. Eine Wolke zog in unsere Richtung, aber sie hing einfach am Himmel. Am nächsten Tag zogen noch mehr Regenwolken auf, aber sie hingen ebenfalls bewegungslos am Himmel. Dann begann es zu regnen. und es goß in Strömen.

Die Regenzeit hatte endlich begonnen. Die Sonne ging auf, die Sonne ging unter, und es regnete. Es regnete und regnete. Es hörte nicht mehr auf. Bald waren die Wasserlöcher voll. Und mein Herz, mein Herz war glücklich. Wir lebten und aßen Fleisch und Mongongonüsse und noch mehr Fleisch, und alles schmeckte sehr gut.

Die im Originaltext vorkommenden Fußnoten wurden weggelassen.
Shostak, Marjorie: Nisa erzählt. Das Leben einer Nomadenfrau in Afrika. Übersetzt von Manfred Ohl und Hans Sartorius. Reinbek bei Hamburg: Rowohlt, 1982. [zit. S. 34-35, 47-48, 57-58]
© 1982, 2001 by Rowohlt Taschenbuch Verlag GmbH, Reinbek bei Hamburg

Umberto Eco

Biographische Angaben siehe Kapitel I: Raum: S. 46

Wie man die Uhrzeit nicht weiß

Die Uhr, deren Beschreibung ich lese (eine Patek Philippe Kaliber 89) ist eine Taschenuhr mit doppeltem Gehäuse aus achtzehnkarätigem Gold und mit dreiunddreißig Funktionen. Das Magazin, das sie vorstellt, nennt den Preis nicht, ich nehme an, aus Platzmangel (dabei würde es doch genügen, nur die Millionen anzugeben). Von einer tiefen Frustration erfaßt, bin ich hingegangen, um mir eine neue Casio für fünfundsiebzig Mark zu kaufen – wie einer, der sich im glühenden Wunsch nach einem Ferrari verzehrt, zur Abkühlung schließlich hingeht, um sich wenigstens einen Radiowecker zu kaufen. Im übrigen müßte ich, um eine Taschenuhr tragen zu können, mir auch eine zum Anzug passende Weste erstehen.

Allerdings könnte ich, habe ich mir gesagt, die Uhr ja auch auf den Tisch legen. Ich würde Stunden um Stunden damit verbringen, den Tag des Monats und den der Woche zu wissen, den Monat, das Jahr, das Jahrzehnt, das Jahrhundert, das nächste Schaltjahr, die Minuten und Sekunden der Sommerzeit, die Stunde, die Minuten und Sekunden einer anderen Zeitzone nach Wahl, die Temperatur, die Sternzeit, die Mondphasen, die Zeit des Sonnenaufgangs und -untergangs, die Zeitgleichung, die Stellung der Sonne im Tierkreis, zu schweigen von all dem anderen, womit ich mich vergnügen könnte, endlos erschauernd über der kompletten und beweglichen Darstellung des Sternhimmels oder die Zeit stoppend oder sie „raffend" in den verschiedenen Sichtfenstern des Chronometers und der Stoppuhr, nach vorheriger Festlegung mittels des eingebauten Weckers, wann ich damit aufhören will. Ich habe vergessen: ein spezielles Zeigerchen würde mir die Batterieladung anzeigen. Und noch etwas habe ich vergessen: Wenn ich wollte, könnte ich auch erfahren, wie spät es ist. Aber wozu?

Wenn ich dieses Wunderwerk besäße, wäre ich nicht daran interessiert zu wissen, daß es zehn nach zehn ist. Ich würde eher den Auf- und Untergang der Sonne belauern (und das könnte ich auch in einer Dunkelkammer tun), würde mich über die Temperatur informieren, würde

Horoskope erstellen, würde tagsüber vor dem blauen Fenster den Sternen nachträumen, die ich nachts würde sehen können, aber die Nacht damit verbringen, über die viele Zeit nachzusinnen, die uns noch von Ostern trennt. Mit einer solchen Uhr braucht man nicht mehr auf die äußere Zeit zu achten, denn man müßte sich ja das ganze Leben lang mit der Uhr beschäftigen, und die Zeit, von der sie berichtet, würde sich aus einem reglosen Bild der Ewigkeit in eine tätige Ewigkeit verwandeln, oder aber die Zeit wäre nur eine märchenhafte Halluzination, erzeugt von diesem magischen Spiegel.

Ich spreche von diesen Dingen, weil seit einiger Zeit Periodika im Umlauf sind, die sich ausschließlich mit kostbaren Sammleruhren befassen, auf Hochglanzpapier gedruckt und ziemlich teuer, und ich frage mich, ob diese Zeitschriften nur von Lesern gekauft werden, die sie wie ein Märchenbuch durchblättern, oder ob sie sich an eine reale Käuferschicht wenden, wie ich bisweilen fürchte. Denn das würde ja heißen: je mehr die mechanische Uhr, das Wunderwerk einer jahrhundertealten Erfahrung, an praktischem Nutzen verliert, da sie durch elektronische Uhren für ein paar Mark ersetzt wird, desto heftiger regt und verbreitet sich der Wunsch nach Erwerb und Besitz, sei's zum Vorzeigen, sei's zum liebevollen Betrachten oder als Geldanlage, von staunenswerten, perfekten Zeitmeßmaschinen.

Es liegt auf der Hand, daß diese Maschinen nicht dazu gedacht sind, einfach die Uhrzeit anzuzeigen. Das Übermaß an Funktionen und deren elegante Verteilung auf zahlreiche, symmetrisch angeordnete Sichtfenster führt dazu, daß man, um zu wissen, daß es drei Uhr zwanzig am Freitag, den 24. Mai ist, die Augen lange über vielerlei Zeiger gleiten lassen und die Ergebnisse jeweils in einem Notizbuch festhalten muß. Auf der anderen Seite versprechen die beneidenswerten japanischen Elektronikuhren, die sich mittlerweile ihrer einstigen leichten Benutzbarkeit schämen, heute mikroskopische Fenster, die Luftdruckmesser, Höhenmesser, Tiefenlot, Stoppuhr, Countdown und Thermometer enthalten sowie, selbstredend, eine Datenbank, sämtliche Zeitzonen, acht Wecker, einen Währungsumrechner und ein akustisches Stundensignal.

All diese Uhren laufen Gefahr, wie die gesamte Kommunikationsindustrie heute, nichts mehr zu kommunizieren, weil sie zuviel sagen. Aber sie teilen auch noch ein anderes Merkmal der Kommunikationsindustrie: Sie handeln von nichts anderem mehr als von sich selbst und ihrer Funktionsweise. Den Gipfel in dieser Hinsicht erreichen bestimmte Damenuhren mit kaum erkennbaren Zeigern, einem marmornen Ziffernblatt ohne Stunden- und Minutenanzeige und so gestaltet, daß man allenfalls sagen kann, daß es irgendwo zwischen Mittag und Mitternacht sein muß, vielleicht vorgestern. Aber was soll's (suggeriert der Designer), was haben die Damen, für die diese Uhren bestimmt sind, anderes zu tun, als eine Maschine zu betrachten, die ihre eigene Vanitas darlegt?

(1988)

Die achtziger Jahre waren grandios

Es vergeht kein Tag, an dem ich nicht irgendwo eine Klage oder Beschwerde über die dummen, unerträglichen achtziger Jahre lese. Man könnte meinen, all unser gegenwärtiges Ungemach sei damals entstanden, und wären wir direkt aus den Siebzigern in die Neunziger gesprungen, wären wir heute klüger.

Für sich betrachtet sind die Einteilungen nach Jahrzehnten, Jahrhunderten oder gar – wie sie jetzt groteskerweise vorgenommen werden – nach Jahrtausenden unsinnig oder jedenfalls grobschlächtig, aber sie haben eine Art von symbolischer Prägekraft, und man muß sie im Hinblick auf das akzeptieren, was sie in der populären Einbildungskraft bewirken. Auch die schulischen Lehrpläne und die Handbücher gehen nach Jahrhunderten und befassen sich mit so heiklen Problemen wie der Frage, ob Napoleon zum achtzehnten oder zum neunzehnten Jahrhundert gehört. Es ist wie bei der Einberufung zum Militär: Wer am 31. Dezember geboren ist, muß sterben gehen, wer am 1. Januar, darf leben bleiben. Außerdem ist es schwierig, Gefühlsurteile über Jahrzehnte abzugeben: Für einen, der seine erste große Liebe 1943 hatte, sind jene blutigen Jahre wunderbar und erregend gewesen.

Aber machen wir einmal das Spiel der Chronologien mit starren Kästchen. Die wichtigsten Jahre für das moderne Italien und vielleicht für die Welt sind die fünfziger gewesen (die natürlich im voraufgegangenen Jahrzehnt begannen). Jahre der Erneuerung in jeder Hinsicht, der Öffnung zur Welt und neuer, folgenreicher wissenschaftlicher Entdeckungen. Europa teilt sich in zwei Lager, der Kalte Krieg beginnt. In den sechziger Jahren beginnen die neuen Generationen über die Ozeane zu fliegen, wie man früher im D-Zug fuhr, die Wirtschaft brummt, die Literatur und die Künste blühen, es kommen Johannes XXIII. und das Zweite Vatikanische Konzil. Daß in manchen Teilen der Welt Massaker geschahen, war auch eine Gelegenheit für große Politisierungen, aber den Grundton des Jahrzehnts gab zu Beginn Kennedy mit seinem Aufruf zur Eroberung der Sterne an; er starb bald darauf, aber das Jahrzehnt endet mit der Landung auf dem Mond. Und mit der Bewegung von Achtundsechzig, weltweit: Trächtig mit all den positiven und negativen Folgen, die sie im nächsten Jahrzehnt haben wird, bewirkt sie einen Ruck durch die ganze Gesellschaft, von der Arbeitswelt bis zur Kultur, von der Politik bis zum Lebensstil. Man kann nicht sagen, es sei eine uninteressante Zeit gewesen.

Die siebziger Jahre (die heute im Fernsehen wiederbeschworen werden, als seien sie die tollen Zwanziger gewesen) waren zumindest bei uns ein sehr düsteres Jahrzehnt. Sie beginnen Ende 1969 mit dem Bombenmassaker an der Piazza Fontana und enden mit der Ermordung Aldo Moros. Die Gesellschaft wird vom Terrorismus erschüttert, die Leute haben Angst, abends ins Restaurant zu gehen. Auch die aufgeklärtesten Geister verlieren die Orientierung und wollen es weder mit dem Staat noch mit den Roten Brigaden halten. Mit wem also dann? Um der neuen massenmedialen Potenz des Terrorismus entgegenzutreten, schlägt Marshall McLuhan, der Apostel des globalen Dorfes der Kommunikation, ein *Blackout* vor, sprich: die Zensur.

Danach kommen, wenn nicht aus anderen, aus chronologischen Gründen, die achtziger Jahre, von denen man heute bloß überall das aufsteigende Yuppietum und bei uns die verallgemeinerte Korruption sowie die Aufweichung der Ideologien sieht. Aber in fünfzig Jahren werden wir dieses Jahrzehnt als eines der wichtigsten des Jahrhunderts sehen, dasjenige, in dem sich – traumatisch, gewiß, aber unwiderruflich – die großen Knoten auflösen, die uns seit dem Ende des Ersten Weltkriegs in Starre versetzt oder fasziniert hatten, von den großen totalitären Utopien bis zum Kalten Krieg. Es beginnt die Auflösung der großen Imperien, Europa schickt sich an, seine politische Geographie zu verändern, viele Minderheiten werden, wenn auch mit riesigen Widersprüchen, offiziell anerkannt, die Parteien, die die politische Szene beherrscht hatten, beginnen sich nach ihrer Identität zu fragen, die klassische Aufteilung zwischen rechts und links restrukturiert sich (nicht nur der Marxismus gerät in die Krise und besinnt sich neu, im selben Jahrzehnt beginnt auch der selbstkritische Weg der extremen Rechten, auch wenn sich rechts von der extremen Rechten und links von der extremen Linken neue radikale Gruppen bilden), neue lagerübergreifende Initiativen entstehen, von der Ökologie bis zum Engagement in vielerlei Hilfsorganisationen. Zur selben Zeit beginnt in massiver Form die große Migration der Dritten Welt zur Welt des Wohlstands, und es kommt zu den (gewiß nicht friedlichen) Vorläufern der ethnischen Transformation Europas. Der Fall der Berliner Mauer ist das bloß noch symbolische Ereignis, das ein Dezennium epochaler Veränderungen krönt. Und schließlich, ob es gefällt oder nicht, setzt zu Beginn des Jahrzehnts eine gewaltige Revolution ein, deren Auswirkungen für die Zukunft wir gerade erst ahnen: Der *Personal Computer* tritt auf den Plan.

Kann man ein so entscheidendes Jahrzehnt mit einem bedauernden Lächeln abtun, vielleicht genau jenes, in dem wir vom zwanzigsten zum einundzwanzigsten Jahrhundert übergegangen sind (ob dieses nun schön oder hässlich zu werden verspricht)? Kann man es nur im Licht seiner oberflächlichen Erscheinungsformen und seiner kurzfristigen Moden sehen, als hätten die fünfziger Jahre nicht auch ihr Dolce vita gehabt und die sechziger ihre entfesselten Tänze in psychedelischen Farben? Als würde man von den schrecklichen siebziger Jahren eines Tages nur noch in Erinnerung haben, daß damals die ersten Säle mit roten Lichtern eröffnet wurden?

(1997)

Wie man seine Zeit nutzt

Wenn ich meinen Zahnarzt anrufe, um einen Termin zu vereinbaren, und er sagt mir, er habe die ganze folgende Woche keine Stunde mehr frei, glaube ich ihm. Er ist ein seriöser Profi. Aber wenn mich jemand zu einer Tagung einlädt, zu einer Diskussion, zur Mitarbeit an einem Sammelband, zur Teilnahme an einer Jury, und ich sage, daß ich keine Zeit habe, glaubt er mir nicht. „Na, na, Herr Professor", sagt er, „einer wie Sie wird die Zeit schon finden! " Offensichtlich werden wir Geisteswissenschaftler nicht für seriöse Profis gehalten, wir sind Tagediebe.

Ich habe eine Berechnung gemacht. Kollegen, die ähnliche Berufe ausüben, sind eingeladen, dem Beispiel zu folgen und mir dann zu sagen, ob es stimmt. Ein normales Jahr ohne Schalttag hat 8760 Stunden. Acht Stunden Schlaf, ein Stündchen zum Wachwerden und Aufstehen, ein halbes Stündchen zum Auskleiden und das Mineralwasser auf den Nachttisch stellen, nicht mehr als zwei Stunden zum Essen, macht 4170 Stunden. Zwei Stunden im Verkehrsgewühl, macht 730 Stunden.

Bei wöchentlich drei doppelstündigen Vorlesungen und einem Nachmittag Sprechzeit für die Studenten beansprucht die Universität in den rund 20 Wochen, auf die sich der Lehrbetrieb konzentriert, 220 Stunden für reine Didaktik, hinzu rechne ich 24 Stunden für Prüfungen, 12 für Dissertationsbesprechungen sowie 78 für diverse Sitzungen und Konferenzen. Bei einem Jahresdurchschnitt von fünf Dissertationen á 350 Seiten, jede Seite mindestens zweimal gelesen, einmal vor und einmal nach der Überarbeitung, pro Seite rund drei Minuten, komme ich auf 175 Stunden.

Für die Übungstexte will ich, da viele von meinen Mitarbeitern gelesen werden, nur zwei pro Monat rechnen, jeden à 30 Seiten, fünf Minuten pro Seite einschließlich der Vorbesprechungen, macht 60 Stunden. Ohne die Forschung komme ich damit auf insgesamt 5469 Stunden.

Ich gebe eine semiotische Fachzeitschrift, *Versus*, heraus, die jährlich in drei Nummern mit insgesamt 300 Seiten erscheint. Ohne die Lektüre der abgelehnten Manuskripte zu rechnen, komme ich, wenn ich jeder Seite zehn Minuten widme (vom Beurteilen über die Revision bis zur Fahnenkorrektur), auf 50 Stunden. Ferner kümmere ich mich um zwei wissenschaftliche Buchreihen, in denen pro Jahr sechs Bücher erscheinen mit zusammen rund 1800 Seiten. Pro Seite zehn Minuten, macht weitere 300 Stunden. Für durchzusehende Übersetzungen meiner Bücher, Essays, Artikel, Kongreßbeiträge veranschlage ich, wobei ich nur die Sprachen in Betracht ziehe, die ich kontrollieren kann, im Jahresdurchschnitt 1500 Seiten zu je 20 Minuten (Lektüre, Überprüfung am Original, Diskussion mit dem Übersetzer, persönlich, telefonisch oder brieflich), macht 500 Stunden. Dann die neuen Schriften. Auch wenn ich kein Buch schreibe, komme ich mit Aufsätzen, Vorträgen, Vorlesungsskripten leicht auf 300 Seiten im Jahr. Rechnen wir pro Seite, vom Überlegen, Entwerfen, Ausformulieren und Tippen bis zum Korrekturlesen, mindestens eine Stunde, macht 300 Stunden. Allein die Streichholzbriefe kosten mich, optimistisch gerechnet, mit Themensuche, Notizen, Konsultationen diverser Bücher, Schreiben, Zusammenstreichen auf das gewünschte Format, Abschicken oder telefonisch Diktieren, pro Stück drei Stunden: mal 52 Wochen, sind 156 Stunden. Die Post schließlich, der ich pro Woche drei Vormittage widme, ohne sie zu bewältigen, nimmt 624 Stunden in Anspruch.

Für auswärtige Termine habe ich 1987, obwohl ich nur zehn Prozent der Einladungen angenommen und mich auf strikt fachbezogene Kongresse, Präsentationen eigener Arbeiten und der meiner Mitarbeiter sowie auf unumgängliche Anwesenheiten (akademische Feiern, ministeriell einberufene Sitzungen) beschränkt habe, insgesamt 372 Stunden effektiver Präsenz aufgewandt (tote Zeiten nicht mitgerechnet). Da viele Verpflichtungen im Ausland waren, habe ich 323 Stunden für Reisen veranschlagt. Dabei ist zu bedenken, daß ein Flug Mailand-Rom, mit Taxi zum Flughafen, Wartezeit, Taxi in Rom, Einquartierung im Hotel und Fahrt zum Veranstaltungsort, mindestens vier Stunden beansprucht. Ein Flug nach New York mindestens 12 Stunden.

Zusammen ergibt das 8094 Stunden. Subtrahiert man sie von den 8760 Stunden, die das Jahr hat, bleibt ein Rest von 666 Stunden, das heißt eine Stunde und 49,5 Minuten pro Tag, die ich verwendet habe auf: Sex, Austausch mit Freunden und Familienangehörigen, Begräbnisse, Arztbesuche, Einkäufe, Sport und Spektakel. Wie man sieht, habe ich nicht die Zeit zur Lektüre des gedruckten Materials mitgerechnet (Bücher, Artikel, Comics). Unter der Annahme, daß ich diese Lektüre während der Reisen bewältigt habe, also in den dafür angesetzten 323 Stunden, habe ich, wenn ich pro Seite fünf Minuten rechne (mit Notizen) insgesamt 3876 Seiten lesen können, also lediglich 12,92 Bücher zu je 300 Seiten. Und das Rauchen? 60 Zigaretten pro Tag, eine halbe Minute vom Herausfingern aus der Schachtel bis zum Ausdrücken der Kippe, macht 182 Stunden. Die habe ich nicht. Ich muß das Rauchen aufgeben.

(1988)

„Wie man die Uhr nicht weiß", „Die achtziger Jahre waren grandios" und „Wie man seine Zeit nutzt" aus: Eco, Umberto: Platon im Striptease-Lokal. Parodien und Travestien. In: ders.: Sämtliche Glossen und Parodien. 1963-2000. Aus dem Italienischen von Burkhart Kroeber und Günter Memmert. München, Wien: Carl Hanser Verlag, 2000. [zit. S. 309-311, S. 449-452 u. S. 302-304]
© 1990, 1993, 2000, 2001. Lizenzausgabe mit freundlicher Genehmigung des Carl Hanser Verlags für Zweitausendeins, Frankfurt am Main.
© Carl Hanser Verlag.

Carl Zuckmayer

Carl Zuckmayer wird am 27. Dezember 1896 in Nackenheim (Rheinhessen) als Sohn eines Fabrikanten geboren. Nach dem Abitur in Mainz 1914 studiert er in Frankfurt und Heidelberg zunächst Jura und Nationalökonomie, dann Literatur- und Kunstgeschichte. Erste berufliche Tätigkeiten als Dramaturg in Kiel, München und Berlin folgen. Seine literarischen Arbeiten werden große Erfolge. Er erhält den Kleist- und den Büchner-Preis (1925, 1929). Von den Nationalsozialisten verfolgt, emigriert er bereits 1933 in die Schweiz, ein Jahr später über Kuba in die USA. 1951 verleiht Frankfurt ihm den Goethepreis. 1958 kehrt er in die Schweiz zurück, wo er am 18. Januar 1977 in Saas-Fee stirbt.

Werke u. a.:

1921   Der fröhliche Weinberg
1929   Der Hauptmann von Köpenick
1936   Ein Sommer in Österreich
1945   Des Teufels General
1972   Der Rattenfänger

Der Seelenbräu (1945)

In den Gestalten des urwüchsigen „Dechanten" und des reichen Brauherrn und Wirts Matthias stehen sich in Alt-Köstendorf auf markante Weise die „Repräsentanten der weltlichen und geistlichen Macht" gegenüber. Die traditionelle Machtbalance und der „Friede" im Ort werden durch einen Junglehrer und seine Liebe zur Nichte des Brauherrn gestört.

(nr)

Der Seelenbräu (Ausschnitt)

Es war ein Dechant von Köstendorf – zu ungewisser Zeit. Denn in Köstendorf gibt es keine Zeit. Ich ging einmal selbst durch Köstendorf – nämlich Alt-Köstendorf –, ich kam über die hohe Leiten vom Tannberg herunter, es läutete eben Mittag, als ich das Dorf betrat, und da merkte ich gleich, hier war alles Erdenkliche – Sonne und Schatten, Tag und Nacht, Schmeißfliegen, Wirtshaus, Kirchenuhr, Telegraphendrähte, aber keine

Zeit. Woran ich das merkte, kann ich nicht genau erklären. Ich hörte die Glocke läuten – ich roch, daß es im Pfarrhaus schmalzgebackene Apfelspalten gab. Ich sah den silbernen Wasserstrahl aus einem Brunnenrohr laufen – ich sah, daß das Postamt geschlossen war – und ich sah den alten Christusdorn hinter dem blanken Fenster einer Bauernstube, über dessen ganze Höhe und Breite er sich nach allen Seiten hin ausrankte. Einige seiner um ein Gitter gewundenen Zweige waren mit länglich zugespitzten, graugrünen Blättern besetzt, und kleine rote Blüten wie Blutstropfen zwischen die langen Stacheln gesprengt, andere schienen dürr und saftlos wie totes Holz, wieder andere trieben grade frisch aus, alles zu gleicher Zeit, und mir fiel ein, daß dieses fremdartige Gewächs, auch Dornenkrone genannt – wie viele, die in den Blumentöpfen der Bauern heimisch sind – aus dem Orient stammt und wohl in den Kreuzzügen herüberkam.

Man sah keinen Menschen im Dorf, das in der hellen Sonne ganz leer und ausgestorben lag, nicht einmal einen Hund. Aber in einiger Entfernung, schon halbwegs nach Neumarkt hinunter, stand mit gespreizten Beinen ein alter Mann und hackte Holz. Er war so weit entfernt, daß ich ihn zuschlagen und die Scheiter auseinanderfallen sah, bevor der Hall seiner Axt in mein Ohr drang, und ich mußte denken, daß man grade darin, in diesem klaffenden Spalt zwischen den Wahrnehmungen, der Zeit eine Falle stellen könne und sie darin einfangen wie eine fahrlässige Maus. Auch beobachtete ich, daß der Alte sich beim Holzhacken eine ganze Menge Zeit nahm, also mußte ja eigentlich welche da sein. Trotzdem hätte ich beschwören können, daß es in Köstendorf keine gab.

Vielleicht war sie den Leuten hier zu lange geworden, und sie hatten sie totgeschlagen. Oder ich hatte sie selber versäumt und verpaßt, vertrieben, verloren, vertan und verschwendet, während ich da herumstand und ihre Anwesenheit in Zweifel zog. Wie lange ich so stand, kann ich mich auch nicht erinnern. Die Glocke schwang aus, man hörte die Fliegen summen, und mit der goldenen Luft über dem Kirchdach zitterten die gebreiteten Schwingen des Augenblickes ‚Ewigkeit'.

Zuckmayer, Carl: Der Seelenbräu. In: ders.: Gesammelte Werke. Bd. 2. Erzählungen. Frankfurt am Main: S. Fischer, 1960. [zit. S. 223-224]
© Carl Zuckmayer

Robert Musil

Biographische Angaben siehe Kapitel I: S. 44

Das verzauberte Haus (1908)

„Das verzauberte Haus", eine ältere Fassung der Erzählung „Versuchung der stillen Veronika", handelt von einem adligen Offizier, der in einem alten Stadtbesitz seiner Familie anlässlich einer winterlichen „Truppenkonzentrierung" Quartier bezieht. Er trifft dort auf Viktoria, die seit Jahren mit einer alten Tante einen Teil des Hauses bewohnt.

(nr)

Das verzauberte Haus (Ausschnitt)

Lange schon war diese Bewegung dahergekommen, Viktoria dachte daran, ob es wohl Liebe sei. Langsam war sie gekommen. Und doch für das Zeitmaß ihres Lebens zu rasch. Das Zeitmaß ihres Lebens war noch langsamer; es war ganz langsam. Es war wie ein langsames Öffnen und wieder Schließen der Augen und dazwischen wie ein Blick, der sich an den Dingen nicht halten kann, abgleitet, langsam, unberührt vorbeigleitet. Mit diesem Blick hatte sie es kommen gesehen. Und sie konnte daher nicht glauben, daß es Liebe sei. Denn sie verabscheute ihn so dunkel wie alles Fremde; ohne Haß, ohne Schärfe, nur wie ein fernes Land, jenseits der Grenze, wo weich und trostlos das eigene mit dem Himmel zusammenfließt. Ihr Leben war freudlos geworden, seit sie so alles Fremde verabscheute, sich still davor zurückzog. Es schien ihr manchmal, daß sie seinen Sinn nicht wüßte, aber seit dieser Mann darin war, dünkte sie, daß sie ihn bloß vergessen hatte; es quälte sie manchmal etwas wie die unter dem Bewußtsein treibende Erinnerung an eine wichtige vergessene Sache.

Es war irgendeinmal, daß sie dem Leben näher stand, es deutlicher spürte, wie mit den Händen oder wie am eigenen Leibe, aber sie wußte nicht mehr, wie und wann das war. Denn seither hatte ein schwaches Alltagsleben sich über diese Eindrücke gelegt und hatte sie verwischt, wie ein matter dauernder Wind Spuren im Sand; nur mehr seine Eintönigkeit hatte in ihrer Seele geklungen, wie ein leise auf und ab schwellendes Summen. Sie kannte keine starken Freuden mehr und kein starkes Leid, nichts, das sich merklich oder bleibend aus dem übrigen herausgehoben hätte und allmählich war ihr Leben ihr immer undeutlicher geworden.

Die Tage gingen einer wie der andere dahin und eines gleich dem anderen kamen die Jahre, sie fühlte wohl noch, daß ein jedes ein wenig hinwegnahm und etwas hinzutat und daß sie sich langsam in ihnen änderte, aber nirgends setzte sich eines klar von dem anderen ab; sie hatte ein unklares, fließendes Gefühl von sich selbst und wenn sie sich innerlich betastete, fand sie nur den Wechsel ungefährer und verhüllter Formen, unverständlich, wie man unter einer Decke etwas sich bewegen fühlt ohne den Sinn zu erraten. Es war wie wenn sie unter einem weichen Tuche lebte oder unter einer Glocke von dünn geschliffenem Horn, die immer undurchsichtiger wurde. Die Dinge traten weiter und weiter zurück und verloren ihr Gesicht, und auch ihr Gefühl von sich selbst sank immer tiefer in die Ferne. Es blieb ein leerer ungeheurer Raum dazwischen und in diesem lebte ihr Körper. Er sah die Dinge um sich, er lächelte, er lebte, aber alles geschah so beziehungslos, und häufig kroch lautlos ein zäher Ekel durch diese Welt, der alle Gefühle wie mit einer Teermaske verschmierte.

Und dann kam er, der alles besaß, durch die verdämmernde Einöde ihres Lebens. Er ging, und die Dinge ordneten sich unter seinen Augen. Es war, wie wenn er die Welt einatmen und im Leibe halten und von innen spüren könnte und sie dann wieder ganz sacht und vorsichtig vor sich hinstellte, wie ein Künstler, der mit fliegenden Reifen arbeitet; es tat ihr weh, wie schön er war. Sie war eifersüchtig auf ihn, denn unter ihren Augen ordnete sich nichts, und sie hatte zu den Dingen die Liebe einer Mutter für ein Kind, das zu leiten sie zu gering ist. Sie suchte sich in die Höhe zu richten, aber es schmerzte sie, wie wenn ihr Körper krank wäre und sie nicht tragen könnte. Und sie sank langsam wieder in sich zurück und kauerte in ihrer Finsternis und starrte ihn an und empfand dieses sich in sich Verschließen fast wie eine sinnliche Berührung, der sie sich lüstern vor Bewußtsein hingab, es ganz nahe seinen Augen und doch ihm unerreichbar zu tun.

Musil, Robert: Das verzauberte Haus. In: ders.: Gesammelte Werke in Einzelausgaben. Prosa. Dramen. Späte Briefe. Hg. Adolf Frisé. Hamburg: Rowohlt, 1978. [Hier zitiert nach Hamburg: Rowohlt, 1957, S. 150-151]
© Rowohlt 1978.

Thomas Mann

Thomas Mann wird am 6. Juni 1875 in Lübeck geboren. Schon als Schüler verfasst er Prosaskizzen. Das Gymnasium verläßt er vorzeitig, beginnt ein Volontariat in der Versicherungsbranche in München, schreibt sich dort an der Technischen Hochschule als Gasthörer ein und arbeitet seit dieser Zeit als freier Schriftsteller. Mit seinem älteren Bruder Heinrich geht er 1898 für zwei Jahre nach Italien. Politische Kontroversen entzweien die Brüder, bis sich Thomas als ehemaliger „Kaisertreuer" Anfang der zwanziger Jahre für die Republik ausspricht. 1929 erhält er für „Die Buddenbrooks" den Literaturnobelpreis. Erhebliche Differenzen mit den Nationalsozialisten führen dazu, dass er von einer Europareise nicht nach Deutschland zurückkehrt und sich schließlich in den USA niederlässt. Die Nationalsozialisten erkennen ihm Staatsbürgerschaft und Ehrendoktortitel ab. Nachdem er 1952 in den USA als Anhänger des Kommunismus angeklagt wird, zieht er nach Erlenbach bei Zürich, wo er am 12. August 1955 stirbt.

Werke u.a.:

1899	Tonio Kröger
1901	Die Buddenbrooks
1909	Königliche Hoheit
1912	Der Tod in Venedig
1918	Betrachtungen eines Unpolitischen
1939	Lotte in Weimar
1947	Doktor Faustus
1954	Bekenntnisse des Hochstaplers Felix Krull

Der Zauberberg (1924)

Um seinen lungenkranken Vetter Joachim Ziemßen zu besuchen, fährt der junge Ingenieur Hans Castorp zu einem dreiwöchigen Aufenthalt in ein Sanatorium nach Davos. Die völlig zeitenthobene, vom „Leben im Flachland" abgeschlossene Atmosphäre der Heilanstalt stößt ihn zunächst ab, mit der Zeit wird er jedoch mehr und mehr in ihren Bann gezogen. Durch eine Erkältung kurzzeitig ans Bett gefesselt, verlängert er seinen Aufenthalt. Doch auch nach seiner Genesung gelingt es ihm nicht, sich von dem Leben im Sanatorium zu trennen. Schuld daran ist vor allem Castorps Faszination für die Russin Clawdia Chauchat, einer Patientin. Aus den geplanten drei Wochen werden schließlich sieben Jahre. Erst durch seine Einberufung als Soldat wird Hans Castorp zur Abreise gezwungen.

(cb)

Der Zauberberg (Ausschnitte)

Die Geschichte Hans Castorps, die wir erzählen wollen, – nicht um seinetwillen (denn der Leser wird einen einfachen, wenn auch ansprechenden jungen Mann in ihm kennenlernen), sondern um der Geschichte willen, die uns in hohem Grade erzählenswert scheint (wobei zu Hans Castorps Gunsten denn doch erinnert werden sollte, daß es seine Geschichte ist, und daß nicht jedem jede Geschichte passiert): diese Geschichte ist sehr lange her, sie ist sozusagen schon ganz mit historischem Edelrost überzogen und unbedingt in der Zeitform der tiefsten Vergangenheit vorzutragen.

Das wäre kein Nachteil für eine Geschichte, sondern eher ein Vorteil; denn Geschichten müssen vergangen sein, und je vergangener, könnte man sagen, desto besser für sie in ihrer Eigenschaft als Geschichten und für den Erzähler, den raunenden Beschwörer des Imperfekts. Es steht jedoch so mit ihr, wie es heute auch mit den Menschen und unter diesen nicht zum wenigsten mit den Geschichtenerzählern steht: sie ist viel älter als ihre Jahre, ihre Betagtheit ist nicht nach Tagen, das Alter, das auf ihr liegt, nicht nach Sonnenumläufen zu berechnen; mit einem Worte: sie verdankt den Grad ihres Vergangenseins nicht eigentlich der Zeit, – eine Aussage, womit auf die Fragwürdigkeit und eigentümliche Zwienatur dieses geheimnisvollen Elementes im Vorbeigehen angespielt und hingewiesen sei.

Um aber einen klaren Sachverhalt nicht künstlich zu verdunkeln: die hochgradige Verflossenheit unserer Geschichte rührt daher, daß sie vor einer gewissen, Leben und Bewußtsein tief zerklüftenden Wende und Grenze spielt... Sie spielt, oder, um jedes Präsens geflissentlich zu vermeiden, sie spielte und hat gespielt vormals, ehedem, in den alten Tagen, der Welt vor dem großen Kriege, mit dessen Beginn so vieles begann, was zu beginnen wohl kaum schon aufgehört hat. Vorher also spielt sie, wenn auch nicht lange vorher. Aber ist der Vergangenheitscharakter einer Geschichte nicht desto tiefer, vollkommener und märchenhafter, je dichter „vorher" sie spielt? Zudem könnte es sein, daß die unsrige mit dem Märchen auch sonst, ihrer inneren Natur nach, das eine und andre zu schaffen hat. Wir werden sie ausführlich erzählen, genau und gründlich, – denn wann wäre je die Kurz- oder Langweiligkeit einer Geschichte abhängig gewesen von dem Raum und der Zeit, die sie in Anspruch nahm? Ohne Furcht vor dem Odium der Peinlichkeit, neigen wir vielmehr der Ansicht zu, daß nur das Gründliche wahrhaft unterhaltend sei.

Im Handumdrehen also wird der Erzähler mit Hansens Geschichte nicht fertig werden. Die sieben Tage einer Woche werden dazu nicht reichen und auch sieben Monate nicht. Am besten ist es, er macht sich im voraus nicht klar, wieviel Erdenzeit ihm verstreichen wird, während sie ihn umsponnen hält. Es werden, in Gottes Namen, ja nicht geradezu sieben Jahre sein!

Und somit fangen wir an.

[...]

Und so war denn Zufriedenheit in Hans Castorps Herzen darüber, daß zwei leere und sicher gefriedete Stunden vor ihm lagen, diese durch die Hausordnung geheiligten Stunden der Hauptliegekur die er, obgleich nur zu Gaste hier oben als eine ihm ganz gemäße Einrichtung empfand. Denn er war geduldig von Natur, konnte lange ohne. Beschäftigung wohl bestehen und liebte, wie wir uns erinnern, die freie Zeit, die von betäubender Tätigkeit nicht vergessen gemacht, verzehrt und verscheucht wird. Um vier erfolgte der Vespertee mit Kuchen und Eingemachtem, etwas Bewegung im Freien sodann, hierauf abermals Ruhe im Stuhl, um sieben das Abendessen, welches, wie überhaupt die Mahlzeiten, gewisse Spannungen und Sehenswürdigkeiten mit sich, brachte, auf die man sich freuen konnte, danach ein oder der andere Blick in den stereoskopischen Guckkasten, das kaleidoskopische Fernrohr und die kinematographische Trommel... Hans Castorp hatte den Tageslauf bereits am Schnürchen, wenn es auch viel zuviel gesagt wäre, daß er schon ‚eingelebt' wie man es nennt, gewesen sei.

Im Grunde hat es eine merkwürdige Bewandtnis mit diesem Sicheinleben an fremdem Orte, dieser – sei es auch – mühseligen Anpassung und Umgewöhnung, welcher man sich beinahe um ihrer selbst willen und in der bestimmten Absicht unterzieht, sie, kaum daß sie vollendet ist, oder doch bald danach, wieder aufzugeben und zum vorigen Zustande zurückzukehren. Man schaltet dergleichen als Unterbrechung und Zwischenspiel in den Hauptzusammenhang des Lebens ein, und zwar zum Zweck der ‚Erholung', das heißt: der erneuernden, umwälzenden Übung des Organismus welcher Gefahr lief und schon im Begriffe war, im ungegliederten Einerlei der Lebensführung sich zu verwöhnen, zu erschlaffen und abzustumpfen. Worauf beruht dann aber diese Erschlaffung und Abstumpfung bei zu langer nicht aufgehobener Regel? Es ist nicht so sehr körperlich-geistige Ermüdung und Abnutzung durch die Anforderungen des Lebens, worauf sie beruht (denn für diese wäre ja einfache Ruhe das wiederherstellende Heilmittel); es ist vielmehr etwas Seelisches, es ist das Erlebnis der Zeit, – welches bei ununterbrochenem Gleichmaß abhanden zu kommen droht und mit dem Lebensgefühle selbst so nahe verwandt und verbunden ist, daß das eine nicht geschwächt werden kann, ohne daß auch das andere eine kümmerliche Beeinträchtigung erführe. Über das Wesen der Langeweile sind vielfach irrige Vorstellungen verbreitet. Man glaubt im ganzen, daß Interessantheit und Neuheit des Gehaltes die Zeit ‚vertriebe', das heißt: verkürze, während Monotonie und Leere ihren Gang beschwere und hemme. Das ist nicht unbedingt zutreffend. Leere und Monotonie mögen zwar den Augenblick und die Stunde dehnen und ‚langweilig' machen, aber die großen und größten Zeitmassen verkürzen und verflüchtigen sie sogar bis zur Nichtigkeit. Umgekehrt ist ein reicher und interessanter Gehalt wohl imstande, die Stunde und selbst noch den Tag zu verkürzen und zu beschwingen, ins Große gerechnet jedoch verleiht er dem Zeitgange Breite, Gewicht und Solidität, so daß ereignisreiche Jahre viel langsamer vergehen als jene armen, leeren, leichten, die der Wind vor sich her bläst, und die verfliegen. Was man Langeweile nennt, ist also eigentlich vielmehr eine krankhafte Kurzweiligkeit der Zeit infolge von Monotonie: große Zeiträume schrumpfen bei ununterbrochener Gleichförmigkeit auf eine das Herz zu Tode erschreckende Weise zusammen; wenn ein Tag wie alle ist, so sind sie alle wie einer; und bei vollkommener Einförmigkeit würde das längste Leben als ganz kurz erlebt werden und unversehens verflogen sein. Gewöhnung ist ein Einschlafen oder doch ein Mattwerden des Zeitsinnes, und wenn die Jugendjahre langsam erlebt werden, das spätere Leben aber immer hurtiger abläuft und hineilt, so muß auch das auf Gewöhnung beruhen. Wir wissen wohl, daß die Einschaltung von Um- und Neugewöhnungen das einzige Mittel ist, unser Leben zu halten, unseren Zeitsinn aufzufrischen, eine Verjüngung, Verstärkung, Verlangsamung unseres Zeiterlebnisses und damit die Erneuerung unseres Lebensgefühls überhaupt zu erzielen. Dies ist der Zweck des Orts- und Luftwechsels, der Badereise, die Erholsamkeit der Abwechslung und der Episode. Die ersten

Tage an einem neuen Aufenthalt haben jugendlichen, das heißt starken und breiten Gang, – es sind etwa sechs bis acht. Dann, in dem Maße, wie man ‚sich einlebt‘, macht sich allmähliche Verkürzung bemerkbar: wer am Leben hängt oder, besser gesagt, sich ans Leben hängen möchte, mag Grauen gewahren, wie die Tage wieder leicht zu werden und zu huschen beginnen; und die letzte Woche, etwa von vieren, hat unheimliche Rapidität und Flüchtigkeit. Freilich wirkt die Erfrischung des Zeitsinnes dann über die Einschaltung hinaus, macht sich, wenn man zur Regel zurückgekehrt ist, aufs neue geltend: die ersten Tage zu Hause werden ebenfalls, nach der Abwechslung, wieder neu, breit und jugendlich erlebt, aber nur einige wenige: denn in die Regel lebt man sich rascher wieder ein als in ihre Aufhebung, und wenn der Zeitsinn durch Alter schon müde ist oder – ein Zeichen von ursprünglicher Lebensschwäche – nie stark entwickelt war, so schläft er sehr rasch wieder ein, und schon nach vierundzwanzig Stunden ist es, als sei man nie weg gewesen und als sei die Reise der Traum einer Nacht.

[...]

Hierauf hustete er. „Ja, ich muß nun sehn, ob ich Schnupfenfieber habe", sagte er und führte rasch das Thermometer in den Mund, die Quecksilberspitze unter die Zunge, so daß das Instrument ihm schräg aufwärts zwischen den Lippen hervorragte, die er fest darum schloß, um keine Außenluft zuzulassen. Dann sah er nach seiner Armbanduhr: es war sechs Minuten nach halb zehn. Und er begann, auf den Ablauf von sieben Minuten zu warten.

‚Keine überflüssige Sekunde‘, dachte er, ‚und keine zu wenig. Auf mich ist Verlaß, nach oben wie nach unten. Man braucht ihn mir nicht mit einer Stummen Schwester zu vertauschen, wie der Person, von der Settembrini erzählte, Ottilie Kneifert.‘ Und er ging im Zimmer umher, das Instrument mit der Zunge niederdrückend.

Die Zeit schlich, die Frist schien endlos. Erst zwei und eine halbe Minute waren verstrichen, als er nach den Zeigern sah, schon besorgt, er könnte den Augenblick verpassen. Er tat tausend Dinge, nahm Gegenstände auf und setzte sie nieder, trat auf den, Balkon hinaus, ohne sich seinem Vetter bemerklich zu machen, überblickte die Landschaft, dies Hochtal, seinem Sinn schon urvertraut in allen Gestaltungen: mit seinen Hörnern, Kammlinien und Wänden, mit der links vorgelagerten Kulisse des Brämenbühl, dessen Rücken schräg gegen den Ort hin abfiel und dessen Flanke der rauhe Mattenwald bedeckte, mit den Bergformationen zur Rechten, deren Namen ihm ebenfalls geläufig geworden waren, und der Alteinwand, die das Tal, von hier aus gesehen, im Süden zu schließen schien, – sah hinab auf die Wege und Beete der Gartenplattform, die Felsengrotte, die Edeltanne, lauschte auf ein Flüstern, das aus der Liegehalle drang, wo Kur gemacht wurde, und wandte sich ins Zimmer zurück, wobei er die Lage des Instrumentes im Munde zu verbessern suchte, um dann wieder durch Vorrecken des Armes den Ärmel vom Handgelenk zu ziehen und den Unterarm vor das Gesicht zu biegen. Mit Mühe und Anstrengung, unter Schieben, Stoßen und Fußtritten gleichsam, waren sechs Minuten vertrieben. Da er nun aber, mitten im Zimmer stehend, ins Träumen verfiel und seine Gedanken wandern ließ, so verhuschte die letzte noch übrige ihm unvermerkt auf Katzenpfötchen, eine neue Armbewegung offenbarte ihm ihr heimliches Entkommen, und es war ein wenig zu spät, die achte lag schon zu einem Dritteile im Vergangenen, als er mit dem Gedanken, daß das nichts schade, für das Ergebnis nichts ausmache und zu bedeuten habe, das Thermometer aus dem Munde riß und mit verwirrten Augen darauf niederstarrte.

Er ward nicht unmittelbar klug aus seiner Angabe, der Glanz des Quecksilbers fiel mit dem Lichtreflex des flachrunden Glasmantels zusammen, die Säule schien bald ganz hoch oben zu stehen, bald überhaupt nicht vorhanden zu sein, er führte das Instrument nahe vor die Augen, drehte es hin und her und erkannte nichts. Endlich, nach einer glücklichen Wendung, wurde das Bild ihm deutlich, er hielt es fest und bearbeitete es hastig mit dem Verstande. In der Tat, Merkurius hatte sich ausgedehnt, er hatte sich stark ausgedehnt, die Säule war ziemlich hoch gestiegen, sie stand mehrere Zehntelstriche über der Grenze normaler Blutwärme, Hans Castorp hatte 37,6. [...]
Was ist die Zeit? Ein Geheimnis, – wesenlos und allmächtig. Eine Bedingung der Erscheinungswelt, eine Bewegung, verkoppelt und vermengt dem Dasein der Körper im Raum und ihrer Bewegung. Wäre aber keine Zeit, wenn keine Bewegung wäre? Keine Bewegung, wenn keine Zeit? Frage nur! Ist die Zeit eine Funktion des Raumes? Oder umgekehrt? Oder sind beide identisch? Nur zu gefragt! Die Zeit ist tätig, sie hat verbale Beschaffenheit, sie ‚zeitigt'. Was zeitigt sie denn? Veränderung! Jetzt ist nicht Damals, Hier nicht Dort, denn zwischen beiden liegt Bewegung. Da aber die Bewegung, an der man die Zeit mißt, kreisläufig ist, in sich selber beschlossen, so ist das eine Bewegung und Veränderung, die man fast ebensogut als Ruhe und Stillstand bezeichnen könnte; denn das Damals wiederholt sich beständig im Jetzt, das Dort im Hier. Da ferner eine endliche Zeit und ein begrenzter Raum auch mit der verzweifeltsten

Anstrengung nicht vorgestellt werden können, so hat man sich entschlossen, Zeit und Raum als ewig und unendlich zu „denken", – in der Meinung offenbar, dies gelinge, wenn nicht recht gut, so doch etwas besser. Bedeutet aber nicht die Statuierung des Ewigen und Unendlichen die logisch-rechnerische Vernichtung alles Begrenzten und Endlichen, seine verhältnismäßige Reduzierung auf Null? Ist im Ewigen ein Nacheinander möglich, im Unendlichen ein Nebeneinander? Wie vertragen sich mit den Notannahmen des Ewigen und Unendlichen Begriffe wie Entfernung, Bewegung, Veränderung, auch nur das Vorhandensein begrenzter Körper im All? Das frage du nur immerhin!

Hans Castorp fragte so und ähnlich in seinem Hirn, das gleich bei seiner Ankunft hier oben zu solchen Indiskretionen und Quengeleien sich aufgelegt gezeigt hatte und durch eine schlimme, aber gewaltige Lust, die er seitdem gebüßt, vielleicht besonders dafür geschärft und zum Querulieren dreist gemacht worden war. Er fragte sich selbst danach und den guten Joachim und das seit undenklichen Zeiten dick verschneite Tal, obgleich er ja von keiner dieser Stellen irgend etwas einer Antwort Ähnliches zu gewärtigen hatte, – schwer zu sagen, von welcher am wenigsten. Sich selbst legte er solche Fragen eben nur vor, weil er keine Antwort darauf wußte. Joachim seinerseits war zur Teilnahme daran fast gar nicht zu gewinnen, da er, wie Hans Castorp es eines Abends auf französisch gesagt hatte, an nichts dachte als daran, im Flachlande Soldat zu sein, und mit der bald sich nähernden, bald foppend wieder ins Weite schwindenden Hoffnung darauf in einem nachgerade erbitterten Kampfe lag, den durch einen Gewaltstreich zu beenden er sich neuerdings geneigt zeigte. ja, der gute, geduldige, rechtliche und so ganz auf Dienstlichkeit und Disziplin gestellte Joachim unterlag empörerischen Anwandlungen, er begehrte auf gegen die ‚GaffkySkala', jenes Untersuchungssystem, wonach im Laboratorium drunten, oder dem ‚Labor', wie man gewöhnlich sagte, der Grad erkundet und bezeichnet wurde, in welchem ein Patient mit Bazillen behaftet war: ob diese nur ganz vereinzelt oder unzählbar massenhaft in dem analysierten Probestoffe sich vorfanden, das bestimmte die Höhe der Gaffky-Nummer, und auf diese eben kam alles an. Denn völlig untrüglich drückte sie die Genesungschance aus, mit der ihr Träger zu rechnen hatte; die Zahl der Monate oder Jahre, die jemand noch würde zu verweilen haben, war unschwer danach zu bestimmen, angefangen von der halbjährigen Stippvisite bis hinauf zu dem Spruche „Lebenslänglich", der zeitlich genommen oft genug nun wieder nur allzu wenig besagte. Gegen die Gaffky-Skala denn also empörte Joachim sich, offen kündigte er ihrer

Autorität den Glauben, nicht ganz offen, nicht gerade gegen die Oberen, aber doch gegen seinen Vetter und sogar bei Tisch. „Ich habe es satt, ich lasse mich nicht länger zum Narren haben", sagte er laut, und das Blut stieg ihm in das tief gebräunte Gesicht. „Vor vierzehn Tagen hatte ich Gaffky Nummer zwei, eine Bagatelle, [...]
Kann man die Zeit erzählen, diese selbst, als solche, an sich? Wahrhaftig, nein, das wäre ein närrisches Unterfangen!

Eine Erzählung, die ginge: „die Zeit verfloß, sie verrann, es strömte die Zeit" und so immer fort, – das könnte gesunden Sinnes wohl niemand eine Erzählung nennen. Es wäre, als wollte man hirnverbranntenweise eine Stunde lang ein und denselben Ton oder Akkord aushalten und das – für Musik ausgeben. Denn die Erzählung gleicht der Musik darin, daß sie die Zeit erfüllt, sie „anständig ausfüllt", sie „einteilt" und macht, daß „etwas daran" und „etwas los damit" ist, – um mit der wehmütigen Pietät, die man Aussprüchen Verstorbener widmet, Gelegenheitsworte des seligen Joachim anzuführen: längst verklungene Worte, – wir wissen nicht, ob sich der Leser noch ganz klaren darüber ist, wie lange verklungen. Die Zeit ist das Element der Erzählung, wie sie das Element des Lebens ist, – unlösbar damit verbunden, wie mit den Körpern im Raum. Sie ist auch das Element der Musik, als welche die Zeit mißt und gliedert, sie kurzweilig und kostbar auf einmal macht: verwandt hierin wie gesagt, der Erzählung, die ebenfalls (und anders als (das auf einmal leuchtend gegenwärtige und nur als Körper an die Zeit gebundene Werk der bildenden Kunst) nur als ein Nacheinander, nicht anders denn als ein Ablaufendes sich zu geben weiß, und selbst, wenn sie versuchen sollte, in jedem Augenblick ganz da zu sein, der Zeit zu ihrer Erscheinung bedarf.

Das liegt auf der flachen Hand. Daß aber hier ein Unterschied waltet, liegt ebenso offen. Das Zeitelement der Musik ist nur eines: ein Ausschnitt menschlicher Erdenzeit, in den sie sich ergießt, um ihn unsagbar zu adeln und zu erhöhen. Die Erzählung dagegen hat zweierlei Zeit: ihre eigene erstens, die musikalisch-reale, die ihren Ablauf, ihre Erscheinung bedingt; zweitens aber die ihres Inhalts, die perspektivisch ist, und zwar in so verschiedenem Maße, daß die imaginäre Zeit der Erzählung fast, ja völlig mit ihrer musikalischen zusammenfallen, sich aber auch sternenweit von ihr entfernen kann. Ein Musikstück des Namens „Fünf-Minuten-Walzer" dauert fünf Minuten, – hierin und in nichts anderem besteht sein Verhältnis zur Zeit. Eine Erzählung aber, deren inhaltliche Zeitspanne fünf Minuten betrüge, könnte ihrerseits, vermöge außerordentlicher Gewissenhaftigkeit in der Erfüllung dieser fünf Minuten, das

Tausendfache dauern – und dabei sehr kurzweilig sein, obgleich sie im Verhältnis zu ihrer imaginären Zeit sehr langweilig wäre. Andererseits ist möglich, daß die inhaltliche Zeit der Erzählung deren eigene Dauer verkürzungsweise ins Ungemessene übersteigt – wir sagen „verkürzungsweise", um auf ein illusionäres oder, ganz deutlich zu sprechen, ein krankhaftes Element hinzudeuten, das hier offenbar einschlägig ist: sofern nämlich dieses Falls die Erzählung sich eines hermetischen Zaubers und einer zeitlichen Oberperspektive bedient, die an gewisse anormale und deutlich ins Obersinnliche weisende Fälle der wirklichen Erfahrung erinnern. Man besitzt Aufzeichnungen von Opiumrauchern, die bekunden, daß der Betäubte während der kurzen Zeit seiner Entrückung Träume durchlebte, deren zeitlicher Umfang sich auf zehn, auf dreißig und selbst auf sechzig Jahre belief oder sogar die Grenze aller menschlichen Zeiterfahrungsmöglichkeit zurückließ, also, deren imaginärer Zeitraum ihre eigene Dauer um Träume also ein Gewaltiges überstieg und in denen eine unglaubliche Verkürzung des Zeiterlebnisses herrschte, die Vorstellungen sich von solcher Geschwindigkeit drängten, als wäre, wie ein Haschischesser sich ausdrückt, aus dem Hirn des Berauschten „etwas hinweggenommen gewesen wie die Feder einer verdorbenen Uhr". [...]
Wie lange Joachim eigentlich hier oben mit ihm gelebt, bis zu seiner wilden Abreise oder im ganzen genommen; wann, kalendermäßig, diese erste trotzige Abreise stattgefunden, wie lange er weggewesen, wann wieder eingetroffen und wie lange Hans Castorp selber schon hier gewesen, als er wieder eingetroffen und dann aus der Zeit gegangen war; wie lange, um Joachim beiseite zu lassen, Frau Chauchat ungegenwärtig gewesen, seit wann, etwa der Jahreszahl nach, sie wieder da war (denn sie war wieder da), und wieviel Erdenzeit Hans Castorp im „Berghof" damals verbracht gehabt hatte, als sie zurückgekehrt war: bei all diesen Fragen, gesetzt, man hätte sie ihm vorgelegt, was aber niemand tat, auch er selber nicht, denn er scheute sich wohl, sie sich vorzulegen, hätte Hans „Berghof mit den Fingerspitzen an seiner Stirn getrommelt und entschieden nicht recht Bescheid gewußt, – eine Erscheinung, nicht weniger beunruhigend als jene vorübergehende Unfähigkeit, die ihn am ersten Abend seines Hierseins befallen hatte, nämlich Herrn Settembrini sein eigenes Alter anzugeben, ja, eine Verschlimmerung dieses Unvermögens, denn er wußte nun allen Ernstes und dauernd nicht mehr, wie alt er sei!

Das mag abenteuerlich klingen, ist aber so weit entfernt, unerhört oder unwahrscheinlich zu sein, daß es vielmehr unter bestimmten Bedingungen jederzeit jedem von uns begegnen kann: nichts würde uns, solche Bedin-

gungen vorausgesetzt, vor dem Versinken in tiefste Unwissenheit über den Zeitverlauf und also über unser Alter bewahren. Die Erscheinung ist möglich kraft des Fehlens jedes Zeitorgans in unserem Innern, kraft also unserer absoluten Unfähigkeit, den Ablauf der Zeit von uns aus und ohne äußeren Anhalt auch nur mit annähernder Zuverlässigkeit zu bestimmen. Bergleute, verschüttet, abgeschnitten von jeder Beobachtung des Wechsels von Tag und Nacht, veranschlagten bei ihrer glücklichen Errettung die Zeit, die sie im Dunklen, zwischen Hoffnung und Verzweiflung zugebracht hatten, auf drei Tage. Es waren deren zehn gewesen. Man sollte meinen, daß in ihrer höchst beklommenen Lage die Zeit ihnen hätte lang werden müssen, Sie war ihnen auf weniger als ein Drittel ihres objektiven Umfanges zusammengeschrumpft. Es scheint demnach, daß unter verwirrenden Bedingungen die menschliche Hilflosigkeit eher geneigt ist, die Zeit in starker Verkürzung zu erleben, als sie zu überschätzen. [...]
Wie oft hatte Hans Castorp mit dem seligen Joachim über diese große Konfusion geschwatzt, welche die Jahreszeiten vermengte, sie durcheinanderwarf, das Jahr seiner Gliederung beraubte und es dadurch auf eine langweilige Weise kurzweilig oder auf eine kurzweilige Weise langweilig machte, so daß von Zeit, einer frühen und mit Ekel getanen Äußerung Joachims zufolge, überhaupt nicht die Rede sein konnte. Was eigentlich vermengt und vermischt wurde bei dieser großen Konfusion, das waren die Gefühlsbegriffe oder die Bewußtseinslagen des ‚Noch' und des ‚Schon wieder', -eins der verwirrendsten, vertracktesten und verhextesten Erlebnisse überhaupt, und ein Erlebnis dabei, das zu kosten Hans Castorp gleich an seinem ersten Tage hier oben eine unmoralische Neigung verspürt hatte: nämlich bei den fünf übergewaltigen Mahlzeiten im lustig schablonierten Speisesaal, wo denn ein erster Schwindel dieser Art, vergleichsweise unschuldig noch, ihn angewandelt hatte.

Seitdem hatte dieser Sinnen- und Geistestrug weit größeren Maßstab angenommen. Die Zeit, sei ihr subjektives Erlebnis auch abgeschwächt oder aufgehoben, hat sachliche Wirklichkeit, sofern sie tätig ist, sofern sie ‚zeitigt'. Es ist eine Frage für Berufsdenker – und nur aus jugendlicher Anmaßung hatte also Hans Castorp sich einmal damit eingelassen –, ob die hermetische Konserve auf ihrem Wandbord außer der Zeit ist. Aber wir wissen, daß auch am Siebenschläfer die Zeit ihr Werk tut. Ein Arzt beglaubigt den Fall eines zwölfjährigen Mädchens, das eines Tages in Schlaf verfiel und dreizehn Jahre darin verharrte, wobei sie aber kein zwölfjähriges Mädchen blieb, sondern unterdessen zum reifen Weibe erblühte. Wie könnte es anders sein. Der Tote ist tot und hat das Zeitliche gesegnet; er hat viel Zeit, das heißt: er hat gar keine, – persönlich genommen. Das hindert nicht, daß ihm noch Nägel und Haare wachsen und daß alles in allem – aber wir wollen die burschikose Redensart nicht wiederholen, die Joachim einmal in diesem Zusammenhange gebraucht und an der Hans Castorp damals flachländischen Anstoß genommen hatte. Auch ihm wuchsen Haare und Nägel, sie wuchsen schnell, wie es schien, er saß so oft in den weißen Mantel gehüllt auf seinem Operationsstuhl beim Coiffeur in der Hauptstraße von ‚Dorf' und ließ sich das Haar schneiden, weil an den Ohren sich wieder Fransen gebildet hatten, – er saß eigentlich immer dort, oder vielmehr, wenn er saß und mit dem schmeichelnd-gewandten Angestellten plauderte, der sein Werk an ihm tat, nachdem die Zeit das ihre getan; oder wenn er an seiner Balkontür stand und sich mit Scherchen und Feile, seinem schönen Samtnecessaire entnommen, die Nägel kürzte, – flog plötzlich mit einer Art von Schrecken, dem neugieriges Ergötzen beigemischt war, jener Schwindel ihn an: ein Schwindel in des Wortes schwankender Doppelbedeutung von Taumel und Betrug, das wirbelige Nicht-mehr-Unterscheiden vom ‚Noch' und ‚Wieder', deren Vermischung und Verwischung das zeitlose Immer und Ewig ergibt.

Wir haben oft versichert, daß wir ihn nicht besser, aber auch nicht schlechter zu machen wünschen, als er war, und so wollen wir nicht verschweigen, daß er sein tadelnswertes Gefallen an solchen mystischen Anfechtungen, die er wohl gar bewußt und geflissentlich hervorrief, oft doch auch durch gegenteilige Bemühungen zu sühnen suchte. Er konnte sitzen, seine Uhr in der Hand – seine flache, glattgoldene Taschenuhr, deren Deckel mit dem gravierten Monogramm er hatte springen lassen –, und niederblicken auf ihre mit schwarzen und roten arabischen Ziffern doppelt rundum besetzte Porzellankreisfläche, auf der die beiden zierlich-prachtvoll verschnörkelten Goldzeiger auseinander wiesen und der dünne Sekundenzeiger den geschäftig pickenden Gang um seine besondere kleine Sphäre tat. Hans Castorp hielt ihn im Auge, um einige Minuten zu hemmen und zu dehnen, die Zeit am Schwanze zu halten. Das Weiserchen trippelte seines Weges, ohne der Ziffern zu achten, die es erreichte, berührte, überschritt, zurückließ, weit zurückließ, wieder anging und wieder erreichte. Es war fühllos gegen Ziele, Abschnitte, Markierungen. Es hätte auf 60 einen Augenblick anhalten oder wenigstens sonst ein winziges Zeichen geben sollen, daß hier etwas vollendet sei. Doch an der Art, wie es sie rasch, nicht anders als jedes andere unbezifferte Strichelchen, überschritt, erkannte man, daß ihm die ganze Bezifferung und Gliederung seines Weges nur unterlegt war, und daß es eben nur ging,

ging... So barg denn Hans Castorp sein Glashüttenerzeugnis wieder in der Westentasche und überließ die Zeit sich selbst.

Wie sollen wir flachländischer Ehrbarkeit die Veränderungen faßlich machen, die in dem inneren Haushalt des jungen Abenteurers sich vollzogen? Es wuchs der Maßstab der schwindligen Identitäten. War es bei einiger Nachgiebigkeit nicht leicht, ein Jetzt gegen eines von gestern, von vor- und vorvorgestern abzusetzen, das ihm geglichen hatte wie ein Ei dem andern, so war ein Jetzt auch noch geneigt und fähig, seine Gegenwart mit einer solchen zu verwechseln, die vor einem Monat, einem Jahre obgewaltet hatte, und mit ihr zum Immer zu verschwimmen. Sofern jedoch die sittlichen Bewußtseinsfälle des Noch und Wieder und Künftig gesondert blieben, schlich eine Versuchung sich ein, Beziehungsnamen, mit denen das ‚Heute' sich Vergangenheit und Zukunft bestimmend vom Leibe hält, das ‚Gestern', das ‚Morgen', nach ihrem Sinne zu erweitern und sie auf größere Verhältnisse anzuwenden. Unschwer wären Wesen denkbar, vielleicht auf kleineren Planeten, die eine Miniaturzeit bewirtschafteten und für deren ‚kurzes' Leben das flinke Getrippel unseres Sekundenzeigers die zähe Wegsparsamkeit des Stundenmessers hätte. Aber auch solche sind vorzustellen, mit deren Raum sich eine Zeit von gewaltigem Gange verbände, so daß die Abstandsbegriffe des ‚Eben noch' und ‚Über ein kleines', des ‚Gestern' und ‚Morgen' in ihrem Erlebnis ungeheuer erweiterte Bedeutung gewännen. Das wäre, sagen wir, nicht nur möglich, es wäre, im Geiste eines duldsamen Relativismus beurteilt und nach dem Satze „Ländlich, sittlich", auch als legitim, gesund und achtbar anzusprechen. Was aber soll man von einem Erdensohne denken, des Alters obendrein, für den ein Tag, ein Wochenrund, ein Monat, ein Semester noch solche wichtige Rolle spielen sollten, im Leben so viele Veränderungen und Fortschritte mit sich bringen, – der eines Tages die lästerliche Gewohnheit annimmt oder doch zuweilen der Lust nachgibt, statt „Vor einem Jahre": „Gestern" und „Morgen" für „Übers Jahr" zu sagen? Hier ist unzweifelhaft das Urteil „Verirrung und Verwirrung" und damit höchste Besorgnis am Platze.

Es gibt auf Erden eine Lebenslage, gibt landschaftliche Umstände (wenn man von „Landschaft" sprechen darf in dem uns vorschwebenden Falle), unter denen eine solche Verwirrung und Verwischung der zeitlich-räumlichen Distanzen bis zur schwindeligen Einerleiheit gewissermaßen von Natur und Rechtes wegen statthat, so daß denn ein Untertauchen in ihrem Zauber für Ferienstunden allenfalls als statthaft gelten möge. Wir meinen den Spaziergang am Meeresstrande, – ein Sichbefinden, dessen Hans Castorp nie ohne größte Zuneigung gedachte, – wie wir ja wissen, daß er sich durch das Leben im Schnee an heimatliche Dünengefilde gern und dankbar erinnern ließ. Wir vertrauen, daß auch Erfahrung und Erinnerung des Lesers uns nicht im Stiche lassen werden, wenn wir auf diese wundersame Verlorenheit Bezug nehmen. Du gehst und gehst... du wirst von solchem Gange niemals zu rechter Zeit nach Hause zurückkehren, denn du bist der Zeit und sie ist dir abhanden gekommen O Meer, wir sitzen erzählend fern von dir, wir wenden dir unsere Gedanken, unsre Liebe zu, ausdrücklich und laut anrufungsweise sollst du in unserer Erzählung gegenwärtig sein, wie du es im stillen immer warst und bist und sein wirst... Sausende Öde, blaß hellgrau überspannt, voll herber Feuchte, von der ein Salzgeschmack auf unseren Lippen haftet. Wir gehen, gehen auf leicht federndem, mit Tang und kleinen Muscheln bestreutem Grunde, die Ohren eingehüllt vom Wind, von diesem großen, weiten und milden Winde, der frei und ungehemmt und ohne Tücke den Raum durchfährt und eine sanfte Betäubung in unserem Kopfe erzeugt, – wir wandern, wandern und sehen die Schaumzungen der vorgetriebenen und wieder rückwärts wallenden See nach unseren Füßen lecken. Die Brandung siedet, hell-dumpf, aufprallend rauscht Welle auf Welle seidig auf den flachen Strand, – so dort wie hier und an den Bänken draußen, und dieses wirre und allgemeine, sanft brausende Getöse sperrt unser Ohr für jede Stimme der Welt. Tiefes Genügen, wissentlich Vergessen... Schließen wir doch die Augen, geborgen von Ewigkeit! Nein, sieh, dort in der schaumig graugrünen die sich in ungeheueren Verkürzungen zum Horizont verliert, dort steht ein Segel. Dort? Was ist das für ein Dort? Wie weit? Wie nah? Das weißt du nicht. Auf schwindelige Weise entzieht es sich deinem Urteil. Um zu sagen, wie weit dies Schiff vom Ufer entfernt ist, müßtest du wissen, wie groß es an sich selber als Körper ist. Klein und nahe oder groß und fern? In Unwissenheit bricht sich dein Blick, denn aus dir selber sagt kein Organ und Sinn dir über den Raum Bescheid... Wir gehen, gehen, – wie lange schon? Wie weit? Das steht dahin. Nichts ändert sich bei unserem Schritt, dort ist wie hier, vorhin wie jetzt und dann in ungemessener Monotonie des Raumes ertrinkt die Zeit, Bewegung von Punkt zu Punkt ist keine Bewegung mehr, wenn Einerleihei regiert, und wo Bewegung nicht mehr Bewegung ist, ist keine Zeit.

Mann, Thomas: Der Zauberberg. In: ders.: Gesammelte Werke in zwölf Bänden. Bd. 3. Frankfurt am Main: S. Fischer, 1960. [zit. S. 9-10, 146-149, 237-238, 479-481, 748-757]
© S. Fischer

Lü Bu We

Nach Gau Yu, dem Kommentator einer Ausgabe des "Lü Schï Tschun Tsiu" ("Frühling und Herbst des Lü Bu We") ist Lü Bu We ein reicher Kaufmann in der Epoche der sogenannten "steinernen Reiche". Später ist er Minister unter König Dschuang Siang, danach Reichskanzler von Tsin. Er interessiert sich sehr für Literatur und stellt eine Reihe von Gelehrten ein, die das Werk "Lü Schï Tschun Tsiu" unter seinem Namen veröffentlichen.

Lü Bu We ist insgesamt zwölf Jahre als Reichskanzler tätig. Nach einem Betrug an Kaiser Dschong wird er jedoch verbannt. Daraufhin nimmt er sich das Leben.

Unter chinesischen Gelehrten genießt Lü Bu We kein sehr großes Ansehen, da er in seiner Zeit als Reichskanzler weder vor Betrug noch Bestechung zurückschreckt.

Frühling und Herbst des Lü Bu We (1928)

In Anlehnung an Konfuzius Werk über Frühling und Herbst entstand der Titel „Frühling und Herbst des Lü Bu We". Das Buch besteht aus drei Teilen, den zwölf Aufzeichnungen, den acht Betrachtungen und den sechs Abhandlungen. Die Kapitel des ersten Teils sind nach den zwölf Monaten benannt, beginnend mit Februar, was nach Konfuzius dem idealen Jahresbeginn entspricht. In den Abschnitten über die einzelnen Monate stehen unter anderem Angaben über den Stand der Sonne und Verhaltensregeln für Herrscher und Volk. Das Leben im Einklang mit der Natur bzw. der „Himmelszeit" ist hierbei zentrale Forderung, die den altchinesischen astronomischen Religionen entspringt.

(cb)

Frühling und Herbst des Lü Bu We (Ausschnitte)

In diesem Monat begeht man den Eintritt des Frühlings. Drei Tage vor dem Eintritt des Frühlings begibt sich der Großastrolog zum Himmelssohn und spricht: "An dem und dem Tag ist Frühlingseintritt; die wirkende Kraft beruht auf dem Holz." Der Himmelssohn fastet dann. Am Tag des Frühlingseintritts begibt sich der Himmelssohn in eigener Person an der Spitze der drei Großwürdenträger, der neun hohen Räte, der Fürsten und Räte zur Einladung des Frühlings auf den östlichen Anger. Nach der Rückkehr verleiht er Auszeichnungen an die hohen Räte, die Fürsten und Räte im Schloßhof.

Er befiehlt den Ministern Milde zu verbreiten und gütige Gebote zu erlassen, Glück zu spenden und seine Gnade der Masse des Volkes teil werden zu lassen. Belohnungen und Gaben werden ausgeteilt, jedem das Seine.

Er befiehlt dem Großastrolog auf die Wahrung der Gesetze zu achten und Verordnungen zu erlassen, den Lauf des Himmels, der Sonne, des Mondes, der Sterne und Sternzeichen zu beobachten, damit die Mondhäuser in ihrem Rückgang ohne Irrtümer festgestellt werden, damit die Bahnen nicht falsch berechnet werden und der Frühlingseintritt als fester Punkt bestimmt wird.

In diesem Monat bittet der Himmelssohn an einem guten Tage um Getreidesegen zum höchsten Herrn. Darauf wird eine glückliche Stunde gewählt. Dann legt der König selbst eine Pflugschar an den dritten Platz des Wagens zwischen einen gepanzerten Wächter und den Wagenführer. Er begibt sich an der Spitze der drei höchsten Würdenträger, der neun hohen Räte, der Fürsten und Räte persönlich zum Pflügen auf den Acker des Herrn. Der Himmelssohn zieht drei Furchen, die drei höchsten Würdenträger ziehen fünf Furchen, die hohen Räte, Fürsten und Räte neun Furchen. Heimgekehrt ergreift der Himmelssohn im großen Gemach einen Pokal, während die drei höchsten Würdenträger, die neun hohen Räte, die Fürsten und Räte alle beisammen sind, und spricht zu ihnen: "Dies ist der Wein für eure Mühe."

In diesem Monat hat sich die Kraft des Himmels nach unten gesenkt und die Kraft der Erde ist nach oben gestiegen. Himmel und Erde sind im Einklang und vereinigen ihre Wirkung. Kräuter und Bäume regen sich üppig.

Der König macht die Ackerbaugeschäfte bekannt. Er befiehlt den Feldaufsehern auf dem östlichen Anger ihre Wohnungen aufzuschlagen, die Grenzen und Scheidewege in Ordnung zu bringen, die Pfade und Kanäle gerade zu ziehen, eine genaue Übersicht anzufertigen über die Berge und Hügel, die Täler und Schluchten, die Ebenen und Sümpfe, und entsprechend dem, was an den einzelnen Plätzen am besten fortkommt, die fünf Getreidearten einzupflanzen. Um das Volk darüber zu belehren, müssen sie bei allem selbst dabei sein. Wenn die Felder im voraus genau vermessen sind und nach der Linie begrenzt, so wissen die Bauern Bescheid.

In diesem Monat erhält der Musikmeister den Befehl, die Schulen zu besuchen und die heiligen Tänze einzuüben.

Die Opferlisten werden in Ordnung gebracht, es ergeht der Befehl, den Geistern der Berge, Wälder, Flüsse und Seen zu opfern. Als Opfer werden keine weiblichen Tiere verwendet.

Es ist verboten, Bäume zu fällen.

Man darf keine Nester ausnehmen und keine unausgebildeten, ungeborenen Tiere und halbflüggen Vögel töten, ebensowenig Hirschkälber und Eier.

Es sollen keine großen Menschenansammlungen stattfinden, keine Stadtmauern und Türme gebaut werden.

Gerippe und Totes werden verscharrt und eingegraben.

In diesem Monat darf man nicht zu den Waffen greifen. Wer zu den Waffen greift, wird sicher von des Himmels Strafe betroffen. Wenn niemand die Waffen gegen uns ergriffen hat, so dürfen wir nicht damit anfangen. Man darf den Lauf des Himmels nicht ändern. Man darf die natürlichen Linien der Erde nicht durchbrechen. Man darf die Ordnungen des Menschenlebens nicht stören.

Wenn im ersten Frühlingsmonat die für den Sommer gültigen Ordnungen befolgt würden, so würden Wind und Regen nicht zur rechten Zeit kommen, Kräuter und Bäume vorzeitig dürr werden und die Staaten in Aufregung geraten. Wenn die für den Herbst gültigen Ordnungen befolgt würden, so würden die Menschen von großen Seuchen betroffen werden, Stürme und Platzregen würden sich häufen, und allerlei Unkraut würde wuchern. Wenn die für den Winter gültigen Ordnungen befolgt würden, so würde Unheil durch Überschwemmungen angerichtet, Reif und Schnee würden großen Schaden tun. Die Wintersaat würde nicht heimgebracht werden können.

Die im Originaltext enthaltenen Fußnoten wurden weggelassen.

Lü, Bu We: Frühling und Herbst des Lü Bu We. Aus dem Chinesischen übersetzt und erläutert von Richard Wilhelm. Jena: Diederichs, 1928. [zit. S. 1-3]
© keine Angabe gefunden

Heinrich Droege (Werkkreis Literatur der Arbeitswelt)

Bereits 1961 ruft der Dortmunder Bibliothekar Fritz Hüser die sogenannte „Gruppe 61", eine lose Verbindung von Arbeiterschriftstellern aus Dortmund, ins Leben. Ziel ist die Etablierung der Arbeiter als Berufsschriftsteller. Zu den Mitgliedern der Gruppe 61 gehören auch Günter Wallraff und Erasmus Schöpfer, die die bewusste Einbeziehung schreibender Arbeiter in die Organisation fordern. Da sie in der Gruppe keine Mehrheit dafür finden, gründen sie 1970 den „Werkkreis Literatur der Arbeitswelt", der zu Beginn neun Werkstätten umfasst. Bekannt wird der Werkkreis durch die Taschenbuchreihe „Gehen oder kaputt gehen – ein Betriebstagebuch", die 1973 erstmals erscheint und von der danach jährlich circa drei bis vier Bände herauskommen. Heinrich Dröge ist lange Jahre Bundesvorsitzender des Werkkreises.

Werke u. a.:

1986 Druck mußt du machen
2002 Faulheit adelt

Da bleibst du auf der Strecke (1977)

In dieser Sammlung aus Erzählungen, Protokollen und Dokumenten berichten Arbeiter von ihren Erfahrungen mit Rationalisierung. Thematisiert wird in diesem Zusammenhang vor allem die problematische Situation für die Arbeiter: die ständige Angst vor der Arbeitslosigkeit, der extreme Leistungsdruck durch betriebliche Kontrollsysteme, aber auch die Schwierigkeit der Gewerkschaften, die Rechte der Arbeiter zu sichern.

(cb)

Da bleibst du auf der Strecke. Alle haben Schiß (Ausschnitte)

Um 7 ist Arbeitsbeginn. Die Stechuhr hängt in unserer Halle. Man muß also schon umgezogen sein, um seine Karte zu stechen. Von der Stechuhr zum Arbeitsplatz sind es noch 20 Schritte. Wer nicht spätestens um 10 vor 7 durchs Werktor geht, sticht rot, kommt zu spät. Für 5 Minuten wird eine Viertelstunde abgezogen; 5mal 1 Minute im Monat kosten auch eine Viertelstunde und eine Verwarnung. Obwohl wir im Akkord arbeiten und nach Stückzahl bezahlt werden, machen die sich wegen jeder Minute ins Hemd. „Ordnung muß sein", sagt der Meister.

Ich bin selten zu spät. Wenn ich morgens schon so rennen muß, dann bekomme ich gleich Bauchweh und tauge den ganzen Tag nichts mehr. Aber Nadja, eine Italienerin, die neben mir arbeitet, die kommt öfter zu spät und hat deshalb auch schon die Entlassung angekündigt bekommen. Wenn sie nicht eine so fixe Arbeiterin wäre, hätte man sie bestimmt schon entlassen. Dabei kann sie doch wirklich nichts dazu, muß morgens erst ihre beiden kleinen Kinder fertig machen und in die Kinderkrippe bringen. Um 4 Uhr steht das arme Luder jeden Morgen auf. Und am Wochenende ist für sie an Schlaf auch nicht zu denken, die Kinder wollen auch dann versorgt sein. Abgehetzt fällt sie jeden Morgen neben mir auf ihren Hocker und fängt mechanisch ihre Arbeit an. Ansprechen darf man sie vor dem Frühstück nicht. [...]

Grundlohn für eine Arbeiterin ist 5,85 DM die Stunde. Als ich damals anfing, waren es noch 3,65 DM. Das war zum Leben zu wenig und zum Sterben zu viel. Aber 5,85 DM heute sind auch nicht mehr, wenn man die Teuerung seit damals berücksichtigt. Vier Wochen Anlernzeit hatte ich, dann habe ich Akkord gearbeitet; bis heute immer Akkord, sonst kommt man auf keinen grünen Zweig.

Angefangen habe ich in der Stanzerei und da gearbeitet bis vor einem Jahr. Dann mußte ich dort aufhören. Die Fertigung wurde umgestellt, neue Maschinen aufgestellt, von den 28 Kolleginnen, die da beschäftigt waren, wurden 7 entlassen und 5 in andere Abteilungen versetzt. Mich konnten sie nicht so einfach entlassen nach sechs Jahren. Gekündigt wurden alle Türkinnen und Griechinnen. Aber die italienischen Kolleginnen, die schon länger da waren, konnten sie nicht so einfach kündigen. Ich glaube, das hängt mit irgendwelchen EG-Verträgen zusammen.

Das dauerte lange, bis ich mich an die eintönige Arbeit in der Stanzerei gewöhnt hatte. Mit der rechten Hand in einen Kasten langen und ein Stück Blech rausgreifen, den sogenannten Rohling, den unter die Stanze legen. Mit beiden Händen auf tassengroße Kontakte drücken – mit beiden Händen, damit du nicht eine Hand unter der Stanze hast –, das gelochte Blech unter der Stanze rausnehmen und mit der linken Hand in einen anderen Kasten werfen. Das Werkstück war etwa so groß wie eine Streichholzschachtel, abgerundet an der einen Seite und mit einer Aussparung versehen an der anderen Seite. Es war der Rohling eines Relaisankers.

Diese Handgriffe 12mal in der Minute, 720 mal in der Stunde, 5760 mal am Tag, – und das war dann nur die vorgegebene Stückzahl, die gestoppte Zahl. Wollte ich was verdienen, mußte ich 15 Prozent mehr schaffen. Hatte ich zum Beispiel 720 in der Stunde geschafft, dann verdiente ich 3,65 DM, ich hatte 60 Minuten verrechnet, wie das heißt. Um aber einigermaßen was zu verdienen, mußte ich 66 oder 68 Minuten verrechnen, das heißt, ich mußte so etwa 780 oder 800 Stück schaffen, also 6400 mal hinlangen. Dazu kam der Lärm in der Halle. Am Anfang wußte ich abends nicht mehr, ob ich Männchen oder Weibchen war, wenn ich zur Straßenbahn torkelte. Erst nach Wochen gelang es mir, mehr als 60 Minuten zu verrechnen. Was ich zu tun hatte, war genau beschrieben, für jede Arbeiterin in der Halle galt ungefähr das gleiche Schema: hinlangen-greifen-bringen-einfügen-loslassen-drücken-hinlangen-greifen-abgeben. Und das bei jedem Werkstück und 6400 mal am Tag.
[...]
Wenn wir nicht mehr so hinlangen müßten, nicht mehr so geschossen abends nach Hause kämen –. Nicht mehr um 5 Uhr früh aus den Federn und um 9 Uhr abends rein, und dazwischen nur Rennen und Hetzen.

Nicht mal Zeit zum Essen haben wir. Eine halbe Stunde Mittag. Fünf Minuten gehen für Händewaschen und den Weg zur Kantine drauf, fünf Minuten für den Rückweg, bleiben 20 Minuten. Und da muß man sich noch anstellen zum Essenempfang. Und dann sitzt jeder schweigend vor seinem Teller und schaufelt in sich rein, als bekäme er's bezahlt. Nicht mal Zeit für eine Zigarette nach dem Essen bleibt einem, die rauchen wir auf dem Weg zur Werkbank. An einen kleinen Verdauungsspaziergang um die Werkhalle rum ist gar nicht zu denken.

Manche hier leben nur noch von Tabletten. Vor zwei Wochen ist Rosi umgekippt, einfach von ihrem Stuhl runtergefallen. So was habe ich noch nie gesehen. Wir haben sie in den Sanitätsraum gebracht, dabei haben wir festgestellt, daß wir nicht mal eine Krankentrage in der Abteilung hatten. Die Schwester gab ihr Wasser und Tabletten, und eine halbe Stunde später war Rosi wieder an ihrem Arbeitsplatz.

„Bist du verrückt, warum gehst du nicht nach Hause", fragte ragte ich sie. „Ich hinke sowieso hinterher, ich komme mit der neuen Zeit nicht mehr hin", sagte sie nur und fing an zu arbeiten.

Rosi ist eine von denen, die ständig Tabletten nehmen: Tabletten zum Wachbleiben, Tabletten zum Einschlafen, Tabletten für den Magen, Tabletten gegen Migräne. Abführmittel nimmt sie auch noch, aber die nehmen wir hier alle. Mit dem Stuhlgang klappt's bei keiner.

Wo ich jetzt arbeite, ist es ruhiger als in der Stanzerei; aber sonst ist es auch nicht besser. In der Stanzerei war ein unwahrscheinlicher Lärm. In all den Jahren habe ich mir eine laute Stimme angewöhnt. Meine Bekannten sagten zu mir: „Schrei doch nicht so – rede nicht so laut!" Aber selbst mit der Kollegin, die nur drei Meter entfernt an der nächsten Maschine saß, konnte man sich nur schreiend unterhalten, und nur in Halbsätzen, nur im Telegrammstil.

Erst wollte ich gar nicht raus aus der Stanzerei. Wenn man fünf Jahre eine Arbeit macht, dann meint man, es gäbe keine bessere in so einem Laden, man ist eingefuchst, kennt ein paar Tricks, man kann 65 Minuten verrechnen. Man kennt auch die Meister, weiß, wie die reagieren, wann sie sauer werden, wie weit man etwas treiben kann. Auch die Kolleginnen kennt man, hat sich mit zweien oder dreien so ein bißchen angefreundet. Vor allem aber weiß man doch, daß es woanders auch nicht besser sein wird. So lange man in der Fabrik arbeitet im Akkord, ist ein Arbeitsplatz so beschissen wie der andere. Man ist nicht mehr als ein Teil der Maschine, an der man arbeitet. Wir funktionieren im Rhythmus der Maschine. Die Maschine bestimmt die Geschwindigkeit, und die Maschine bestimmt die Handgriffe. Ich kann nie tun, was ich möchte; nicht einmal in der Freizeit kann ich das. Früher war ich manchmal ins Theater gegangen, da habe ich mal eine Oper gesehen von Offenbach, und da kam ein Mädchen drin vor, die war eine mechanische Puppe. So komme ich mir auch vor, wie diese Puppe. Heute gehe ich nicht mehr ins Theater, ich bin abends wie gerädert und hohl im Kopf.

Die im Originaltext vorkommenden Bilder und Grafiken wurden weggelassen.

Droege, Heinrich: Alle haben Schiß. In: Werkkreis Literatur der Arbeitswelt: Da bleibst du auf der Strecke. Frankfurt am Main: S. Fischer, 1977. [zit. S. 13-16, 18-19]
© Fischer Taschenbuch Verlag, Frankfurt am Main 1977

Karl Martell

Keine biographischen Angaben zu ermitteln.

Der Zweikampf (Ausschnitt)

Als er ihn kommen sieht, ist es schon zu spät. Nur kurze Zeit hat er nicht aufgepaßt. Keine fünf Minuten hat er an anderes gedacht als daran, daß er sich vorsehen muß. Nun ist es geschehen. Der Zeitnehmer ist von schräg hinten herangekommen und es ist zu spät, den Vorschub von 125 auf die Vorgeschriebenen 100 zurückzuschalten. Der Zeitnehmer holt seine Stoppuhr aus der Tasche. Keiner der beiden sagt ein Wort, sie bellen sich nicht einmal an. Das Werkstück schiebt sich mit 125 unter den Scheibenfräser und wird geschlitzt. Das milchige Kühlwasser spült die Späne fort.

Eine Viertelstunde stehen sie so da, der Arbeiter an der Maschine und der Stopper schräg hinter ihm. In dieser Viertelstunde kämpft der Arbeiter gegen die Stoppuhr an. Er kämpft erbittert um jede Hundertstel Minute. Er spannt die Werkstücke so langsam wie nur möglich, tut, als paßten sie nicht in die Spannvorrichtung hinein, bläst die Vorrichtung zwei- und dreimal aus und zieht die Schrauben besonders fest an, damit sie später, beim Ausspannen, besonders schwer aufgehen. Er tut dies mit so viel scheinbar notwendigen Bewegungen, daß einer, der nicht Bescheid weiß, nie auf die Idee käme, er arbeite langsamer als sonst.

Der Arbeiter weiß, daß er trotz aller Tricks den Zweikampf mit dem Stopper verlieren wird, aber er tut alles, seine Niederlage in Grenzen zu halten. Er gibt bis zuletzt nicht auf.

Der Arbeiter weiß nicht, daß alle seine Mühen vergeblich sind. Der Stopper interessiert sich gar nicht dafür, wie lange er zum Abblasen der Vorrichtung und zum Ein- und Ausspannen des Werkstücks braucht, diese Zeiten hat er schon früher gestoppt. Ihn interessiert nur der Durchlauf, und der ist um 20 Prozent schneller als zuvor. Nach einer Viertelstunde hat er die neue Stückzeit festgesetzt: 2,80 statt 3,40 Minuten pro Stück. Der Arbeiter muß jetzt pro Schicht vierzig Stück mehr fertigen als zuvor. Der Zeitnehmer geht.

Der Arbeiter verdient mit Überstunden 1000,- DM netto im Monat. Um weiterhin diese Summe zu verdienen, wird er schneller arbeiten und vielleicht ein paar Überstunden mehr einlegen müssen. Er hat den Zweikampf mit dem Stopper verloren.

Der Zeitnehmer, als junger Angestellter, verdient ebenfalls 1000,- DM netto im Monat, und er wird diese Summe auch weiterhin verdienen. Einen direkten Vorteil wird er von der Senkung der Stückzeit nicht haben. Aber er hat den Zweikampf mit dem Arbeiter gewonnen.

Der wirkliche Sieger in dem Zweikampf der beiden ist aber der Unternehmer, der sie beschäftigt. Er bekommt vierzig. Stück pro Schicht geschenkt.

Quelle nicht auffindbar.

Martin Walser

Martin Walser wird am 24. März 1927 in Wasserburg am Bodensee geboren. Er studiert Philosophie und Geschichte in Regensburg und Tübingen. Von 1949 bis 1957 arbeitet er beim Süddeutschen Rundfunk, seit 57 ist er als freier Schriftsteller tätig. Walser ist Mitglied in der Akademie der Künste in Berlin und der Deutschen Akademie für Sprache und Dichtung in Darmstadt. Im Laufe seiner Karriere bekommt er zahlreiche Preise, darunter den Preis der Gruppe 47, den er 1955 für die Erzählung „Templones Ende" erhält und den Gerhart-Hauptmann-Preis im Jahre 1962.

Werke u.a.:

1957   Ehen in Philippsburg
1960   Halbzeit
1962   Eiche und Angora
1964   Der schwarze Schwan
1966   Das Einhorn
1973   Der Sturz
1978   Ein fliehendes Pferd
1985   Brandung

Ein springender Brunnen (1998)

„Ein springender Brunnen" spielt zwischen 1932 und 1945 und erzählt die Geschichte des Jungen Johann auf seinem Weg zum Erwachsensein.

(cb)

Ein springender Brunnen (Ausschnitt)

Vergangenheit ist in der Gegenwart auf eine Weise enthalten, daß sie nicht aus ihr gewonnen werden kann, wie man einen Stoff, der in einem anderen Stoff enthalten ist, durch ein kluges Verfahren herausziehen kann, und man hätte ihn dann als solchen. Die Vergangenheit als solche gibt es nicht. Es gibt sie nur als etwas, das in der Gegenwart enthalten ist, ausschlaggebend oder unterdrückt, dann als unterdrückte ausschlaggebend. Die Vorstellung, Vergangenheit könne man wecken wie etwas Schlafendes, zum Beispiel mit Hilfe günstiger Parolen oder durch einschlägige Gerüche oder andere weit zurückreichende Signale, Sinnes- oder Geistesdaten, das ist eine Einbildung, der man sich hingeben kann, solange man nicht merkt, daß das, was man für wiedergefundene Vergangenheit hält, eine Stimmung oder Laune der Gegenwart ist, zu der die Vergangenheit eher den Stoff als den Geist geliefert hat. Die, die sich am sehnsüchtigsten um die Vergangenheit bemühen, sind am meisten in Gefahr, das, was sie selber hervorgebracht haben, für das zu halten, was sie gesucht haben. Wir können nicht zugeben, daß es nichts gibt als die Gegenwart. Denn sie gibt es ja auch so gut wie nicht. Und die Zukunft ist eine grammatische Fiktion. Sollten wir statt Vergangenheit Gewesenheit sagen? Ware sie dann gegenwärtiger? Die Vergangenheit mag es nicht, wenn ich ihrer habhaft werden will. Je direkter ich mich ihr nähere, desto deutlicher begegne ich statt der Vergangenheit dem Motiv, das mich gerade jetzt heißt, die Vergangenheit aufzusuchen. Öfter ist es ein Mangel an Rechtfertigung, der einen ins Vergangene weist. Man sucht Gründe, die es rechtfertigen könnten, daß man ist, wie man ist. Manche haben gelernt, ihre Vergangenheit abzulehnen. Sie entwickeln eine Vergangenheit, die jetzt als günstiger gilt. Das tun sie um der Gegenwart willen. Man erfährt nur zu genau, welche Art Vergangenheit man gehabt haben soll, wenn man in der gerade herrschenden Gegenwart gut wegkommen will. Ich habe einige Male zugeschaut, wie Leute aus ihrer Vergangenheit förmlich herausgeschlüpft sind, um der Gegenwart eine günstigere Vergangenheit anbieten zu können. Die Vergangenheit als Rolle. Es gibt wenig in unserem Bewußtseins- oder Benehmenshaushalt, was so sehr Rollencharakter hat wie die Vergangenheit. Daß Menschen mit unangeglichenen Vergangenheiten zusammenleben könnten, als die Verschiedenen, die sie auch durch ihre Vergangenheiten sind, ist Wunschdenken. In Wirklichkeit wird der Umgang mit der Vergangenheit von Jahrzehnt zu Jahrzehnt strenger normiert. Je normierter dieser Umgang, um so mehr ist, was als Vergangenheit gezeigt wird, Produkt der Gegenwart. Es ist vorstellbar, daß die Vergangenheit überhaupt zum Verschwinden gebracht wird, daß sie nur noch dazu dient, auszudrücken, wie einem jetzt zumute ist beziehungsweise zumute sein soll. Die Vergangenheit als Fundus, aus dem man sich bedienen kann. Nach Bedarf. Eine komplett erschlossene, durchleuchtete, gereinigte, genehmigte, total gegenwartsgeeignete Vergangenheit. Ethisch, politisch durchkorrigiert. Vorexerziert von unseren Gescheitesten, Einwandfreisten, den Besten. Was auch immer unsere Vergangenheit gewesen sein mag, wir haben uns von allem befreit, was in ihr so war, wie wir es jetzt nicht mehr möchten. Vielleicht könnte man sagen: wir haben uns emanzipiert. Dann lebt unsere Vergangenheit in uns als eine überwundene. Als bewältigte. Wir müssen gut wegkommen. Aber nicht so lügen, daß wir es selber merken.

Der Vergangenheit eine Anwesenheit wünschen, über die wir nicht Herr sind. Nachträglich sind keine Eroberungen zu machen. Wunschdenkens Ziel: Ein interesseloses Interesse an der Vergangenheit. Daß sie uns entgegenkäme wie von selbst.

Walser, Martin: Ein springender Brunnen. Frankfurt am Main: Suhrkamp, 1998. [zit. S. 281-283]
© Suhrkamp.

Marcel Proust

Biographische Angaben siehe Kapitel I: S. 35

Auf der Suche nach der verlorenen Zeit. In Swanns Welt.

Wenn ich sage, daß abgesehen von sehr seltenen Ereignissen, wie eben diese Niederkunft, der ‚Train-train' meiner Tante unveränderlich feststand, so spreche ich nicht von den regelmäßig wiederkehrenden Abweichungen, die innerhalb der bestehenden Einförmigkeit eine zweite Art von Ordnung etablierten. So zum Beispiel fand am Samstag, wenn Françoise nachmittags zum Markt in Roussainville-le-Pin ging, das Mittagessen für alle eine Stunde früher statt. Meine Tante hatte sich so gut diese allwöchentliche Abweichung von der Regel zu eigen gemacht, daß sie nunmehr auf diese Gewohnheit wie auf jede andere hielt. Sie war so ‚gut eingefahren' damit, wie Françoise es nannte, daß, wenn sie etwa eines Samstags bis zum Mittagessen die sonst gewohnte Stunde hätte abwarten sollen, sie das ebensosehr gestört hätte, als wenn sie an anderen Tagen ihre Mahlzeit auf die Samstagsstunde hätte vorverlegen sollen. Dieses vorzeitige Mittagessen gab übrigens dem Samstag in unser aller Augen etwas Besonderes, Gelockertes und eigentlich Sympathisches. In dem Augenblick, da wir normalerweise noch eine Stunde vor uns hatten bis zu der beschaulichen Stunde des Mahls, wußte man, daß bereits in wenigen Sekunden vorzeitige Endivien, ein Extraomelett, ein unverdientes Beefsteak vor uns erscheinen würden. Die Wiederkehr dieses regelwidrigen Samstags war eines der unbedeutenderen im Innern unseres gemeinsamen Lebens auftretenden, lokalen, unserem kleinen Staatswesen eigentümlichen Ereignisse, die in ruhigen Lebensabläufen und geschlossenen Gesellschaftskörpern eine Art von nationaler Einheit schaffen und zum Lieblingsthema der Unterhaltungen, humorvoller Anspielungen und scherzhaft übertriebener Erzählungen werden. Sie hätte das zentrale Thema eines Epenzyklus abgeben können, hätte einer von uns über wirkliches Erzählergenie verfügt. Schon morgens, ehe wir angekleidet waren, sagte nur in dem vergnügten Bestreben, die Stärke des Gemeinschaftsgefühls zu erproben, der eine zum andern gutgelaunt, herzlich, von einer Art von Patriotismus beseelt: „Wir dürfen heute keine

Zeit verlieren; bedenke, daß Samstag ist!", während meine Tante, die sich gerade mit Françoise beriet, in dem Gedanken, daß der Nachmittag länger sein werde als sonst, die Meinung äußerte: „Wie wäre es, wenn wir ihnen einen schönen Kalbsbraten machten?" Wenn um halb elf Uhr einer von uns zerstreut auf seine Uhr blickte und sagte: „Aha, immerhin noch anderthalb Stunden bis zum Mittagessen!", so hielt ihm jeder mit Wonne vor: „Aber geh, wo hast du deine Gedanken, du vergißt, daß heute Samstag ist!"; und noch eine Viertelstunde darauf lachte man darüber und beschloß, nachher hinaufzugehen und es meiner Tante zu erzählen, damit sie etwas zu ihrer Erheiterung habe. Das Antlitz des Himmels selbst schien samstags verändert zu sein. Nach dem Mittagessen hielt sich die Sonne in dem Bewußtsein, daß Samstag sei, eine Stunde länger im Zenit des Himmels auf, und wenn jemand in der Idee, es sei für unseren Spaziergang schon recht spät, verwundert fragte: „Wie? Ist es wirklich erst zwei?" – im gleichen Augenblick erklangen vom Kirchturm her zwei Schläge (die gewöhnlich wegen der Mittagsmahlzeit und der Siesta noch keinen Menschen auf den verlassenen Wegen zur Seite des raschfließenden lichten Flusses antrafen, nicht einmal einen Angler, und die infolgedessen in großer Einsamkeit einen Himmel durchmaßen, an dem nur träge ein paar Wolken standen) – so antworteten ihm alle im Chor: „Du vergißt, daß wir heute eine Stunde früher gegessen haben, du weißt doch, es ist Samstag." Das Staunen eines ‚Barbaren' (so nannten wir alle Menschen, die die Besonderheit unseres Samstags nicht kannten), der, als er um ein Uhr meinen Vater aufsuchen wollte, uns bereits beim Mittagessen traf, war eine Sache, die Françoise in ihrem Leben mit am meisten erheitert hatte. Aber wenn sie amüsant gefunden hatte, daß der verdutzte Besucher nicht wußte, daß wir am Samstag früher aßen, so fand sie noch komischer (obwohl sie von Herzen mit diesem engstirnigen Patriotismus sympathisierte), daß mein Vater nicht auf den Gedanken gekommen war, der Barbar könne darüber in Unkenntnis sein, und ohne weitere Erklärung seine Verwunderung darüber, daß wir bereits im Eßzimmer waren, nur mit den Worten quittiert hatte: „Natürlich, es ist doch heute Samstag!"

Proust, Marcel: Auf der Suche nach der verlorenen Zeit. In Swanns Welt I. 75. und 76. Tausend dieser Ausg. 1982. Text folgt der von Eva Rechel-Mertens übersetzten Proust-Ausgabe „Auf der Suche nach der verlorenen Zeit. I". Frankfurt am Main: Suhrkamp Verlag, 1961. [zit. S. 148-150]
© Suhrkamp Verlag, Frankfurt am Main, 1953

Michael Ende

Am 12. Oktober 1929 wird Michael Ende als Sohn des bekannten surrealistischen Malers Edgar Ende in Garmisch-Partenkirchen geboren. Nach dem Krieg besucht er die Schauspielschule in München. Er interessiert sich schon früh für Literatur und beginnt, Texte fürs Kabarett und für den Rundfunk zu schreiben. 1960 erscheint sein erstes Buch „Jim Knopf und Lukas der Lokomotivführer". Ende lebt abwechselnd in Deutschland und Italien. Er stirbt am 28. August 1995 in Stuttgart.

Werke u.a.:

1960   Jim Knopf und Lukas der Lokomotivführer
1973   Momo
1979   Die unendliche Geschichte

Momo (1973)

In einem alten Amphitheater lebt das verwaiste Mädchen Momo. Ihre Freunde schätzen sie als gute Zuhörerin. Doch dann bleiben die täglichen Besuche aus, da niemand mehr Zeit für Momo hat. Durch einen Zufall erfährt sie von den „grauen Herren", einer Bande von Zeitdieben, die die Bewohner der Stadt dazu überreden, ihre Zeit zu sparen.

(cb)

Momo (Ausschnitt)

Eines Tages stand Herr Fusi in der Tür seines Ladens und wartete auf Kundschaft. Der Lehrjunge hatte frei, und Herr Fusi war allein. Er sah zu, wie der Regen auf die Straße platschte, es war ein grauer Tag, und auch in Herrn Fusis Seele war trübes Wetter.
„Mein Leben geht so dahin", dachte er, „mit Scherengeklapper und Geschwätz und Seifenschaum. Was habe ich eigentlich von meinem Dasein? Und wenn ich einmal tot bin, wird es sein, als hätte es mich nie gegeben."
  Es war nun durchaus nicht so, daß Herr Fusi etwas gegen ein Schwätzchen hatte. Er liebte es sogar sehr, den Kunden weitläufig seine

Ansichten auseinanderzusetzen und von ihnen zu hören, was sie darüber dachten. Auch gegen Scherengeklapper und Seifenschaum hatte er nichts. Seine Arbeit bereitete ihm ausgesprochenes Vergnügen, und er wußte, daß er sie gut machte. Besonders beim Rasieren unter dem Kinn gegen den Strich war ihm so leicht keiner über. Aber es gibt eben manchmal Augenblicke, in denen das alles kein Gewicht hat. Das geht jedem so.

„Mein ganzes Leben ist verfehlt", dachte Herr Fusi. „Wer bin ich schon? Ein kleiner Friseur, das ist nun aus mir geworden. Wenn ich das richtige Leben führen könnte, dann wäre ich ein ganz anderer Mensch!"

Wie dieses richtige Leben allerdings beschaffen sein sollte, war Herrn Fusi nicht klar. Er stellte sich nur irgend etwas Bedeutendes vor, etwas Luxuriöses, etwas, wie man es immer in den Illustrierten sah.

„Aber", dachte er mißmutig, „für so etwas läßt mir meine Arbeit keine Zeit. Denn für das richtige Leben muß man Zeit haben. Man muß frei sein. Ich aber bleibe mein Leben lang ein Gefangener von Scherengeklapper, Geschwätz und Seifenschaum."

In diesem Augenblick fuhr ein feines, aschengraues Auto vor und hielt genau vor Herrn Fusis Friseurgeschäft. Ein grauer Herr stieg aus und betrat den Laden. Er stellte seine bleigraue Aktentasche auf den Tisch vor dem Spiegel, hängte seinen runden steifen Hut an den Kleiderhaken, setzte sich auf den Rasierstuhl, nahm sein Notizbüchlein aus der Tasche und begann darin zu blättern, während er an seiner kleinen grauen Zigarre paffte. Herr Fusi schloß die Ladentür, denn es war ihm, als würde es plötzlich ungewöhnlich kalt in dem kleinen Raum.

„Womit kann ich dienen?" fragte er verwirrt. „Rasieren oder Haare schneiden?" und verwünschte sich im gleichen Augenblick wegen seiner Taktlosigkeit, denn der Herr hatte eine spiegelnde Glatze.

„Keines von beiden", sagte der graue Herr, ohne zu lächeln, mit einer seltsam tonlosen, sozusagen aschengrauen Stimme. „Ich komme von der Zeit-Spar-Kasse. Ich bin Agent Nr. XYQ/384/b. Wir wissen, daß Sie ein Sparkonto bei uns eröffnen wollen."

„Das ist mir neu", erklärte Herr Fusi noch verwirrter. „Offengestanden, ich wußte bisher nicht einmal, daß es ein solches Institut überhaupt gibt."

„Nun, jetzt wissen Sie es", antwortete der Agent knapp. Er blätterte in seinem Notizbüchlein und fuhr fort: „Sie sind doch Herr Fusi, der Friseur?"

„Ganz recht, der bin ich", versetzte Herr Fusi.

„Dann bin ich an der rechten Stelle", meinte der graue Herr und klappte das Büchlein zu. „Sie sind Anwärter bei uns."

„Wie das?" fragte Herr Fusi, noch immer erstaunt.

„Sehen Sie, lieber Herr Fusi", sagte der Agent, „Sie vergeuden Ihr Leben mit Scherengeklapper, Geschwätz und Seifenschaum. Wenn Sie einmal tot sind, wird es sein, als hätte es Sie nie gegeben. Wenn Sie Zeit hätten, das richtige Leben zu führen, wie Sie das wünschen, dann wären Sie ein ganz anderer Mensch. Alles, was Sie also benötigen, ist Zeit. Habe ich recht?"

„Darüber habe ich eben nachgedacht", murmelte Herr Fusi und fröstelte, denn trotz der geschlossenen Tür wurde es immer kälter.

„Na, sehen Sie!" erwiderte der graue Herr und zog zufrieden an seiner kleinen Zigarre. „Aber woher nimmt man Zeit? Man muß sie eben ersparen! Sie, Herr Fusi, vergeuden Ihre Zeit auf ganz verantwortungslose Weise. Ich will es Ihnen durch eine kleine Rechnung beweisen. Eine Minute hat sechzig Sekunden. Und eine Stunde hat sechzig Minuten. Können Sie mir folgen?"

„Gewiß", sagte Herr Fusi.

Der Agent Nr. XYQ/384/b begann die Zahlen mit einem grauen Stift auf den Spiegel zu schreiben. „Sechzig mal sechzig ist dreitausendsechshundert. Also hat eine Stunde dreitausendsechshundert Sekunden.

Ein Tag hat vierundzwanzig Stunden, also dreitausendsechshundert mal vierundzwanzig, das macht sechsundachtzigtausendvierhundert Sekunden pro Tag.

Ein Jahr hat aber, wie bekannt, dreihundertfünfundsechzig Tage. Das macht mithin einunddreißigmillionenfünfhundertundsechsunddreißigtausend Sekunden pro Jahr.

Oder dreihundertfünfzehnmillionendreihundertundsechzigtausend Sekunden in zehn Jahren.

Wie lange, Herr Fusi, schätzen Sie die Dauer Ihres Lebens?"

„Nun", stotterte Herr Fusi verwirrt, „ich hoffe so siebzig, achtzig Jahre alt zu werden, so Gott will."

„Gut", fuhr der graue Herr fort, „nehmen wir vorsichtshalber einmal nur siebzig Jahre an.

Das wäre also dreihundertfünfzehnmillionendreihundertsechzigtausend mal sieben. Das ergibt zweimilliardenzweihundertsiebenmillionenfünfhundertzwanzigtausend Sekunden."

Und er schrieb diese Zahl groß an den Spiegel:

2 207 520 000 Sekunden

Dann unterstrich er sie mehrmals und erklärte: „Dies also, Herr Fusi, ist das Vermögen, welches Ihnen zur Verfügung steht."

Herr Fusi schluckte und fuhr sich mit der Hand über die Stirn. Die Summe machte ihn schwindlig. Er hätte nie gedacht, daß er so reich sei.

„Ja", sagte der Agent nickend und zog wieder an seiner kleinen grauen Zigarre, „es ist eine eindrucksvolle Zahl, nicht wahr? Aber nun wollen wir weitersehen. Wie alt sind Sie, Herr Fusi?"

„Zweiundvierzig", stammelte der und fühlte sich plötzlich schuldbewußt, als habe er eine Unterschlagung begangen.

„Wie lange schlafen Sie durchschnittlich pro Nacht?" forschte der graue Herr weiter.

„Acht Stunden etwa", gestand Herr Fusi.

Der Agent rechnete blitzgeschwind. Der Stift kreischte über das Spiegelglas, daß sich Herrn Fusi die Haut kräuselte.

„Zweiundvierzig Jahre – täglich acht Stunden –, das macht also bereits vierhunderteinundvierzigmillionenfünfhundertundviertausend. Diese Summe dürfen wir wohl mit gutem Recht als verloren betrachten. Wieviel Zeit müssen Sie täglich der Arbeit opfern, Herr Fusi?"

„Auch acht Stunden, so ungefähr", gab Herr Fusi kleinlaut zu.

„Dann müssen wir also noch einmal die gleiche Summe auf das Minuskonto verbuchen", fuhr der Agent unerbittlich fort. „Nun kommt Ihnen aber auch noch eine gewisse Zeit abhanden durch die Notwendigkeit, sich zu ernähren. Wieviel Zeit benötigen Sie insgesamt für alle Mahlzeiten des Tages?"

„Ich weiß nicht genau", meinte Herr Fusi ängstlich, „vielleicht zwei Stunden?"

[...]

„Wir sind gleich zu Ende", sagte der graue Herr. „Aber wir müssen noch auf ein besonderes Kapitel Ihres Lebens zu sprechen kommen. Sie haben da nämlich dieses kleine Geheimnis, Sie wissen schon."

Herr Fusi begann mit den Zähnen zu klappern, so kalt war ihm geworden.

„Das wissen Sie auch?" murmelte er kraftlos. „Ich dachte, außer mir und Fräulein Daria ... "

„In unserer modernen Welt", unterbrach ihn der Agent Nr. XYQ/384/b, „haben Geheimnisse nichts mehr verloren. Betrachten Sie die Dinge einmal sachlich und realistisch, Herr Fusi. Beantworten Sie mir eine Frage: Wollen Sie Fräulein Daria heiraten?"

„Nein", sagte Herr Fusi, „das geht doch nicht ... "

„Ganz recht", fuhr der graue Herr fort, „denn Fräulein Daria wird ihr Leben lang an den Rollstuhl gefesselt bleiben, weil ihre Beine verkrüppelt sind. Trotzdem besuchen Sie sie täglich eine halbe Stunde, um ihr eine Blume zu bringen. Wozu?"

„Sie freut sich doch immer so", antwortete Herr Fusi, den Tränen nah.

„Aber nüchtern betrachtet", versetzte der Agent, „ist sie für Sie, Herr Fusi, verlorene Zeit. Und zwar insgesamt bereits siebenundzwanzigmillionenfünfhundertvierundneunzigtausend Sekunden. Und wenn wir nun dazurechnen, daß Sie die Gewohnheit haben, jeden Abend vor dem Schlafengehen eine Viertelstunde am Fenster zu sitzen und über den vergangenen Tag nachzudenken, dann bekommen wir nochmals eine abzuschreibende Summe von dreizehnmillionensiebenhundertsiebenundneunzigtausend. Nun wollen wir einmal sehen, was Ihnen eigentlich übrigbleibt, Herr Fusi."

Auf dem Spiegel stand nun folgende Rechnung:

Schlaf	441 504 000	Sekunden
Arbeit	441 504 000	"
Nahrung	110 376 000	"
Mutter	55 188 000	"
Wellensittich	13 797 000	"
Einkauf usw.	55 188 000	"
Freunde, Singen usw.	165 564 000	"
Geheimnis	27 594 000	"
Fenster	13 797 000	"
Zusammen:	1 324 512 000	Sekunden

„Diese Summe", sagte der graue Herr und tippte mit dem Stift mehrmals so hart gegen den Spiegel, daß es wie Revolverschüsse klang, „diese Summe also ist die Zeit, die Sie bis jetzt bereits verloren haben. Was sagen Sie dazu, Herr Fusi?"

Herr Fusi sagte gar nichts. Er setzte sich auf einen Stuhl in der Ecke und wischte sich mit dem Taschentuch die Stirn, denn trotz der eisigen Kälte brach ihm der Schweiß aus. [...]

Ich bin ein Unglücksrabe, daß ich nicht schon längst angefangen habe zu sparen. Jetzt erst sehe ich es völlig ein, und ich muß gestehen – ich bin verzweifelt!"

„Dazu", erwiderte der graue Herr sanft, „besteht durchaus kein Grund. Es ist niemals zu spät. Wenn Sie wollen, können Sie noch heute anfangen. Sie werden sehen, es lohnt sich."

„Und ob ich will!" rief Herr Fusi. „Was muß ich tun?"

„Aber, mein Bester", antwortete der Agent und zog die Augenbrauen hoch, „Sie werden doch wissen, wie man Zeit spart! Sie müssen zum Beispiel einfach schneller arbeiten und alles Überflüssige weglassen. Statt einer halben Stunde widmen Sie sich einem Kunden nur noch eine Viertelstunde. Sie vermeiden zeitraubende Unterhaltungen. Sie verkürzen die Stunde bei Ihrer alten Mutter auf eine halbe. Am besten geben Sie sie überhaupt in ein gutes, billiges Altersheim, wo für sie gesorgt wird, dann haben Sie bereits eine ganze Stunde täglich gewonnen. Schaffen Sie den unnützen Wellensittich ab! Besuchen Sie Fräulein Daria nur noch alle vierzehn Tage einmal, wenn es überhaupt sein muß. Lassen Sie die Viertelstunde Tagesrückschau ausfallen, und vor allem, vertun Sie Ihre kostbare Zeit nicht mehr so oft mit Singen, Lesen oder gar mit Ihren sogenannten Freunden. Ich empfehle Ihnen übrigens ganz nebenbei, eine große, gutgehende Uhr in Ihren Laden zu hängen, damit Sie die Arbeit Ihres Lehrjungen genau kontrollieren können."

„Nun gut", meinte Herr Fusi, „das alles kann ich tun, aber die Zeit, die mir auf diese Weise übrigbleibt – was soll ich mit ihr machen? Muß ich sie abliefern? Und wo? Oder soll ich sie aufbewahren? Wie geht das Ganze vor sich?"

„Darüber", sagte der graue Herr und lächelte zum zweiten Mal dünn, „machen Sie sich nur keine Sorgen. Das überlassen Sie ruhig uns. Sie können sicher sein, daß uns von Ihrer eingesparten Zeit nicht das kleinste bißchen verlorengeht. Sie werden es schon merken, daß Ihnen nichts übrigbleibt."

[...]

Und dann kam der erste Kunde an diesem Tag. Herr Fusi bediente ihn mürrisch, er ließ alles Überflüssige weg, schwieg und war tatsächlich statt in einer halben Stunde schon nach zwanzig Minuten fertig.

Und genauso hielt er es von nun an bei jedem Kunden. Seine Arbeit machte ihm auf diese Weise überhaupt keinen Spaß mehr, aber das war ja nun auch nicht mehr wichtig. Er stellte zusätzlich zu seinem Lehrjungen noch zwei weitere Gehilfen ein und gab scharf darauf acht, daß sie keine Sekunde verloren. Jeder Handgriff war nach einem genauen Zeitplan festgelegt. In Herrn Fusis Laden hing nun ein Schild mit der Aufschrift: GESPARTE ZEIT IST DOPPELTE ZEIT!

An Fräulein Daria schrieb er einen kurzen, sachlichen Brief, daß er wegen Zeitmangels leider nicht mehr kommen könne. Seinen Wellensittich verkaufte er einer Tierhandlung. Seine Mutter steckte er in ein gutes, aber billiges Altersheim und besuchte sie dort einmal im Monat. Und auch sonst befolgte er alle Ratschläge des grauen Herren, die er ja nun für seine eigenen Beschlüsse hielt.

Er wurde immer nervöser und ruheloser, denn eines war seltsam: Von all der Zeit, die er einsparte, blieb ihm tatsächlich niemals etwas übrig. Sie verschwand einfach auf rätselhafte Weise und war nicht mehr da. Seine Tage wurden erst unmerklich, dann aber deutlich spürbar kürzer und kürzer. Ehe er sich's versah, war schon wieder eine Woche, ein Monat, ein Jahr herum und noch ein Jahr und noch eines.

Ende, Michael: Momo oder die seltsame Geschichte von den Zeit-Dieben und von dem Kind, das den Menschen die gestohlene Zeit zurückbrachte. Ein Märchen-Roman. Stuttgart, K. Thienemann Verlag. 1973.
© K. Thienemanns Verlag GmbH, Stuttgart – Wien 1973.

Stefan Zweig

Stefan Zweig wird am 28. November 1881 als Sohn einer großbürgerlichen-jüdischen Familie in Wien geboren und studiert Philosophie, Germanistik, sowie Romanistik in Berlin und Wien. Im Ersten Weltkrieg ist er zuerst im Wiener Kriegsarchiv tätig, dann entwickelt er sich zum Kriegsgegner. Von 1919 an lebt er in Salzburg, emigriert 1934 nach der österreichischen Februarrevolte zunächst nach England und von dort nach Brasilien. Innerlich zerbricht er und wird schwermütig über die Zerstörung des geistigen Europas. Er nimmt sich in Petropolis bei Rio de Janeiro am 23. Februar 1942 mit seiner zweiten Frau Lotte das Leben.

Werke u.a.:

1911	Brennendes Geheimnis
1912	Jeremias
1920	Angst
1922	Der Amokläufer
1927	Sternstunden der Menschheit
1927	Verwirrung der Gefühle
1938	Ungeduld des Herzens
1942	Schachnovelle

Unvermutete Bekanntschaft mit einem Handwerk (1962)

„Unvermutete Bekanntschaft mit einem Handwerk" erzählt die Geschichte eines Mannes, der an einem Aprilmorgen in Paris in einem Straßencafé sitzt und ohne ein Ziel oder Programm einfach Menschen beobachtet, bis ihm schließlich eine Person auffällt, die ihn irgendwie interessiert. Er folgt nun dieser Person, die sich schließlich als Taschendieb herausstellt.

(ar)

Unvermutete Bekanntschaft mit einem Handwerk (Ausschnitt)

Und zweite Herrlichkeit dieses gesegneten Apriltages: ich hatte, frisch angekommen, keine einzige Verabredung bis tief hinein in den Nachmittag. Niemand von den viereinhalb Millionen Stadtbürgern von Paris wußte von mir oder wartete auf mich, ich war also göttlich frei, zu tun, was ich wollte. Ich konnte ganz nach meinem Belieben entweder spazieren schlendern oder Zeitung lesen, konnte in einem Café sitzen oder essen oder in ein Museum gehen, Auslagen anschauen oder die Bücher des Quais, ich konnte Freunde antelefonieren oder bloß in die laue, süße Luft hineinstarren. Aber glücklicherweise tat ich aus wissendem Instinkt das Vernünftigste: nämlich nichts. Ich machte keinerlei Plan, ich gab mich frei, schaltete jeden Kontakt auf Wunsch und Ziel ab und stellte meinen Weg ganz auf die rollende Scheibe des Zufalls, das heißt, ich ließ mich treiben, wie mich die Straße trieb, locker vorbei an den blitzenden Ufern der Geschäfte und rascher über die Stromschnellen der Straßenübergänge. Schließlich warf mich die Welle hinab in die großen Boulevards; ich landete wohlig müde auf der Terrasse eines Cafés, Ecke Boulevard Haussmann und Rue Drouot.

Da bin ich wieder, dachte ich, locker in den nachgiebigen Strohsessel gelehnt, während ich mir eine Zigarre anzündete, und da bist du, Paris! Zwei ganze Jahre haben wir alten Freunde einander nicht gesehen, jetzt wollen wir uns fest in die Augen schauen. Also vorwärts, leg los, Paris, zeig, was du seitdem dazugelernt hast, vorwärts, fang an, laß deinen unübertrefflichen Tonfilm „Les Boulevards de Paris" vor mir abrollen, dies Meisterwerk von Licht und Farbe und Bewegung mit seinen tausend und tausend unbezahlten und unzählbaren Statisten, und mach dazu deine unnachahmliche, klirrende, ratternde, brausende Straßenmusik! Spar nicht, gib Tempo, zeig, was du kannst, zeig, wer du bist, schalte dein großes Orchestrion ein mit atonaler, pantonaler Straßenmusik, laß deine Autos fahren, deine Camelots brüllen, deine Plakate knallen, deine Hupen dröhnen, deine Geschäfte funkeln, deine Menschen laufen – hier sitze ich, aufgetan wie nur je, und habe Zeit und Lust dir zuzuschauen, dir zuzuhören, bis mir die Augen schwirren und das Herz dröhnt. Vorwärts, vorwärts, spar nicht, verhalte dich nicht, gib mehr und immer mehr, wilder und immer wilder, immer andere und immer neue Schreie und Rufe, Hupen und zersplitterte Töne, mich macht es nicht müd, denn alle Sinne stehen dir offen, vorwärts und vorwärts, gib dich ganz mir hin, so wie ich bereit bin, ganz mich dir hinzugeben, du unerlernbare und immer neu bezaubernde Stadt! [...]

Stundenlang kann ich einem Straßenarbeiter zusehen, wie er mit dem elektrischen Bohrer den Asphalt aufstemmt, und so stark spüre ich aus dem bloßen Beobachten sein Tun, daß jede Bewegung seiner durchschütterten Schulter unwillkürlich in die meine übergeht. Endlos kann ich vor irgendeinem fremden Fenster stehen und mir das Schicksal des unbekannten Menschen ausphantasieren, der vielleicht hier wohnt oder wohnen könnte, stundenlang irgendeinem Passanten zusehen und nachgehen, von Neugier magnetisch-sinnlos nachgezogen und voll bewußt dabei, daß dieses Tun völlig unverständlich und narrhaft wäre für jeden anderen, der mich zufällig beobachtete, und doch ist diese Phantasie und Spiellust berauschender für mich als jedes schon gestaltete Theaterstück oder das Abenteuer eines Buches. Mag sein, daß dieser Überreiz, diese nervöse Hellsichtigkeit sehr natürlich mit der plötzlichen Ortsveränderung zusammenhängt und nur Folge ist der Umstellung des Luftdruckes und der dadurch bedingten chemischen Umschaltung des Blutes – ich habe nie versucht, mir diese geheimnisvolle Erregtheit zu erklären.

Aber immer, wenn ich sie fühle, scheint mir mein sonstiges Leben wie ein blasses Hindämmern und alle anderen durchschnittlichen Tage nüchtern und leer. Nur in solchen Augenblicken spüre ich mich und die phantastische Vielfalt des Lebens völlig.

So ganz aus mir herausgebeugt, so spiellüstern und angespannt saß ich auch damals an jenem gesegneten Apriltag auf meinem Sesselchen am Ufer des Menschenstromes und wartete, ich wußte nicht worauf. Aber ich wartete mit dem leisen fröstelnden Zittern des Anglers auf jenen gewissen Ruck, ich wußte instinkthaft, daß mir irgend etwas, irgend jemand begegnen mußte, weil ich so tauschgierig, so rauschgierig war, meiner Neugierlust etwas zum Spielen heranzuholen. Aber die Straße warf mir vorerst nichts zu, und nach einer halben Stunde wurden meine Augen der vorbeigewirbelten Massen müde, ich nahm nichts einzelnes mehr deutlich wahr. Die Menschen, die der Boulevard vorbeispülte, begannen für mich ihre Gesichter zu verlieren, sie wurden ein verschwommener Schwall von gelben, braunen, schwarzen, grauen Mützen, Kappen und Käppis, leeren und schlecht geschminkten Ovalen, ein langweiliges Spülicht schmutzigen Menschenwassers, das immer farbloser und grauer strömte, je ermüdeter ich blickte. Und schon war ich erschöpft, wie von einem undeutlich zuckenden und schlecht kopierten Film, und wollte aufstehen und weiter.

Zweig, Stefan: Unvermutete Bekanntschaft mit einem Handwerk. In: Das Stefan Zweig Buch. Frankfurt am Main: S. Fischer, 1981. [zit S. 108-110]
© S. Fischer

Heinrich Böll

Heinrich Böll wird am 21. Dezember 1917 in Köln geboren. Nach seinem Abitur beginnt er eine Lehre als Buchhändler, die er ein Jahr später wieder abbricht. Bei Ausbruch des Krieges wird Böll als Soldat in die Wehrmacht eingezogen und erleidet mehrere Kriegsverletzungen. Nach dem Krieg studiert er Germanistik in Köln und schreibt erste Romane und Kurzgeschichten. Für seine Satire „Die schwarzen Schafe" wird er 1951 von der Gruppe 47 ausgezeichnet. In den fünfziger Jahren wird er Mitglied der Deutschen Akademie für Sprache und Dichtung und des PEN-Zentrums der Bundesrepublik. Im Jahre 1972 erhält Böll den Literaturnobelpreis. Im Jahre 1983 wird er von der Stadt Köln zum Ehrenbürger ernannt. Das Land Nordrhein-Westfalen verleiht ihm den Professorentitel. Am 16. Juli 1985 stirbt er nach langer Krankheit in seinem Haus in Langenbroich (Eifel).

Werke u.a.:

1953	Und sagte kein einziges Wort
1959	Billard um Halbzehn
1963	Ansichten eines Clowns
1971	Gruppenbild mit Dame
1974	Die verlorene Ehre der Katharina Blum
1979	Fürsorgliche Belagerung
1985	Frauen vor Flusslandschaft

(cb)

Anekdote zur Senkung der Arbeitsmoral (Ausschnitt)

In einem Hafen an der westlichen Küste Europas liegt ein ärmlich gekleideter Mann in seinem Fischerboot und döst. Ein schick angezogener Tourist legt eben einen neuen Farbfilm in seinen Fotoapparat, um das idyllische Bild zu fotografieren: blauer Himmel, grüne See mit friedlichen, schneeweißen Wellenkämmen, schwarzes Boot, rote Fischermütze. Klick. Noch einmal: klick, und da aller guten Dinge drei sind, und sicher sicher ist, ein drittes Mal: klick. Das spröde, fast feindselige Geräusch weckt den dösenden Fischer, der sich schläfrig aufrichtet, schläfrig nach seiner Zigarettenschachtel angelt, aber bevor er das Gesuchte gefunden, hat ihm der eifrige Tourist schon eine Schachtel vor die Nase gehalten, ihm die Zigarette nicht gerade in den Mund gesteckt, aber in die Hand gelegt, und ein viertes Klick, das des Feuerzeuges, schließt die eilfertige Höflichkeit ab. Durch jenes kaum meßbare, nie nachweisbare Zuviel an flinker Höflichkeit ist eine gereizte Verlegenheit entstanden, die der Tourist – der Landessprache mächtig – durch ein Gespräch zu überbrücken versucht.

„Sie werden heute einen guten Fang machen." Kopfschütteln des Fischers.

„Aber man hat mir gesagt, daß das Wetter günstig ist." Kopfnicken des Fischers.

„Sie werden also nicht ausfahren?"

Kopfschütteln des Fischers, steigende Nervosität des Touristen. Gewiß liegt ihm das Wohl des ärmlich gekleideten Menschen am Herzen, nagt an ihm die Trauer über die verpaßte Gelegenheit. „Oh, Sie fühlen sich nicht wohl?"

Endlich geht der Fischer von der Zeichensprache zum wahrhaft gesprochenen Wort über. „Ich fühle mich großartig", sagt er. „Ich habe mich nie besser gefühlt." Er steht auf, reckt sich, als wollte er demonstrieren, wie athletisch er gebaut ist. „Ich fühle mich phantastisch."

Der Gesichtsausdruck des Touristen wird immer unglücklicher, er kann die Frage nicht mehr unterdrücken, die ihm sozusagen das Herz zu sprengen droht: „Aber warum fahren Sie dann nicht aus?"

Die Antwort kommt prompt und knapp. „Weil ich heute morgen schon ausgefahren bin."

„War der Fang gut?"

„Er war so gut, daß ich nicht noch einmal auszufahren brauche, ich habe vier Hummer in meinen Körben gehabt, fast zwei Dutzend Makrelen gefangen..."

Der Fischer, endlich erwacht, taut jetzt auf und klopft dem Touristen beruhigend auf die Schultern. Dessen besorgter Gesichtsausdruck erscheint ihm als ein Ausdruck zwar unangebrachter, doch rührender Kümmernis.

„Ich habe sogar für morgen und übermorgen genug", sagt er, um des Fremden Seele zu erleichtern. „Rauchen Sie eine von meinen?"

„Ja, danke."

Zigaretten werden in Münder gesteckt, ein fünftes Klick, der Fremde setzt sich kopfschüttelnd auf den Bootsrand, legt die Kamera aus der Hand, denn er braucht jetzt beide Hände, um seiner Rede Nachdruck zu verleihen.

„Ich will mich ja nicht in Ihre persönlichen Angelegenheiten mischen", sagt er, „aber stellen Sie sich mal vor, Sie führen heute ein zweites, ein drittes, vielleicht sogar ein viertes Mal aus und Sie würden drei, vier, fünf, vielleicht gar zehn Dutzend Makrelen fangen... stellen Sie sich das mal vor."

Der Fischer nickt.

„Sie würden", fährt der Tourist fort, „nicht nur heute, sondern morgen, übermorgen, ja, an jedem günstigen Tag zwei-, dreimal, vielleicht viermal ausfahren – wissen Sie, was. geschehen würde?"

Der Fischer schüttelt den Kopf.

„Sie würden sich in spätestens einem Jahr einen Motor kaufen können, in zwei Jahren ein zweites Boot, in drei oder vier Jahren könnten Sie vielleicht einen kleinen Kutter haben, mit zwei Booten oder dem Kutter würden Sie natürlich viel mehr fangen – eines Tages würden Sie zwei Kutter haben, Sie würden... ", die Begeisterung verschlägt ihm für ein paar Augenblicke die Stimme, „Sie würden ein kleines Kühlhaus bauen, vielleicht eine Räucherei, später eine Marinadenfabrik, mit einem eigenen Hubschrauber rundfliegen, die Fischschwärme ausmachen und Ihren Kuttern per Funk Anweisung geben. Sie könnten die Lachsrechte erwerben, ein Fischrestaurant eröffnen, den Hummer ohne Zwischenhändler direkt nach Paris exportieren – und dann... ", wieder verschlägt die Begeisterung dem Fremden die Sprache. Kopfschüttelnd, im tiefsten Herzen betrübt, seiner Urlaubsfreude schon fast verlustig, blickt er auf die friedlich hereinrollende Flut, in der die ungefangenen Fische munter springen.

„Und dann", sagt er, aber wieder verschlägt ihm die Erregung die Sprache. Der Fischer klopft ihm auf den Rücken, wie einem Kind, das sich verschluckt hat. „Was dann?" fragt er leise.

„Dann", sagt der Fremde mit stiller Begeisterung, „dann könnten Sie beruhigt hier im Hafen sitzen, in der Sonne dösen – und auf das herrliche Meer blicken."

„Aber das tu ich ja schon jetzt", sagt der Fischer, „ich sitze beruhigt am Hafen und döse, nur Ihr Klicken hat mich dabei gestört. „

Böll, Heinrich: Erzählungen. Köln: Kiepenheuer & Witsch, 1994.

Hier zitiert nach:
Anekdote zur Senkung der Arbeitsmoral. In: ders.: Romane und Erzählungen. Bd. 4. 1961-1970. Hg. von Bernd Balzer. Köln: Kiepenheuer & Witsch, 1977. [zit. S. 267-269]
© 1994 by Verlag Kiepenheuer & Witsch, Köln

William Faulkner

Am 25. September 1897 wird William Faulkner in New Albany (Mississippi) geboren. Nach dem ersten Weltkrieg, in dem er Kampfflieger ist, beginnt er ein Literaturstudium. Er nimmt danach verschiedene Tätigkeiten an, unter anderem arbeitet er als Journalist. Vor seinem ersten Roman „Schall und Wahn", der 1929 erscheint, verfasst Faulkner Gedichte. Erfolgreich werden seine Werke allerdings erst, nachdem er im Jahre 1949 den Literaturnobelpreis bekommt. Faulkner lebt seit seiner Kindheit auf einer Farm in Oxford, wo er am 6. Juli 1962 an einem Herzschlag stirbt.

Werke u.a.:

1925   New Orleans Sketches (New Orleans, 1962)
1929   The sound and the fury (Schall und Wahn, 1956)
1939   Sanctuary (Die Freistatt, 1951)
1940   The Hamlet (Das Dorf, 1957)
1942   Go down, Moses (Das verworfene Erbe. Chronik einer Familie, 1953)
1948   Intruder in the dust (Gift in den Staub, 1951)
1954   A fable (Eine Legende, 1955)
1957   The town (Die Stadt, 1958)

(cb)

Wilde Palmen (1957)

Dies ist eine einzige Geschichte: die Geschichte von Charlotte Rittenmeyer und Harry Wilbourne, die für die Liebe alles opferten und dann auch sie verloren. Daß zwei getrennte Geschichten daraus werden würden, merkte ich erst beim Schreiben. Als ich das erste Kapital von THE WILD PALMS abgeschlossen hatte, fand ich plötzlich, daß etwas fehlte, der Betonung bedürfe, des Gegengewichts wie beim Kontrapunkt in der Musik. So schrieb ich so lange an der Geschichte OLD MAN, bis THE WILD PALMS einen Höhepunkt erreicht hatte. Dann unterbrach ich OLD MAN an einer Stelle, wo jetzt das erste Kapitel endet, und nahm wieder THE WILD PALMS auf, bis die Geschichte abermals abfiel. Wieder erhob ich sie zum Höhepunkt durch ein weiteres Kapitel ihres

Gegenstücks, dieser Geschichte eines Mannes, dem die Liebe gegeben wird und der den Rest des Buches damit zubringt, sie zu fliehen, wobei er so weit geht, daß er freiwillig ins Gefängnis zurückkehrt, weil er dort vor ihr sicher ist. Es sind nur durch Zufall, vielleicht durch Notwendigkeit, zwei Geschichten. Die eigentliche Geschichte ist die von Charlotte und Wilbourne.

William Faulkner, 1956

Wilde Palmen (Ausschnitt)

Der September war vorbei, die Nächte und Morgen nun endgültig kalt; sie hatte es aufgegeben, nach dem Frühstück zu schwimmen und schwamm dafür nach dem Mittagessen, und sie überlegten, wann sie wohl ihre Betten von der Veranda in das Zimmer mit dem Kamin bringen müßten. Aber sonst waren die Tage unverändert – die gleichbleibende Wiederholung goldener Intervalle zwischen Sonnenaufgang und Sonnenuntergang, die langen, stillen, immer gleichen Tage, die makellose, monotone Herrschaft der vom heißen Honig der Sonne erfüllten Mittage, durch die das sinkende Jahr ziellos und nirgendwohin trieb im rotgelben Rücklauf der Blätter von Hartholzbäumen. Jeden Tag verließ sie ihn nach dem Schwimmen und Sonnenbad mit Block und Farbkasten, und dann wanderte er durch das Haus, das leer war und doch dröhnte von der metallischen Dichte ihrer Gegenwart – den wenigen Kleidern, die sie besaß, und dem Flüstern ihrer nackten Füße auf den Dielen –, und er bildete sich ein, er mache sich Sorgen, nicht über den unausweichlichen Tag, an dem ihr Proviant zu Ende gehen würde, sondern über die Tatsache, daß er sich nicht darüber sorgte: ein merkwürdiger Zustand, den er schon einmal erlebt hatte, als ihn eines Sommers der Mann seiner Schwester zur Rede stellte, weil er sich geweigert hatte, seine Stimme abzugeben. Er erinnerte sich noch an die Verbitterung, die sich nahezu bis zur Wut steigerte, als er seinem Schwager die Gründe darzulegen versuchte und auf einmal merkte, daß er schneller und schneller redete, nicht um seinen Schwager zu überzeugen, sondern um seine eigene Wut zu rechtfertigen, so wie man in einem leichten Alptraum nach seinen fallenden Hosen greift, merkte, daß er gar nicht mit dem Schwager, sondern eigentlich nur mit sich selber sprach.

Dies wurde zur fixen Idee bei ihm; er machte sich ungerührt klar, daß er insgeheim und auf eine stille und zurückhaltende Art verrückt geworden war; er dachte jetzt unablässig an die sich vermindernden Büchsen und Tüten, gegen die er die im umgekehrten Verhältnis stehenden anwachsenden Tage ausspielte, und doch ging er nicht an den Schrank, um die Büchsen in Augenschein zu nehmen, zu zählen. Er sprach mit sich darüber, wie es damals gewesen war, als er sich zu der Parkbank schlich und die Brieftasche und den Zettel herausnahm und die Zahlen subtrahierte, während er jetzt nichts anderes hätte tun können, als eine Reihe Büchsen in einem Fach zu betrachten; er hätte die Büchsen zählen und genau errechnen können, wieviel Tage ihnen noch blieben, er hätte den Bleistift nehmen und das Fach nach Tagen einteilen können und dann nicht einmal die Büchsen zählen müssen, er hätte das Bord betrachten und den Stand der Dinge sofort ablesen können wie auf einem Thermometer. Aber er schaute nicht einmal hinein in den Schrank.

Er wußte, daß er in diesen Stunden verrückt war, und manchmal kämpfte er dagegen an und glaubte auch, die Verrücktheit besiegt zu haben, denn schon im nächsten Augenblick waren die Büchsen, abgesehen von der unheilvollen Überzeugung, daß sie überhaupt keine Rolle spielten, so restlos aus seinen Gedanken verschwunden, als hätten sie nie existiert, und nunmehr betrachtete er die ihm vertraute Umgebung mit einem Gefühl hoffnungsloser Verzweiflung und merkte nicht einmal, daß er sich jetzt sorgte, weil er sich so sehr sorgte, daß er es nicht einmal merkte; er blickte voll bestürzten Staunens auf die sonnenglühende Einsamkeit, aus der sie zeitweise herausgetreten war, um doch darin zu bleiben, und in die sie sogleich wieder zurückkehrte, um erneut in ihr zurückgebliebenes Fluidum einzutauchen, so wie man in ein soeben abgelegtes Kleid zurückschlüpft, und ihn dann stets auf dem Bett ausgestreckt fand, nicht schlafend und nicht einmal lesend, denn diese Gewohnheit hatte er gleichzeitig mit der Gewohnheit des Schlafens aufgegeben, und da sagte er leise zu sich selbst *Ich langweile mich. Ich langweile mich tödlich. Niemand hier braucht mich. Nicht einmal sie. Ich habe bereits so viel Holz geschlagen, daß es bis Weihnachten reicht, und sonst gibt es nichts für mich zu tun.*

Eines Tages bat er sie, Farben und Block mit ihm zu teilen. Sie tat es, und dabei stellte sich heraus, daß er farbenblind war, ohne es gewußt zu haben. Nun lag er Tag für Tag in einer kleinen, sonnigen Lichtung, die er entdeckt hatte, eingehüllt in den grellen, strengen Geruch des Springkrauts, und zog an der billig erworbenen Pfeife [die einzige Vorkehrung, die er vor dem Verlassen Chicagos für den Tag getroffen hatte, da sie sowohl nichts mehr zu essen als auch kein Geld mehr hätten], neben sich, unberührt und unverdorben, seine Hälfte des Skizzenblocks und die zum Farbkasten verwandelte Sardinenbüchse. Dann beschloß er eines Tages, einen Kalender zu machen, ein argloser Einfall, den nicht sein Geist ersonnen hatte, etwa aus dem Wunsch nach einem Kalender, sondern der aus der reinen Langeweile seiner Muskeln geboren worden war und in die Tat umgesetzt wurde mit dem ungetrübten, stillen Sinnesvergnügen eines Mannes, der sich aus einem Pfirsichstein einen Korb schnitzt oder das Vaterunser in einen Stecknadelkopf graviert; er entwarf ihn säuberlich auf dem Skizzenblock und setzte die Daten ein und plante, die Sonn- und Feiertage in ganz bestimmten verschiedenen Farben zu malen. Da merkte er plötzlich, daß ihm die Kalenderzeit völlig entschwunden war, doch dies erhöhte nur noch den Genuß, denn es verlängerte die Arbeit, komplizierte das Vergnügen, machte den Pfirsichkorb doppelt so groß, das Gebet zu einem Code. So wanderte er zurück zu jenem ersten Morgen, als er und McCord am Wasser gehockt hatten, und dieses Datum wußte er noch, dann rechnete er weiter, indem er im Geiste die schlummererfüllten Einschnitte zwischen der einen Morgendämmerung und der nächsten zu rekonstruieren versuchte und so einen Faden nach dem andern aus dem weinherben und honigstillen Gewebe der flutlosen Einsamkeit herauszog, all diese verlorenen Dienstage und Freitage und Sonntage; als ihm unversehens der Gedanke kam, daß er seine Zahlen ja beweisen konnte, daß er die mathematische Wahrheit ohne die sonnige, flutlose Leere, in welche die einzelnen Tage versunken waren, begründen konnte mit den Daten und Intervallen von Charlottes Perioden, fühlte er sich, wie sich ein alter, den Kopf in die Hand stützender Denker auf den historischen, von Schafen beweideten syrischen Bergen gefühlt haben mußte, nachdem er durch Zufall auf eine alexandrinische Formel gestoßen war, eine Formel, mit der sich die Sternenwahrheiten beweisen ließen, denen er ein Leben lang Nacht für Nacht seine Beobachtungen gewidmet hatte und von deren Wahrheit er überzeugt war, wenn er auch nicht wußte wieso oder warum.

Und dann geschah es ihm. Als er entdeckte, daß er dem Oktober sechs Wochen gegeben hatte und jetzt bereits der zwölfte November war, betrachtete er sein Werk mit erheiterter und erstaunter Belustigung über seinen Trick, für Gott, für die Natur diese unmathematische, überproduktive, diese einmalige, gesetzwidrige und unlogische und beispiellose Verschwendung ersonnen zu haben, um sein eigenes mathematisches

Problem lösen zu können. Er vermeinte, die wahre Zahl, unumstößlich und einzig, in der anonymen, identischen Hierarchie der verlorenen Tage zu sehen; er vermeinte, die Reihen der Büchsen, die eine halbe Meile entfernt auf dem Bord standen, zu sehen, diese dynamischen, torpedoartigen, festen Formen, die bisher nur eine nach der andern, stumm und gewichtslos, in die stillstehende Zeit gefallen waren, eine Zeit, die nicht vorrückte und die für ihre beiden Opfer auf irgendeine Weise Nahrung finden würde, wie sie Atem für sie fand; nun aber befanden sich die Büchsen im umgekehrten Verhältnis zur Zeit, denn jetzt war die Zeit der Urheber, der langsam und unaufhaltbar vorrückte und die Büchsen eine nach der andern in stetigem Weiterschreiten auslöschte wie eine dahinziehende Wolke die Schatten.

Faulkner, William: Wilde Palmen und Der Strom. Zürich: Fretz & Wasmuth, 1957. [zit. S. 111-114]
© 1957 by Fretz & Wasmuth Verlag, Zürich
Mit freundlicher Genehmingung des Rowohlt Verlags, Reinbek bei Hamburg

3. Soziale Ungleichheit, soziale Integration, sozialer Ausschluss

Thorsten Bonacker

Soziale Integration, soziale Ungleichheit und sozialer Ausschluss. Dimensionen sozialer Differenzierung

Wenn heute eine Frau jemanden zum Heiraten sucht, hat sie die Qual der Wahl. Sie kann in die Disko gehen, in Vereinen Ausschau halten, eine Annonce aufgeben, sie kann sich in einen Arbeitskollegen verlieben, aber auch dessen Schwester zum Standesamt führen. Auch das Heiratsritual selbst bietet unterschiedliche Möglichkeiten: mit oder ohne Pfarrer, Trauzeugen und Ehevertrag, Ringe aus Gold, Platin oder Plastik. Angesichts dieser Möglichkeiten scheinen die Probleme der Fürstin in Leo Tolstojs „Anna Karenina" noch recht harmlos zu sein. Sie erinnert sich daran, wie unkompliziert die Wahl ihres Bräutigams war: Er, über den man „alles Nötige schon lange vorher genau in Erfahrung gebracht hatte, macht einen Besuch, sah die Braut, und sie und ihre Angehörigen sahen ihn." Danach wurden die Eindrücke der Vermittlerin – der Tante der Braut – mitgeteilt und der Termin zur Hochzeit vereinbart. Nun, da die Töchter der Fürstin sich anschickten zu heiraten, war die Sache weitaus verzwickter, denn sie waren „fest davon überzeugt ...., dass es ihre und nicht die Sache der Eltern sei, einen Mann auszuwählen".

Diese Veränderung des Heiratsverhaltens ist eine der offensichtlichsten Konsequenzen gesellschaftlicher Modernisierung, in deren Zuge sich individuelle Handlungsmöglichkeiten erweitern. Traditionale Lebensformen, lokale gemeinschaftliche Lebenszusammenhänge und eine starke soziale Kontrolle durch kleine, aber dichte soziale Netze wie Familie, die Dorfgemeinschaft oder die kirchliche Gemeinde lösen sich zunehmend auf. An ihre Stelle treten urbane Lebensformen, die sich aus der Enge direkter sozialer Kontrolle befreien. Damit verlieren standesbezogene Normen ihre Gültigkeit, wie die Fürstin schmerzlich erfahren muss: Die Altersgenossinnen ihrer Töchter gehören jetzt Vereinen an, besuchen Kurse und verkehren ungezwungen mit Männern.

Mit diesem kulturellen Wandel sind die Prozesse der Industrialisierung, der Verstädterung und der Entwicklung moderner Technologien verbunden, durch die, wie Karl Marx es formulierte, in zunehmendem

Maße „alles Stehende und Ständische verdampft". Diese Formulierung ist auch deshalb besonders anschaulich, weil die Entstehung moderner Manufakturen und Produktionsformen im wahrsten Sinne des Wortes Dampf machte – und zwar sowohl in bezug auf die Maschinen in den neuen Produktionsstätten als auch in bezug auf das soziale Gefüge der Gesellschaft. Die moderne, industrielle Gesellschaft räumt mit dem Ständesystem der Feudalgesellschaft, mit seinen Hierarchien und standesbezogenen Normen auf. Mit den Worten der Soziologie gesprochen: Die Struktur sozialer Differenzierung ändert sich. Feudalgesellschaften waren stratifikatorisch, also nach Ständen differenziert, während die moderne Gesellschaft mit ihren Idealen der Freiheit und Gleichheit keine hierarchische soziale Ordnung mehr kennt, die auf der exklusiven, durch familiäre Herkunft begründeten Zugehörigkeit zu einem Stand beruht. Das schlägt sich auch in der Auswahl des Ehemannes nieder: Liebe und nicht soziale Herkunft soll darüber entscheiden, wen man heiratet.

Wenn nun moderne Gesellschaften also auf der einen Seite durch eine Erweiterung von Handlungsmöglichkeiten, also von individueller Freiheit gekennzeichnet sind, dann stehen dem auf der anderen Seite neue gesellschaftliche Zwänge, aber auch neue Formen sozialer Ungleichheit gegenüber. Zwar sind individuelle Biografien nicht mehr in der Weise vorstrukturiert wie in Feudalgesellschaften. Der Lebensweg ist nicht schon von Geburt an vorgezeichnet, sondern in viel höherem Maße von individuellen Entscheidungen abhängig. Zwar erhöht sich die soziale Mobilität, weil es prinzipiell möglich ist, sozial auf- und abzusteigen. So steht die Möglichkeit, Besitz zu erwerben, Bildung zu erlangen oder in eine höhere soziale Schicht einzuheiraten, im Prinzip jedem Gesellschaftsmitglied offen. Aber erstens sind diese prinzipiellen Optionen empirisch nicht in gleicher Weise für alle gegeben. Frauen bleiben etwa bis weit ins zwanzigste Jahrhundert hinein ökonomisch von ihren Ehemännern abhängig. Und die Auswahl der Ehepartner ist weiterhin an soziale Milieus gebunden. Zweitens entstehen durch den sozialen Wandel hin zu einer modernen, industriellen Gesellschaft neue Formen sozialer Ungleichheit ganzer gesellschaftlicher Gruppen. Das Ständesystem der Feudalgesellschaft wird unter sozialstruktureller Perspektive von einem Klassensystem abgelöst, in dem der soziale Aufstieg bestimmten gesellschaftlichen Gruppen faktisch unmöglich gemacht wird. Und drittens bedeutet die Auflösung religiöser Lebensformen nicht den Wegfall aller sozialen Normen, sondern lediglich eine Veränderung ihres Gehalts. Normen, also die Erwartung eines bestimmten Verhaltens, werden in modernen Gesellschaften nur anders begründet und sie lassen mehr Handlungsfreiheiten zu als in vormodernen Gesellschaften. Nichtsdestotrotz schränken sie aber diese Freiheiten immer auch ein.

Eine für die Soziologie zentrale Frage besteht deshalb darin, in welcher Hinsicht und in welche Richtung sich das Verhältnis von Individuum und Gesellschaft in modernen Gesellschaften wandelt. Erweitern sich individuelle Freiheiten oder werden sie durch neue Zwänge eingeschränkt? Sind gesellschaftliche Güter wie Arbeit, Bildung oder Wissen gleich verteilt oder verfügen bestimmte gesellschaftliche Gruppen über sehr viel oder sehr wenig Möglichkeiten, an diesen Gütern teilzuhaben? Gibt es große oder nur geringe Möglichkeiten sozialen Aufstiegs? Sind vielleicht ganze Gruppen von der Teilhabe ausgeschlossen und wenn ja, warum sind sie das? Entstehen neue Formen sozialen Zusammenhalts, wenn sich religiöse und dörfliche Vergemeinschaftungsformen auflösen? Oder steuern moderne Gesellschaften auf einen Zustand allgemeiner Orientierungslosigkeit und moralischen Zerfalls hin?

Diese Fragen sind typische Fragen der Soziologie. Es handelt sich dabei um Fragen nach dem Verhältnis von Individuum und Gesellschaft mit Blick auf die Ursachen, Folgen und Mechanismen sozialer Differenzierung. Dass es dabei um ein Kernproblem moderner Gesellschaften geht, zeigt auch ein Blick in die Literatur des 19. und 20. Jahrhunderts. Denn es ist sicher nicht übertrieben zu behaupten, dass sich der moderne Roman einerseits zum großen Teil dem Wandel sozialer Differenzierung verdankt, und dass dieser andererseits selbst ein beherrschendes Thema in der modernen Literatur ist.

Besonders anschaulich wird der Übergang von der stratifikatorisch, nach Ständen differenzierten zur modernen Gesellschaft in Johann Wolfgang von Goethes „Leiden des jungen Werther". Werthers Erfahrung, dass seine Anwesenheit in der höfischen Gesellschaft unpassend erscheint bzw. von der Entscheidung des Grafen abhängt, zeigt deutlich die strikten sozialen Grenzen feudaler Gesellschaften. Die Überschreitung dieser Grenzen, das Übertreten von standesbezogenen Normen, zieht sofort eine entsprechende Sanktion nach sich. Soziale Differenzierung ist hier noch ganz eindeutig hierarchisch strukturiert – eine Struktur, an der Werther schließlich verzweifelt.

Der Übergang zur modernen Gesellschaft ist also in vieler Hinsicht eine Befreiung. Soziale Kontakte sind nicht mehr in dem Maße sanktioniert, auch wenn soziale Grenzen zunächst nur wenig durchlässiger sind als in feudalen Gesellschaften. Arbeiterklasse und Bürgertum trennen nicht nur in materieller Hinsicht Welten, auch die Lebensformen, Gewohnheiten, Umgangsweisen und Normen liegen weit voneinander entfernt. Und nicht zuletzt sind Freundschaften oder gar Ehen zwischen Angehörigen verschiedener sozialer Schichten zunächst fast ausgeschlossen. Aber dennoch scheint mit dem Abbau feudaler Sozialstrukturen der Weg frei für eine individualisierte Gesellschaft, in der Berufskarrieren, soziale Kontakte, Konsumverhalten oder politische und moralische Einstellungen auf individuellen Entscheidungen beruhen, und die – zumindest mit Blick auf westliche Gesellschaften – typisch für das ausgehende 20. Jahrhundert ist.

Moderne Gesellschaften haben demzufolge eine andere Form sozialer Differenzierung als vormoderne Gesellschaften. Dies gilt jedoch nicht nur in bezug auf ihre Sozialstruktur, also in bezug auf die Frage nach der Verteilung gesellschaftlicher Güter. Vielmehr lassen sich insgesamt drei Aspekte sozialer Differenzierung unterscheiden: die Frage nach dem sozialen Zusammenhalt bzw. der sozialen Integration, die Frage nach Formen sozialer Ungleichheit und die Frage nach sozialem Ausschluss.

Soziale Integration, soziale Kontrolle und soziale Abgrenzung

Soziale Integration bezeichnet zunächst die Art und Weise, wie sozialer Zusammenhalt gestiftet wird. Als Folge dieses sozialen Zusammenhalts können Zusammengehörigkeitsgefühle oder Solidaritätserwartungen entstehen. Individuen empfinden dann nicht nur eine Zugehörigkeit zu einer Gemeinschaft, sie erwarten auch von anderen Mitgliedern Unterstützung, Hilfe und solidarisches Handeln. Im übrigen neigen sie dazu, Mitglieder ihrer Gemeinschaft gegenüber anderen, Nichtdazugehörigen zu bevorzugen. Als Folge des sozialen Wandels hin zur modernen Gesellschaft ist sozialer Zusammenhalt aber erstens nicht mehr auf die gesamte Gesellschaft bezogen. Der Pluralismus von Lebensformen, Einstellungen und Zugehörigkeiten lässt Homogenitätserwartungen, wie sie für kleine, lokal begrenzte soziale Einheiten – wie Stämme oder Dörfer – typisch sind, unrealistisch erscheinen. Die soziale Differenzierung moderner Gesellschaften sorgt in dieser Hinsicht dafür, dass Individuen nicht mehr nur Mitglied in einem Stand oder in einer sozialen Gruppe sind, sondern mehrere Mitgliedschaften besitzen. Der Soziologe Georg Simmel diagnostizierte bereits Anfang des letzten Jahrhunderts die zunehmende „Kreuzung sozialer Kreise". Individuen sind nicht nur Bauer oder Arbeiter, Adeliger oder – im besten Fall – König. Sie sind jetzt in einer Person sowohl Busfahrer als auch Fußballspieler, Familienvater, SPD-Wähler, Stammgast in der Eckkneipe und Besitzer eines Kleingartens. All diese sozialen Kreise treffen sich in einem Individuum und umgekehrt bewegt sich das Individuum in mehreren sozialen Kreisen, die unter Umständen – wie etwa in der Kneipe in der Erzählung „Daniela" von Luise Rinser – auch an einem Ort zusammentreffen können. Ihre Gemeinsamkeit beschränkt sich allerdings auf ein spezifisches Merkmal, das nicht die ganze Person umfasst. Der Wirt ist nicht nur Wirt, der Pfarrer nicht nur Pfarrer und die Gäste wohnen zwar alle in einem Dorf, unterscheiden aber sorgfältig zwischen sich und den Fremden, und sind überdies in der Mehrheit von Beruf Torfstecher – aber eben nicht nur Torfstecher, sondern auch Gäste und vielleicht noch Väter oder Mitglieder im Schützenverein. Anders gesagt: Sie haben unterschiedliche soziale Rollen – je nach dem, in welchem Kreis sie sich bewegen, welcher Gruppe sie angehören und nach welchen Regeln und Normen sie sich dort richten. Während nach der tödlichen Auseinandersetzung in der Kneipe das Zusammengehörigkeitsgefühl vorherrscht, könnte am nächsten Tag am Arbeitsplatz der Konkurrenzgedanke siegen.

Soziale Integration im Sinne eines Zusammenhalts lässt sich also nicht mehr auf die gesamte Gesellschaft beziehen, sondern nur noch auf einzelne Gruppen und Gemeinschaften, weil Individuen vielfältige Zugehörigkeiten haben, die nicht mehr unter einer einzigen Zugehörigkeit – sei es die soziale oder ethnische Herkunft, sei es ein Beruf oder das Geschlecht – zusammenzufassen ist. Die Bewohner eines Dorfes – wie in Rinsers Erzählung – können sozial integriert sein, wenn es einen sozialen Zusammenhalt gibt. Aber sie müssen es nicht. Räumliche Nähe führt in modernen im Gegensatz zu vormodernen Gesellschaften nicht gleichsam automatisch zu sozialer Integration. Während etwa in Stammesgesellschaften die Zugehörigkeit zu einem Stamm an einen gemeinsam geteilten Raum gekoppelt war, müssen in modernen Gesellschaften Individuen, die an einem gleichen Ort leben, nicht notwendig sozial integriert sein. Frank McCourt schildert in seinem Roman „Die Asche meiner Mutter", wie „die Menschen in den Familien in unserem Stadtteil wissen, wie man nicht miteinander spricht". Umgekehrt kann der gemeinsame Raum gerade dort problematisch werden, wo man gegen die Prinzipien des sozialen Zusammenhalts verstößt. „Wenn ein Mann in die englische Armee eintritt", so McCourt, „kann seine Familie gleich in einen anderen Stadtteil von Limerick ziehen, wo Familien wohnen, die Männer in der englischen Armee haben." Was für soziale Integration sorgt – ob das positive Selbstverständnis einer sozialen Gruppe oder deren negative Abgrenzung von einer anderen – kann sehr unterschiedlich und für Außenstehende bisweilen nur schwer nachzuvollziehen sein. „Es gibt Familien", fährt McCourt fort, „die sich schämen, weil ihre Vorfahren ihre Religion wegen eines Tellers protestantischer Suppe während der Großen Kartoffelhungersnot aufgaben, und diese Familien sind für alle Zeiten als Suppenseelen bekannt."

Was stiftet aber sozialen Zusammenhalt und sorgt insofern für soziale Integration, d.h. für die Einbeziehung von Individuen in derart integrierte Gruppen und Gemeinschaften? Drei Möglichkeiten lassen sich hier unterscheiden: Gruppen können sich, erstens, durch gemeinsam geteilte Deutungsmuster und durch gemeinsames Wissen integrieren. Eine bestimmte Interpretation der Geschichte Irlands oder eine gemeinsam geteilte und tradierte Familiengeschichte kann so zum Grundstein einer gemeinsamen Identität werden.

Zweitens teilen Mitglieder einer Gruppe oder einer Gemeinschaft häufig gleiche Überzeugungen, Werte und Normen, deren Einhaltung für den Gruppenzusammenhang von besonderer Bedeutung ist. Ein Verstoß gegen sie kann unter Umständen zum Ausschluss aus der Gruppe führen. Der Wunsch von Robel – in Joachim Nowotnys Kurzgeschichte über den „glückseligen Stragula" – Französisch zu lernen und nach Afrika zu fahren, verstößt offenbar gegen die lokalpatriotischen Überzeugungen der Gruppe von Kegelfreunden, der er bislang angehörte. Dass ein solcher Verstoß aber nicht unbedingt zum Ausschluss führen muss, zeigt der Protagonist der Handlung, Stragula, der lieber Grog als das gebotene Bier trinkt: „Das ist eigentlich ein Verstoß gegen die herrschenden Sitten, aber Stragula kann sich das erlauben, er zählt hier etwas, und gewisse Eigenheiten werden respektiert."

Drittens kann soziale Integration aber nicht nur über gemeinsame Deutungsmuster oder Normen, sondern auch über gemeinsam praktizierte Rituale verlaufen – wie das abendliche Kegeln oder das gemeinsame Beten mit der Bruderschaft „für die Chinesen und andere verlorene Seelen" (McCourt). Die Teilnahme an solchen Ritualen verbürgt die Zugehörigkeit zu einer Gemeinschaft. Deshalb wird streng darüber gewacht, wer an ihnen teilnehmen kann und darf. Mitunter ist diese Teilnahme an den Besitz bestimmter Güter und damit indirekt an eine bestimmte soziale Stellung geknüpft – wie bei León in Franz Werfels Erzählung „Eine blassblaue Frauenschrift", der zufällig in den Besitz eines

Fracks kommt, der dann als eine Art Eintrittskarte für unterschiedliche Anlässe – Empfänge, Bälle – fungiert, die alle als Rituale der Oberschicht verstanden werden können.

Soziale Integration kann zu einem Zusammengehörigkeitsgefühl führen, das eine Gemeinschaft verbindet. Gleichzeitig haben aber gemeinsame Deutungsmuster, Normen und Rituale nicht nur einen integrativen Charakter, sie haben – nach innen – auch die Funktion sozialer Kontrolle und nach außen die Funktion sozialer Abgrenzung. Mitglieder einer sozial integrierten Gruppe verhalten sich in dieser Gruppe konform, d.h. sie kennen die Verhaltenserwartungen, fügen sich ihnen und sanktionieren Verstöße gegen sie. Dies kann im Rahmen von Organisationen geschehen, wie beispielsweise der FDJ in Manfred Bielers Roman „Maria Morzeck oder Das Kaninchen bin ich", in dem Maria ihrer Freundin Brigitte eröffnet, dass sie in die FDJ will, der Brigitte bereits seit einiger Zeit angehört. Die Mitgliedschaft in der FDJ wird nicht nur gesellschaftlich erwartet und ist in der DDR notwendig, um bestimmte soziale Positionen zu erreichen – etwa die Zulassung zum Universitätsstudium. Mit der Mitgliedschaft ergeben sich auch, darauf weist Brigitte ihre Freundin hin, „gewisse Verpflichtungen" – Verpflichtungen, die ganz unabhängig von der Freundschaft der beiden Mädchen existieren und auf die Brigitte schon beim ersten Gespräch mit Nachdruck hinweist. Noch deutlicher kommt der Mechanismus sozialer Kontrolle in Frank McCourts Schilderung der Überwachung des Verhaltens von Mitgliedern der Erzbruderschaft der heiligen Familie zum Ausdruck. Wer sich während der Benedictio nicht den Regeln entsprechend verhält, muss damit rechnen, vom Präfekten auf den Kopf geschlagen zu werden. Und wer des öfteren nicht zu den gemeinsamen Veranstaltungen erschienen und auffällig geworden ist, den erwartet ein Besuch vom Pfarrer, der so inszeniert ist, dass er einer öffentlichen Strafaktion ähnelt.

Während sich soziale Kontrolle nach innen auf die Mitglieder einer Gemeinschaft bezieht, versuchen diese durch Mechanismen sozialer Ab- und Ausgrenzung zwischen Dazugehörigen und Nichtdazugehörigen zu unterscheiden und so Mitglieder an Gruppennormen zu binden und sie zu disziplinieren, gleichzeitig aber sich selbst auch eine nach außen erkennbare Identität zu geben. Ein Mittel dazu ist die Fremdzuschreibung einer Identität, von der man sich selbst abgrenzt. Die Jungs in Franks Klasse bezeichnen die aus Amerika nach Irland Immigrierten als Yanks, diskriminieren und schikanieren sie. Und selbst der Lehrer, der in McCourts Roman den mit amerikanischem Akzent sprechenden Jungen hilft, zweifelt nicht an deren Identität: Es sei schließlich nicht ihre Schuld, „dass sie Yanks sind".

Soziale Ausgrenzung und die Identitätsbildung durch Abgrenzung kann aber auch durch die Symbolisierung des Andersseins verlaufen wie im Falle des jüdischen Pflegekindes Andri in Max Frischs Theaterstück „Andorra", der von einer Gemeinschaft zunächst ausgestoßen und schließlich ermordet wird. Gleiches gilt für den jungen Moses in Raabes Erzählung „Der Hungerpastor". Auch hier bildet sich eine Gemeinschaft dadurch, dass sie sich von Fremden abgrenzt, die unter Umständen in ihrer Mitte wohnen, aber sozial gemieden, diskriminiert, geschlagen und aufgrund ihrer Nichtzugehörigkeit zur Gemeinschaft bzw. aufgrund ihrer Zugehörigkeit zu einer anderen Gemeinschaft umgebracht werden. Dass es sich dabei um Fremdzuschreibungen handelt, dass die Ausgegrenzten die zugeschriebene Identität nicht als ihre eigene empfinden bzw. ihre keine größere Bedeutung beimessen, ändert, wie bei Frisch deutlich wird, nichts am Mechanismus sozialer Ausgrenzung.

Diese Fälle sozialer Integration durch Ab- und Ausgrenzung zeigen, dass soziale Integration allein weder positiv noch negativ ist. Vielmehr hat Integration aus soziologischer Sicht zunächst einmal die Funktion, soziale Ordnung herzustellen und zu erhalten. Für das Individuum bedeutet dies in einen sozialen Zusammenhang eingebunden zu sein und Orientierung und soziale Sicherheit zu erhalten. Christa Wolf zeigt – in „Kindheitsmuster" – die Bedeutung dieser Funktion von sozialer Integration an den Gefühlen, die Nelly im Dritten Reich angesichts der Erwartung eines Besuchs des Führers überkommen.

Bestimmte Verhaltensweisen, Normen oder Rituale können unter bestimmten sozialen Bedingungen aber auch dysfunktional werden, so dass soziale Ordnung zerfällt und insofern in einen Zustand der Desintegration übergeht. Der soziale Zusammenhalt zerbricht dann. Dies könnte der Fall sein, wenn sich etwa Arbeits- und Lebensbedingungen in einem Dorf ändern und neue Lebensformen dort Einzug halten. Die männliche Kegel- und Dorfgemeinschaft des „glücklichen Stragula" wird bereits durch den Wunsch eines ihrer Mitglieder, Französisch zu lernen, sichtlich irritiert. Das Festhalten an Normen kann aber unter veränderten sozialen Bedingungen auch selbst desintegrativ wirken – etwa wenn die dadurch integrierte Gruppe durch ihr Verhalten in einer Außenseiterrolle gerät oder an innerem Druck aufgrund zu starker sozialer Kontrolle zerbricht.

Die in den ausgewählten literarischen Texten – etwa in Luise Rinsers Erzählung „Daniela" – geschilderten Formen sozialer Integration zeichnen sich fast durchgängig durch eine sehr partikularistische, auf bestimmte Gruppennormen bezogene soziale Integration aus. Demgegenüber scheinen – normativ betrachtet – universalistische Formen sozialer Integration wünschenswerter, weil sie bestehende Formen sozialer Integration erweitern, damit soziale Kontrolle nach innen abbauen und die Grenzen nach außen durchlässiger machen. Soziale Integration wird gewissermaßen in dem Maße inklusiver, wie sich Gemeinschaften für andere öffnen und ihnen die Möglichkeit einräumen, unter Beibehaltung ihres Andersseins Mitglied zu werden.

Soziale Ungleichheit

Der zweite Aspekt sozialer Differenzierung bezieht sich auf neue Formen sozialer Ungleichheit, die mit dem Wandel sozialer Differenzierung in modernen Gesellschaften entstehen. Moderne Gesellschaften sind nicht mehr nach Ständen differenziert, so dass soziale Ungleichheit nicht mehr durch den Hinweis auf eine religiöse Ordnung, sondern aufgrund einer unterschiedlichen Verteilung gesellschaftlicher Güter entsteht. In dieser Hinsicht bedeutet soziale Differenzierung also, dass bestimmte gesellschaftliche Gruppen über weniger, andere hingegen über mehr Möglichkeiten verfügen, sich gesellschaftliche Güter anzueignen. Solche Güter können materiell sein – wie Einkommen, Besitz oder Vermögen – und sich dementsprechend leicht quantifizieren lassen. Dies zeigt etwa der Blick, den der Studienrat Untermann Nelly in die so genannte Dorfliste – in Christa Wolfs Roman „Kindheitsmuster" – gewährt: Hier ist die dörfliche Bevölkerung in Kategorien gegliedert, die angeben, wieviel jemand an Grund, Boden und Tieren besitzt. Zugleich wird dadurch eindeutig seine gesellschaftliche Stellung dokumentiert.

Gesellschaftliche Güter können aber auch immateriell, d.h. symbolisch verfasst sein. Dies gilt etwa für Bildung, die durch Abschlüsse und Zertifikate symbolisiert wird. Der französische Soziologe Pierre Bourdieu hat in diesem Zusammenhang zwischen wenigstens drei Arten gesellschaftlicher Güter unterschieden, die in einer Gesellschaft unterschiedlich verteilt sind: das ökonomische Kapital, das kulturelle Kapital und das soziale Kapital. Letzteres umfasst alle wichtigen sozialen Beziehungen, durch die man bestimmte gesellschaftliche Positionen erreichen kann – etwa die Einladung zum Wiener Opernball, weil man mit dem Staatsminister befreundet ist, die Bekleidung eines politischen Amtes, weil man schon eine lange Zeit innerhalb der Partei gearbeitet und deshalb viele Kontakte gewonnen hat oder die Erteilung eines öffentlichen Auftrags, weil man mit dem Baudezernenten zusammen zur Schule gegangen ist.

Ein anschauliches Beispiel dafür, dass soziales Kapital gesellschaftlichen Aufstieg auch dort ermöglicht, wo er aufgrund fehlenden Einkommens und mangelhafter Bildung eigentlich verwehrt ist, gibt Leo Tolstoj in „Anna Karenina", der schildert, wie jemand einen gut bezahlten Posten bei einem Moskauer Gericht bekommt, obwohl er weder über Geld noch über einen höheren Schulabschluss verfügt. Allein die Tatsache, dass er sich in einem intakten und weit geknüpften sozialen Netzwerk bewegt, sorgt für seinen sozialen Aufstieg. Demgegenüber zeigt Doris Lessing in ihrer Erzählung „England gegen England", dass der Erwerb von Bildung ein Vehikel dafür sein kann, Klassengrenzen durchlässiger zu machen und zu überschreiten: Charlie kommt aus einer englischen Bergarbeiterfamilie, hat aber das dazugehörige Milieu verlassen, indem er über gute Schulleistungen zum Studieren nach Oxford ging. Dass ein solcher Aufstieg nicht ohne Probleme vonstatten geht, zeigt der Gesundheitszustand Charlies: Er ist überarbeitet und es fehlt ihm darüber hinaus der soziale Halt, den ein sozial homogenes Herkunftsmilieu – neben allen Zwängen – bietet. Er fühlt sich fremd bis hin zu seinen sexuellen Beziehungen, die – wie alle anderen sozialen Kontakte auch – von der Unterschiedlichkeit dieser Herkunftsmilieus zeugen.

Die unterschiedliche Verteilung gesellschaftlicher Güter wäre an sich noch kein Fall sozialer Ungleichheit, wenn mit ihnen nicht erstens eine unterschiedliche Verteilung sozialer Positionen verknüpft wäre, und wenn zweitens Güter nicht kollektiv ungleich verteilt wären. Soziale Ungleichheit bezieht sich auf die ungleiche Verteilung von Gütern auf Gruppen. Erst daraus entstehen nämlich kollektive Lebenslagen und Lebenschancen. Vermögens- und Einkommensunterschiede, unterschiedliche Bildungsniveaus und unterschiedliche Qualitäten und Quantitäten sozialer Beziehungen sind eben aus soziologischer Sicht gruppen- bzw. schichtspezifisch. Mit der ungleichen Verteilung von Gütern geht folglich die ungleiche Verteilung von Chancen einher, bestimmte soziale Positionen zu beziehen: Wer einen niedrigen Bildungsabschluss hat, dem sind bestimmte Berufe auf Dauer verschlossen. Das eigentliche Problem sozialer Ungleichheit sind allerdings jene Sozialstrukturen, die dafür sorgen, dass die ungleiche kollektive Verteilung von Gütern den sozialen Aufstieg verhindert und soziale Ungleichheit damit verfestigt: Wer aus einem Arbeiterhaushalt kommt, hat schlechtere Chancen einen höheren Bildungsabschluss zu erlangen, oder kann, wenn ihm dies trotzdem gelingt, aus ökonomischen Gründen nicht studieren, weil er zum Familieneinkommen beitragen muss. Die ungleiche Verteilung von Gütern meint infolgedessen immer die ungleiche Verteilung von Chancen, aus einer sozialen Schicht aufzusteigen und in eine bessere soziale Lage zu kommen.

Gesellschaften haben unterschiedliche Sozialstrukturen, d.h. soziale Ungleichheit kann verschiedene Formen annehmen. Zu Beginn des 19. Jahrhunderts entstanden im Zuge der Entwicklung des Kapitalismus Klassengesellschaften, die durch große soziale Ungleichheiten geprägt waren. Die besitzlose Arbeiterklasse stand einem Besitzbürgertum gegenüber, das über den allergrößten Teil gesellschaftlichen Reichtums verfügte. Kennzeichnend für solche Klassengesellschaften ist es, dass sie kaum soziale Mobilität zulassen, dass es in ihnen also fast unmöglich ist, die Herkunftsklasse zu verlassen. In diesen Klassengesellschaften zeigt sich deutlich, welche Bedeutung soziale Ungleichheitsstrukturen für die individuelle Biografie haben: Die Zugehörigkeit zur Arbeiterklasse bedeutet frühes und langes schweres körperliches Arbeiten, geringes Einkommen, schlechte Ernährung, kaum Möglichkeiten, sich Bildung anzueignen oder sich um die eigene Gesundheit zu kümmern.

Es gibt eine Vielzahl literarischer Zeugnisse vom Elend der Arbeiterklasse zur Zeit der Entwicklung des Kapitalismus. Deutlich wird dabei auch, dass große soziale Ungleichheit in der Regel zu – nicht selten auch gewaltsamen – sozialen Konflikten führt, in denen um soziale Rechte gekämpft wird. Deshalb bedeutet die Institutionalisierung des Klassenkonflikts einen großen Fortschritt in der Entwicklung moderner Gesellschaften. Dies kommt sowohl in Gerhart Hauptmanns Stück „Die Weber" als auch in Frank McCourts Roman „Die Asche meiner Mutter" zum Ausdruck. Hauptmann verarbeitet dabei ein realhistorisches Ereignis, das typisch für die soziale Situation einer Klassengesellschaft ist: den Weberaufstand 1844, bei dem sich ausgebeutete Weber gegen die Fabrikbesitzer erheben und gegen ihre schlechten Arbeits- und Lebensbedingungen protestieren. McCourt zeigt demgegenüber, dass mit der Zugehörigkeit zu einer sozialen Klasse soziale Kontakte zu anderen erschwert und fast so unmöglich wie in Feudalgesellschaften sind. Die Mutter kann nicht mit dem Lehrer sprechen, weil sie „kein anständiges Kleid und keinen ordentlichen Mantel" besitzt.

Soziale Ungleichheit manifestiert sich aber nicht nur in der ungleichen Verteilung gesellschaftlicher Güter, d.h. in dem ungleichen Besitz von Einkommen, Bildung und Beziehungen. Darüber hinaus hat sich die Soziologie auch dafür interessiert, wie sich soziale Ungleichheit symbolisch reproduziert. Mit der Zugehörigkeit zu einer bestimmten sozialen Schicht sind nämlich in der Regel auch dementsprechende Verhaltensweisen verbunden, die dazu führen, dass sich Mitglieder einer sozialen Schicht dieser angemessen verhalten. Sowohl politische als auch kulturelle Interessen, Kleidungsgeschmack und Sprachverhalten sind demzufolge Ausdruck einer solchen Zugehörigkeit. Dabei ist das entsprechende Verhalten nicht einfach nur Produkt der sozialen Zugehörigkeit, vielmehr bringt sie diese symbolisch zum Ausdruck und ist zugleich eine Strategie sozialer Abgrenzung. Kleidung, Sprache, kulturelle Aktivitäten oder Essverhalten dienen also der sozialen Distinktion und entstammen – zumindest zum Teil – der sozialen Lage. Nicht jeder kann es sich beispielsweise leisten, über Farbharmonien der Inneneinrichtung nachzudenken oder die eigene Kleidung den neuesten Modetrends anzupassen. Wolfgang Koeppen hat diesen Zusammenhang zwischen Vorlieben, Gewohnheiten und sozialer Lage in seinem Roman „Jugend" auf den Punkt gebracht: „Der Arme hat an Brot zu denken. Der Reiche beschäftigt sich mit Blumen."

Strategien zur Distinktion treten besonders dort zum Vorschein, wo jemand in ein soziales Milieu aufsteigt, dessen Symbole er nicht kennt und dessen Normen er sich erst aneignen muss. Charlie – in Doris Lessings Erzählung „England gegen England" – ist so ein Fall. Lessing schildert sehr genau, woran man jemandes soziales Herkunftsmilieu erkennt – von den verwegen aufgesetzten Kappen der jungen Bergarbeiter, über die Leichtlebigkeit der jungen Mittelschicht bis hin zu Charlies Eindruck, Stipendiaten aus der Arbeiterklasse würden von ihrem neuen bildungsbürgerlichen Milieu ständig daran erinnert, „dass sie selbst nichts als unwissende, unkultivierte Trampel sind." Wie sehr das soziale Milieu die eigene Wahrnehmung und die eigenen ästhetischen Urteile prägt, zeigt sich, wenn Charlie nach seinen Oxfordaufenthalten nach Hause zurückkehrt und dort die Gebäude seiner Jugend als „hässlich, ... gemein und ohne jede Anmut" beschreibt.

Alejo Carpentier schildert in seinem Roman „Le sacre du printemps" demgegenüber sehr anschaulich die Distinktionsstrategien der Oberschicht am Beispiel der Einrichtung eines Herrenhauses und der darin geltenden Umgangsformen: Der Hausherr, der die Hand der Dame „formvollendet" küsst, demonstriert seine soziale Position durch teure Bilder – deren Wert sich weniger an ihrer ästhetischen oder kunstgeschichtlichen Bedeutung, sondern an ihrem Preis bemisst –, maßgeschneiderte Hemden und eine Sprechweise, „die für eine bestimmte französische Adelsschicht charakteristisch" ist.

Die symbolische Reproduktion sozialer Ungleichheit erschöpft sich aber nicht nur darin, dass eine soziale Schicht sich in ihren Verhaltensweisen und Interessen nach unten abgrenzt und versucht, Aufsteiger symbolisch auszugrenzen. Sie dient auch dazu, dass jemand allein durch sein Verhalten und seine Kleidung einer bestimmten sozialen Schicht zugeordnet wird. Symbole sind demnach Zeichen der Zugehörigkeit, mit der ein gewisser schicht- und milieuspezifischer Lebensstil verbunden ist. Wer in die Oper geht, seine Urlaube vorwiegend in der Toskana verbringt und sich standhaft weigert, einen Fernseher oder Computer anzuschaffen, der wird weder Golf spielen noch eine Currywurst am Stehimbiss essen. Der kleine Frank – in McCourts „Asche meiner Mutter – trägt sein Hemd nachts, in der Schule und beim Fußball, während die „Christlichen Brüderbuben ... Tweedjacken, warme Wollpullover, Hemden, Schlipse und blankgewienerte neue Schuhe [tragen]." Dagegen kleidet sich die angehende Elite vom College mit Blazern und Schals in den Schulfarben um Hals und Schultern, „damit man sieht, dass ihnen die Straße gehört." Sie lassen sich die Haare lang wachsen, damit sie durch das Zurückwerfen der Tolle das Verhalten der Engländer imitieren und damit zeigen können, dass sie in Kürze an englische Universitäten gehen, um anschließend hohe Regierungsämter innezuhaben oder als Firmenchefs zur herrschenden Klasse zu gehören. Dass mit diesen Distinktionen deshalb auch Herrschafts- bzw. Rangverhältnisse ausgedrückt werden, zeigen die Empfindungen Franks, der sich nicht nur seine Zugehörigkeit zur Unterschicht, sondern auch der damit verbundenen Lebensperspektive bewusst ist. „Wir werden die Botenjungs auf Fahrrädern sein, die ihnen die Einkäufe an die Haustür liefern ... Unsere Schwestern werden auf ihre Kinder aufpassen oder ihre Fußböden schrubben."

Wenn das Erreichen einer sozialen Position und damit die Verbesserung der sozialen Lage in modernen Gesellschaften in erster Linie davon abhängt, welchen Beruf man ausübt, welchen Bildungsgrad man hat und über welche sozialen Kontakte man verfügt, dann ist es offenbar ganz entscheidend, dass man überhaupt Zugang zum Arbeitsmarkt, zu Ausbildung und zur öffentlichen Sphäre hat. Genau dies war Frauen lange Zeit verwehrt. Sie waren entweder von der Teilhabe an gesellschaftlichen Gütern ausgeschlossen oder sind strukturell benachteiligt. Frauen waren – und sind es vielfach auch heute noch – von ihren Ehemännern ökonomisch abhängig. Das galt vor allem für untere soziale Schichten, in denen zudem traditionelle Rollenmuster dafür sorgten, dass Frauen kaum Möglichkeiten zur bezahlten Lohnarbeit oder für eine gutqualifizierte Ausbildung hatten. Ihre Aufgabe war es, allein für die häusliche, familiäre Reproduktion zu sorgen. Diese klassische Rollenaufteilung in der modernen Kleinfamilie beschreibt Vicki Baum in ihrer Novelle „Der Weg": Frau Zienkann organisiert den Haushalt mit zwei Kindern, während der Mann berufstätig ist, denn diese Rollenaufteilung beinhaltet auch, dass Männer sich um die materielle Versorgung der Familie kümmern, während Frauen für den häuslichen Bereich und den familiären Zusammenhalt zuständig sind. Mit dieser Arbeitsteilung geht eine ökonomische Abhängigkeit von Frauen einher, durch die Frauen, werden sie von ihren Männern verlassen oder wollen sie aus ihrem Rollenmuster ausbrechen und für sich selbst sorgen, eindeutig schlechtere Chancen haben.

Mit der ökonomischen Abhängigkeit ging zu Beginn der modernen Gesellschaft ein Rollenverständnis einher, das die Frau ganz unter die Verfügungsgewalt des Mannes stellte und das sich somit kaum von vormodernen Gesellschaften unterschied. Die bürgerlichen Ideale der Freiheit und Gleichheit schienen sich zunächst auf Männer zu beschränken. Frauen wurden einer sozialen Kontrolle unterworfen, die etwaiges Fehlverhalten sofort sanktionierte. Helene Böhlau schildert in ihrem noch im 19. Jahrhundert erschienenen Roman „Halbtier" dieses Rollenbild – und die Versuche, sich ihm zu widersetzen – sehr eindringlich. Diese Kontrolle ging nicht nur von den Ehemännern und Familien, sondern auch von den gesellschaftlichen Institutionen aus, die die zentralen gesellschaftlichen Normvorstellungen formulierten und über ihre Einhaltung wachten – allen voran die Kirche. In Hans-Christian Kirschs Erzählung „Verbrennung einer spanischen Witwe" verliert eine Frau ihren Mann, der plötzlich stirbt. Da sie ökonomisch von ihm abhängig war, hat sie nun nur noch die Möglichkeit, wieder zu heiraten, was offenbar von ihr erwartet wird, oder von ihrer Familie versorgt und dabei „in der Küche begraben zu werden". Dass sie selbst für ihren Unterhalt sorgt, ist unmöglich. Bereits die erfüllte sexuelle Beziehung zwischen den beiden hatte in ihrem sozialen Umfeld für einige Irritationen gesorgt, hält man es doch für normal, dass der Mann seinen sexuellen Bedürfnissen nicht zu Hause, sondern von Zeit zu Zeit auch in Bordellen nachgeht.

Soziale Ungleichheit kann also auch Folge eines Rollenmusters sein, das bestimmten gesellschaftlichen Gruppen schlechtere Chancen in der

Verteilung gesellschaftlicher Güter einräumt. Das gilt auch für Migranten, die aus einer Herkunftsgesellschaft in eine neue Gesellschaft mit einer bestimmten Sozialstruktur kommen und dort auf rechtliche, aber auch soziale Hindernisse stoßen. So können etwa ein zeitlich begrenztes Arbeitsverbot, die mangelnde berufliche Qualifikation und fehlende Ausbildung der Migranten oder die vorherrschenden Stereotype in der Aufnahmegesellschaft dazu führen, dass sie kaum Chancen für einen sozialen Aufstieg haben. Zugleich dienen sie aber auch als Projektionsfläche für soziale Probleme in der Aufnahmegesellschaft, die ihnen angelastet werden. Das ist unter anderem das Thema von Robert Schneiders Theaterstück „Dreck", in dem ein nach Deutschland immigrierter Araber die Stereotype gegen nicht-westeuropäische Ausländer parodiert und damit auf ihre soziale Funktion hinweist. Ethnische Differenzierung tritt hier an die Stelle sozialer Differenzierung, so dass Fremdenfeindlichkeit als Versuch erscheint, die eigene soziale Position zu verbessern bzw. soziale Positionen an eine bestimmte ethnische Herkunft zu binden. Diese ethnische Begründung sozialer Ungleichheit macht es für bestimmte Ethnien unmöglich, sozial aufzusteigen. Dies gilt auch für die nach Irland eingewanderten Amerikaner in Frank McCourts „Die Asche meiner Mutter" und erst recht für die Ureinwohner in einer nach ethnischen Kriterien differenzierten Gesellschaft, wie sie von Doris Lessing in ihrer Erzählung „Der alte Häuptling Mshlanga" beschrieben wird. Die Erzählerin beschreibt dort ihre Kindheit in einem afrikanischen Land. Im Mittelpunkt steht dabei ihre als Kind gemachte Erfahrung der strikten Differenzierung zwischen schwarz und weiß auf der einen und der Behandlung der Einheimischen als nicht zur menschlichen Gesellschaft Dazugehörige auf der anderen Seite.

Eine solche ethnische Begründung sozialer Ungleichheit führt also zu einer Naturalisierung sozialer Ungleichheit, weil die faktische ungleiche Verteilung gesellschaftlicher Güter als Abbild einer religiösen oder natürlichen Ordnung verstanden wird. Besonders deutlich wird dies in dem Text von Juan Goytisolo („Johann ohne Land"), bei dem soziale Ungleichheit als gleichsam naturwüchsiges Schicksal dargestellt wird. Bestimmte Formen sozialer Integration können demzufolge soziale Ungleichheit oder sogar sozialen Ausschluss nach sich ziehen, weil Nichtdazugehörigen alle Möglichkeiten gesellschaftlicher Teilhabe verweigert und sie infolgedessen unterdrückt, ausgebeutet, vertrieben oder umgebracht werden.

Sozialer Ausschluss

Die Rede von sozialer Ungleichheit als ungleiche Verteilung gesellschaftlicher Güter und der damit einhergehenden Ungleichheit sozialer Lagen setzt in gewisser Weise voraus, dass alle Mitglieder einer Gesellschaft an deren Gütern teilhaben können. Verteilung beinhaltet demnach Teilhabe. Die Entwicklung des modernen Wohlfahrtsstaates bedeutet zugleich eine Verbesserung der Chancengleichheit und eine Ausweitung der Teilhabemöglichkeiten. Aber wer darf überhaupt an den Leistungen des Wohlfahrtsstaates partizipieren und wer nicht? Diese Grenze verläuft offenbar dort, wo Individuen nicht mehr in gesellschaftliche Teilsysteme einbezogen und in irgendeiner Hinsicht – und sei es als bloße Leistungsempfänger – für relevant gehalten werden. Exklusion bezeichnet einen Prozess des zunehmenden sozialen Ausschlusses, bei dem es nicht mehr um soziale Ungleichheit, also um ein Mehr oder Weniger, sondern darum geht überhaupt noch als Mitglied einer Gesellschaft zu gelten.

Soziale Exklusion bedeutet demnach nicht einfach eine Verschärfung sozialer Ungleichheit. Vielmehr ist mit ihr eine Art Dominoeffekt gemeint, der schließlich dazu führt, dass Personen nicht mehr in das Blickfeld einer Gesellschaft geraten und im gesellschaftlichen Abseits – etwa in Slums, auf Müllhalden, in der Kanalisation oder einfach auf der Straße – leben oder dass sie aufgrund struktureller Hemmnisse nicht in der Lage sind, an gesellschaftlichen Gütern, in erster Linie am Arbeitsmarkt, teilzuhaben. Die Eigendynamik sozialer Exklusion lässt sich aus einer spezifischen Differenzierungsform moderner Gesellschaften erklären. Diese sind nämlich nicht nur nach sozialen Lagen, sondern auch nach gesellschaftlichen Teilsystemen differenziert. Gesellschaftliche Teilsysteme wie Wirtschaft, Recht, Wissenschaft, Religion, Politik oder Erziehung verfügen über spezifische Mechanismen der Einbeziehung von Individuen – etwa als Konsumenten, Anwälte, Forscher, Gläubige oder Wähler. Über bestimmte Rollen erhalten Individuen somit Zugang zu Teilsystemen. Dies können Leistungsrollen sein, wenn die Personen zu Funktionsträgern im betreffenden Teilsystem gehören, oder Publikumsrollen, wenn sie an den Leistungen eines Teilsystems partizipieren. Sie können aber auch von einem Teilsystem überhaupt nicht mehr als relevant behandelt werden. Dies ist etwa bei Langzeitarbeitslosen der Fall, die für den Arbeitsmarkt nicht mehr attraktiv sind, bei Migranten, die nicht arbeiten dürfen oder bei denjenigen, denen aufgrund ethnischer Zuschreibungen die gesellschaftliche Teilhabe verweigert wird.

Der Dominoeffekt, der schließlich zu sozialer Exklusion führt, kann überhaupt nur entstehen, weil es in modernen Gesellschaften keine gesellschaftliche Steuerung der Einbeziehung von Individuen in gesellschaftliche Teilsysteme gibt. Der Sozialstaat versucht die Folgen von Arbeitslosigkeit lediglich abzuschwächen. Er hat deshalb eine wichtige und unverzichtbare Funktion in modernen Gesellschaften, weil jene im Gegensatz zu Feudalgesellschaften keine gesellschaftliche Spitze mehr haben, von der aus Einbeziehungen und Ausschlüsse aus der Gesellschaft reguliert werden könnten. Der Dominoeffekt sozialen Ausschlusses kann im Prinzip überall beginnen: mit dem Verlust des Arbeitsplatzes, der Wohnung, des Lebenspartners oder des Glaubens. Wer seinen Job verliert, dem wird die Wohnung gekündigt, läuft der Partner weg, der verfügt nicht mehr über bestimmte Massenmedien usw. Diese Kette muss – darin besteht die Aufgabe des Sozialstaats – unterbrochen werden, ansonsten verfestigt sich soziale Exklusion so, dass eine (Wieder-)Einbeziehung durch gesellschaftliche Teilsysteme fast unmöglich wird.

Ein besonderer Mechanismus gesellschaftlicher Einbeziehung ist die politische Inklusion durch Staatsbürgerschaft. Denn wer Staatsbürger eines Landes ist, verfügt über gewisse politische und soziale Rechte, die eine vollständige soziale Exklusion unwahrscheinlich werden lassen. Aber nicht jeder und jede kann die Staatsbürgerschaft und die damit verbundenen Rechte erlangen. Und selbst wenn man in den Genuss solcher Rechte kommt, steht davor nicht selten das Schicksal der Emigration und die Aufnahmeprozedur in einem anderen Land, das aus seiner Sicht prüft, ob es diese Rechte gewähren kann und will. Joseph Roth schildert in seinem Roman „Hiob" die Erlebnisse einer Familie, die nach Amerika emigriert und dort die Prozeduren einer Immigration in ein fremdes Land über sich ergehen lassen muss.

Umgekehrt kann der Entzug von Rechten – bis hin zum Entzug der Staatsbürgerrechte – zu völliger Exklusion führen, wie sie etwa von Bertolt Brecht („Die jüdische Frau") am Beispiel einer Jüdin im nationalsozialistischen Deutschland beschrieben wird, die gerade noch rechtzeitig das Land verlässt, bevor sie deportiert oder umgebracht wird. Deshalb sind die Kriterien für die Gewährung der Staatsbürgerschaft von entscheidender Bedeutung für die Möglichkeit der Teilhabe an Gesellschaft, denn durch sie verringert sich das Risiko sozialen Ausschlusses erheblich.

Mit sozialer Exklusion geht nicht selten eine Form der Stigmatisierung einher, weil diejenigen, die von gesellschaftlicher Teilhabe ausgeschlossen sind, als Fremde erscheinen, von denen sich eine Gemeinschaft auch symbolisch abgrenzen will. Ein anschauliches literarisches Beispiel dafür gibt Ulla Hahns Beschreibung der vielköpfigen Familie Kackaller, die von den Einheimischen „Müppen" (hochdeutsch: Asoziale) genannt werden: Sie leben von der Wohlfahrt, der Vater ist Alkoholiker, bei ihnen stinkt es und die Schwester erwartet vom Bruder ein Kind. Sie sind von allen sozialen Kontakten zum Dorf abgeschnitten und bleiben vom gesellschaftlichen Leben ausgeschlossen. Ihr Einkommen beziehen sie – neben der Wohlfahrt - aus den kriminellen Machenschaften des Vaters, weil dies die einzige Art ist, an Geld zu kommen – von der Prostitution einmal abgesehen, über die wir aber an dieser Stelle nichts erfahren.

Zusammenfassung

Soziale Differenzierung hat also zusammengefasst betrachtet mehrere Aspekte. Moderne Gesellschaften verfügen über unterschiedliche Möglichkeiten, sozialen Zusammenhalt zu stiften – ohne diesen allerdings für eine gesamte Gesellschaft herstellen zu können. Soziale Integration ist, so verstanden, auf Gruppen und Gemeinschaften beschränkt. Darüber hinaus haben sich in modernen Gesellschaften durch die ungleiche Verteilung gesellschaftlicher Güter kollektive soziale Lagen ausdifferenziert, mit denen für den Einzelnen unterschiedliche Lebenschancen verbunden sind. Und schließlich meint soziale Differenzierung auch, dass zwischen denen, die in eine Gesellschaft einbezogen und denen die ausgeschlossen sind, unterschieden wird. Nun können sich die unterschiedlichen Aspekte sozialer Differenzierung offenbar gegenseitig stützen oder ergänzen. Eine durch gemeinsame Normen, Deutungsmuster oder gemeinsam praktizierte Rituale sozial integrierte Gemeinschaft kann beispielsweise dafür sorgen, dass diejenigen, die ihr nicht angehören, entweder sozial schlechter gestellt sind – das wäre eine Form sozialer Ungleichheit –, oder sogar überhaupt nicht an gesellschaftlichen Gütern teilhaben, also sozial ausgeschlossen bleiben.

Umgekehrt ist sozialer Ausschluss damit aber noch nicht gleichbedeutend mit sozialer Desintegration. Im Gegenteil: In gesellschaftlichen Räumen der Exklusion kann man nicht selten einen starken sozialen Zusammenhalt feststellen, der den sozialen Ausschluss gewissermaßen kompensiert. Sozial Ausgeschlossene bauen bspw. Netzwerke auf, durch die sie sich gegenseitig unterstützen. Die soziale Kontrolle nach innen wie die Abgrenzung nach außen kann auch in diesem Fall als soziale Integration gelten. Vielleicht ließe sich sogar behaupten, dass gerade im Bereich sozialer Exklusion der Integrationsgrad besonders hoch ist, weil der Zusammenhalt einer Gruppe für das Überleben wichtiger wird als die Ausweitung individueller Handlungsspielräume. Es verwundert dann nicht, dass abweichendes Verhalten in solchen Gruppen drastisch und nicht selten mit körperlicher Gewalt bestraft wird, auch wenn diese Gruppen sich als solche bereits abweichend, bspw. kriminell verhalten.

Soziale Differenzierung hat also vielfältige Erscheinungsformen, die sich alle auf das Verhältnis von Individuum und Gesellschaft beziehen. In einer Gesellschaft können sich Individuen zu Gemeinschaften zusammenschließen, sie können als Mitglied einer sozialen Schicht benachteiligt oder im Vorteil sein, sie können aber auch von gesellschaftlicher Teilhabe ausgeschlossen werden. Jede Gesellschaft ist sozial differenziert und in jeder sind Lebenschancen ungleich verteilt. Lediglich das Ausmaß und die Strukturen sozialer Differenzierung unterscheiden sich.

Literatur

Berger, Peter A./Hradil, Stefan (Hg.): Lebenslagen, Lebensläufe, Lebensstile. Soziale Welt, Sonderband 7, Göttingen 1990.
    Bietet einen guten Überblick über neuere soziologischen Ansätze zur sozialen Ungleichheitsforschung.
Bourdieu, Pierre: Die feinen Unterschiede, Frankfurt am Main 1981.
    Eine mittlerweile klassische Analyse der Sozialstruktur der französischen Gesellschaft der 60er und 70er Jahre, die zeigt, wie sich soziale Differenzierung auch symbolisch reproduziert.
Dahrendorf, Ralf: Der moderne soziale Konflikt, München 1992.
    In diesem Buch erweitert Dahrendorf seine Analysen zum Klassenkonflikt in modernen Gesellschaften um das Konzept der Lebenschancen und zeigt, welche Bedeutung soziale Konflikte für demokratische Gesellschaften haben.
Dahrendorf, Ralf: Soziale Klassen und Klassenkonflikt in der industriellen Gesellschaft, Stuttgart 1957.
    Eine Analyse der Entstehung und Entwicklung der Klassengesellschaft bis hin zur gelungenen Institutionalisierung des Klassenkonflikts.
Frerichs, Petra/Steinrücke, Margareta (Hg.): Soziale Ungleichheit und Geschlechterverhältnisse, Opladen 1993.
    Der Band vereint verschiedene theoretische und empirische Beiträge zur geschlechtlichen Dimension sozialer Ungleichheit.

Hradil, Stefan: Soziale Ungleichheit in Deutschland, Opladen 1999.
  Eine Analyse sozialer Ungleichheitsstrukturen im wiedervereinigten Deutschland.
Kronauer, Martin: Exklusion. Die Gefährdung des Sozialen im hoch entwickelten Kapitalismus, Frankfurt am Main/New York 2002.
  Das Buch bietet eine theoretische Auseinandersetzung mit dem soziologischen Exklusionsbegriff und analysiert vor diesem Hintergrund gesellschaftliche Desintegrationsprozesse.
Luhmann, Niklas (Hg.): Soziale Differenzierung. Zur Geschichte einer Idee, Opladen 1985.
  Der Band enthält Beiträge zu klassischen soziologischen Konzepten sozialer Differenzierung.
Luhmann, Niklas: Soziologische Aufklärung, Band 6, Wiesbaden 1995.
  In diesem Band entwickelt Luhmann einen systemtheoretischen Begriff von Exklusion und bringt ihn in Zusammenhang mit der soziologischen Differenzierungstheorie.
Marshall, Thomas H. Bürgerrechte und soziale Klassen. Zur Soziologie des Wohlfahrtstaates, Frankfurt am Main/New York 1981.
  Eine klassische Analyse der Entstehung des modernen Wohlfahrtsstaates.
Marx, Karl/Engels, Friedrich: Manifest der kommunistischen Partei, in: Marx-Engels-Werke, Band 4, Berlin 1977, S. 461-482 (Orig. 1848).
  Dieser klassische Text dokumentiert einerseits den Kampf um soziale Rechte, andererseits enthält er die Kernpunkte des Klassenkonzepts von Marx.
Müller, Hans-Peter: Sozialstruktur und Lebensstile, Frankfurt am Main 1992.
  In diesem Band werden neuere Arbeiten zur Sozialstrukturanalyse vorgestellt und kritisch diskutiert.
Neckel, Sighard: Status und Scham. Zur symbolischen Reproduktion sozialer Ungleichheit, Frankfurt am Main/New York 1991.
  In dem Buch wird gezeigt, wie soziale Ungleichheit ihren alltäglichen Niederschlag in den Unterlegenheitsgefühlen von Individuen finden.
Schimank, Uwe: Theorien gesellschaftlicher Differenzierung, Opladen 1996.
  Der Band führt in unterschiedliche – klassische und aktuelle – Theorien der horizontalen Differenzierung moderner Gesellschaften ein.
Simmel, Georg: Soziologie. Untersuchungen über die Formen der Vergesellschaftung, Berlin 1908.
  Ein klassischer Text, in dem einige Analysen zur Entstehung und Aufrechterhaltung sozialer Gruppen enthalten sind.
Weber, Max: Wirtschaft und Gesellschaft, Tübingen 1922.
  Auf Webers Unterscheidung von Klassen und Ständen geht das soziologische Lebensstilkonzept zurück.

Leo Tolstoi

Der russische Schriftsteller Leo Tolstoi wird am 9. September 1828 in Jasnaja Poljana (bei Tula) als Sohn eines Gutbesitzers aus altem Adelsgeschlecht geboren. Er studiert von 1844 bis 1847 orientalische Sprachen und Jura in Kasan. Nach Abbruch seines Studiums ist er in der Verwaltung des Guts Jasnaja Poljana tätig und steht ab 1851 im Dienst der Kaukasusarmee. 1854 bis 1855 nimmt er am Krimkrieg teil. Nach Europa reist er das erste Mal 1857 und dann noch einmal 1860 bis 1861. Nach seiner Hochzeit 1862 mit Sofja Andreevna Bers lebt er nun ständig auf dem Gut Jasnaja Poljana. Hier bricht Tolstoi mit seiner Klasse, der Feudalaristokratie, und stellt sich auf die Seite der Bauern. Er entwickelt widersprüchsvolle, teils gesellschaftskritische, teils reaktionär-utopische Ideen und ist als Pädagoge tätig, indem er Bauernkindern Unterricht erteilt. Durch seine Schriften kommt es zu Spannungen mit der russisch-orthodoxen Kirche, die ihn 1901 ausschließt. 1910 verlässt Tolstoi heimlich seine Familie, um in Einsamkeit zu leben. Während seiner Flucht stirbt er am 20. September 1910 in Astapovo.

Werke u.a.:

1852	Detstvo (Geschichte meiner Kindheit, 1882)
1854	Otročestvo (Aus meinem Leben, 1890)
1855/56	Sevastopol'skie Rasskazy (Sewastopol, 1887)
1859	Semejnoe Sčastie (Familienglück, 1882)
1859	Tri Smerti (Drei Tode, 1911)
1863	Kazaki (Die Kosaken, 1885)
1868/69	Vojna I Mir (Krieg und Frieden, 1885)
1875-1877	Anna Karenina (Anna Karenina, 1885)
1879	Ispoved' (Bekenntnisse, 1886)
1886	Smert' Ivana Il'iča (Der Tod des Iwan Ilitsch, 1887)
1886	Vlast' T'My (Die Macht der Finsternis, 1887)
1889-1899	Voskresenie (Auferstehung, 1899)
1891	Krejcerova Sonata (Die Kreutzersonate, 1890)
1911	Živoj Trup (Der lebende Leichnam, 1911)

Anna Karenina (1885)

Tolstois Roman ist eine breit angelegte Schilderung der russischen Gesellschaft der 1860er Jahre. Die Titelheldin ist Anna Karenina, eine schöne, warmherzige und kluge Ehefrau eines hohen Beamten, der in einer erfolgreichen Karriere das höchste Ziel sieht. Für das Gefühlsleben und die geistigen Bedürfnisse seiner Frau hat er kein Verständnis, so dass sich zwischen Anna und dem Offizier Vronskij eine leidenschaftliche Liebesbeziehung entwickelt. Diese lässt Anna über alle Bedenken hinweggehen und führt zum Ehebruch. Die Folge dieser Tat ist für sie mit unsäglichem Leid und gesellschaftlicher Ächtung verbunden. Am Ende ihres Kampfes um den Geliebten wird sie sich der Tatsache bewusst, dass Vronskijs Liebe zu ihr erkaltet ist. Sie geht in den Tod, indem sie sich vor einen Eisenbahnzug wirft. Diese unglückliche Liebe von Anna und Vronskij steht im Kontrast zu Konstantin Levins Lebensweg und dessen harmonischen Familienleben. Levin, für den der Sinn des Lebens das einzige Problem ist, erfährt durch das Wort eines Bauern eine Art Erleuchtung, die seine innere Wandlung zum Religiösen bewirkt.

(ar)

Tolstoi, Leo: Anna Karenina (Ausschnitte)

Stepan Arkadjewitsch hatte, dank seiner guten Begabung, in der Schule leicht gelernt, doch war er träg und unartig gewesen und befand sich daher beim Abgange mit unter den Letzten. Trotz des lockeren Lebens jedoch, das er stets geführt, trotz des niedrigen Ranges, den er auf der amtlichen Stufenleiter einnahm, und trotz seiner Jugend nahm er die angesehene, mit einem guten Gehalt verbundene Stellung eines Sektionschefs bei einer wichtigen Moskauer Staatsbehörde ein. Er hatte diesen Posten durch den Gatten seiner Schwester Anna, Alexej Alexandrowitsch Karenin, erhalten, der eine der einflußreichsten Stellen in dem Ministerium bekleidete, von dem die Moskauer Behörde ressortierte. Hätte indes Karenin seinen Schwager nicht auf diesen Posten gebracht, so hätte Stiwa Oblonskij durch hundert andere Leute, Brüder, Schwestern, Verwandte, entfernte Onkel und Tanten diesen oder einen ähnlichen Posten erhalten, mit sechstausend Rubel Gehalt, die er unbedingt brauchte, da seine finanziellen Verhältnisse trotz des ansehnlichen Vermögens seiner Frau ziemlich zerrüttet waren.

Halb Moskau und halb Petersburg waren mit Stepan Arkadjewitsch verwandt und befreundet. Er war in der gesellschaftlichen Schicht jener Leute geboren, die man die Mächtigen dieser Welt zu nennen pflegt. Ein

Drittel der alten Staatsmänner waren Freunde seines Vaters gewesen und hatten Stiwa noch im Kinderhemdchen gekannt; ein zweites Drittel war mit ihm auf „du und du", und das dritte Drittel bestand aus lauter guten Bekannten. Die Verteiler der irdischen Güter, als da sind Posten, Pachten, Konzessionen usw., waren durch die Bank seine Freunde und konnten doch einen der Ihrigen nicht leer ausgehen lassen. Ein Oblonskij brauchte sich nicht allzusehr zu bemühen, um einen fetten Posten zu erhalten; er brauchte ihn nur nicht auszuschlagen, nicht neidisch zu sein, sich nicht zu zanken, nicht den Beleidigten zu spielen, was denn auch Stepan Arkadjewitsch, dank der ihm eignen Herzensgüte, niemals tat. Es wäre ihm lächerlich erschienen, wenn ihm jemand gesagt hätte, er würde eine Stelle mit einem Gehalt, wie er es brauchte, nicht erhalten, um so mehr, als er durchaus keine übermäßigen Forderungen stellte; er wollte nur so viel, wie seine Altersgenossen bekamen, und was die dienstlichen Obliegenheiten anbetraf, so vermochte er diese ebensogut zu erfüllen wie jeder andere. [...]

Für die Mutter war jeder Vergleich zwischen Wronskij und Lewin einfach ein Unding. Der Mutter mißfiel an Lewin fast alles: seine sonderbare, schroffe Art zu urteilen, seine Unbeholfenheit im gesellschaftlichen Verkehr, der nach ihrer Meinung nur Hochmut zugrunde lag, und sein in ihren Augen abenteuerliches Leben auf dem Dorfe, wo er sich nur mit dem Vieh und den Bauern beschäftigen konnte. Es hatte ihr auch sehr missfallen, daß er, verliebt, wie er war, sechs Wochen lang zu ihnen ins Haus kam die ganze Zeit über irgend etwas zu erwarten, zu ersehnen, zu befürchten schien, vielleicht der Meinung war, daß er durch einen Antrag ihnen eine allzugroße Ehre antue, und sich gar nicht klar machte, daß seine Besuche in einem Hause, in dem sich ein heiratsfähiges junges Mädchen befand, doch nur mit einem Heiratsantrage abschließen konnten. Nun, und statt dessen verschwand er plötzlich, ohne sich erklärt zu haben. „Ein Glück, daß er so wenig anziehend ist, daß Kitty sich obendrein nicht noch in ihn verliebt hat", dachte die Mutter.

Wronskij dagegen entsprach in jeder Beziehung den Anforderungen, die die Mutter stellte: er war sehr reich, sehr klug, sehr stattlich, auf dem Wege zu einer glänzenden Karriere im militärischen Hofdienst und ein bezaubernder Mensch. Nichts Besseres konnte man sich wünschen.

Wronskij machte Kitty auf den Bällen ganz offen den Hof, tanzte mit ihr und verkehrte im Hause ihrer Eltern, es konnte also an dem Ernst seiner Absichten kein Zweifel herrschen. Gleichwohl kam die Mutter während dieses ganzen Winters aus der Erregung und Unruhe nicht heraus.

Als die Fürstin selbst sich vor dreißig Jahren verheiratete, hatte irgendeine Tante die Ehestifterin gespielt. Der Freier, über den man sich vorher schon ganz eingehend erkundigt hatte, kam, sah die Braut und wurde selbst in Augenschein genommen; die vermittelnde Tante ließ sich von beiden Seiten über den empfangenen Eindruck unterrichten und gab das, was sie erfahren hatte, an den anderen Teil weiter; der Eindruck war hier wie dort günstig; am festgesetzten Tage wurde dann bei den Eltern der Heiratsantrag angebracht und von diesen angenommen. Alles ging einfach und glatt vonstatten, so war es wenigstens der Fürstin vorgekommen. Bei ihren Töchtern aber machte sie die Erfahrung, daß es nicht mehr so einfach war, Töchter zu verheiraten. Welche Angst war da zu überstehen, wieviel Sorgen und Gedanken gab es, wieviel Ausgaben, und wie oft war sie bei der Verheiratung Darjas und Nataljas mit ihrem Gatten zusammengeraten! Und nun, da die Jüngste in die Gesellschaft eingeführt war, wiederholten sich dieselben Zweifel und Ängste, und die Zänkereien mit dem Gatten waren noch ärger als bei den älteren Töchtern. Der alte Fürst war, wie alle Väter, hinsichtlich der Ehre und Reinheit seiner Töchter sehr pedantisch; er war bezüglich seiner Töchter von einer unvernünftigen Eifersucht, namentlich bezüglich Kittys, die sein Liebling war, und er machte der Fürstin jeden Augenblick die heftigsten Szenen, weil sie nach seiner Meinung die Tochter kompromittierte. Die Fürstin war von den älteren Töchtern her an derartige Vorwürfe bereits gewöhnt, diesmal aber hatte sie das Gefühl, daß seine Pedanterie doch nicht ganz unbegründet war. Sie machte die Beobachtung, daß in der letzten Zeit sich in den Sitten und Bräuchen der Gesellschaft vieles geändert hatte und die mütterlichen Pflichten noch schwerer geworden waren. Sie sah, daß Kittys Altersgenossinnen irgendwelche Vereinigungen bildeten und irgendwelche Kurse besuchten, daß sie mit den Männern frei verkehrten, allein ausfuhren, vielfach nicht knicksten und vor allem fest davon überzeugt waren, daß die Wahl eines Gatten ihre eigene Sache und nicht Sache ihrer Eltern sei. „Heutzutage wird das Heiratenstiften nicht mehr so betrieben wie ehedem", dachten und sprachen alle diese jungen Mädchen und sogar alle alten Leute.

Tolstoi, Leo N.: Anna Karenina. Erster Band. Berlin: Deutsche Buchvertriebs- und Verlagsgesellschaft, 1947. [zit. S. 22-23, 59-61].
© keine Angabe gefunden

Johann Wolfgang von Goethe

Biographische Angaben siehe Kapitel I: S. 80

Die Leiden des jungen Werther (1774)

Werther, ein junger, empfindsamer Mann aus bürgerlichen Verhältnissen, schildert in einer Reihe von Briefen, die vom 4.5.1771 bis 23.12. 1772 datiert sind, seinem Jugendfreund Wilhelm die Erlebnisse und Gefühle, die schließlich zu seinem Selbstmord führen; das Ende wird vom fiktiven Herausgeber der Geschichte berichtet.

Werther hat sich in einer ländlichen Idylle niedergelassen und ist von einer tiefen Naturbegeisterung ergriffen. Bei einem Ball auf dem Lande lernt er Lotte kennen und verliebt sich in sie, obwohl er weiß, daß sie schon vergeben ist. Als Albert, Lottes Verlobter, zurückkehrt, wird ihm die Aussichtslosigkeit seiner Hoffnungen immer deutlicher; der Verzweiflung nahe entschließt er sich zur Abreise.

Werther nimmt eine Stelle bei einer Gesandtschaft an. Der Standesdünkel am Hofe und sein pedantischer Vorgesetzter quälen ihn allerdings und zudem muß Werther in einer adligen Gesellschaft eine ihn sehr demütigende Zurücksetzung erfahren, die ihn aufs tiefste erregt. Er bittet um seine Entlassung vom Hofe.

Nach einem Besuch seines Geburtsortes zieht es ihn zu Lotte zurück, die inzwischen mit Albert verheiratet ist. Enttäuschte Liebe und Eifersucht machen Werther das Leben unerträglich, auch das Verhältnis zwischen den dreien wird immer gespannter. Werther entwickelt zunehmend Selbstmordgedanken.

Obwohl Lotte ihn ausdrücklich bittet, sie nicht mehr zu besuchen, kommt er eines Abends in Abwesenheit Alberts zu ihr. Als er ihr aus seiner Ossian-Übersetzung vorliest, überwältigen ihn seine Gefühle, und er umarmt sie leidenschaftlich. Lotte reißt sich von ihm los und sperrt sich im Nebenzimmer ein. Noch in derselben Nacht beendet Werther seinen Abschiedsbrief an Lotte und schießt sich eine Kugel durch den Kopf.

(nr)

Goethe, Johann Wolfgang von: Die Leiden des jungen Werther (Ausschnitt)

Den 15. März.

Ich habe einen Verdruß gehabt, der mich von hier wegtreiben wird. Ich knirsche mit den Zähnen! Teufel! er ist nicht zu ersetzen, und ihr seid doch allein schuld daran die ihr mich sporntet und triebt und quältet, mich in einen Posten zu begeben, der nicht nach meinem Sinne war. Nun habe ich's! nun habt ihr's! Und daß du nicht wieder sagst, meine überspannten Ideen verdürben alles, so hast du hier, lieber Herr, eine Erzählung, plan und nett, wie ein Chronikenschreiber das aufzeichnen würde.

Der Graf von C. liebt mich, distinguiert mich, das ist bekannt, das habe ich dir schon hundertmal gesagt. Nun war ich gestern bei ihm zu Tafel, eben an dem Tage, da abends die noble Gesellschaft von Herren und Frauen bei ihm zusammenkommt, an die ich nie gedacht habe, auch mir nie aufgefallen ist, daß wir Subalternen nicht hineingehören. Gut. Ich speise bei dem Grafen, und nach Tische gehn wir in dem großen Saal auf und ab, ich rede mit ihm, mit dem Obristen B., der dazu kommt, und so rückt die Stunde der Gesellschaft heran. Ich denke, Gott weiß, an nichts. Da tritt herein die übergnädige Dame von S. mit ihrem Herrn Gemahl und wohl ausgebrüteten Gänslein Tochter mit der flachen Brust und niedlichem Schnürleibe, machen en passant ihre hergebrachten, hochadeligen Augen und Naslöcher, und wie mir die Nation von Herzen zuwider ist, wollte ich mich eben empfehlen und wartete nur, bis der Graf vom garstigen Gewäsche frei wäre, als meine Fräulein B. hereintrat. Da mir das Herz immer ein bißchen aufgeht, wenn ich sie sehe, blieb ich eben, stellte mich hinter ihren Stuhl und bemerkte erst nach einiger Zeit, daß sie mit weniger Offenheit als sonst, mit einiger Verlegenheit mit mir redete. Das fiel mir auf. Ist sie auch wie all das Volk, dacht' ich, und war angestochen und wollte gehen, und doch blieb ich, weil ich sie gerne entschuldigt hätte und es nicht glaubte und noch ein gut Wort von ihr hoffte und was du willst. Unterdessen füllte sich die Gesellschaft. Der Baron F. mit der ganzen Garderobe von den Krönungszeiten Franz des Ersten her, der Hofrat R., hier aber in qualitate Herr von R. genannt, mit seiner tauben Frau etc., den übel fournierten J. nicht zu vergessen, der die Lücken seiner altfränkischen Garderobe mit neumodischen Lappen ausflickt, das kommt zu Hauf, und ich rede mit einigen meiner Bekanntschaft, die alle sehr lakonisch sind. Ich dachte – und gab nur auf meine B. acht. Ich merkte nicht, daß die Weiber am Ende des Saales sich in die Ohren flüsterten, daß es auf die Männer zirkulierte, daß Frau von S. mit dem Grafen redete (das alles hat mir Fräulein B. nachher erzählt), bis endlich der Graf auf mich losging und mich in ein Fenster nahm. – „Sie wissen", sagt' er, „unsere wunderbaren Verhältnisse, die Gesellschaft ist unzufrieden, merke ich, Sie hier zu sehn. Ich wollte nicht um alles" – „Ihro Exzellenz", fiel ich ein, „ich bitte tausendmal um Verzeihung; ich hätte eher dran denken sollen, und ich weiß, Sie vergeben mir diese Inkonsequenz; ich wollte schon vorhin mich empfehlen. Ein böser Genius hat mich zurückgehalten." setzte ich lächelnd hinzu, indem ich mich neigte. – Der Graf drückte meine Hände mit einer Empfindung, die alles sagte. Ich strich mich sacht aus der vornehmen Gesellschaft, ging, setzte mich in ein Kabriolett und fuhr nach M., dort vom Hügel die Sonne untergehen zu sehen und dabei in meinem Homer den herrlichen Gesang zu lesen, wie Ulyß von dem trefflichen Schweinehirten bewirtet wird. Das war alles gut.

Des Abends komm' ich zurück zu Tische, es waren noch wenige in der Gaststube; die würfelten auf einer Ecke, hatten das Tischtuch zurückgeschlagen. Da kommt der ehrliche Adelin hinein, legt seinen Hut nieder, indem er mich ansieht, tritt zu mir und sagt leise: „Du hast Verdruß gehabt?" – „Ich?" sagt' ich. – „Der Graf hat dich aus der Gesellschaft gewiesen." – „Hol' sie der Teufel!" sagt' ich, „mir war's lieb, daß ich in die freie Luft kam." – „Gut," sagt' er, „daß du's auf die leichte Achsel nimmst. Nur verdrießt mich's, es ist schon überall herum." – Da fing mich das Ding erst an zu wurmen. Alle, die zu Tisch kamen und mich ansahen, dachte ich, die sehen dich darum an! Das gab böses Blut.

Und da man nun heute gar, wo ich hintrete, mich bedauert, da ich höre, daß meine Neider nun triumphieren und sagen: da sähe man's, wo es mit den Übermütigen hinausginge, die sich ihres bißchen Kopfs überhöben und glaubten, sich darum über alle Verhältnisse hinaussetzen zu dürfen, und was des Hundegeschwätzes mehr ist – da möchte man sich ein Messer ins Herz bohren; denn man rede von Selbständigkeit was man will, den will ich sehen, der dulden kann, daß Schurken über ihn reden, wenn sie einen Vorteil über ihn haben; wenn ihr Geschwätze leer ist, ach da kann man sie leicht lassen.

Goethe, Johann Wolfgang von: Die Leiden des jungen Werther. Zweites Buch. In: Trunz, Erich (Hg.): Goethes Werke. Hamburger Ausgabe in 14 Bänden, Bd. 6. Romane und Novellen. München: Beck, 1994. [zit. S. 67-69]
© 1981 C.H. Beck'sche Verlagsbuchhandlung, München.

Weitere Textempfehlung:
Rinser, Luise: **Daniela.** Frankfurt am Main: Fischer TB, 1980. [S. 128-133 u. 136]
© S.Fischer Verlag, Frankfurt am Main

Frank McCourt

Frank McCourt wird 1930 in New York geboren. Im Alter von vier Jahren siedelt er mit seinen Eltern von Amerika nach Irland um und wächst dort auf. Mit 19 Jahren hat er genügend Geld gespart, um nach Amerika zurück zu kehren. In New York unterrichtet er an einer High School. 1995 geht er in Pension und schreibt seine Erinnerungen auf.

Die Asche meiner Mutter: Irische Erinnerungen (1996)

Franks Vater ist ein Säufer, der aus dem Norden Irlands stammt. Er muss das Land verlassen und trifft in New York auf Angela, die von ihrer eigenen Mutter wegen ihrer Nutzlosigkeit in die Emigration geschickt wurde. Die beiden heiraten und Angela bringt in vier Jahren Ehe fünf Kinder zur Welt. Die Familie ist völlig mittellos und muss dadurch nach Irland zurückkehren. Seine neue Heimat kennt Frank, der Älteste, bisher nur aus den Erzählungen seines Vaters, lernt sie daraufhin aber schnell in den Slums von Limerick kennen und weiß, was es heißt, arm, katholisch und Ire zu sein. Dort verbringt er die beiden ersten Jahrzehnte seines Lebens. Kurz nach dem Krieg kann er wieder nach New York zurückkehren.

(ar)

McCourt, Frank: Die Asche meiner Mutter (Ausschnitte)

[...]
Mam sagt uns, geht ins Bett, in einer Minute kommt sie nach, sobald sie mit Lamans letzter Tasse Tee auf den Speicher geklettert ist. Oft schlafen wir ein, bevor sie hochklettert, aber es gibt Nächte, da hören wir sie sprechen, grunzen, stöhnen. Es gibt Nächte, da kommt sie gar nicht herunter, und Michael und Alphie haben das große Bett für sich. Michael sagt, sie bleibt oben, weil es für sie zu schwer ist, im Dunkeln herunterzuklettern.

Er ist erst sieben, und er versteht es nicht. Ich bin dreizehn, und ich glaube, sie machen da oben die Aufregung. Ich weiß Bescheid über die Aufregung, und ich weiß, daß sie eine Sünde ist, aber wie kann sie eine

Sünde sein, wenn sie in einem Traum zu mir kommt, in dem amerikanische Mädchen in Badeanzügen auf der Leinwand im Lyric Cinema posieren, und ich wache vom Schieben und Schobern auf dem Bauch auf? Es ist eine Sünde, wenn man hellwach ist und Hand an sich legt, so wie die Jungs auf dem Schulhof darüber geredet haben, nachdem Mr. O'Dea uns das sechste Gebot vorgebrüllt hatte, du sollst nicht ehebrechen, und das bedeutet, unreine Gedanken, unreine Worte, unreine Taten, und das ist Ehebruch, Säuisches im allgemeinen. Ein Redemptoristenpriester kläfft uns die ganze Zeit im Hinblick auf das sechste Gebot an. Er sagt, Unreinheit ist eine so schwere Sünde, wie sich die Jungfrau Maria abwendet und weint.

Und warum weint sie, ihr Knaben? Sie weint euretwegen und um dessen, was ihr ihrem geliebten Sohn antut, willen. Sie weint, wenn sie die lange trübe Vedute der Zeit entlangblickt und mit Schrecken des Schauspiels innewird, welches ihr Knaben von Limerick bieten, die sich beflecken, die sich beschmutzen, die an sich herummachen, die Raubbau treiben an sich selbst, die ihre jungen Körper besudeln, welche die Tempel des Heiligen Geistes sind. Unsere Liebe Frau weint über diese Scheußlichkeiten, weiß sie doch, daß ihr jedesmal, wenn ihr an euch herumspielt, ihren heißgeliebten Sohn ans Kreuz nagelt, daß ihr Ihm abermals die Dornenkrone auf das teure Haupt rammt, daß ihr jene greulichen Wunden abermals öffnet. In einer Todesqual des Durstes hängt Er am Kreuze, und was bieten Ihm jene perfiden Römer an? Einen Toilettenschwamm, in Essig und Galle getaucht, und schieben ihn Ihm in Seinen armen Mund, einen Mund, dessen Lippen sich außer zum Beten kaum je bewegen, denn Er betet auch für euch, ihr Knaben, sogar für euch, die ihr Ihn an jenes Kreuz genagelt habt. Bedenkt die Leiden unseres Herrn. Bedenkt die Dornenkrone. Bedenkt in euerm Sinn eine kleine Nadel, die euch in den Schädel getrieben wird, die Qual des Stechens, des Durchbohrens. Bedenkt sodann zwanzig Dornen, die in euern Schädel getrieben werden. Denkt, sinnt über die Nägel nach, die Seine Hände, Seine Füße zerrissen. Könntet ihr auch nur einen Bruchteil jener Qual ertragen? Nun nehmt wieder jene Nadel, jene schlichte Nadel. Stecht euch damit in die Seite. Vergrößert diese Empfindung um ein Hundertfaches, und ihr werdet von jener schaurigen Lanze durchbohrt. Oh, ihr Knaben, der Teufel will eure Seelen. Er will euch bei sich in der Hölle, und wisset dies, daß jedesmal, wenn ihr an euch herumspielt, jedesmal, wenn ihr euch der niedrigen Sünde der Selbstbefriedigung hingebt, dann nagelt ihr nicht nur Christus ans Kreuz, dann legt ihr einen weiteren Schritt auf dem Wege zur Hölle als solcher zurück. Tretet hinweg vom Abgrund, ihr Knaben. Widersteht dem Teufel und laßt eure Hände, wo Sie sind. Ich kann nicht damit aufhören, an mir herumzuspielen. Ich bete zur Jungfrau Maria und sage ihr, es tut mir leid, daß ich ihren Sohn wieder ans Kreuz genagelt habe, und ich werde es nie wieder tun, aber ich kann nicht anders, und ich schwöre, ich werde zur Beichte gehen, und danach, danach ganz bestimmt, werde ich es nie wieder tun. Ich will nicht in die Hölle, wo mich in alle Ewigkeit Teufel durch die Gegend jagen und mit heißen Heugabeln piksen werden.[...]

Oma spricht nicht mehr mit Mam, weil ich das mit Gott auf ihrem Hinterhof gemacht habe. Mam spricht nicht mit ihrer Schwester, Tante Aggie, und nicht mit ihrem Bruder, Onkel Tom. Dad spricht mit niemandem in Mams Familie, und sie sprechen nicht mit ihm, weil er aus dem Norden kommt und weil er diese komische Art hat. Niemand spricht mit der Frau von Onkel Tom, Jane, weil sie aus Galway kommt und so spanisch aussieht. Jeder spricht mit Mams Bruder, Onkel Pat, weil er auf den Kopf gefallen ist, weil er ein einfacher Mensch ist und weil er Zeitungen verkauft. Alle nennen ihn Abt oder Ab Sheehan, und keiner weiß, warum. Alle sprechen mit Onkel Pa Keating, weil er im Krieg Gas abgekriegt und Tante Aggie geheiratet hat, und wenn sie nicht mit ihm sprächen, würde ihn das sowieso keinen feuchten Fiedlerfurz kümmern. So wäre ich auch gern auf der Welt: Nichts kümmert mich einen feuchten Fiedlerfurz, und das sage ich auch dem Engel auf der siebten Stufe, aber dann fällt mir ein, daß man in Gegenwart eines Engels nicht Furz sagt. Onkel Tom und Galway-Jane haben Kinder, aber mit denen sollen wir nicht sprechen, weil unsere Eltern nicht miteinander sprechen. Mam schreit uns an, wenn wir mit Gerry und Peggy Sheehan sprechen, aber wir wissen nicht, wie man das macht, daß man nicht mit seinem Cousin und seiner Cousine spricht.

Die Menschen in den Familien in unserem Stadtteil wissen, wie man nicht miteinander spricht, und das erfordert jahrelange Übung. Es gibt welche, die nicht miteinander sprechen, weil ihre Väter im Bürgerkrieg von neunzehnhundertzweiundzwanzig auf verschiedenen Seiten standen. Wenn ein Mann in die englische Armee eintritt, kann seine Familie gleich in einen anderen Stadtteil von Limerick ziehen, wo Familien wohnen, die Männer in der englischen Armee haben. Wenn man jemanden in der Familie hat, der in den letzten siebenhundert Jahren auch nur ein bißchen nett zu den Engländern war, wird das ausgegraben und einem um die Ohren gehauen, und dann kann man auch gleich nach Dublin ziehen, wo das den Leuten wurscht ist. Es gibt Familien, die sich schämen, weil ihre Vorfahren ihre Religion wegen eines Tellers protestantischer Suppe während der Großen Kartoffelhungersnot aufgaben, und diese Familien sind für alle Zeiten als Suppenseelen bekannt. Es ist schrecklich, eine Suppenseele zu sein, weil man auf ewig in den Suppenseelenteil der Hölle verbannt ist, aber noch schlimmer ist es, ein Informant zu sein. Der Lehrer in der Schule hat gesagt, dass jedesmal, wenn die Iren die Engländer gerade in einem fairen Kampf vernichten wollten, ein dreckiger Informant sie betrogen hat. Ein Mann, von dem sich herausstellt, daß er ein Informant ist, verdient, gehängt zu werden oder, noch schlimmer, daß niemand mit ihm spricht. In jeder Gasse gibt es immer jemanden, der nicht mit jemandem spricht, oder alle sprechen mit jemandem nicht, oder jemand spricht mit allen nicht. Wenn Leute nicht miteinander sprechen, merkt man das immer daran, wie sie aneinander vorbeigehen. Die Frauen klappen die Nase hoch, machen den Mund klein und wenden sich ab. Wenn die Frau einen Umhang trägt, nimmt sie eine Ecke des Umhangs und wirft ihn sich über die Schulter, als wollte sie sagen, ein Wort oder Blick von dir, du schafsgesichtige Zicke, und ich reiß dir das Antlitz vorne vom Kopf ab.

McCourt, Frank: Die Asche meiner Mutter. München: Luchterhand Literaturverlag, 1996. [zit. S. 395-397; 173-174]
© 1996 für dt. Ausgabe im Luchterhand Literaturverlag, München, einem Unternehmen der Verlagsgruppe Random House GmbH

Joachim Nowotny

Joachim Nowotny wird am 16. Juni 1933 in Reitschen (Oberlausitz) geboren. Nach seiner Zimmermannslehre holt er 1954 das Abitur an der Arbeiter-und-Bauern-Fakultät nach und beginnt Germanistik in Leipzig zu studieren. Er wird Verlagslektor und ist seit 1962 freischaffender Schriftsteller. Von 1967 bis 1982 ist er Dozent am Literaturinstitut in Leipzig. Bekannt sind vor allem Nowotnys Kinder- und Jugendbücher sowie seine realistisch-heiteren Erzählungen von Begebenheiten aus dem DDR-Alltag. Seine Geschichten sind überwiegend in der Lausitz angesiedelt.

Werke:

1963	Hochwasser im Dorf
1965	Hexenfeuer
1967	Labyrinth ohne Schrecken
1969	Der Riese im Paradies
1970	Sonntag unter Leuten
1976	Ein gewisser Robel
1985	Schäfers Stunden

Der glückselige Stragula (1981)

In Nowotnys Kurzgeschichte fährt „Der glückselige Stragula" mit seinem Rad querfeldein zu seiner Geliebten. In ihrer Nähe, in Wald und Flur seines Umfelds fühlt er sich glücklich und entspannt. Für ihn ist es unvorstellbar, seine Heimat zu verlassen. Diese Meinung vertritt er am Abend bei seinen Kegelkumpanen, von denen sich Robel abgesondert hat. Dieser will nach Afrika, wodurch eine gedrückte Stimmung in der Männerrunde entsteht.

(ar)

Nowotny, Joachim: Der glückselige Stragula (Ausschnitt)

So von ungefähr: Mit einer Stiege Äpfeln über Land fahren, links ein Tritt, rechts ein Tritt, die eine Hand nach hinten zum Gepäckträger gedreht, die andere am Lenker, den Blick halb der Fahrspur im Sand, halb dem Ganzen gewidmet, den Sinn offen für diesen Tag, das ist Stragula, da fährt er hin im Oktober, bei strammem Wind von Osten, also treibend, bei Nachmittagssonne nebst Wolken, im Geräusch der welken Blätter. Und er biegt jetzt ab, der Stragula, bekommt den Wind von der Seite, liegt ein wenig schief in der Gegend, fährt bis zum Wald, richtet sich in dessen Schutze auf, tritt wieder links, tritt rechts, die eine Hand hinten auf den Stiegenrand, die andere am Lenker. Spremberger Weg, denkt er, na also, Spremberger Weg. Das ist nun schon alles. Oder wenigstens der Anfang. Denn Stragula gerät ins Wanken, er nimmt den linken Fuß von dem Pedal, stoppelt drei Schmälgraswülste ab, steht, hebt das rechte Bein vorsichtig über die Querstange, stellt das Rad an den Baum, setzt sich auf den Stamm. Und wundert sich gewaltig, daß er plötzlich so glücklich ist. Mißtrauen stößt auf die Galle: Das kann doch nicht sein, Stragula, einfach so glücklich, ohne alles, mitten aus dem Tag heraus, während einer Apfelfuhre, da stimmt doch etwas nicht. Stragula horcht in den Wind, er blinzelt in die Sonne, schnüffelt den Pilzdunst, fühlt das Holz unter sicher kann es nicht bestreiten, er ist glücklich. Wenigstens für den Moment.

Aber den kann man vielleicht festhalten. Stragula steigt auf, fährt weiter, immer den Spremberger Weg entlang, ein bißchen eilig jetzt und auch froh, daß er weiß, wie dieser Weg heißt. Denn das wissen nur noch wenige hier, die Alten, deren Väter einst Gespanne und Vieh zum Markt getrieben haben, die vielleicht gerade noch.

Es muß damals hier laut zugegangen sein, Peitschenknall und Achsknarren, hü und hott, der derbe Zuruf von Kutschbock zu Kutschbock, nach dem Schluck aus der Tonschnapsflasche, das Gezeter der Zigeunerweiber hinten im Planwagen und die laute Ungeduld der Burschen, wenn sie sich mit einem Mädchen in die Büsche schlugen.

Heute gibt es keinen Markt mehr, dieses Spremberg ist eine Stadt unter vielen, kein Zentrum, zu dem man strebt; wenn einer was will, dann benutzt er die Bahn oder die Asphaltstraße drüben hinterm Wald. Der alte Weg existiert noch, zugewachsen, kaum erkennbar, bedrängt von Pflugscharen, die Raum brauchen, soll ihre Spur rentabel sein. Vielleicht fährt Stragula das letzte Mal hier zwischen Feld und Wald, vielleicht verschwindet das, was sich Spremberger Weg nennt, bald ganz unter den Ackerschollen. Für Stragula wird noch der sandhelle Streifen hinter dem Pflug bleiben, was er war: der Spremberger Weg.

Stragula braucht diesen vertrauten Umgang mit der Gegend. Nicht, daß er altmodisch wäre, nein, aber er muß die Dinge benennen können, möglichst mit einem Namen, der was hergibt, dem sich was abhorchen läßt, der Stilles laut macht und Totes lebendig ...

Stragula lebt hier und ist hier zu Hause, da gibt es keinen Zweifel. Auch wenn er nun auf einmal abbiegt, einem unbekannten Pfad durch indifferente Kiefernschonungen folgt, auch wenn er die Richtung nur ahnt, weiß er jeder Wurzel auszuweichen, jede Biegung zwischen Bäumen ordentlich anzusteuern, er fährt und fährt, er könnte die Augen schließen, aber er läßt sie offen. Er freut sich, der Stragula, auf das Geraschel der harten Eichenschößlinge, die nun seine Knie berühren, er freut sich auf den Blick die Schneise hinab ins Dorf, er atmet den beizenden Geruch von Grasfeuern im Oktoberwind tief in sich hinein, läßt das Rad rollen, sieht, daß er erwartet wird. Natürlich wird er erwartet. Waleska, rund, füllig, umgänglich, lacht ihm entgegen. Sie steht im Hof, gelassen und selbstverständlich, nimmt die Apfelstiege vom Gepäckträger, damit Stragula das Bein ordentlich und männlich über den Sattel heben kann. Zwei, drei Worte werden gewechselt, nichts Bedeutendes, mehr ein Ritus, der die Begrüßung ersetzt, wenn man sich jeden Tag sieht. Die Äpfel also gleich hoch in die Giebelkammer. Waleska geht auf der Holzstiege voran, Stragula, der Glückliche, folgt ihr, die Früchte vor der Brust. Sein Blick gleitet über die Goldparmänen zu Waleskas sanft bewegten Hüften. Oben, noch schwer an Dachbodendunst und Apfelsüße atmend, empfängt er seinen Lohn, einen ziemlich langen, ziemlich heißen Kuß. Er will etwas erklären, will eigentlich sagen, daß das Apfelgeschenk gewissermaßen Sühne für den Abend sei, an dem er nicht bei ihr sein wird, aber Waleska weiß das längst, sie weiß immer alles längst, sie schiebt ihre Schulter aus dem Schürzenausschnitt, weiß, daß Stragulas Lippen nach eben jener Stelle ihres Körpers verlangen. Sie wird genau im rechten Moment taumelig in den Beinen, nicht ohne Geschick freilich, das geht alles ineinander über, die kleinen Schritte zurück, das aufregende Hinübergleiten, die Hingabe auf vorbereitetem Lager.

Später – Stragula ist allein unten in der Wohnküche, er hat eine Flasche Bier beim Wickel –, später schüttelt Stragula lächelnd den Kopf: So eine Frau, mein lieber Mann!

Einfach am hellichten Nachmittag, die Tür stand offen, die Hühner werden ihre Hälse in den Flur gereckt, die Katze wird auf der Ofenbank geschnurrt haben, die Leute werden vorbeigegangen sein, er aber, Stragula, hat bei dieser Frau gelegen, verführt oder seinem Drange folgend, er weiß es nicht. Er weiß nur, daß es so in Ordnung ist in dieser Unordnung. Er hat seine Vorlieben bei der Sache, und Waleska errät sie spielend. Sie läßt ihn gewähren und versteht es sogar, Befriedigung daraus zu ziehen, Befriedigung, die ihn erregt und entspannt, mehr kann man nicht verlangen.

Stragula ist ganz ruhig jetzt, er atmet leicht, brennt sich eine Zigarette an, streicht der Katze versunken übers Fell. Irgendwann wird man heiraten, er, Stragula, der jugendliche Hagestolz, und sie, Waleska, die mittelfrühe Witwe. Und auch das Irgendwann macht Stragula froh, es ist so unverbindlich, es verlangt keine sofortige Entscheidung, keine Vorsorge, keine Pläne, es läßt alles bei diesem langen glücklichen Moment.

Stragula wartet nicht, bis Waleska herunterkommt. Er geht leise ums Haus, denkt für Sekunden ganz hinten im Kopf daran, daß er später allerhand zu richten habe, das Fachwerk weißen, die Balken schwärzen, das Dach ausflicken, vielleicht ein neuer Zaun – aber das ist alles so weit und ungenau, es kann Stragulas Freude nicht verwässern. Er besteigt das Rad, fährt aus dem Dorf, die Straße entlang hinüber in dieses Heidenest, von dem die Leute sagen: Drei Häuser, fünf Spitzbuben, eine Kneipe und Kegelbahn. Landläufige uralte Witze, sie stimmen nicht mehr, man lacht aber trotzdem, auch Stragula lacht, und er ist froh, daß er es kann.

In der Kegelstube ist schon Betrieb. Stragula kommt eine Viertelstunde zu spät. Das Hallo, die unter diesen Umständen fälligen Strafrunden und die spöttischen Erkundigungen nach dem Grund der Verspätung nimmt Stragula gelassen auf. Ja, er betrachtet sie wie wohlverdiente Ovationen, er geht auf den Ton ein, er ist unter seinen Leuten.

Nach Bier und launigem Gespräch schiebt er seine hundert Kugeln, er bleibt mit 13 unter dem Durchschnitt und damit im Rahmen seiner Möglichkeiten. Besonders sportlichen Ehrgeiz hat er nicht, der Stragula, ihn lockt die Männergesellschaft am Freitagabend, das sich langsam entfernende Summen der Kugeln, das Geprassel der Kegel, wenn die Kugel sie erreicht, und der kurze Polterschlag, mit dem sie am Wandschutz ihren Lauf beendet. Er liebt den erregenden Augenblick, wenn sich der letzte Kegel wie nachdenklich in seiner Standmulde dreht, langsam, sehr langsam schwankt und sich zum Kippen oder Stehenbleiben entschließt, alle neune oder nicht. Den Triumphschrei seiner Freunde liebt er, wenn einer drei neunen hintereinander schiebt, und selbst den Kummer, daß er es noch nie dazu gebracht hat, den liebt Stragula auch.

Nach zwei weiteren Bieren muß Stragula mal raus. Die Dunkelheit überrascht ihn, der Wind ist kälter geworden, auch zugiger, wie's Stragula scheint, dennoch sammelt sich in der Wiesenmulde hinterm Dorf der erste Nebel. Stragula ist froh, daß er dort nicht hin muß. Er flüchtet zurück in Licht und Wärme, reibt sich die Hände, hat Appetit auf einen Grog, setzt also bei der nächsten Bierrunde aus und trinkt auf eigene Kosten.

Das ist eigentlich ein Verstoß gegen herrschende Sitten, aber Stragula kann sich das erlauben, er zählt hier etwas, und gewisse Eigenheiten werden respektiert. Schlimmer steht es um einen gewissen Robel, der ist schon das dritte Mal überhaupt nicht zum Kegeln erschienen, man wird mit ihm reden müssen, sonst gerät die Strafe für unentschuldigtes Fernbleiben zu hoch. Aber, sagt einer in den Rauchnebel über den Köpfen, der kommt überhaupt nicht mehr, der Robel, der macht weg hier, den können wir abschreiben. Der lernt jetzt Französisch, sagt ein anderer, Intensivstudium, ein Jahr lang täglich zehn Stunden, und dann geht er nach Afrika, so Guinea oder Algerien, als Deutschlehrer. Seine Frau übrigens auch.

Stragula nippt an seinem Grog, sagt: Quatsch, sagt er, Blödsinn so was, würd ich nie machen, ich könnt hier nie weg, kein Stück, ich tu meine Arbeit, und wenn's sein muß, auch etwas mehr, aber hier weg, nee, Herrschaften, keine zehn Pferde.

Dann ist es still in der Runde, die Biergläser schlagen ihre Schatten aufs Tischtuch, aus den Aschenbechern steigt Rauch, als hätte er es eilig, zu der Wolke über dem Lampenschirm zu kommen. Einer sagt: Afrika, mein lieber Mann! Aber auch das stört die Stille nicht beträchtlich. Doch das ist so eine komische Ruhe, es sind halbgedachte Gedanken in ihr, auch Möglichkeiten, Traumfetzen, Spannungen, allein Stragula in all seinem Glück hat den Schneid, auf den Tisch zu hauen, Schluß zu sagen, diesen Robel hier abzumelden, den aufreizenden Geschmack der Ferne mit einem Bier von der Zunge zu schwemmen.

Nowotny, Joachim: „Der glückliche Stragula", in: *Fünfundsiebzig Erzähler der DDR*, Band 2, Berlin, Weimar: Aufbau Verlag, 1981. [zit. S. 143-148]
© Aufbau Verlag Berlin/Weimar 1981

Franz Werfel

Franz Werfel wird am 10. September 1890 in Prag als Sohn eines wohlhabenden jüdischen Kaufmanns geboren. 1909 nach seiner Matura, seinem einjährigen Militärdienst und einem kurzen Volontariat in einem Hamburger Speditionsunternehmen ist Werfel ab 1912 Lektor des Kurt Wolff Verlag in Leipzig. Von 1915 bis 1917 ist er Soldat der österreichischen Armee in Ostgalizien. Nach einem kurzen Aufenthalt in Berlin ist er ab 1917 freier Schriftsteller in Wien. Er heiratet Alma Mahler und unternimmt Reisen in die Schweiz, nach Italien, Ägypten und Palästina. 1933 wird er aus der Preußischen Dichterakademie ausgeschlossen und emigriert 1938 nach Frankreich (Sanary-sur-Mer). Von dort flieht er 1940 vor den deutschen Invasionstruppen über Spanien und Portugal in die USA. Werfel lebt dort in Beverly Hills (Kalifornien) und stirbt hier am 26. August 1945.

Werke u.a.:

1920   Nicht der Mörder, der ermordet ist schuldig
1928   Der Abituriententag. Die Geschichte einer Jugendschuld
1939   Der Veruntreute Himmel. Die Geschichte einer Magd
1941   Das Lied von Bernadette
1942   Jacobowsky und der Oberst. Komödie und Tragödie

Eine blaßblaue Frauenschrift (1941)

Leonidas, aus kleinen Verhältnissen stammend, steigt zum Sektionschef im Wiener Ministerium für Kultus und Unterricht auf. Im Jahre 1936 erhält er überraschend einen Brief von seiner ehemaligen, in Deutschland lebenden Geliebten Vera, einer Jüdin. Damals hatte er kurz nach seiner Hochzeit mit Amelie, einer der reichsten und vorteilhaftesten Partien der Stadt, Vera den Laufpass gegeben und den Kontakt mit ihr abgebrochen.

(ar)

Werfel, Franz: Eine blaßblaue Frauenschrift (Ausschnitt)

Die Post lag auf dem Frühstückstisch. Ein beträchtlicher Stoß von Briefen, denn Leonidas hatte erst vor kurzem seinen fünfzigsten Geburtstag gefeiert und täglich trafen noch immer glückwünschende Nachzügler ein. Leonidas hieß wirklich Leonidas. Den eben so heroischen wie drückenden Vornamen verdankte er seinem Vater, der ihm als dürftiger Gymnasiallehrer außer diesem Erbteil nur noch die vollzähligen griechischrömischen Klassiker und zehn Jahrgänge der ‚Tübinger altphilologischen Studien' vermacht hatte. Glücklicherweise ließ sich der feierliche Leonidas leicht in einen schlichtgebräuchlichen Leo umwandeln. Seine Freunde nannten ihn so, und Amelie hatte ihn niemals anders gerufen als Leon. Sie tat es auch jetzt, indem sie mit ihrer dunklen Stimme der zweiten Silbe León eine melodisch langgezogene und erhöhte Note gab.

„Du bist unerträglich beliebt, León", sagte sie. „Wieder mindestens zwölf Gratulationen . . . „ Leonidas lächelte seiner Frau zu, als bedürfte es einer verlegenen Entschuldigung, daß es ihm gelungen sei, zugleich mit dem Gipfel einer glänzenden Karriere sein fünfzigstes Lebensjahr zu erreichen. Seit einigen Monaten war er Sektionschef im ‚Ministerium für Kultus und Unterricht' und gehörte somit zu den vierzig bis fünfzig Beamten, die in Wirklichkeit den Staat regierten. Seine weiße ausgeruhte Hand spielte zerstreut mit dem Briefstapel. Amelie löffelte langsam eine Grapefruit aus. Das war alles, was sie morgens zu sich nahm. Der Umhang war ihr von den Schultern geglitten. Sie trug ein schwarzes Badetrikot, in welchem sie ihre alltägliche Gymnastik zu erledigen pflegte. Die Glastür auf die Terrasse stand halb offen. Es war ziemlich warm für die Jahreszeit. Von seinem Platz aus konnte Leonidas weit über das Gartenmeer der westlichen Vorstadt von Wien hinaussehen, bis zu den Bergen, an deren Hängen die Metropole verebbte. Er warf einen prüfenden Blick nach dem Wetter, das für sein Behagen und seine Arbeitskraft eine wesentliche Rolle spielte. Die Welt präsentierte sich heute als ein lauer Oktobertag, der in einer Art von launisch gezwungener Jugendlichkeit einem Apriltage glich. Über den Weinbergen der Bannmeile schob sich dickes hastiges Gewölk, schneeweiß und mit scharf gezeichneten Rändern. Wo der Himmel frei war, bot er ein nacktes, für diese Jahreszeit beinahe schamloses Frühlingsblau dar. Der Garten vor der Terrasse, der sich noch kaum verfärbt hatte, wahrte eine ledrig hartnäckige Sommerlichkeit. Kleine gassenbübische Winde sprangen mutwillig mit dem Laub um, das noch recht fest zu hängen schien.

Ziemlich schön, dachte Leonidas, ich werde zu Fuß ins Amt gehen. Und er lächelte wiederum. Es war dies aber ein merkwürdig gemischtes Lächeln, begeistert und mokant zugleich. Immer, wenn Leonidas mit Bewußtsein zufrieden war, lächelte er mokant und begeistert. Wie so viele gesunde, wohlgestalte, ja schöne Männer, die es im Leben zu einer hohen Stellung gebracht haben, neigte er dazu, sich in den ersten Morgenstunden ausnehmend zufrieden zu fühlen und dem gewundenen Lauf der Welt rückhaltlos zuzustimmen. Man trat gewissermaßen aus dem Nichts der Nacht über die Brücke eines leichten, alltäglichen neugeborenen Erstaunens in das Vollbewußtsein des eigenen Lebenserfolges ein. Und dieser Lebenserfolg konnte sich wahrhaftig sehen lassen: Sohn eines armen Gymnasialprofessors achter Rangklasse. Ein Niemand, ohne Familie, ohne Namen, nein ärger, mit einem aufgeblasenen Vornamen behaftet. Welch eine triste, frostige Studienzeit! Man bringt sich mit Hilfe von Stipendien und als Hauslehrer bei reichen, dicklichen und unbegabten Knaben mühsam durch. Wie schwer ist es, das verlangende Hungerblinzeln in den eigenen Augen zu bemeistern, wenn der träge Zögling zu Tisch gerufen wird! Aber ein Frack hängt dennoch im leeren Schrank. Ein neuer tadelloser Frack, an dem nur ein paar kleine Korrekturen vorgenommen werden mußten. Dieser Frack nämlich ist ein Erbstück. Ein Studienkollege und Budennachbar hat ihn Leonidas testamentarisch hinterlassen, nachdem er sich eines Abends im Nebenzimmer eine Kugel unangekündigt durch den Kopf gejagt hatte. Es geht fast wie in Märchen zu, denn dieses Staatsgewand wird entscheidend für den Lebensweg des Studenten. Der Eigentümer des Fracks war ein ‚intelligenter Israelit' (So vorsichtig bezeichnet ihn auch in seinen Gedanken der feinbesaitete Leonidas, der den allzu offenen Ausdruck peinlicher Gegebenheiten verabscheut.) Diesen Leute ging es übrigens in damaliger Zeit so erstaunlich gut, daß sie sich dergleichen luxuriöse Selbstmordmotive wie philosophischen Weltschmerz ohne weiteres leisten konnten.

Ein Frack! Wer ihn besitzt, darf Bälle und andere gesellschaftliche Veranstaltungen besuchen. Wer in seinem Frack gut aussieht und überdies ein besonderes Tänzertalent besitzt wie Leonidas, der erweckt rasche Sympathien, schließt Freundschaften, lernt strahlende junge Damen kennen, wird in ‚erste Häuser' eingeladen. So war es wenigstens damals in jener staunenswerten Zauberwelt, in der es eine soziale Rangordnung und darin das Unerreichbare gab, das des auserwählten Siegers harrte, damit er es erreiche. Mit einem blanken Zufall begann die Karriere des armen Hauslehrers; mit der Eintrittskarte zu einem der großen Ballfeste, die Leonidas geschenkt erhielt. Der Frack des Selbstmörders kam somit zu providentieller Geltung. Indem der verzweifelte Erblasser ihn mit seinem Leben hingegeben hatte, half er dem glücklicheren Erben über die Schwelle einer glänzenden Zukunft. Und dieser Leonidas erlag in den

Thermopylen seiner engen Jugend keineswegs der Übermacht einer hochmütigen Gesellschaft. Nicht nur Amelie, auch andere Frauen behaupten, daß es einen Tänzer seinesgleichen nie gegeben habe, noch auch je wieder geben werde. Muß erst gesagt werden, daß Leóns Domäne der Walzer war, und zwar der nach links getanzt schwebend, zärtlich, unentrinnbar fest und locker zugleich?
[...]
Auch dann, wenn Leonidas sich seiner verrauschten Tänzertriumphe erinnert, umspielt das so charakteristisch gemischte Lächeln seinen hübschen Mund mit den blitzenden Zähnen und dem weichen Schnurrbärtchen, das noch immer blond ist. Er hält sich mehrmals am Tage für einen ausgemachten Götterliebling. Würde man ihn auf seine ‚Weltanschauung' prüfen, er müßte offen bekennen, daß er das Universum als eine Veranstaltung ansehe, deren einziger Sinn und Zweck darin besteht, Götterlieblinge seinesgleichen aus der Tiefe zur Höhe emporzuhätscheln und sie mit Macht, Ehre, Glanz und Luxus auszustatten. Ist nicht sein eigenes Leben der Vollbeweis für diesen freundlichen Sinn der Welt? Ein Schuß fällt in der Nachbarkammer seines schäbigen Studentenquartiers. Er erbt einen beinah noch funkelnagelneuen Frack. Und schon kommt's wie in einer Ballade. Er besucht im Fasching einige Bälle. Er tanzt glorreich, ohne es je gelernt zu haben. Es regnet Einladungen. Ein Jahr später gehört er bereits zu den jungen Leuten, um die man sich reißt. Wird sein allzu klassischer Vorname genannt, tritt lächelndes Wohlwollen auf alle Mienen. Sehr schwierig ist es, das Betriebskapital für ein derart beliebtes Doppelleben herbeizuschaffen. Seinem Fleiß, seiner Ausdauer, seiner Bedürfnislosigkeit gelingt's. Vor der Zeit besteht er alle seine Prüfungen. Glänzende Empfehlungen öffnen ihm die Pforten des Staatsdienstes. Er findet sogleich die prompte Zuneigung seiner Vorgesetzten, die seine angenehm gewandte Bescheidenheit nicht hoch genug zu rühmen wissen. Schon nach wenigen Jahren erfolgt die vielbeneidete Versetzung zur Zentralbehörde, die sonst nur den besten Namen und den ausgesuchtesten Protektionskindern vorbehalten ist. Und dann diese wilde Verliebtheit Amelie Paradinis, der Achtzehnjährigen, Bildschönen...

Werfel, Franz: Eine blassblaue Frauenschrift. Frankfurt am Main: S. Fischer Verlag, 1955.
[zit. S. 5-11]
© 1955 Alma Mahler-Werfel (‚Erzählungen aus zwei Welten', Bd. 3)

Manfred Bieler

Manfred Bieler, geboren am 3. Juli 1934 in Zerbst (Anhalt), studiert 1952-56 Germanistik in Ost-Berlin und ist vorübergehend wissenschaftlicher Mitarbeiter beim Schriftstellerverband der DDR. Bieler unternimmt Reisen in mehrere europäische Länder. Seit 1957 ist er als freier Schriftsteller tätig. 1964, nachdem er wegen „schädlicher Tendenzen" in seinem Werk in Bezug auf „Kulturpolitik von Partei und Staat" offiziell gerügt wird, zieht er nach Prag und wird 1967 tschechischer Staatsbürger. Der Roman „Das Kaninchen bin ich" und dessen Verfilmung 1965 werden in der DDR konzipiert. Seit 1968 lebt Bieler mit seiner Familie in München und seit 1973 ist er dort Mitglied der Bayerischen Akademie der Schönen Künste.

Werke u.a.:

1959   Hochzeitsreise
1963   Bonifaz oder Der Matrose in der Flasche
1967   Die Elefanteninsel
1969   Maria Morzeck oder Das Kaninchen bin ich
1975   Der Mädchenkrieg
1980   Ewig und drei Tage

(nr)

Maria Morzeck oder Das Kaninchen bin ich (1969)

Der Roman spielt Anfang der 60er Jahre und erzählt die Geschichte der 20-jährigen Maria Morzeck. Da ihr Bruder Dieter ins Zuchthaus kommt, wird Maria nicht zum Studium zugelassen und arbeitet schließlich als Kellnerin in einem Nachtlokal, wo sie den Richter Paul Deister kennen lernt, der Dieter einst zu einer ungewöhnlich hohen Strafe verurteilte. In der Absicht, dem Bruder zu helfen, geht Maria eine Beziehung mit Paul ein, verliebt sich jedoch in ihn und er sich in sie. Gegen ihren Willen versucht Paul, kurz vor Dieters Entlassung ein Revisionsverfahren einzuleiten, was jedoch scheitert, da er aufgrund seiner Beziehung zu Maria nicht ernst genommen wird. Er wird daraufhin vorübergehend beurlaubt und versucht sich umzubringen. Nach seiner Genesung nimmt er seinen Beruf wieder auf und kehrt zu seiner Frau zurück. Maria wird indessen von ihrem gerade entlassenen Bruder wegen ihres Verhältnisses mit Paul zusammengeschlagen. Um nicht zu zerbrechen, beschließt sie, ihre Geschichte aufzuschreiben.

(cb)

Bieler, Manfred: Maria Morzeck oder Das Kaninchen bin ich (Ausschnitt)

Ich ging noch am selben Abend zu Brigitte. Sie saß mit ihren Eltern vorm Fernsehapparat und langweilte sich zu Tode. Sie hatte Ausgangssperre, weil sie letzten Sonnabend erst nach Mitternacht nach Hause gekommen war. Ich sagte Herrn und Frau Wondrey „Guten Abend", machte aber schnell, daß ich aus ihrem Wohnzimmer rauskam. Bei Wondreys wurde immer was angeboten, Rheinwein oder bulgarischer Chalwa, aber man kriegte so oft gesagt, wie teuer das sei oder wie schwierig zu beschaffen, daß einem darüber der Appetit verging. Brigitte war natürlich in der FDJ. Darauf hatte ihr Vater als selbständiger Gewerbetreiber geachtet.

„Es hat keinen Zweck, sich dagegen zu stemmen, wenn man zu was kommen will", sagte Herr Wondrey. „Der Sozialismus kommt sowieso, und den Hunden ist das völlig egal."

Auf diese Weise behielt Herr Wondrey nicht nur seine Fünf-Zimmer-Wohnung, sondern konnte sich auch einen Lieferwagen und einen ‚Wartburg'-Fünfsitzer kaufen. Wie Brigitte sagte: „Alles auf Grund seiner intimen Beziehungen zum Tierreich."

Brigittes Zimmer war nicht groß, weil ihre Eltern getrennt schliefen – Frau Wondrey hatte ein Verhältnis mit einem Apotheker aus der Reinhardtstraße – und deshalb jeder ein Schlafzimmer brauchte. Dafür war es ganz in Rosa gehalten. Sogar der Ofen, der in Wirklichkeit bloß die Zentralheizung verdeckte, hatte rosa Kacheln. An der Wand hingen zwei Drucke nach Renoir, auch ein bißchen rosa, und dazwischen ein Foto von Brecht, der ja immer mehr in Mode kam, weil er sich die Haare in die Stirn gekämmt, ein altes Auto gefahren und die Verfremdung erfunden hatte. Ich hatte ihn selber noch gesehn, wie er mit seinem BMW durch die Chausseestraße fuhr. Er blinzelte immer ein bißchen, weil er kurzsichtig war, und dabei hob er das Kinn, als könnte er dadurch weiter kucken als die andern. War aber nicht. Nun liegt er neben meiner Mutter auf'm Friedhof und ist plötzlich berühmt.

Brigitte ist blond. Sie hatte einen Schreibtisch, auf dem eine grüne Gänsefeder lag, die aber in Wirklichkeit ein Kugelschreiber war. Sie sagte immer, daß sie damit die ‚wichtigeren Sachen' schrieb. Naja, Geschmacksfrage. Sie hatte wohl nicht viel Wichtiges zu schreiben.

Wir setzten uns auf zwei Hocker mit rosa eingefärbtem Lamabezug, schlugen beinahe gleichzeitig die Beine übereinander und lachten.

„Du, Gitty", sagte ich, „ich muß in die FDJ."

„Ach, Mensch", machte sie, „kommst du deswegen?"

„Nächstes Jahr ist es soweit", sagte ich.

„Wegen der Uni?" fragte Brigitte. „Du weißt hoffentlich, daß das gewisse Verpflichtungen mit sich bringt ... nur so nominelle Mitglieder werden ja nicht gern gesehn ..."

„Sag mal – wie redest du denn mit mir?" fragte ich.

„Mir ist das doch scheißegal, Maria. Wir heulen mit den Wölfen, oder mit den Pudeln, wenn du willst, aber die machen da eben Unterschiede. Das eine ist privat – und das andere gesellschaftlich."

„Sind wir Freundinnen – oder nicht?"

„Ja, na selbstverständlich", sagte Brigitte. „Aber das ist zweierlei – unsere Freundschaft und die FDJ. Das darf man doch nicht durcheinanderbringen, verstehst du? Man muß das konkret sehen."

„Na, bitte", sagte ich. „Ich will konkret in euern Verein."

„Das ist ein Wort, was du überhaupt nicht in den Mund nehmen darfst, wenn du in unsere Grundorganisation aufgenommen werden willst", sagte Brigitte und trat vor ihren kleinen goldgerahmten Spiegel. Sie hatte weiße Pantoletten an, sah ich jetzt, aber der Bommel auf der Spitze war wieder rosa.

„Ist mir auch nur so rausgerutscht", entschuldigte ich mich.

Ich dachte, sie würde jetzt endlich mal sagen: Hör auf mit dem Quatsch, das deichseln wir schon, aber niente, nitschewo.

„Ich rede morgen mal mit Charly", sagte Brigitte. „Wenn er einverstanden ist, bekommst du'n Aufnahmeantrag von mir."

„Aha", sagte ich, „du kriegst wohl'n Orden, wenn du mich geworben hast?"

„Hm", machte Brigitte, „ich weiß bloß noch nicht, ob ich ihn links oder rechts tragen soll."

Da war sie wieder die alte.

Bieler, Manfred: Maria Morzeck oder Das Kaninchen bin ich. Hamburg: Hoffmann und Campe Verlag [Hier zitiert nach München: Biederstein Verlag, 1969, zit. S. 41-43]
© 1976 by Hoffmann und Campe Verlag Hamburg

Max Frisch

Max Frisch wird am 15. Mai 1911 als Sohn eines Architekten in Zürich geboren. Er studiert von 1931 bis 1933 Germanistik in Zürich, wird Journalist und schreibt Reiseberichte aus den Balkanstaaten und der Türkei. 1936 beginnt er mit dem Architekturstudium an der TH Zürich und ist danach als Architekt tätig. 1951 bis 1952 unternimmt er eine Studienreise nach Amerika und Mexiko und ist seit 1955 freier Schriftsteller in der Schweiz und in Rom. Er stirbt am 3. April 1991 in Zürich.

Werke u.a.:

1957	Homo Faber
1961	Die Erzählungen des Anatol Ludwig Stiller
1964	Mein Name sei Gantenbein
1979	Der Mensch erscheint im Holozän
1982	Blaubart

Andorra (1961)

In einem Städtchen mit ehrbaren und gutmütigen Menschen hat ein Lehrer seinen Sohn Andri als jüdisches Pflegekind ausgegeben. Die Andorraner sind zwar stolz auf ihre Toleranz, versuchen aber, ihre sonst unterdrückte Aggressivität in einer allgemeinen Ablehnung von Andri auszuleben. Er muß als Sündenbock für den Tod einer fremden Senora, die seine verschollene Mutter ist, der Allgemeinheit zuliebe herhalten. Andorra wird vom totalitären Regime des Nachbarlandes besetzt und muss sich einer entwürdigenden Judenschau unterziehen, bei der Andri als Opfer bezeichnet und hingerichtet wird.

(nr)

Frisch, Max: Andorra (Ausschnitt)

Sakristei, der Pater und Andri.
PATER Andri, wir wollen sprechen miteinander. Deine Pflegemutter wünscht es. Sie macht sich große Sorge um dich... Nimm Platz!
Andri schweigt.

Nimm Platz, Andri!
Andri schweigt.
Du willst dich nicht setzen?
Andri schweigt.
Ich verstehe, du bist zum ersten Mal hier. Sozusagen. Ich erinnere mich: Einmal als euer Fußball hereingeflogen ist, sie haben dich geschickt, um ihn hinter dem Altar zu holen.
Der Pater lacht.
ANDRI Wovon, Hochwürden, sollen wir sprechen?
PATER Nimm Platz!
Andri schweigt.
Also du willst dich nicht setzen.
Andri schweigt.
Nun gut.
ANDRI Stimmt das, Hochwürden, daß ich anders bin als alle?
Pause
PATER Andri, ich will dir etwas sagen.
ANDRI - ich bin vorlaut, ich weiß.
PATER Ich verstehe deine Not. Aber du sollst wissen, daß wir dich gern haben, Andri, so wie du bist. Hat dein Pflegevater nicht alles getan für dich? Ich höre, er hat Land verkauft, damit du Tischler wirst.
ANDRI Ich werde aber nicht Tischler.
PATER Wieso nicht?
ANDRI Meinesgleichen denkt alleweil nur ans Geld, heißt es, und drum gehöre ich nicht in die Werkstatt, sagt der Tischler, sondern in den Verkauf. Ich werde Verkäufer, Hochwürden.
PATER Nun gut.
ANDRI Ich wollte aber Tischler werden.
PATER Warum setzest du dich nicht?
ANDRI Hochwürden irren sich, glaub ich. Niemand mag mich. Der Wirt sagt, ich bin vorlaut, und der Tischler findet das auch, glaub ich. Und der Doktor sagt, ich bin ehrgeizig, und meinesgleichen hat kein Gemüt.
PATER Setz dich!
ANDRI Stimmt das, Hochwürden, daß ich kein Gemüt habe?
PATER Mag sein, Andri, du hast etwas Gehetztes.
ANDRI Und Peider sagt, ich bin feig.
PATER Wieso feig?

ANDRI Weil ich Jud bin.
PATER Was kümmerst du dich um Peider!
Andri schweigt.
Andri, ich will dir etwas sagen.
ANDRI Man soll nicht immer an sich selbst denken, ich weiß. Aber ich kann nicht anders, Hochwürden, es ist so. Immer muß ich denken, ob's wahr ist, was die andern von mir sagen: daß ich nicht bin wie sie, nicht fröhlich, nicht gemütlich, nicht einfach so. Und Hochwürden finden ja auch, ich hab etwas Gehetztes. Ich versteh schon, daß niemand mich mag. Ich mag mich selbst nicht, wenn ich an mich selbst denke.
Der Pater erhebt sich.
Kann ich jetzt gehn?
PATER Jetzt hör mich einmal an!
ANDRI Was, Hochwürden, will man von mir?
PATER Warum so mißtrauisch?
ANDRI Alle legen ihre Hände auf meine Schulter.
PATER Weißt du, Andri, was du bist?
Der Pater lacht.
Du weißt es nicht, drum sag ich es dir.
Andri starrt ihn an.
Ein Prachtskerl! In deiner Art. Ein Prachtskerl! Ich habe dich beobachtet, Andri, seit Jahr und Tag –
ANDRI Beobachtet?
PATER Freilich.
ANDRI Warum beobachtet ihr mich alle?
PATER Du gefällst mir, Andri, mehr als alle andern, ja, grad weil du anders bist als alle. Was schüttelst du den Kopf? Du bist gescheiter als sie. Jawohl! Das gefällt mir an dir, Andri, und ich bin froh, daß du gekommen bist und daß ich es dir einmal sagen kann.
ANDRI Das ist nicht wahr.
PATER Was ist nicht wahr?
ANDRI Ich bin nicht anders. Ich will nicht anders sein. Und wenn er dreimal so kräftig ist wie ich, dieser Pleider, ich hau ihn zusammen vor allen Leuten auf dem Platz, das hab ich mir geschworen –
PATER Meinetwegen.
ANDRI Das hab ich mir geschworen –

PATER   Ich mag ihn auch nicht.
ANDRI   Ich will mich nicht beliebt machen. Ich werde mich wehren. Ich bin nicht feig – und nicht gescheiter als die andern, Hochwürden, ich will nicht, daß Hochwürden das sagt.
PATER   Hörst du mich jetzt an?
ANDRI   Nein.
Andri entzieht sich.
        Ich mag nicht immer eure Hände auf meinen Schultern.
Pause.
PATER   Du machst es einem wirklich nicht leicht.
Pause.
        Kurz und gut, deine Pflegemutter war hier. Mehr als vier Stunden. Die gute Frau ist ganz unglücklich. Du kommst nicht mehr zu Tisch, sagt sie, und bist verstockt. Sie sagt, du glaubst nicht, daß man dein Bestes will.
ANDRI   Alle wollen mein Bestes!
PATER   Warum lachst du?
ANDRI   Wenn er mein Bestes will, warum, Hochwürden, warum will er mir alles geben, aber nicht seine eigene Tochter?
PATER   Es ist sein väterliches Recht –
ANDRI   Warum aber? Warum? Weil ich Jud bin.
PATER   Schrei nicht!
Andri schweigt.
        Kannst du nichts andres mehr denken in deinem Kopf? Ich habe dir gesagt, Andri, als Christ, daß ich dich liebe – aber eine Unart, das muß ich leider schon sagen, habt ihr alle: Was immer euch widerfährt in diesem Leben, alles und jedes bezieht ihr nur darauf, daß ihr Jud seid. Ihr macht es einem wirklich nicht leicht mit eurer Überempfindlichkeit.
Andri schweigt und wendet sich ab.
        Du weinst ja.
Andri schluchzt, Zusammenbruch.
        Was ist geschehen? Antworte mir. Was ist denn los? Ich frage dich, was geschehen ist. Andri! So rede doch. Andri? Du schlotterst ja. Was ist mit Barblin? Du hast ja den Verstand verloren. Wie soll ich helfen, wenn du nicht redest? So nimm dich doch zusammen. Andri! Hörst du? Andri! Du bist doch ein Mann. Du! Also ich weiß nicht.
ANDRI   – meine Barblin.

Andri läßt die Hände von seinem Gesicht fallen und starrt vor sich hin.
Sie kann mich nicht lieben, niemand kann's, ich selbst kann mich nicht lieben...
Einritt ein Kirchendiener mit einem Meßgewand.
Kann ich jetzt gehn?
Der Kirchendiener knöpft den Pater auf.
PATER Du kannst trotzdem bleiben.
Der Kirchendiener kleidet den Pater zur Messe.
Du sagst es selbst. Wie sollen die andern uns lieben können, wenn wir uns selbst nicht lieben? Unser Herr sagt: Liebe deinen Nächsten wie dich selbst. Er sagt: Wie dich selbst. Wir müssen uns selbst annehmen, und das ist es, Andri, was du nicht tust. Warum willst du sein wie die andern? Du bist gescheiter als sie, glaub mir, du bist wacher. Wieso willst du's nicht wahrhaben? 's ist ein Funke in dir. Warum spielst du Fußball wie diese Blödiane alle und brüllst auf der Wiese herum, bloß um ein Andorraner zu sein? Sie mögen dich alle nicht, ich weiß. Ich weiß auch warum. 's ist ein Funke in dir. Du denkst. Warum soll's nicht auch Geschöpfe geben, die mehr Verstand haben als Gefühl? Ich sage: Gerade dafür bewundere ich euch. Was siehst du mich so an? 's ist ein Funke in euch. Denkt an Einstein! Und wie sie alle heißen. Spinoza!
ANDRI Kann ich jetzt gehn?
PATER Kein Mensch, Andri, kann aus seiner Haut heraus, kein Jud und kein Christ. Niemand. Gott will, daß wir sind, wie er uns geschaffen hat. Verstehst du mich? Und wenn sie sagen, der Jud ist feig, dann wisse: Du bist nicht feig, Andri, wenn du es annimmst, ein Jud zu sein. Im Gegenteil. Du bist nun einmal anders als wir.

Frisch, Max: Andorra. Gesammelte Werke Bd. IV. Frankfurt am Main: Suhrkamp Verlag, 1976. [zit. S. 59-64]
© 1976 Suhrkamp Verlag, Frankfurt am Main.

Wilhelm Raabe

Wilhelm Raabe (Jakob Corvinius) wird am 8. September 1839 in Eschershausen im Herzogtum Braunschweig als Sohn eines Juristen geboren. Nach dem Tod seines Vaters (1845) siedelt die Mutter mit ihren drei Kindern nach Wolfenbüttel über, dort besucht Raabe bis 1849 bis zu seinem Schulabbruch das Gymnasium. Nach einer Buchhandelslehre in Magdeburg geht er 1854 zu einem zweijährigen Studienaufenthalt (als Gasthörer) nach Berlin. Er eignet sich hier umfassende Kenntnisse für seine geplante Tätigkeit als Berufsschriftsteller an, und es erscheint 1857 sein erster Roman „Die Chronik der Sperlingsgasse". 1862 heiratet Raabe die Wolfenbütteler Honoratiorentochter Berta Leiste. Anschließend siedelt er nach Stuttgart über, wo weitere Werke entstehen, unter anderem „Der Hungerpastor". Als Anhänger Bismarcks fühlt er sich in Stuttgart isoliert und zieht im Juli 1870, während der Mobilmachung für den Deutsch-Französischen-Krieg, nach Braunschweig. Zu seinem 70. Geburtstag erhält Raabe zahlreiche Ehrungen (Ehrendoktorwürden der Universitäten Göttingen, Tübingen und Berlin). Am 15. November 1910 verstirbt Raabe 79-jährig in Braunschweig.

Werke u.a.:

1857 Die Chronik der Sperlingsgasse
1864 Der Hungerpastor
1868 Abu Telfan oder die Heimkehr vom Mondgebirge
1872 Der Dräumling
1876 Horacker
1896 Die Akten des Vogelsangs

Der Hungerpastor (1864)

Der Hunger ist das Thema dieses Romans, das sich aus den Lebensläufen zweier streng antagonistisch gestalteter Helden veranschaulicht: Der eine ist der Schuhmachersohn Hans Jakob Unwirrsch, der andere Moses Freudenstein, der Sohn eines Trödlers, zwei Freunde, die in Armut aufwachsen, und beide hungern sie nach Wissen und Bildung. Für Moses hat jedoch die Anhäufung von Wissen, womit er sich „nur Waffen gegen die Welt schmiedet", eine zunehmende Kälte des Gefühls und Verarmung der Phantasie zur Folge.

Dem „zerstörerischen" Hunger Moses' steht der „aufbauende" Hunger Hans Unwirrschs nach „Wahrheit, Freiheit und Liebe" gegenüber. Er studiert Theologie, wird Hauslehrer und Erzieher beim Geheimrat Götz in Berlin. Durch Intrigen seines Freundes Moses verliert er jedoch diesen Posten. Davon schwer enttäuscht zieht er sich ganz auf seine Innerlichkeit zurück und übernimmt schließlich die „Hungerpfarre" in dem kleinen Fischerdorf Grunzenow. Am Ende aber gelingt es Hans, im Gegensatz zu dem rein materialistischen Moses, der sich von „Nichtigkeiten blenden" und von „falschen Trugbildern verwirren" ließ, die „Einheit seines Wesens" zu bewahren und in der Liebe zu seiner Frau Franziska und der „rechten, tüchtigen Arbeit" die Erfüllung des „echten, wahren Hungers" zu finden.

(nr)

Raabe, Wilhelm: Der Hungerpastor (Ausschnitt)

In jenen vergangenen Tagen herrschte – vorzüglich in kleinern Städten und Ortschaften – noch eine Mißachtung der Juden, die man so stark ausgeprägt glücklicherweise heute nicht mehr findet. Die Alten wie die Jungen des Volkes Gottes hatten viel zu dulden von ihren christlichen Nachbarn; unendlich langsam ist das alte, schauerliche Hepphepp, welches so unsägliches Unheil anrichtete, verklungen in der Welt. Vorzüglich waren die Kinder unter den Kindern elend dran, und der kleine, gelbe, kränkliche Moses führte gewiß kein angenehmes Dasein in der Kröppelstraße. Wenn er sich blicken ließ, fiel das junge, nichtsnutzige Volk auf ihn wie das Gevögel auf den Aufstoß. Gestoßen, an den Haaren gezerrt, geschimpft und geschlagen bei jeder Gelegenheit, ließ er sich auch sowenig als möglich draußen blicken und führte eine dunkle, klägliche Existenz in der halbunterirdischen Wohnung seines Vaters.

An diesem Tage aber hatte ihn sein Unstern doch mitten unter seine Peiniger geführt; und man hatte, wie gewöhnlich in solchen Ausnahmefällen, ihn in einen engen Kreis geschlossen. Was fiel dem Judenjungen ein, daß auch er den neuen Schnee sehen wollte? In der Mitte seiner Tyrannen stand Moses Freudenstein und reichte mit verhaltenen Tränen und einem Jammerlächeln die Hand, in welche jeder junge Christ und Germane mit hellem Hohngeschrei hineinspie, in die Runde. Es gab wenige Leute in der Kröppelstraße, die nicht ihren Spaß an solcher infamen

Quälerei gefunden hätten. Keiner von den Gaffern in den Haustüren trat dazwischen, um der Erbärmlichkeit ein Ende zu machen. Man lachte, zuckte die Achseln und hetzte wohl gar noch ein wenig; es hatte eben wenig auf sich, wenn der schmutzige Judenjunge ein bißchen in seiner Menschenwürde gekränkt wurde. Hülfe und Rettung sollten für Moses Freudenstein von einer Seite kommen, von woher er sie nicht erwartet hatte.

Hans Unwirrsch hatte bis zu dieser Stunde auch hier mit den Wölfen geheult, und was die andern taten, hatte er leichtsinnig, ohne Erbarmen und ohne Überlegung ebenfalls getan. Jetzt kam die Reihe an ihn, in die offene Hand des heulenden Judenknaben zu speien, und wie ein Blitz durchzuckte es ihn, daß da eben eine große Niederträchtigkeit und Feigheit ausgeübt werde. Es war ihm, als blicke das bleiche Gesicht des Lehrers Silberlöffel, der gestern begraben worden war, ernst und traurig über die Köpfe und Schultern der Buben in den Kreis. Hans spie nicht in die Hand des Moses! Er schlug sie weg und streckte seine Faust den Kameraden entgegen. Wild schrie er, man solle den Moses zufrieden lassen, er – Hans Jakob – leide es nicht, daß man ihm ferner Leid antue. Die Faust fiel auf die erste Nase, die sich frech näher drängte. Blut floß – ein verwickelter Knäuel! Püffe, Knüffe, Fußtritte, Wehgeheul! Wutgebrüll! Sausende Schneebälle, zerrissene Kappen und Jacken! Exaltierteste Aufregung des pensionierten Stadtbüttels! Elektrisches Erzittern des spanischen Rohres an der Wand! Übereinander und Durcheinander! Untereinander und Zwischeneinander! – Hernieder in den Laden des Trödlers Samuel Freudenstein rollten Moses und Hans, schwindlig, zerschlagen, mit blutenden Mäulern und verschwollenen Augen. Auch Moses Freudenstein hatte zum erstenmal in seinem Leben einen Schlag gegen seine Peiniger zu führen gewagt. Es war eine glorreiche Stunde, und ihr Einfluß auf das Leben von Hans Unwirrsch war unberechenbar im Guten wie im Bösen. Indem er aus dem wilden Gewühl der Gassenschlacht die Stufen in den Trödelladen hinabrollte, fiel er in Verhältnisse, welche unendlich wichtig für ihn werden sollten. In mehr als einer Hinsicht entschied sich sein Schicksal an diesem Tage; eine ganz andere Welt tat sich vor seinen Augen auf. Es wohnten seltsame Leute in dem Keller, Leute, die auch ihren Hunger hatten und ihn nach Kräften zu befriedigen suchten, Leute, über welche die Kröppelstraße sehr mit Unrecht sich erhaben dünkte.

Raabe, Wilhelm: Der Hungerpastor. In: Wilhelm Raabe: Sämtliche Werke, 6. Bd.. Freiburg i. Br. und Braunschweig: Verlagsanstalt Hermann Klemm, 1953. [zit. S. 41-43]
© 1969 Vandenhoeck & Ruprecht Göttingen.

Christa Wolf

Christa Wolf wird am 18. März 1929 in Landsberg/Warthe geboren. Von 1949 bis 1953 studiert sie Germanistik in Jena und Leipzig, arbeitet als wissenschaftliche Mitarbeiterin beim Deutschen Schriftstellerverband in der DDR und ist als Lektorin und Redakteurin der Zeitschrift „Neue Deutsche Literatur" in Ost-Berlin tätig. Sie heiratet 1951 Gerhard Wolf. Seit 1962 arbeitet sie als freie Schriftstellerin, ist 1963 bis 1967 Kandidatin des ZK der SED, bringt sich aber mit ihrem Literaturkonzept der „subjektiven Authentizität" schnell in Gegensatz zur offiziellen Doktrin der kommunistischen Partei. „Kindheitsmuster" ist ihr großes, semiautobiographisches Werk, das 1976 erscheint. Nach der Wende verliert sie ihre herausragende Stellung als Symbolfigur intellektueller Selbstständigkeit.

Werke u.a.:

1963 Der geteilte Himmel
1963 Nachdenken über Christa T.
1983 Kassandra
1987 Störfall
1996 Medea

(nr)

Kindheitsmuster (1976)

Den Erzählrahmen des Buches bildet eine Reise, die die Erzählerin zusammen mit Ehemann, Tochter und Bruder in ihre Heimatstadt unternimmt, die nunmehr zu Polen gehört und als Christa Wolfs Geburtsort Landsberg zu erkennen ist. Die Rückkehr nach mehr als zwei Jahrzehnten weckt Erinnerungen, die bis in das Jahr 1933 zur Machtübernahme Hitlers zurückgreifen. Vertraut und zugleich fremd erscheint der Erzählerin die eigene Kindheit, von der sie in der dritten Person berichtet und zugleich damit ihrer Tochter Lenka Rechenschaft ablegt von der Trivialität des faschistischen Alltags.

(cw)

Wolf, Christa: Kindheitsmuster (Ausschnitt)

Bürgermeister Steguweit war aus Gründen, die Nelly erst allmählich klar wurden, an der Gerechtigkeit gehindert. Er war nicht gut beieinander, beinahe ausgezehrt durch ein Magenleiden. Ein säuerlicher Geruch ging von ihm aus. Die Schicksalsschläge der letzten Monate hatten ich anfällig gemacht. Am wenigsten hielt er den Annäherungen der wechselnden Besatzungsmächte stand. Mit sämtlichen Kleidern, sogar mit Schuhen kroch er vor ihnen in sein Bett und rief mit zitternder Altersstimme nach einem heißen Ziegelstein, den seine Schwiegertochter Rosemarie Steguweit, geborene Wilhelmi, am Herd bereitzuhalten hatte. Der Stein wurde in Tücher gehüllt und auf des Bürgermeisters Magen gelegt. Nebenan, in der Amtsstube, zeigte indessen Herr Studienrat Untermann der Schreibkraft Nelly Jordan, wie man den Laden schmiß und mit den Leuten fertig wurde. Studienrat Untermann, Flüchtling aus Dresden, wies Nelly ihren Platz an dem kleinen Fenstertisch zu, auf dem auch die uralte Schreibmaschine stand, mit der sie umzugehen lernen mußte. Untermann selbst thronte an der Schmalseite des Mitteltisches. Er hatte eine widerwärtige Art, den Studienrat herauszukehren und die Leute einzuschüchtern. Allerdings sprach er ein Sächsisch, das die Mecklenburger nicht verstanden, er seinerseits nannte das Platt der Bauern nie anders als ‚Botokudensprache'. Nelly, die nach kurzer Zeit beides verstand oder erriet, mußte dolmetschen – ein Triumph, den er ihr nicht verzieh.

Studienrat Untermann hat Nelly allerdings das Studium der so genannten Dorfliste empfohlen, eine Aufstellung aller landbesitzenden Gemeindemitglieder, in schräger, zittriger Sütterlinsschrift mit blasser Tinte von Richard Steguweit selber ausgefertigt. Die einheimische Bevölkerung des Dorfes gliederte sich in ‚Bauern', ‚Büdner', ‚Häusler'. Aufgeführt wurde der Haushaltsvorstand einer jeden Familie und die Anzahl der Hektar, die er besaß. Untermann forderte Nelly auf, nachzusehen, unter welcher Rubrik sie ‚unseren Chef', den Bürgermeister, finde.

Richard Steguweit war als Häusler mit 8 ha Landbesitz verzeichnet. Das sind, sagte Untermann, wieviel Morgen? Na? Richtig: Sage und schreibe 32 Morgen, ein Klacks. Darunter noch das Stück saurer Wiese, das Sie aus dem Küchenfenster sehen können und auf dem unsere liebe Dulcinea – Steguweits Kuh hieß ‚Bunte', aber Untermann nannte sie niemals anders als ‚unsere liebe Dulcinea' – beinahe krepiert. Und nun lesen Sie bitte vor, was unter dem Namen Pahlke steht. – Unter dem Namen Pahlke, Wilhelm stand: 74 ha, dazu die Bezeichnung ‚Bauer'. –

Sehn Sie wohl. Bodenklasse I, nebenbei bemerkt. Und jetzt dämmert es Ihnen vielleicht, warum unser lieber Steguweit sich aus dem Bett wälzt, wenn Herr Pahlke hier hereintritt, und warum er ruhig liegenbleibt, wenn Mister Forster uns die Ehr gibt. Mister Forster aus Wisconsin geht. Wilhelm Pahlke bleibt. Tja, mein Kind – Untermann konnte es nicht lassen, Nelly auf sächsisch ‚mein Kind' zu nennen – :Sie müssen noch viel lernen. Mister Howard Foster, Sergeant, befehligte die ‚Ami-Truppe' (Untermanns Ausdruck) in Bardikow, bestehend aus höchstens zehn Mann. Er kam in die Bürgermeisterei, um Forderungen wegen der Unterbringung seine Soldaten zu stellen oder um Passierscheine zu unterschreiben und Studienrat Untermann Ami-Zigaretten anzubieten, die der dann in seine Pfeife stopfte.

[...]

Die blaue Schirmmütze würde der Vater sonst im Kinderzimmer nicht tragen, extra für Nelly hat er sie aufgesetzt. So sehr unterschied sie sich ja gar nicht von der Vereinsmütze seines Ruderclubs ‚Schnelle Riege', doch konnte man sie mit einem Lederriemchen unter dem Kinn befestigen. Das führt der Vater vor. (Im ‚General-Anzeiger' ist nachzulesen, wann sämtliche Sportvereine der Stadt in die entsprechenden Gliederungen der NSDAP übernommen wurden. Der deutschen Vereinsmeierei einen tödlichen Stoß!)

Soweit wie üblich. Wer aber hat mit freudiger Stimme zu Nelly gesagt: Siehst du! Jetzt ist dein Vater auch dabei. Oder: Siehst du, jetzt gehören wir auch dazu.

Immer unter der Voraussetzung, daß es sich nicht um eine folgenschwere Fehlleistung der Erinnerung handelt, muß diese Mützenvorstellung und die überströmende – auf Nelly überströmende – Freude der Eltern sich aus folgenden Bestandteilen zusammengesetzt haben: Erleichterung (der unvermeidliche Schritt ist getan, ohne daß man ihn selber hat tun müssen): gutes Gewissen (die Mitgliedschaft in jener vergleichsweise harmlosen Organisation – ‚Maisturm' – hätte man folgenlos nicht ablehnen können; welche Folgen?

Zu genau gefragt); Übereinstimmungsglück (es ist nicht jedermanns Sache, draußen zu stehen, und Bruno Jordan, wenn er zu wählen hatte zwischen einem diffusen Unbehagen in der Magengegend und dem vieltausendstimmigen Geschrei aus dem Radio, nun dann wählte er, als geselliger Mensch, für die Tausende gegen sich).

Nelly aber lernt so das zusammengesetzte Gefühl der Dankbarkeit kennen – ähnlich demjenigen, das sie abends überkommt, wenn die

Mutter an ihrem Bett singt: ‚Guten Abend, gute Nacht, mit Rosen bedacht, mit Näglein besteckt...' Ob es sich um wahrhaftige kleine Nägel handeln konnte, fragte sie lieber nicht. Ein und dasselbe Gefühl – Dankbarkeit – kann also unterschiedlichsten Anlässen gelten. Späte Einsicht in die innere Ökonomie der Gefühle.

Jetzt aber der angekündigte Versammlungsbericht aus dem ‚General-Anzeiger', den der mit A.B. zeichnende Lokalreporter am 2. Juni 33 in das Blatt hat einrücken lassen. Das hat also – am Vorabend – der Standartenführer Rudi Arndt in aller Öffentlichkeit erklärt, daß der Versicherungsangestellte Benno Weißkirch nicht an den Mißhandlungen durch Männer seines SA-Sturmes, sondern an den Folgen eines Herzversagens gestorben ist. An einem bißchen Prügel ist noch kein Mensch gestorben (wörtliches Zitat). Der Weißkirch, der sein blutschänderisches Verhältnis mit einer Jüdin nicht hat abbrechen wollen, hat sich dem Volkszorn durch Flucht in Richtung Bürgerwiesen zu entziehen gesucht, ohne auf sein bekanntermaßen schwaches Herz Rücksicht zu nehmen. Das nationalsozialistische Gewissen des Standartenführers ist mehr als rein.

Nelly hat im Jahr 1935 lesen gelernt und sich frühestens seit 39/40 für Zeitungen interessiert. Im vorigen Jahr , 1971, im kühlen Sonderleseraum der Staatsbibliothek Berlin, sind Annoncen wie die folgenden dir zum ersten Mal unter die Augen gekommen. Auf diese Feststellung wird Wert gelegt, ehe hier Texte erscheinen, die sich niemand ausdenken würde.

Die Lösung ‚Gemeinnutz geht vor Eigennutz' ist bereits populär, da beginnt am 1. April 1933 der Boykott der jüdischen Geschäfte und freien Berufe. In L. – heute polnisch G. – kommen 9 Ärzte (1 Tierarzt) und 9 Rechtsanwälte für diesen Boykott in Frage, dazu eine höhere, nicht genannte Zahl von Geschäftsleuten. Während vor ihren Türen Doppelposten der SA aufziehen und Klienten wie Kunden am Betreten der Wartezimmer und Ladenräume hindern (obwohl ja die betroffenen Lokalitäten in jenen Tagen von ihren Besitzern schon freiwillig geschlossen werden), sitzen andere Bürger von Nellys Heimatstadt zu Hause an ihren Küchen–, Eß- und Schreibtischen und entwerfen Annoncen, die sie tags darauf dem ‚General-Anzeiger' übergeben.

Sie teilen einander mit, daß sie – und ihre Väter – von Geburt an preußische Staatsbürger waren und daß sie niemals Mitglieder des Soldatenrats gewesen sind. Johannes Mathes, Friedrichstraße. Sie erklären ihr Tuchgeschäft für ein rein christliches Unternehmen. Sie tun sich als christliche Schuhhändler zusammen: ‚Zur Aufklärung! Schuhhaus Conrad Tack ist trotz rosaroten, nach innen gekehrten Firmeneinschlagpapiers kein christliches Unternehmen. Nur die ganz feinen Leute tragen so markierte Schuhkartons auf den Straßen. Wir bitten, darauf besonders achten zu wollen. Die christlichen Schuhhändler von L.' – Der eine der beiden Tanzlehrer der Stadt bestätigt dem anderen öffentlich, daß er bewährter Kriegsflieger und aus deutscher und erster Tanzlehrerfamilie sei. Er selbst ist Oberleutnant d.R.a.D.i.Feldart.Regt.54.

Der Kreisleiter der NSDAP persönlich teilt mit: ‚Die gegen Rechtsanwalt und Notar Dr. Kurt Meyer in L., Friedeberger Straße 2, am Sonnabend von der SA eingeleitete Boykottierung beruht auf einem Irrtum und ist zurückgenommen.'

Was sonst noch passierte: Der Jude Landsheim hat sich über die SA-Standarte 48 beschwert. – 28. April 33: Schaffung eines Geheimen Staatspolizeiamtes. – Bomben über L.: eine Flugveranstaltung der SA-Fliegerstaffel.

Die Fenster auf, der Lenz ist da, per Autor wird die Ferne nah!

Als die Bibliothekarin an deinen Platz trat, um dir einen Bleistift zu borgen, legtest du schnell ein weißes Blatt über die Annoncenseite. Sie wunderte sich, daß dir so warm war, wo sie selbst doch auch im Sommer eine Strickjacke überziehen mußte in diesen dickmaurigen Räumen. Einmal springst du auf, gibst den Zeitungsband zur Aufbewahrung, läufst lange durch die Straßen, Unter den Linden, Friedrichstraße, Oranienburger Tor, und starrst den Leuten in die Gesichter, ohne Ergebnis. Zurückverwiesen auf die Wandlungen des eigenen Gesichts. Jetzt: ein Vorgriff auf das Thema : ‚Gläubigkeit'.

Den Führer hat Nelly niemals zu Gesicht gekriegt. Einmal wurde der Laden – das war am Sonnenplatz, Nelly ging noch nicht zur Schule – vormittags geschlossen. Der Führer wollte dem Gau ‚Ostmark' seinen Besuch abstatten. Alle Leute liefen zur Friedrichstraße, unter die großen Linden bei der Endhaltestelle der Straßenbahn, die selbstverständlich stilllag, weil der Führer bedeutender war als die Straßenbahn. Wichtig wäre zu wissen, woher die fünfjährige Nelly nicht nur wußte, sondern fühlte, was der Führer war. Der Führer war ein süßer Druck in der Magengegend und ein süßer Klumpen in der Kehle, die sie freiräuspern mußte, um mit allen laut nach ihm, dem Führer, zu rufen, wie es ein patroullierender Lautsprecherwagen dringlich forderte. Derselbe Wagen, der auch bekanntgab, in welchem Ort das Auto des Führers soeben unter den Begeisterungsstürmen der unaussprechlich glücklichen Bevölkerung eingetroffen war. Die Leute konnten verfolgen, wie langsam der Führer vorwärts kam, sie kauften Bier und Limonade beim Eckkneipenwirt, schrien, sangen und fügten sich den Anordnungen der absprerrenden Polizei- und SA-Kette. Sie blieben geduldig stehen. Nelly hat weder verstanden noch behalten, was sie miteinander redeten, aber die Melodie des mächtigen Chores hat sie in sich aufgenommen, der sich durch viele kleine Schreie hineinsteigerte zu dem ungeheuren Schrei, in den er endlich ausbrechen, zu dem er sich mächtig vereinigen wollte. Wenn sie auch zugleich ein wenig Angst hatte, verlangte es sie doch sehr danach, diesen Schrei zu hören, auch von sich selbst. Wollte sie wissen, wie man schreien und wie man sich mit allen eins fühlen konnte, wenn man den Führer sah.

Er kam dann nicht, weil andere Volksgenossen in anderen Städten und Dörfern gar zu begeistert von ihm gewesen waren. Es war jammerschade, und doch hatten sie nicht umsonst den Vormittag lang da an der Straße gestanden. Um wie vieles schöner und besser war es doch, mit allen zusammen erregt an der Straße zu stehn, als allein im Laden Mehl und Zucker abzuwiegen oder den ewig gleichen Staublappen über den Geranien auszuschütteln. Sie fühlten sich nicht betrogen, als sie sich zerstreuten und zu ihren Häusern liefen ...

Wolf, Christa: Kindheitsmuster. Darmstadt: Luchterhand Literaturverlag, 1988. [zit. S. 456-458; 64-68]
© 1979 Luchterhand im Literaturverlag, Darmstadt, einem Unternehmen der Verlagsgruppe Random House GmbH

Anna Wimschneider

Anna Wimschneider wird am 16. Juni 1919 in Weng bei Neuhofen im Kreis Rottal-Inn geboren. In dem 1984 erschienenen Roman „Herbstmilch" erzählt sie ihre Lebensgeschichte. Sie führt ein mühseliges und entbehrungsreiches Leben als Bäuerin. Schon als Kind ist sie verantwortlich für einen neunköpfigen Haushalt und bewirtschaftet nach ihrer Hochzeit den Hof ihres Mannes unter extremen Bedingungen. Nach der Rückkehr ihres Mannes aus dem Zweiten Weltkrieg gelingt es dem Ehepaar, den Betrieb soweit zu modernisieren, dass sich ein bescheidener Wohlstand einstellt. Jedoch erkrankt Anna Wimschneider und muss nahezu zehn Jahre in Krankenhäusern verbringen, so dass der Hof verkauft wird. Sie trauert ihrem Leben auf dem Bauernhof nicht nach und schreibt ihre Lebensgeschichte auf. Sie stirbt 1993.

(ar)

Herbstmilch: Lebenserinnerung einer Bäuerin

„Herbstmilch" ist der Titel von Anna Wimschneiders Autobiographie, in der sie das Schicksal kleiner Leute erzählt und ihr Leben als Bäuerin schildert.

(cw)

Wimschneider, Anna: Herbstmilch (Ausschnitt)

Nun mußte er erst einmal die Bauernarbeit lernen, denn der Onkel Albert wollte ihn später zum Erben einsetzen. So kam er zu einem Bauern in Dienst. Der Lohn war eine Mark fünfzig die Woche, ein Oberhemd kostete drei Mark und ein Paar Straßenschuhe Marke Salamander zwölf Mark. Auf dem Hof gab es außer dem Bauern und der Bäuerin, die kinderlos waren, ein kräftiges Mannsbild, den Baumann das war der erste Knecht, dann den Mitterknecht den Albert als dritten und schließlich den Stallbub. Dazu die Oberdirn und die Mitterdirn. So saßen acht Personen um den Tisch. Die Bäuerin war eine brave Frau und hat den Dienstboten ein gutes und viel Essen gegeben. Die Knechte gingen abends zum Treffen mit den anderen vom Nachbarhof, lagen auf dem

Wiesenrain und redeten über den Bauern, die Tagesarbeit und über die Weiberleut, und welche Mucken die eine und die andere hat.

An Lichtmeß, dem 2. Februar, kam sie hin. Am späten Nachmittag schickte der Bauer das ganze Gesinde in den Stall, und sie mußte mit dem Bauern zum Futterschneiden auf den Heuboden gehen. Kaum waren sie oben, wurde er handgreiflich. Wie er sah, daß sie nicht von der Sorte war, warf er sie mit Gewalt ins Heu. Sie wehrte sich, da sagte er, wenn du das nicht willst, kannst du gleich gehen! Da ging sie noch am späten Abend heim.

Die Mutter sagte, wir haben gar nichts zum Essen, geh doch wieder hin, vielleicht wird er doch noch gescheiter. Da ging sie wieder hin. Am nächsten Tag machte er das gleiche, und weil sie keinen anderen Ausweg wußte, gab sie nach. Nun war sie ihm ausgeliefert und oft bat sie geweint. Wegen dem bißchen Essen machte der Hammel mit ihr, was er wollte. Tagsüber mußte sie genauso schwer arbeiten wie die anderen, obwohl sie noch schwach und klein war. Damit die anderen Dienstboten nichts merkten, war der Bauer tagsüber auch noch recht grob zu ihr.

Das ging gut ein Jahr, dann sagte sie zu ihm, Bauer, ich bin schwanger! Da wurde er ganz narrisch und schrie, aber nicht von mir! Du Hure! Mistviech! Dreckpritschn herglaufene!, und noch viele andere Schimpfworte gab er ihr. Sie sagte es der Bäuerin. Da halfen der Bauer und die Bäuerin zusammen und jagten die Magd vom Hof. Ihr bißchen Gewand haben sie ihr über die Stiege nachgeworfen.

Mit anfangs einer Mark und dann einer Mark fünfzig konnte Michl sich lange nichts Neues kaufen. Anfangs wurde er auch ganz rauh behandelt, weil er noch zu wenig leisten konnte. Wie im Frühjahr das erste Gras gewachsen ist, beim Grasmähen, sagte der Bauer, stell dich besser in die Mahd, hol mit der Sense besser aus, sonst kommst du ganz heraus, du packst ja viel zu wenig. Immer gab es was zu granteln, und das erste Jahr war schlecht. Keine Wäsche, kein Fahrrad, keine Schuhe – alles fehlte. Den anderen Brüdern ist es genauso gegangen. In den Knechtkammern hat die Wand geglitzert vom Rauhreif, die Betten waren selten bezogen, die Oberbetten waren in der Nacht wie gefroren. Gummistiefel gab es noch nicht. Wenn einer mehr Geld hatte, gab es so genannte Mannheimer. Die waren aus Sauleder, und die Sohle war aus Holz. Im Winter mußten viele mit Holzschuhen in den Wald gehen. Freilich hatte man die Socken am Boden mit Manchesterflecken besetzt, aber an der Hose hingen Eiszapfen und an den Fersen auch. Die Knechte gingen schon um halb sieben jeden Tag in den Wald, um halb fünf war's Zeit zum Aufstehen. Wenn die Stallarbeit fertig war, mußten sie schauen, daß sie hinauskamen. Mit langen Holzsägen, schweren Äxten und allen Werkzeugen waren sie ausgerüstet. Motorsägen gab es noch keine. Wenn mit der Handsäge ein Baum gefällt wurde, hörte man kaum etwas, bevor der Baum fiel. Wenn dann einige Bäume gefallen und die Äste abgehauen waren, mußten auch die Mägde hinaus, um Wied auf den Haufen zusammenzuziehen. Wenn im Wald die Arbeit fertig war, wurden Brennholz und Wied mit Pferden oder Ochsen, manchmal auch mit Kühen, zum Hof heimgefahren. Das Ganze wurde dann von den Dienstboten kleingemacht. Traktoren gab es noch nicht, auch keine Kreissägen. Die Mägde haben Reisig gebündelt. Die Holzscheite wurden von Männern kleingehackt und dann von den Weibsleuten zum Trocknen aufgerichtet. Da ging es ganz genau zu, und wenn einmal ein Holzstoß umgefallen ist, mußte man sich schämen, da hieß es gleich, es gibt eine Kindstauf. Es gab gute Bauern, aber mehr wirkliche Saubauern! Die guten sahen die Dienstboten auch als Menschen an und ließen sie als Menschen leben. Die anderen schickten die Knechte statt zur Brotzeit zum Maulwurffangen hinaus, und wenn beim Essen noch einer eine Nudel nehmen wollte, rückte der Bauer mit dem Hintern hin und her. Da mußten sich's die Dienstboten schon ausmachen: Wenn ich noch was herausnehme, dann iß langsam, sonst steht der Bauer auf und geht! Ein bißchen lustig sein war auch nicht erlaubt, die Leute sollten ja nur bei der Arbeit müde werden.

 Die Mägde durften nur abends und sonntags Wäsche waschen und flicken. Sie konnten aber nur bei guten Bauern warmes Wasser nehmen, bei den andern mußten sie mit kaltem Wasser waschen. Und wenn dann abends eine zu lang geflickt hat, mußte sie sich eigene Kerzen kaufen. Das war bei fast allen Bauern so. Sogar für's Milchseihtuch durfte die Stallmagd kein warmes Wasser holen.

Wimschneider, Anna: Herbstmilch. München: R. Piper, 1987. [Hier zitiert nach München: R. Piper, 1989 S. 69-70]
© 1987 Piper, München

Wolfgang Koeppen

Wolfgang Koeppen ist am 23.6.1906 in Greifswald geboren und verbringt seine Jugend in Ostpreußen. Er studiert Theaterwissenschaften, Literatur und Philosophie in Hamburg, Greifswald, Berlin und Würzburg. Danach ist er als Journalist, Dramaturg, Schauspieler und Filmautor tätig. Außerdem unternimmt er ausgedehnte Reisen nach Italien, Frankreich, Spanien, USA und die Sowjetunion. Längere Zeit hält er sich in den Niederlanden auf. 1982 wird er Gastdozent für Poetik in Frankfurt/Main.

Werke u.a.:

1934	Eine unglückliche Liebe
1953	Das Treibhaus
1954	Der Tod in Rom
1976	Jugend

Wolfgang Koeppen: Tauben im Gras (1951)

In mosaikartigen Szenenfolgen beschreibt Koeppen in seinem Roman das Geschehen eines Tages im Nachkriegsdeutschland. Die Menschen des Alltags im amerikanisch besetzten München um 1948 sind, jeder auf eine andere Weise, auf der Flucht vor einem Dasein, dessen Unheimlichkeit sie spüren, vor einer Welt, die ihnen sinnlos und unbegreiflich zu sein scheint.

(ar)

Koeppen, Wolfgang: Tauben im Gras (Ausschnitt)

Er hatte gesiegt. Washington hatte gesiegt. Er hatte die meisten Läufe gewonnen. Er hatte den Sieg für die Red Stars aus seinen Lungen geholt. Die Muschel klappte nicht zu. Noch klappte die Muschel nicht zu. Vielleicht würde die Muschel nie über Washington zusammenklappen, nie ihm den Himmel nehmen. Das Stadion fraß ihn nicht. Washington war der Held der Tribünen. Sie riefen seinen Namen. Der Radiosprecher hatte sich mit Washington versöhnt. Washington war wieder der Freund des Sprechers. Alle jubelten Washington zu. Er keuchte. Er war frei. Er war ein freier Bürger der Vereinigten Staaten. Es gab keine Diskriminierung. Wie er schwitzte! Er würde immer weiter laufen. Er würde immer weiter und immer schneller um das Spielfeld laufen. Der Lauf machte frei, der Lauf führte ins Leben. Der Lauf schuf Platz für Washington in der Welt. Er schuf Platz für Carla. Er schuf Platz für ein Kind. Wenn Washington nur immer ordentlich laufen, immer schneller laufen würde, hätten sie alle Platz in der Welt.

„War doch in Form." – „Natürlich war er in Form." – „War doch in Form, der Nigger." – „Sag nicht Nigger." – „Ich sag', daß er in Form war." – „Er war großartig in Form." – „Du hast gesagt, er wär' nicht." – „Ich hab' gesagt, er wär'. Washington ist immer in Form." – „Du hast gesagt, der Nigger deiner Mutter wär' nicht." – „Halt's Maul, Depp." – „Wetten? Du hast gesagt." – „Ich sag', halt's Maul, Lump, krummer." Sie prügelten sich am Ausgang des Stadions. Heinz schlug sich für Washington. Er hatte nie gesagt, daß Washington nicht in Form sei. Washington war großartig in Form. Er war überhaupt großartig. Schorschi, Bene, Kare und Sepp umstanden die Kinder, die sich prügelten. Sie sahen zu, wie sich die Kinder ins Gesicht schlugen. „Gib's ihm!" rief Bene. Heinz hörte auf zu schlagen. „Wegen dir nicht, Strizzi." Er spuckte Blut aus. Er spuckte es Bene vor die Füße. Bene hob die Hand. „Laß ihn", sagte Schorschi. „Wirst dich aufregen! Laß ihn, den Deppen." – „Selber'n Depp", schrie Heinz. Doch er wich etwas zurück. „Das Spiel war fad", sagte Sepp. Er gähnte. Die Burschen hatten die Karten vom amerikanisch-deutschen Jugendklub bekommen. Die Karten hatten sie nichts gekostet. – „Was machen wir jetzt?" fragte Kare. „Weiß nicht", sagte Schorschi. „Weißt du's?" fragte er Sepp. „Nee. Weiß nicht." – „Kino?" meinte Kare. „Ich kenn' schon alles", sagte Schorschi. Er kannte alle laufenden Kriminalfilme und Wildweststreifen. „Mit'm Kino ist nichts." – „Wenn's schon Abend wäre", sagte Bene. „Wenn's schon Abend wäre" echoten die andern. Sie setzten irgendwelche Hoffnungen auf den Abend. Sie zogen, nach vorne übergebeugt, die Hände in den Jackentaschen, die Ellbogen nach außen gestemmt, mit müden Schultern, wie nach schwerer Arbeit, aus dem Stadion. Die goldene Horde. „Wo's der Köter?" schrie Heinz. Während er sich prügelte, hatte Heinz den Bindfaden losgelassen. Der herrenlose kleine Hund war weggelaufen. Er war im Gedränge verschwunden. „Verdammt", sagte Heinz, „ich brauch' den Köter heut' abend." Er wandte sich wütend an seine Gefährten. „Ihr hättet auch aufpassen können, ihr

Rotzbibben. Der Köter war zehn Dollar wert!" – „Hättest selber aufpassen können, Niggerbankert, dreckiger." Sie prügelten sich wieder.

Washington stand unter der Brause in den Duschräumen des Stadions. Der kalte Strahl ernüchterte ihn. Sein Herz zuckte. Für einen Augenblick blieb ihm die Luft weg. Scharfer Schweiß spülte mit dem Wasser von ihm 'runter. Er war noch gut in Form. Sein Körper war noch gut in Form. Er reckte die Muskeln, hob seine Brust, Muskeln und Brust waren in Ordnung. Er befühlte seine Geschlechtsteile. Sie waren gut und in Ordnung. Aber das Herz? Aber die Atmung? Sie machten ihm zu schaffen. Sie waren nicht in Ordnung. Und dann der Rheumatismus! Vielleicht würde er doch nicht mehr lange aktiv sein können. Auf dem Sportplatz würde er nicht mehr lange aktiv sein können. Zu Haus und im Bett würde er noch lange aktiv sein. Was konnte er tun? Was konnte er für sich, für Carla, für das Kind tun, und vielleicht auch für den kleinen Jungen, den Heinz? Er hatte genug gebraust. Er trocknete sich ab. Er konnte den Dienst quittieren, die horizontblaue Limousine verkaufen, noch ein Jahr als Sportsmann arbeiten und dann vielleicht in Paris ein Lokal aufmachen. In Paris hatte man keine Vorurteile. Er konnte in Paris sein Lokal aufmachen: Washington's Inn. Er mußte mit Carla reden. Er konnte mit Carla in Paris leben, ohne daß sie mit jemand wegen ihres Lebens Differenzen kriegen würden. Sie konnten in Paris das Lokal aufmachen, sie konnten sein Schild 'raushängen, konnten es mit bunten Glühbirnen beleuchten, sein Schild *niemand ist unerwünscht*. In Paris würden sie glücklich sein; sie würden alle glücklich sein. Washington pfiff ein Lied. Er war glücklich. Er verließ pfeifend den Duschraum.

Koeppen, Wolfgang: Tauben im Gras. In: ders.: Gesammelte Werke in sechs Bänden. Bd. 2. Romane. Hg. von Marcel Reich-Ranicki. Frankfurt am Main: Suhrkamp Verlag, 1986. S. 11-219, [zit. S. 74-76; 133-135]
© 1986 Suhrkamp Verlag.

Weitere Textempfehlung:
Koeppen, Wolfgang: Jugend. In: ders.: Gesammelte Werke in sechs Bänden. Bd. 3. Erzählende Prosa. Hg. von Marcel Reich-Ranicki. Frankfurt am Main: Suhrkamp Verlag, 1986. [S. 10-14]
© 1986 Suhrkamp Verlag.

Doris Lessing

Doris Lessing wird am 20. Oktober 1919 in Kermanschah (Persien, heute Iran) geboren und wächst auf einer Farm in Südafrika auf. Im Alter von dreißig Jahren (1949) kommt sie nach England. 1950 erscheint ihr erster Roman, eine lange Reihe von Werken folgt, von denen sich viele mit dem Kampf von Frauen um Gleichberechtigung, aber auch den Problemen von Minderheiten befassen. „Das goldene Notizbuch", 1962 in England publiziert, wurde sogleich international als überwältigendes literarisches Ereignis anerkannt. Ihre umfangreiche Arbeit umfasst Lyrik, Prosa und autobiographische Schriften.

Werke u. a.:
1952-1969 Kinder der Gewalt
1988 Das fünfte Kind
1991 Der Preis der Wahrheit
1992 Rückkehr nach Afrika
2000 Ben in der Welt
2001 Mara und Dann

(nr)

England gegen England

Der 22-jährige Charlie Thornton stammt aus einer Bergarbeiterfamilie in der Nähe von Doncaster. Er ist der „intelligenteste Sohn" der Siedlung, ein Stipendium ermöglicht ihm den Besuch des College in Oxford. Um das Schulgeld bezahlen zu können, muss die gesamte Familie Opfer bringen. *Bruder Lennie verzichtet auf seine Hochzeit, die Schwester auf ihre Lehrerausbildung und der Vater arbeitet noch immer unter Tage.*

Die Erzählung beginnt bei der Verabschiedung Charlies von seiner Familie nach einem Besuch und endet im Zug kurz vor der Rückkehr in London. Auf seiner Reise wird er zuerst von seinem Bruder begleitet, trifft dann auf den Iren Mike und schließlich auf ein Ehepaar und eine junge Frau. Doris Lessing gibt einen Einblick in die Probleme Charlies bei seinem Versuch, dem englischen Bergarbeitermilieu zu entfliehen und sich in der feinen Gesellschaft zurechtzufinden.

(cw)

Lessing, Doris: England gegen England (gekürzte Fassung)

„Ich glaub, ich geh jetzt", sagte Charlie. „Meine Sachen sind gepackt." Er hatte sich vergewissert, daß seine Reisetasche fertig war, damit seine Mutter das nicht machte. „Aber es ist doch noch früh", wandte sie ein. Trotzdem klatschte sie in ihre roten Hände, um das Wasser abzuschütteln, und drehte sich um, um sich zu verabschieden: Sie wußte, ihr Sohn ging so früh, um seinem Vater auszuweichen. Aber da öffnete sich die Hintertür, und Mr. Thornton trat ein. Charlie und sein Vater sahen sich ähnlich: groß, hager, starkknochig. Der alte Bergarbeiter hielt sich gebeugt, sein Haar zeigte graue Strähnen, die hohlen Wangen waren wie Kohlengruben. Der junge Mann sah dagegen unverbraucht aus, mit glänzendem Haar und wachen Augen. Allerdings lagen tiefe Ränder unter seinen Augen.

„Ah, du bist allein", sagte Charlie unwillkürlich, erfreut, und wollte sich wieder setzen. Der alte Mann war nicht allein. Drei Männer tauchten hinter ihm im Licht auf, das aus der Tür auf den Hinterhof fiel, und Charlie sagte rasch: „Ich geh jetzt los, Pa, wir sehen uns dann Weihnachten wieder." Sie drängten sich alle in die kleine Küche, und sogleich kam ein frotzelnder Ton auf, der auf Charlie wie sein persönlicher boshafter Feind wirkte, wie ein Poltergeist, der immer irgendwo hinter seiner rechten Schulter lauerte. „Na, wieder zurück zu den Spintisierstübchen", sagte einer der Männer und nickte ihm auf Wiedersehen zu. „Ab zu den Palästen der Gelehrsamkeit", sagte ein anderer. Beide lächelten. Ohne Feindseligkeit oder auch nur Neid, doch schloß es Charlie aus seiner Familie aus, entfremdete ihn seinen Leuten. Der dritte zahlte nun seinen Tribut an den intelligentesten Sohn der Siedlung, indem er sagte: „Weihnachten feierst du also richtig mit uns, oder willst du dich etwa mit deinen Lords und Grafen vergnügen, zu denen gehörst du jetzt ja wohl?"

„Er wird Weihnachten schon nach Hause kommen!" sagte seine Mutter in scharfem Ton. Sie kehrte ihnen den Rücken zu und schüttete eine Kartoffel nach der anderen aus einer Tüte in eine Schüssel.

„Na klar, für einen Tag oder so komm ich angeflogen", sagte Charlie und ging damit auf die allgemeine Witzelei ein: „Das reicht ja, wenn man mit Holzhauern und Wasserträgern zusammen ist." Der dritte Mann nickte, als wolle er sagen: so ist's recht!, legte den Kopf nach hinten und brüllte los vor Lachen, erleichtert. Der Vater und die beiden anderen Männer brachen ebenfalls in schallendes Gelächter aus. Lennie, der jüngere Bruder, schubste Charlie ermunternd in die Seite, und Charlie puffte zurück, während die Mutter lächelnd über den derben Spaß nickte. Und doch, er war fast ein Jahr nicht zu Hause gewesen, und als sie alle zu lachen aufhörten und stehend auf sein Fortgehen warteten, verriet der ernste Blick ihrer Augen, daß sie sich daran sehr wohl erinnerten.

„Tut mir leid, Sohn, daß ich nicht mehr Zeit für dich hatte", sagte Mr. Thornton, „aber du weißt ja, wie's ist."

Der alte Bergarbeiter war Gewerkschaftssekretär gewesen, war nun Vorsitzender; sein Arbeitsleben hatte er damit verbracht, die Bergarbeiter in einem Dutzend Ämter zu repräsentieren. Wenn er durch die Siedlung ging, riefen Männer aus der Hintertür oder Frauen in Schürzen: „Bloß eine Minute, Bill", und kamen zu ihm gelaufen. Jeden Abend saß Mr. Thornton in der Küche oder, wenn die Kinder den Fernseher beanspruchten, im Wohnzimmer und gab Ratschläge zu Pensionen, Ansprüche auf das und jenes, Arbeitsbestimmungen, Zuschüssen; füllte Formulare aus, hörte sich unliebsame Geschichten an. Solange Charlie sich erinnern konnte, war Mr. Thornton weniger sein Vater gewesen als der Vater der ganzen Siedlung. Jetzt gingen die drei Bergarbeiter ins Wohnzimmer, und Mr. Thornton legte seinem Sohn die Hand auf die Schulter und sagte: „War gut, dich zu sehen", nickte und folgte den anderen. Bevor er die Tür schloß, sagte er zu seiner Frau: „Mach uns eine Tasse Tee, sei so gut, Mädchen."

„Eine Tasse kannst du noch mit uns trinken, Charlie", sagte die Mutter und meinte damit, er brauche nun, da es unwahrscheinlich war, daß noch mehr Nachbarn kämen, nicht gleich davonzustürzen. Charlie hörte es nicht. Er beobachtete, wie sie schmutzige Kartoffeln unter fließendem Wasser säuberte, während sie mit der freien Hand nach dem Wasserkessel langte. Er holte sich seinen Regenmantel und seine Reisetasche, lauschte auf die innere nörgelnde Stimme, die er haßte und die er dennoch als seinen einzigen Schutz vor dem verhaßten Feind draußen empfand: *Ich kann's nicht vertragen, wenn mein Vater sich bei mir entschuldigt - er hat sich entschuldigt, daß er mich nicht mehr hat sehen können. Wär er nicht so, wie er ist, besser nämlich als irgend jemand sonst in der Siedlung, und wäre unser Zuhause nicht das einzige mit richtigen Büchern, dann wäre ich eben nicht in Oxford; wäre in der Schule nicht so gut gewesen; darum beweist das gar nichts.* Seine Worte klangen lange in ihm nach, und ihm war unwohl, so als bebte der Boden, auf dem er stand. Sein Blick wurde klarer beim Anblick seiner Mutter, die vor ihm stand und ihm direkt ins Gesicht schaute, klug und ohne ein Urteil zu fällen. „He, Junge", sagte sie, „du siehst mir gar nicht so recht gesund aus." – „Mir geht's gut", sagte er hastig und küßte sie; und er fügte hinzu: „Die Mädchen, wenn sie kommen, kannst du von mir grüßen." Er ging hinaus, Lennie folgte ihm. [...]

Eine Gruppe junger Bergarbeiter wollte auch zum Bus. Sie trugen schick geschnittene Anzüge mit breiten Schultern, ihre Kappen verwegen aufgesetzt, die Halstücher flatterten über ihre Schultern im Wind. Sie grüßten Lennie, blickten genauer hin, wer wohl der Fremde war, und als Lennie sagte: „Das ist mein Bruder", nickten sie einen Gruß, wandten sich ab und stiegen schnell in den Bus. Sie gingen nach oben, Lennie und Charlie setzten sich unten auf die Vordersitze. Lennie sah wie sie aus mit seiner festen Stoffkappe und dem kecken Halstuch. Er war gedrungen, stämmig und stark – „wie geboren für da unten", sagte Mr. Thornton. Aber Lennie arbeitete in einer Gießerei in Doncaster. Ich fahr nicht in die Grube, sagte er. Er hatte während seiner Kindheit all die Nächte hindurch seinen Vater husten gehört; und darum war die Zeche nichts für ihn. Aber das hatte er seinem Vater nie gesagt.

Lennie war zwanzig. Er verdiente siebzehn Pfund die Woche und wollte ein Mädchen heiraten, mit dem er schon seit drei Jahren ging. Doch konnte er nicht heiraten, solange sein älterer Bruder nicht das College beendet hatte. Der Vater arbeitete noch unter Tage an den Flözen, obwohl man in seinem Alter schon über Tage arbeitete, doch verdiente er da unten vier Pfund die Woche mehr. Die Schwester, die im Büro arbeitete, hatte eigentlich Lehrerin werden wollen, im entscheidenden Augenblick aber war alles zusätzliche Geld der Familie für Charlie benötigt worden. Zweihundert Pfund im Jahr mußten sie für seine Extraausgaben in Oxford aufbringen. Die einzigen Familienmitglieder, die keine Opfer für Charlie brachten, waren die Schwester, die noch zur Schule ging, und die Mutter.

Die Busfahrt dauerte eine halbe Stunde, und Charlies Muskeln waren aufs äußerste gespannt in Erwartung, was Lennie sagen könnte, dem er ja etwas entgegnen mußte. Und doch war er mit dem Gedanken nach Hause gekommen: Wenigstens kann ich mich mit Lennie einmal richtig aussprechen, mit ihm kann ich ehrlich sein.

Jetzt fing Lennie an zu witzeln, doch mit einem besorgten, liebendforschenden Blick auf das Gesicht seines Bruders: „Und wem oder was verdanken wir das Vergnügen deiner Gesellschaft? Du hättest uns alle mit dem kleinen Finger erschlagen können, als du gesagt hast, du würdest am Wochenende kommen."

Charlie sagte erregt: „Das mit den Grafen und Herzögen, das hab ich bis obenhin satt."

„He", sagte Lennie rasch, „aber du brauchst dich doch um *die* nicht zu kümmern, die Kumpels hatten bestimmt nicht vor, dich zu ärgern."

„Ja, ich weiß."

„Mutter hat recht", sagte Lennie und warf einen weiteren besorgten, doch betont kurzen Blick auf ihn, „du siehst wirklich nicht besonders gut aus. Was ist los mit dir?"

„Was wäre, wenn ich die Prüfungen nicht bestehe?" sagte Charlie in einem plötzlichen Ausbruch.

„Wie, was heißt denn das? Du warst doch immer der Beste in der Schule. Du warst der Allerbeste. Warum solltest du da denn nicht durchkommen?"

„Manchmal glaube ich das halt", sagte Charlie lahm, doch froh, daß er den Augenblick hatte verstreichen lassen.

Wieder betrachtete Lennie ihn prüfend, diesmal ganz offen, und machte etwas, das wie ein Achselzucken aussah. Es war ein sich Krümmen gegen eine mögliche Niederlage: Zusammengekrümmt saß er da, die großen Hände auf die Knie gelegt. Auf seinem Gesicht stand ein leichtes skeptisches Grinsen. Skeptisch nicht gegenüber Charlie, keineswegs, sondern dem Leben gegenüber.

Während sein Herz vor Schuldgefühl pochte und schmerzte, sagte Charlie: „So schlimm ist es wieder nicht, ich wird's schon bestehen." Der Feind in seinem Innern bemerkte sanft: *Ich werde die Prüfungen bestehen, dann bekomme ich einen hübschen, harmlosen Job in einem Verlagsbüro mit den anderen rotznäsigen Jünglechen, oder ich werde so was wie ein Angestellter. Oder ich werde Lehrer – ich hab zwar kein Talent dafür, aber was macht das schon? Oder ich werde was bei der Industrie im Management und schiebe Leute wie Lennie herum. Und der Witz ist, Lennie wird jahrelang mehr Geld verdienen als ich.* Der Feind hinter seiner rechten Schulter begann satirisch eine Glocke zu läuten und intonierte: *Heute morgen wurde Charlie Thornton, drittes Jahr Oxford, in seinem Zimmer aufgefunden, tot, infolge ausströmenden Gases. Er war überarbeitet. Natürliche Todesursache.* Der Feind schnaubte laut und verächtlich und verstummte dann. Doch lauerte er weiter: Charlie konnte direkt spüren, wie er lauerte.

Lennie sagte: „Mal beim Doktor gewesen, Charlie, alter Junge?"

„Ja. Er hat gesagt, ich soll ein bißchen langsam treten. Darum bin ich auch nach Hause gekommen."

„Hat ja keinen Sinn, sich umzubringen vor Arbeit."

„Nein, es ist nichts Ernsthaftes, er hat bloß gesagt, ich soll langsamer treten."

Lennies Gesicht behielt seinen ernsten Ausdruck. Charlie wußte, daß er, wenn er wieder nach Hause käme, zu seiner Mutter sagen würde: „Mir kommt es so vor, der Charlie hat was auf dem Herzen." Und seine Mutter würde sagen (während sie dastand und Kartoffelscheiben ins siedende Öl schüttete): „Ich vermute, daß er sich manchmal fragt, ob sich das ganze Büffeln und Abrackern überhaupt lohnt. Und dann sieht er, daß du Geld verdienst und er nicht." Nach einem Schweigen, in dem sie besorgte Blicke wechselten, würde sie dann sagen: „Es muß hart für ihn sein, kommt hierher, und alles ist so anders, dann verschwindet er, und wieder ist alles anders."

„Mach dir keine Gedanken, Mutter."

„Mach ich mir auch nicht. Charlie ist schon in Ordnung."

Die innere Stimme erkundigte sich ängstlich: *Wenn sie über das alles so gut Bescheid weiß, vielleicht hat sie dann auch damit recht – vielleicht bin ich wirklich in Ordnung?*

Doch der Feind hinter seiner rechten Schulter sagte: Der beste Freund eines Menschen ist die Mutter; ihr entgeht nie etwas.

Letztes Jahr hatte er Jenny für ein Wochenende mitgebracht, um damit die Neugierde der Familie auf die feinen Leute, die er jetzt kannte, zu befriedigen. Jenny war die Tochter eines Geistlichen, ein bißchen ein Bücherwurm, ein bißchen hochnäsig, doch ein nettes Mädchen. Sie hatte geschickt die gefährlichen Stromschnellen des Wochenendes umschifft, während die Familie nur darauf gewartet hatte, daß sie „groß angab". Nachher hatte die Mutter gesagt und damit den Finger auf die wunde Stelle gelegt: „Sie ist wirklich ein nettes Mädchen. Sie ist wie eine richtige Mutter zu dir, wahrhaftig." Das war keine Kritik an dem Mädchen, sondern an Charlie. Jetzt blickte er neidvoll auf Lennies Profil, das Zuverlässigkeit ausstrahlte, und sagte sich: Ja, er ist ein Mann, und das schon seit Jahren, seit er von der Schule ist. Ich dagegen bin immer noch der Kleine; und ich hab ihm doch zwei Jahre voraus.

Mehr als alles andere wurde Charlie jedesmal, wenn er nach Hause kam, darauf gestoßen, daß diese Menschen, *seine* Leute, zuverlässig waren, wohingegen er und die Menschen, mit denen er jetzt sein Leben verbringen würde (falls er die Prüfung bestand), leichtlebiger waren. Er glaubte es nicht. Die schulmeisternde Stimme in seinem Innern machte kurzen Prozeß mit solcher Vorstellung. Der Feind hinter seinem Rücken konnte sie auf hundertfache Weise parodieren. Und seine Familie glaubte es auch nicht, sie alle waren stolz auf ihn. Trotzdem spürte Charlie es in allem heraus, was sie sagten und taten. Sie beschützten ihn, beschirmten ihn. Und vor allem, seine Familie gab ihm das Geld. In seinem Alter hatte sein Vater schon acht Jahre lang in der Zeche gearbeitet.

Lennie würde im nächsten Jahr heiraten. Er sprach schon von einer Familie. Er, Charlie, würde (falls er die Prüfung bestand) herumrennen, den Leuten in den Arsch kriechen, um Arbeit zu bekommen, Bachelor of Arts, Oxford, den konnte er sich an den Hut stecken.

Sie hatten Doncaster erreicht. Es regnete. Bald würden sie an der Stelle vorbeifahren, wo Doreen, Lennies Freundin arbeitete. „Besser, wenn du hier aussteigst", sagte Charlie. „Du hast noch die ganze Strecke zurück in diesem Regen." – „Nein, laß man, ich komm mit dir bis zum Bahnhof."

Noch weitere fünf Minuten Fahrt. „Ich glaube nicht, daß es richtig ist, wie du Mutter angreifst", sagte Lennie und kam damit endlich zur Sache.

„Aber ich hab doch, verdammt noch mal, kein einziges Wort gesagt", sagte Charlie und wechselte damit, ohne es zu wollen, zu einer anderen Stimme über: dem Tonfall des Mittelstandes, den er bei seiner Familie sorgfältig vermied, es sei denn im Scherz. Lennie warf ihm einen überraschten und vorwurfsvollen Blick zu und sagte: „Egal. Sie hat das Gefühl."

„Aber es ist zum Kotzen komisch." Charlies Stimme wurde lauter: „Da steht sie den ganzen Tag in der Küche, kümmert sich um jeden Furz von uns, wenn sie nicht gerade Hausarbeit macht, oder rennt hundertmal am Tag für diese dämlichen Kohlen..." In den Weihnachtsferien, als Charlie das letzte Mal zu Hause war, hatte er einen Eimer auf das Gestell eines alten Kinderwagens montiert, um seiner Mutter die Arbeit zu erleichtern.

Heute morgen hatte er die Vorrichtung zusammengebrochen und voll Regenwasser im Hof liegen sehen. Nach dem Frühstück hatten Lennie und Charlie hemdsärmlig am Tisch gesessen und ihrer Mutter zugesehen. Die Tür zum Hinterhof stand offen. Mrs. Thornton trug eine Schaufel, nicht mehr als zwei Hand breit, und ging ständig damit hin und her, vom Kohlenverschlag im Hof durch die Küche ins Wohnzimmer. Auf jedem Gang ins Innere des Hauses balancierte ein Kohlenhäufchen auf der Schaufel. Charlie hatte gezählt, daß seine Mutter vom Kohlenverschlag bis zum Küchenherd und zum Wohnzimmerfeuer sechsunddreißigmal gegangen war. Sie ging ruhig, die Schaufel wie einen Speer in beiden Händen vor sich hertragend, ihr Gesicht angestrengt. Charlie hatte den Kopf auf seine Arme fallen gelassen und lautlos gelacht, bis er Lennies warnenden Blick gespürt hatte und die Schultern ruhig hielt. Einen Augenblick später hatte er sich aufgesetzt, mit unbewegtem Gesicht.

Lennie sagte: „Warum greifst du Mutter bloß an?" Charlie sagte: „Aber ich hab doch rein gar nichts gesagt." – „Nein, aber es wird sie wurmen. Du zeigst immer, was du denkst, Charlie, alter Junge." Da Charlie nicht auf diesen Appell reagierte – für weit mehr als nur Nachsicht in diesem Fall –, fuhr Lennie fort: „Einem alten Hund bringst du keine neuen Tricks mehr bei." – „Alt! Sie ist nicht mal fünfzig!"

Und jetzt sagte Charlie und setzte damit das frühere Gespräch fort: „Sie tut so, als wäre sie eine alte Frau. Sie verbraucht sich für nichts und wieder nichts, sie könnte mit der ganzen Arbeit in wenigen Stunden fertig sein, wenn sie systematischer vorginge. Oder wenn sie uns doch einmal die Leviten lesen würde." [...]

„Mensch, Charlie, es hat doch keinen Zweck, wenn wir glauben, wir werden uns ändern."

„Wer hat was von ändern gesagt?" sagte Charlie aufgeregt; doch der Bus war gekommen, und Lennie schwang sich schon auf die hintere Plattform. „Wenn du Schwierigkeiten hast, schreib's", sagte Lennie; die Klingel ertönte, und sein Gesicht verschwand, als der erleuchtete Bus von der lichtgestreiften Dunkelheit und dem Nieselregen verschluckt wurde. Noch eine halbe Stunde Zeit, bevor der Zug nach London ging. Charlie stand da, die Hände in den Taschen, es nieselte auf seine Schultern, und er fragte sich, ob er seinem Bruder nacheilen und es ihm erklären sollte – doch was? Er stürzte über die Straße, hinüber zu einer Kneipe in der Nähe des Bahnhofs. Der Inhaber war ein Ire, der ihn und Lennie kannte. Die Kneipe war noch leer, da sie gerade geöffnet worden war.

„Du bist's", sagte Mike und zapfte ihm ohne erst zu fragen, einen halben Liter Bitter. „Ja, ich bin's", sagte Charlie und schwang sich auf einer Hocker.

„Und wie steht's mit der großen Welt der Gelehrsamkeit?"

„O mein Gott, *nein*!" sagte Charlie. Der Ire blinzelte, worauf Charlie schnell sagte: „Wozu hast du die Kneipe so grell herausgeputzt?"

Der Pub war mit dunklem Holz getäfelt gewesen. Häßlich und gemütlich. Nun gab es ein halbes Dutzend verschiedener knalliger Tapeten und glänzende Farbflächen; Charlies Magen drehte sich wieder um, Licht drang in seine Augen, er setzte die Ellbogen fest auf den Tresen auf, um sich abzustützen, und legte das Kinn auf beide Fäuste.

„Die jungen Leute mögen's", sagte der Ire. „Aber die Bar nebenan haben wir für die alten Leute so gelassen, wie sie war."

„Du solltest ein Schild aufhängen: ‚Die Alten hier entlang'", sagte Charlie. „Dann hätte ich gewußt, wohin." Er hob vorsichtig den Kopf von seinen Fäusten hoch und kniff die Augen zusammen, um den grellen Farben der Tapeten, dem farbigen Geglitzer zu entkommen.

„Du siehst schlecht aus", sagte der Ire. Er war ein kleiner, rundlich gebauter Mann, eine frohe Trinkernatur, der wie Charlie auf zwei Arten sprechen konnte. Dem Feind gegenüber – das heißt, allen Engländern gegenüber, die er nicht als Freunde ansah, kurzum: die nicht seine Stammkunden waren – befleißigte er sich einer übertriebenen, irisch gefärbten Ausdrucksweise, die, wenn er dabei blieb, unweigerlich zu politischen Streitgesprächen führte, an denen er sein Vergnügen hatte. Für Freunde wie Charlie machte er keine Umstände. Jetzt sagte er: „Bloß Arbeit und kein Spaß."

„Ganz recht", sagte Charlie. „Ich hab den Arzt aufgesucht. Er hat mir ein Stärkungsmittel verschrieben und gesagt, ich sei völlig gesund und munter. „Sie sind völlig gesund und munter", sagte Charlie und ahmte zur Belustigung des Iren den Akzent der englischen Oberschicht nach.

Mike zwinkerte, den Spaß anerkennend, mit den Augen, wenn auch sein professionell heiter aussehendes Gesicht ernst blieb. „Man darf sich eben nicht übernehmen", mahnte er eifrig.

Charlie lachte heraus. „Genau das hat der Arzt auch gesagt. ‚Man darf sich nicht übernehmen', hat er gesagt."

Als sich diesmal der Hocker, auf dem er saß, und der Boden darunter von ihm weg bewegten, die glitzernde Decke sich neigte und hin und her schwang, wurde ihm schwarz vor Augen. Er schloß sie und griff haltsuchend nach dem Tresen. Die Augen noch geschlossen, witzelte er: „Das ist der Zusammenstoß der Kulturen. Ja, das macht mich schwindlig." Er öffnete die Augen und sah am Gesichtsausdruck des Iren, daß er das nicht laut gesagt hatte. Laut sagte er: „Eigentlich war der Arzt in Ordnung, er hat's gut gemeint. Aber Mike, ich werde es nicht schaffen, ich werde durch die Prüfung fallen."

„Nun, das ist nicht der Weltuntergang."

„Mein Gott. Das mag ich an dir, Mike, du hast eine großzügige Lebensanschauung."

„Ich komm zurück", sagte Mike und ging einen Kunden bedienen.

Vor einer Woche war Charlie mit einem xerokopierten Flugblatt in der Hand zum Arzt gegangen. Es hatte die Überschrift: „Bericht über die zunehmende Verbreitung von Nervenzusammenbrüchen unter Studenten." Er hatte die Worte unterstrichen: „Junge Männer aus der Arbeiterklasse und der unteren Mittelschicht mit einem Stipendium sind besonders anfällig. Für sie ist das Erlangen eines akademischen Grades offensichtlich ganz entscheidend. Hinzu kommt, daß sie unter dem ständigen Druck stehen, sich an die Gesellschaftsregeln des Mittelstands, die ihnen fremd sind, anpassen zu müssen. Sie sind Opfer eines Zusammenstoßes von Normen, eines Zusammenstoßes von Kulturen, Opfer entgegengesetzter Zugehörigkeiten."

Der Arzt, ein junger Mann um die dreißig, von der College-Verwaltung als eine Art Vaterfigur eingesetzt, um bei Arbeitsproblemen, persönlichen Problemen und (wie das satirisch veranlagte Alter ego gerne ergänzte) bei Kulturzusammenstoß-Problemen Rat zu geben, blickte nur einmal auf das Flugblatt und reichte es dann zurück. Er hatte es geschrieben. Was Charlie natürlich gewußt hatte. „Wann sind ihre Prüfungen?" fragte er. *Kommt gleich zur Sache, genau wie Mutter,* bemerkte die böswillige Stimme hinter der Schulter.

„Ich hab noch fünf Monate, Doktor, und kann weder arbeiten noch schlafen."

„Wie lange schon?"

„Erst so nach und nach." *Seit ich auf der Welt bin,* sagte der Feind.

„Ich kann Ihnen natürlich Beruhigungsmittel und Schlaftabletten verschreiben, aber das kommt nicht an das eigentliche Übel heran."

Das ist dieses widernatürliche Vermischen der Klassen. Es geht nicht gut, weiß man ja. Die Leute sollten wissen, wo sie hingehören, und sich damit abfinden. „Ich hätte trotzdem gern Schlaftabletten."

„Haben Sie eine Freundin?"

„Zwei."

Der Arzt schenkte ihm das nachsichtige Wohlwollen eines Mannes von Welt, brach dann das Lächeln ab und sagte: „Vielleicht wären Sie besser mit einer dran?"

Welcher denn, meiner Ersatzmutter oder meinem süßen Sexwesen? „Vielleicht wär ich's wirklich, so wie's steht."

„Ich könnte einen Gesprächstermin mit einem Psychiater arrangieren – natürlich nicht, wenn sie es nicht wollen", sagte er hastig, denn das Alter ego war aus Charlies Lippen in ein wieherndes Gelächter ausgebrochen: „Was kann mir denn der Psychoheini sagen, was ich nicht schon weiß?" Er lachte schallend, ließ die Beine hochsausen, worauf ein Aschenbecher auf der Kante durchs Zimmer kreiselte. Charlie lachte, blickte dem Aschenbecher nach und dachte: *Na also, ich hab doch die ganze Zeit gewußt, daß da ein Poltergeist hinter meiner Schulter sitzt. Ich schwöre es, ich hab diesen verdammten Aschenbecher nie berührt.*

Der Arzt wartete, bis der Aschenbecher zu ihm hingekreiselt kam, hielt ihn mit dem Fuß an, hob ihn auf, stellte ihn zurück auf den Schreibtisch.

„Wenn das so ist, hat es keinen Sinn, daß Sie zu ihm gehen."
Alle Zugangswege erforscht, alle Straßen verzeichnet.
„Nun, sehen wir weiter; sind Sie in letzter Zeit bei Ihrer Familie gewesen?"
„Vergangene Weihnachten. Nein, Doktor, es ist nicht so, daß ich es nicht möchte, ich kann da nicht arbeiten." Versuchen Sie mal, in einer Atmosphäre von Gewerkschaftsversammlungen, Flimmerkiste und Kino in Doncaster zu arbeiten. Versuchen Sie es mal, Doktor. Außerdem verbrauch ich all meine Energien damit, sie nicht aufzuregen. Ich reg sie nämlich auf. Mein lieber Doktor, Leute wie ich mit Stipendium, wenn wir unsere Schicht verlassen, sind nicht wir es, die leiden, es sind unsere Familien. Wir verursachen Kosten, Doktor. Außerdem – schreiben Sie doch eine wissenschaftliche Arbeit darüber, ich würde sie gern lesen... Geben Sie ihr den Titel: Langzeitwirkungen auf die Arbeiterklasse – bzw. die unteren Mittelstandsfamilien eines Stipendiaten, dessen bloße Existenz eine ständige Erinnerung daran ist, daß sie selbst nichts als unwissende, unkultivierte Trampel sind. Wie klingt das als Thema für eine Doktorarbeit, Doktor? Mensch, ich glaub wirklich, ich könnte das selbst schreiben.

„Wenn ich an Ihrer Stelle wäre, ich würde einige Tage nach Hause fahren. Versuchen Sie, überhaupt nicht zu arbeiten. Gehen Sie lieber ins Kino. Schlafen Sie mal richtig aus, essen Sie und lassen Sie sich umsorgen. Lassen Sie sich diese Medizin geben und suchen Sie mich wieder auf, wenn Sie zurück sind."

„Danke, Doktor, das tu ich." *Sie meinen es gut.* [...]

Nach dem Besuch beim Arzt war Charlie direkt zu Jenny gegangen. Er hatte sich über das Gespräch lustig gemacht, während sie dasaß und ernst zuhörte. Dann hatte er ihr seinen Lieblingsvortrag über die krasse und unveränderliche Stumpfheit eines jeden aus dem Mittelstand gehalten. Nur Jenny allein hörte je diesen Vortrag. Schließlich sagte sie: „Du solltest wirklich einen Psychiater aufsuchen. Siehst du denn nicht, es ist unfair."

„Wem gegenüber, mir?"

„Nein, mir gegenüber. Was hat es denn für einen Zweck, mich die ganze Zeit anzuschreien. Ihm solltest du das alles sagen."

„Was?"

„Aber das weißt du doch selbst. Du verbringst die ganze Zeit damit, mir Vorträge zu halten. Du mißbrauchst mich, Charles." (Sie nannte ihn immer Charles.) Was sie eigentlich sagen wollte, war: Du solltest mit mir schlafen, nicht mir Vorträge halten. Charlie hatte es nicht wirklich gern, mit Jenny zu schlafen. Er zwang sich dazu, wenn ihr zunehmend schroffes und anklagendes Verhalten ihn mahnte. Er hatte ein zweites Mädchen, das er nicht mochte, ein großes, selbstbewußt auftretendes Mädchen aus der Mittelschicht namens Sally. Sie nannte ihn neckisch: Charlie-Boy. Als er Jennys Zimmertür hinter sich zugeschlagen hatte, war er zu Sally gegangen und hatte sich den Weg in ihr Bett erkämpft. Jeder Geschlechtsakt mit Sally war ein langsames, leidenschaftsloses Unterwerfen ihrer Person durch ihn. In dieser Nacht sagte er, als sie schließlich ergeben unter ihm lag: „Arbeitersohn mit schwieligen Händen gewinnt durch seine unwiderstehliche Männlichkeit schöne Tochter aus der begüterten Klasse. Und wie sie das mag."

„O ja, stimmt, Charlie-Boy."

„Ich bin nichts als ein verdammtes Sexsymbol."

„Nun" murmelte sie, schon wieder gelassen und sich befreiend, „dasselbe bin ich doch für dich." Und trotzig fügte sie hinzu, womit sie zeigte daß es ihr etwas ausmachte und daß Charlie schuld daran war: „Und das läßt mich kalt."

„Liebe Sally, was ich an dir mag, ist deine herrliche Ehrlichkeit."

„Magst du das an mir? Ich hab geglaubt, es wäre eher das Erregende, mich völlig unterzukriegen."

Lessing, Doris: England gegen England. In: dies.: Das Doris Lessing Buch. (1. Aufl.) Hamburg: Hoffmann und Campe, 1989. S. 76-96, [zit. S. 76-89]
© 1982 Ernst Klett Verlag für Wissen und Bildung, Stuttgart

Weitere Textempfehlung:
Lessing, Doris: Der alte Häuptling Mshlanga. In: dies.: Das Doris Lessing Buch. (1. Aufl.) Hamburg: Hoffmann und Campe, 1989. S. 13-26
© 1976 Diogenes Verlag, Zürich

Hauptmann, Gerhart: Die Weber. In: ders.: Das gesammelte Werk. Bd. 2. Berlin: S. Fischer Verlag, 1942. S. 3-102, [S. 3-12]
© 1925 S. Fischer Verlag.

Weiss, Peter: Die Ästhetik des Widerstands. (8.Aufl.) Frankfurt am Main: Suhrkamp Verlag, 1984. [S. 53-57]
© 1978 Suhrkamp Verlag, Frankfurt am Main.

Alejo Carpentier

Der kubanische Schriftsteller, Alejo Carpentier, wird am 26. Dezember 1904 in Havanna als Sohn eines französischen Architekten geboren. Den größten Teil seiner Kindheit verbringt er in Europa und kehrt 1921 nach Kuba zurück. Dort beteiligt er sich aktiv an der literarisch-politischen Erneuerungsbewegung und wird für kurze Zeit sogar inhaftiert. In den Jahren 1928 bis 1939 lebt er als Pressekorrespondent in Paris, später in Venezuela und ist nach der Revolution Fidel Castros Direktor des Staatsverlages. Ab 1966 übt er das Amt des Kulturattachés der kubanischen Botschaft in Paris aus und stirbt dort am 24. April 1980.

Werke:

1949	El reino de este mundo (Das Reich von dieser Welt, 1964)
1953	Los pasos perdidos (Die Flucht nach Manoa, 1958)
1956	El acoso (Finale auf Kuba, 1960)
1962	El siglo de las Luces (Explosion in der Kathedrale, 1964)
1974	Concierto Barroco (Barockkonzert, 1976)
1979	El Arpa y Sombra (Die Harfe und der Schatten, 1979)

Le sacre du printemps (1993)

„Le sacre du printemps" ist die Geschichte der russischen Tänzerin Vera und des kubanischen Architekten Enrique. Sie lernen sich während des spanischen Bürgerkrieges in den internationalen Brigaden kennen. Ein Teil des Romans handelt von den Erfahrungen, die sie zuvor in verschiedenen europäischen Hauptstädten in künstlerischen und intellektuellen Zirkeln gemacht haben. Nach dem Zusammenbruch der republikanischen Front verlassen sie Spanien und gehen nach Kuba. Vera eröffnet eine Ballettschule und träumt davon, mit einem kubanischen Ensemble „Le sacre du printemps" nach der Musik von Strawinsky aufführen zu können.

(ar)

Carpentier, Alejo: Le sacre du printemps (Ausschnitt)

Von Olga mit neuen Küssen empfangen (wenngleich weniger überschwänglichen als gestern, um nicht durch exzessives Reiben die Vollkommenheit eines feinst abgestimmten Makeup zu beeinträchtigen) und ohne Tränen diesmal, betrat ich ein hochherrschaftliches Haus, in dem jegliches Ding von *„luxe, calme et volupté"* sprach. Alles war hier schön und von höchster Qualität: die Möbel, die Teppiche, die Gegenstände, und vor allem die Bilder, die Bilder!, hingen doch an den Wänden mehrere Ölgemälde von Picasso, Matisse, Max Ernst, aufs schönste kontrastierend mit zwei Stilleben von Chardin, einer kleinen Landschaft von Cézanne, zwei Dürer-Stichen, einer kleinen Infantin von Sánchez Coello und – o Wunder! – dem Entwurf einer Flugmaschine von Leonardo. Neben den großen Epochen waren die großen Stile vertreten in diesen – um alles zur Geltung zu bringen – klug ausgeleuchteten Salons, in denen ein ungeschickter Ellenbogenstoß gegen eine Sèvres-Vase, ein unachtsamen Händen entfallender Aschenbecher, der Absturz einer Tabaksdose, die Talleyrand gehört hatte, oder einer Tanagra-Figur, auf eitler Auktion bei Sotheby erworben, nach apokalyptischem Weltuntergangsgetöse geklungen hätte. Aber trotz der hier erreichten wunderbaren Harmonie zwischen Bildern, Rahmen, Keramiken, fein geschliffenen Kristallen, Ming-Skulptürchen, alten, in Vitrinen ausgestellten Münzen, mangelte es dem Ganzen an dieser menschlichen Wärme, die sich dem oft zu Rate gezogenen, abgegriffenen, ja von dem wahrhaft es liebenden Besitzer sogar bekritzelten Buch mitzuteilen pflegt. Alles war so perfekt, so unverrückbar, so bewunderungswürdig, daß man aufhörte, die staunenswerte Qualität all dieser Dinge wahrzunehmen, und dem Blick Ruhe zu verschaffen suchte im Anblick einer Kastanie, die vor dem Fenster stand und, vom Wind gewiegt, den Tanz ihrer Zweige zeigte. (Oh, welch unerhörte Offenbarung, welch himmelschreienden Skandal würde ein unvermutet eingeschmuggeltes Levithan-Möbel oder eine Quesada-Lampe an diesem Ort bewirken!...) Eine Tür ging auf, deren Vorhandensein ich anders nicht wahrgenommen hätte, und wie aus einer Theaterversenkung erschien Laurent, in Nachtblau gekleidet, im Glanz – und das war das erste, was ich bemerkte – eines weißen, so wunderbar seiner Anatomie angepaßten Hemdes, daß es schon von weitem die britannische Schere des Herstellers verriet. Er küßte mir formvollendet die Hand und wartete, bis Olga, nach einer Sturzflut von Lobpreisungen meiner Person, die Schleusen geschlossen hatte, um mir seinerseits in dieser bei halbgeschlossenen Zähnen etwas gepreßten Sprechweise und mit der sorgfältigen, leicht racineschen Artikulation, die für eine bestimmte französische Adelsschicht charakteristisch sind, einige Komplimente zu machen. Vielleicht gerade, weil er nicht in einem bürgerlichen Milieu geboren worden war, versteifte er sich darauf, die Sprachticks der vornehmen Leute nachzuahmen, die auf den Seiten von *Vogue* abgebildet waren, und hielt bei seinen Gesten auf eine manirierte und leicht verklemmt wirkende Zurückhaltung, die mir als ein typisches Anzeichen dessen erschien, was José Antonio – jetzt erinnerte ich mich seiner! – als einen Fall von „unterschwelliger Homosexualität" ausgemacht hätte . . . Wir gingen zu Tisch, wo auf kostbaren Tafeltüchern, zwischen Kandelabern, Kerzenschein und Silberschimmer („Ich habe ein Essen wie für Großherzöge für dich vorbereitet", hatte Olga mich wissen lassen) zwei Stunden lang, in mehreren Gängen, alle die Gerichte und Speisen vor uns aufmarschierten, die durch ihre – ach so fernen und nun so weit zurückliegenden – Geschmäcke und Arome die Chronik meiner Kindheit und Jugend wiederaufleben ließen -bis zu den Tagen der Not, dem Zwangsregime der roten Rüben, eingelegten Gurken und Kommißbrote, das sich für mich mit der Erinnerung an den Triumph der berühmten Oktoberrevolution (oder, ich weiß nicht, Novemberrevolution) verband, die in der Welt so viel von sich hatte reden machen und nach so vielen inzwischen vergangenen Jahren – Jahren genug, um die Erinnerung an andere, zu ihrer Zeit für weit bedeutsamer erachtete Ereignisse gelöscht zu haben – noch immer (wovon sich jeder überzeugen konnte, der, wie ich, die französische Morgenpresse durchgesehen hatte) von sich reden machte. . . Während ich in mich hineinschlang, was mir vorgesetzt wurde (denn die Wiederbegegnung mit bestimmten Speisen ruft einen wahren Gedärme-Enthusiasmus hervor, eine gewaltige Gefräßigkeit, einen Appetit auf alles, was man vor Augen hat, der uns veranlaßt, mehr zu *schlingen* als zu schmecken, weil er den Verzug, den feines Auskosten mit sich brächte, nicht duldet); während ich also alles verschlang, was mir vorgesetzt wurde, betäubte mich Olga, die ihre unaufhaltsame Wortflut durch mehrere, das Kaviar-Präludium begleitende Gläschen Wodka nochmals gesteigert hatte, mit dem Aufzählen ihrer brillanten Freundschaften, ihrer gesellschaftlichen Verpflichtungen und all der Personen hohen Standes, mit denen sie auf du und du war. Es war ein einziges „Marie-Laure (de Noailles, versteht sich) hat mir gesagt" und „die Gräfin Fels hat mir im Vertrauen geflüstert" und „Jean (Cocteau, natürlich . . .), der keine Geheimnisse vor mir hat" und „Gide persönlich hat mir erzählt ..."

Carpentier, Alejo: Le sacre du printemps. (2. Aufl.) Frankfurt am Main: Suhrkamp Verlag, 1993. [zit. S. 443-445]
© dt. Ausgabe Suhrkamp Frankfurt am Main, 1993.

Vicky Baum

Vicki Baum, 1888 in Wien geboren, besucht sechs Jahre lang das Konservatorium in Wien, wo sie als Harfenistin ausgebildet wird. Von 1926 bis 1931 ist sie als Redakteurin im Ullstein-Verlag für die Zeitschrift „Die Dame". Ihr größter Erfolg, der Roman „Menschen im Hotel", erscheint 1929. Zu dessen Verfilmung geht sie 1931 nach Hollywood, wo sie bis zu ihrem Tod im Jahre 1960 bleibt.

Werke u.a.:

1920   Frühe Schatten
1924   Die Welt ohne Sünde
1925   Der Weg
1929   Menschen im Hotel
1936   Die Karriere der Doris Hart
1937   Liebe und Tod auf Bali
1939   Hotel Shanghai

Der Weg (1925)

Die Novelle „Der Weg" erschien erstmals 1925. Hauptthema ist der Leidensweg einer Frau, die an Lungenentzündung erkrankt ist, an der sie schließlich stirbt. Gleichzeitig wird das klassische Familienleben in den 50er Jahren dargestellt: die Kleinfamilie mit klassischer Geschlechterrollenverteilung.

(cb)

Baum, Vicky: Der Weg (Ausschnitt)

Dies aber ist Frau Zienkanns Tagewerk: Sie erhebt sich, zieht sich rasch an und ist lange vor ihrem hustenden Gatten fertig. Sie weckt die Kinder auf, Otto, den Gymnasiasten, und Marianne, die in die Handelsschule geht. Sie rüttelt das träge kleine Dienstmädchen aus dem Schlaf und setzt inzwischen schon in der Küche Wasser auf den Gasherd fürs Frühstück. Es ist kalt in allen Räumen, kleine Dampfwolken ziehen vor ihrem Mund hin. Sie streicht Brote und richtet Päckchen her, sie näht noch schnell einen abgerissenen Knopf an. Sie weckt nochmals das kleine verschlafene Dienstmädchen und deckt inzwischen den Frühstückstisch. Ihre Finger zittern morgens immer ein wenig vor Nervosität, bis sie den Mann und die Kinder pünktlich und wohlversorgt aus dem Haus gebracht hat. Nachher wird es ein wenig angenehmer. Sie rechnet das Haushaltsbuch durch und entwirft den Plan für den laufenden Tag. Sie putzt den Kanarienvogel; sie begießt die Blumen. Sie räumt das Schlafzimmer auf, wobei ihre Hände blau vor Kälte werden. Sie wischt im Wohnzimmer den Staub, sie schilt mit dem trägen kleinen Dienstmädchen, das alles nur halb macht. Sie steht am Kohlenaufzug und hilft die Eimer heraufziehen, sie überwacht das heikle und sparsam gehandhabte Geschäft des Einbeizens. Sie tut ein altes Regenhütchen auf den Kopf, nimmt eine Markttasche zur Hand, die aus einem alten Rockfutter gemacht ist, und trabt zur Halle, wo es heute billigen Fisch gibt. Sie segelt mit der schweren und gefüllten Tasche heimwärts, sie zankt mit dem Dienstmädchen und bohnert nun selbst den Flur, der nicht sauber geworden ist. Sie kocht. Sie plättet eine Bluse für Marianne, die nachmittags eingeladen ist. Sie kocht wieder. Bei Zienkanns ißt man in drei Abteilungen Marianne kommt um ein Uhr und muß um drei wieder fort; Otto kommt um halbdrei und muß um vier Uhr wieder fort. Herr Zienkann kommt nach vier und schläft hinterher. Das Dienstmädchen knurrt über solche Wirtschaft, bei der man nie fertig wird. Frau Zienkann trocknet selbst das Geschirr mit ab –

Sie stopft dem Mann die Wäsche, überhört die Aufgaben des Gymnasiasten, sie sitzt im Hinterzimmer an der Maschine und macht aus sechs alten Bettlaken drei neue, sie trennt ein Kleid auf und schneidet etwas für Marianne daraus zurecht, wobei ihre Finger zittern. Sie plättet steife Kragen, kunstvoll und mit Glanzstärke. Sie richtet das Abendbrot her. Sie schaut ein wenig in ihr Haushaltsbuch, wobei ihr Gesicht wieder jenen törichten Ausdruck der Anspannung annimmt.

Nachher seufzt sie. Herr Zienkann liest ungerührt die Zeitung und gähnt manchmal. Auch Frau Zienkann ist müde; aber sie wartet noch, bis Otto, der bei einem Freund ist, heimkommt. Sie nimmt sogar noch eine Handarbeit vor; sie häkelt eine endlose, endlose Spitze für Mariannens Wäsche und denkt dabei an den Schrank, den sie kaufen muß.

Nein, es ist nichts Besonderes um diese Frau Elisabeth Zienkann; sie ist nur eine von hunderttausend Frauen, die das gleiche Tagewerk betreiben. Sie ist nicht groß und nicht klein, eher zart gebaut; nicht häßlich, aber auch nicht hübsch. Nicht mehr jung, aber auch nicht alt. Nicht unglücklich, aber auch nicht glücklich. Sie erzählt manchmal, daß sie früher schönes Haar gehabt hätte. Sie steht zuweilen still in der guten Stube und schaut die Fotografie des jungen Herrn Zienkann an; es kommt vor, daß sie ihre zerarbeiteten Hände besieht und wunderlich lächelt. Man muß eine Creme kaufen – denkt sie dann und vergißt es wieder. Ganz selten geschieht es sogar, daß sie abends an das kleine Bücherbord geht und ein Buch herunterholt; aber dann schläft sie gewöhnlich bei der dritten Seite ein. Oder sie setzt sich vor das Pianino und nimmt nach einer Weile die Hände aus dem Schoß und schlägt einen Akkord an, und dann horcht sie lange hinterher, bis alle Klangwellen verzittert sind. Die Kinder lachen heimlich dazu. „Das Leben ist schwer –", sagt Frau Zienkann zuweilen. Aber das ist im Grunde nur eine Redensart...

Baum, Vicki: Der Weg. In: KIWI Lesebuch. Die 50er Jahre. Köln: Kiepenheuer & Witsch, 1989. S. 51-84, [zit. S. 53-55] Mit Genehmigung des Verlages Kiepenheuer & Witsch, Köln

© 1989 Kiepenheuer & Witsch.

Barbara Frischmuth

Barbara Frischmuth wird am 5. Juli 1941 in Altaussee (Steiermark) geboren. Nach dem Abitur 1959 beginnt sie ein Dolmetschstudium in Graz und hat bereits erste literarische Auftritte. Nach ihrem Abschluss beginnt die diplomierte Dolmetscherin für Türkisch ein Studium der Orientalistik, das sie nicht beendet. Ab 1966 arbeitet sie als Schriftstellerin und Übersetzerin. Sie ist Mitbegründerin der Grazer Autorenversammlung, aus der sie 1989 aus Protest gegen deren Haltung in künstlerischen Fragen wieder austritt. Barbara Frischmuth lebt in Bad Aussee und hat bereits zahlreiche Preise bekommen.

Werke u. a.:

1968	Die Klosterschule
1973	Das Verschwinden des Schattens in der Sonne
1976	Die Mystifikation der Sophie Silber
1978	Amy oder Die Metamorphose
1979	Kai und die Liebe zu den Modellen
1986	Herrin und Tiere
1987	Über die Verhältnisse
1990	Einander Kind
1994	Hexenherz
1998	Die Schrift des Freundes
1999	Fingerkraut und Feenhandschuh. Ein literarisches Gartentagebuch
1999	Das Heimliche und das Unheimliche. Drei Reden

Unzeit (1974)

Unzeit erzählt von den Schwierigkeiten der alleinerziehenden Mutter Euridike, die nach der Trennung von ihrem Mann Felix lernen muss, mit der Doppelbelastung von Kindererziehung und Arbeit zurechtzukommen. In ihrem perfekt organisierten Tagesablauf hat ein Mann keinen Platz. Sie hat flüchtige Beziehungen zu Männern, die sie jedoch beendet, bevor sie zu ernst werden, da sie keine Verpflichtungen eingehen will.

(cb)

Frischmuth, Barbara: Unzeit (Ausschnitte)

Sie und Felix hatten sich in einer Vorlesung, die für die Studenten der Romanistik und die Französich-Dolmetscher gemeinsam gehalten wurde, kennengelernt, und sie hatte eine Zeitlang überlegt, ob sie nicht auch lieber Romanistik studieren sollte, aber dann hatte sie in Französisch und Italienisch zuerst das Diplom machen wollen, letztlich war es aber dazu nicht mehr gekommen, sie und Felix hatten geheiratet, und nach der Geburt der Zwillinge war es ihr nicht möglich gewesen weiterzustudieren.

Nun gingen die Zwillinge bereits zur Schule. Sie holte sie gegen Abend, auf dem Weg nach Hause, aus einem Tagesheim ab, und während die Zwillinge beinah übergingen von den Worten, mit denen sie ihr die vielen kleinen Geschichten des Tages erzählen wollten, mußte sie dazusehen, daß sie nichts zu besorgen vergaß, was für das Abendessen, das Frühstück und den Haushalt an sich vonnöten war. Sie mußte versuchen, noch rechtzeitig in diesen oder jenen Laden zu kommen, keins von den Kindern, die durch den Menschenstrom immer wieder von ihr getrennt wurden, zu verlieren und dabei auf den Verkehr achten. Und es half gar nichts, wenn sie sagte, daß die Zwillinge noch ein wenig warten, und es ihr dann in Ruhe zu Hause erzählen sollten. Sie mußten es los werden, auf der Stelle, und so ließ sie sie gewähren, nicht zuletzt aus der Erfahrung heraus, daß es auch zu Hause nichts war mit der Ruhe, daß sie im Gegenteil, dann erst recht anfangen würden, sich zu hetzen, einerseits weil sie alle gleich hungrig waren und andererseits, weil sie es nicht einreißen lassen wollte, daß sie sich einfach hinsetzten, den Inhalt der Einkaufstasche auf den Tisch leerten und zu essen begannen, obwohl es oft genug darauf hinauslief, und sie sich nicht einmal Tee kochten zu dem üblichen kalten Aufschnitt, sondern nur ein Joghurt hinunterschlangen. Das wollte sie, wie gesagt, nicht einreißen lassen, und so kochte sie denn doch einige Male in der Woche abends, während sie die Zwillinge, die vor Hunger schlechter Laune waren, besänftigte, indem sie ihnen erklärte, das ewige kalte Essen sei schlecht für den Magen und überhaupt, es ging nicht an, daß sie sich aufführten wie die Barbaren. Und wenn sie dann endlich bei Tisch saßen und das warme Essen in sich hineingemampft hatten, waren die Zwillinge davon so müde geworden, daß sie die Wörter nur mehr langsam aussprachen und keine Rede mehr davon sein konnte, daß jemand etwas erzählte. Es kostete sie dann selbst oft große Mühe, die Zwillinge vom Fernsehen zu vertreiben, vor dem sie, nicht sosehr aus Interesse als aus Bequemlichkeit, sitzen geblieben waren, sie dazu zu bringen, ins Bad zu gehen, sich zu duschen und die Schulsachen für den nächsten Tag zu richten. [...]

An den Abenden, an denen sie Besuch erwartete, gab es Augenblikke, in denen sie Lust hatte, sich unter ihrem Bett zu verkriechen und einen der Zwillinge an der Tür sagen zu lassen, sie sei krank oder tot oder was auch immer. Dabei beeilte sie sich, das Geschirr wegzuwaschen, einen Imbiß vorzubereiten, im Wohnzimmer Staub zu wischen, während sie schon längst im Bad sein wollte, um sich zurechtzumachen, was wiederum nicht ging, weil die Zwillinge bei solchen Anlässen instinktiv besonders lang brauchten. Meist gab es Scherben oder Tränen, aber irgendwie schaffte sie es bis zu dem Zeitpunkt, an dem es an der Tür klingelte, fertig zu sein und lächelnd zu öffnen. Und für die erste halbe Stunde war es dann auch so, als wäre sie endlich zur Ruhe gekommen, entspannt, offen für alles, was weder die Kinder, den Haushalt, noch ihren Beruf betraf. Bis sie anfing, insgeheim auf die Uhr zu schauen, die Stunden nachzuzählen, die ihr noch zum Schlafen bleiben würden, zum ungestörten Schlafen, das die Müdigkeit von ihr nahm. Und während sie noch lachte und ihr Mund Worte formte, die die anderen unterhalten sollten, stieg ein so großes Gähnen in ihr auf, daß ihr ganzer Leib sich mit Überdruß füllte und sie Mühe hatte, an sich zu halten, dieses Gähnen nicht aus den Nähten platzen zu lassen, und wenn es ihr ihre Erziehung und ihre Herkunft erlaubt hätten, an die bescheidenen Götter von Haus und Herd zu glauben, hätte sie sie sicher angefleht, ein Einsehen mit ihr zu haben und den Besuch fortzuschicken, ihm eine schnelle und insofern schmerzlose Verabschiedung einzugeben, und sie nicht durch ein Hinauszögern weiter leiden zu lassen. Bei solchen Gelegenheiten schwor sie sich dann, niemanden mehr einzuladen, sondern sich, wie sie es auch mit ihrer Mutter tat, mit ihren Freunden und Bekannten außer Haus zu treffen, an Orten, die sie, wann immer es sie danach war, verlassen konnte, ohne Aufsehen zu erregen. Etwas anderes war es mit den Liebhabern, aber selbst da spielte sie, sobald es ging, ihren Trumpf aus, den besonderen Trick, wie sie es bei sich nannte, den sie bis zur Perfektion beherrschte, der ihr anfangs, als sie ihre Fähigkeit dazu langsam zu entdecken begann, ein ungeheures Prickeln verursacht hatte, den sie aber mit der Zeit immer bewußter einsetzte, sich und ihre Wirkung genau beobachtend. Meist bestand er nur in einer einzigen Bewegung, einer Berührung, die nicht mehr als einen daumengroßen Fleck Haut beanspruchte, durch den sie ihr Verlangen dem Körper des anderen signalisierte, was dazu führte, daß fast immer sie bestimmte, wann eine Zärtlichkeit begann, und sie konnte sich nicht erinnern, daß dieser ihr ‚Trick' je versagt hätte, was sie mit einer Überlegenheit erfüllte, die durch ihr Aussehen allein nicht zu rechtfertigen war. Früher war es ihr dabei nur um den erotischen Bezug dieser Art von Eroberung gegangen, aber seit ihr Leben nach einer fixen Einteilung der Stunden verlief, ging es immer mehr darauf hinaus, so rasch und so intensiv wie möglich, das zu erleben, was sie als die Befriedigung ihrer leiblichen Wünsche ansah. Sie mußte dazuschauen, daß sie geliebt wurde, bevor das große Gähnen in ihr anhob und die immer geringer werdende Anzahl von Stunden bis zum Tagesanbruch, der durch das pünktliche und unbarmherzige Erwachen der Zwillinge gekennzeichnet war, sie bis zum völligen Erkalten verschreckte. Natürlich spielten sich ihre Verhältnisse nicht immer auf so ausgeklügelte Art ab, vor allem zu Beginn einer neuen Bekanntschaft verschob sich alles in der Zeit, solange der absolute Reiz des noch nicht Gehabten, Geschmeckten ihre Sinne wach hielt und sie mehrere Stunden des Schlafs, der ihr soviel bedeutete, verschmerzen ließ. Seit Felix und sie sich getrennt hatten, hatte sie eine Reihe von Bekanntschaften gemacht, die aber nie lange dauerten und meist so oberflächlich waren, daß sie es vermieden hatte, die Zwillinge damit zu belasten, was auch als guter Grund dafür herhalten mußte, wenn sie den betreffenden Mann noch in der Nacht fortschickte. Die wenigen Ausnahmen, die sie bisher gemacht hatte, waren nicht so glücklich ausgefallen, daß sie Wert darauf gelegt hätte, sie öfter zu machen. [...]

Dann hatten sie beide die weißen Mäntel ausgezogen und der Doktor gab ihr eine Fachzeitschrift mit, in der ein französisch geschriebener Artikel stand, den sie für ihn lesen sollte. Wenn er sich dann nach ihrem Bericht ernsthaft dafür interessierte, würde er sie bitten, ihn gegen ein angemessenes Honorar zu übersetzen. Sie tat das öfter für ihn, und der Doktor schätzte ihre Sprachkenntnisse, vor allem wenn er, da er bei verschiedenen internationalen Organisationen bestens empfohlen war, ausländische Patienten hatte. Sie arbeitete nun schon seit vier Jahren bei ihm und konnte sich in keiner Weise beklagen. Sie öffnete Türen, machte Eintragungen und reichte dem Doktor Instrumente. Sie hatte einer Reihe von Prominenten in den Mund schauen können und hin und wieder von Sängern und Schauspielern auch Karten für eine Premiere verehrt bekommen. Sie war bekannt für ihre Freundlichkeit, für das Lächeln, das sie immer wieder lächelte, und der Doktor meinte einmal, sie müsse ein ausgeglichener Mensch sein, der anscheinend nie schlechte Laune habe. Auch dazu hatte sie gelächelt und gesagt, das sei wohl Sache der Veran-

lagung, ja der Vererbung, sie könne sich nicht erinnern, ihren Vater jemals schlechter Laune gesehen zu haben, zumindest hätte er sie sich nie anmerken lassen, vor allem aber schwöre sie auf den Schlaf, wenn sie genug geschlafen hätte, würde ihr nichts so leicht etwas anhaben können.
[...]
  Sie machte ihre Sache gut, das wußte sie und auch der Doktor wußte es. Er war großzügig, was ihr Gehalt betraf und noch großzügiger bei den Honoraren, die er ihr für ihre Übersetzungsarbeit zubilligte, und während er im Sommer mit seiner Familie ans Meer fuhr, stellte er ihr und den Zwillingen das Bauernhaus in der Steiermark zur Verfügung. Sie war recht froh darüber, denn sie wollte die Strapazen ohnehin nicht auf sich nehmen, mit den Zwillingen irgendwohin in die Hitze zu fahren. Sie rechnete sogar damit, ihm das Haus einmal abkaufen zu können, die Zwillinge liebten es, und der Doktor benützte es so gut wie nicht mehr, seine Familie führe im Sommer lieber in den Süden und im Winter nach Tirol, sagte er. Er wisse ohnehin nicht, was er mit dem Haus anfangen solle, jedenfalls aber müsse sie sich das mit dem Kauf gut überlegen, vorderhand könne sie es benützen so oft und solange sie Lust habe. Und so geschah es, daß sie manchmal auch an den Wochenenden hinfuhren. Sie brauchte sich dann nicht soviel um die Zwillinge zu kümmern, die mit den Kindern im Dorf Freundschaft geschlossen hatten und bei gutem Wetter fast den ganzen Tag im Freien blieben. Sie setzte sich dann an den großen Tisch in der Stube, nachdem sie umständlich alle Wörterbücher und Fachlexika, die sie benötigte, um sich herum aufgebaut hatte, und übersetzte die Artikel, die der Doktor ihr angegeben hatte. Und wenn sie dann damit fertig war, war sie zufrieden mit sich und auf eine rechtschaffene Art müde und aufgekratzt zugleich, sodaß sie später den Zwillingen davon erzählte, ja sogar begann, ihnen das fachliche Problem auseinanderzusetzen, wobei diese ihr erstaunt ob ihrer ungewöhnlichen Mitteilsamkeit zuhörten, andächtig ihrer Stimme lauschten und sie, falls das Thema ihnen einzuleuchten begann, mit Fragen überfielen, bis sie letztlich doch nicht mehr folgen konnten oder sie der vielen Vereinfachungen müde war und ihnen lieber eine Geschichte vorlas, bevor sie sie ins Bett schickte. Die Woche über aber kam sie nicht dazu, etwas zu übersetzen, zumindest glaubte sie, nicht dazuzukommen. Sie brauche sich gar nicht erst hinzusetzen, wenn sie nicht viele Stunden vor sich hätte, in denen sie nicht gestört würde, hatte sie schon während ihrer Studienzeit immer zu Felix gesagt, wenn er ihre mangelnde Wendigkeit kritisierte.

Felix war da ganz anders. Er konnte wo er saß, stand und lag etwas anfangen, ohne viel zu planen. Es konnte geschehen, daß er nachts, wenn er nicht einschlafen konnte, aufstand und irgendein Gedicht zu übersetzen begann oder etwas las, zu dem ihm irgendeine Ungeheuerlichkeit einfiel, die er ihr unbedingt erzählen mußte, und er stand dann nicht an, sie wachzurütteln, wobei er erwartete, daß sie seine Begeisterung teilte, seine Zweifel durch ein einfaches ja oder nein aus der Welt schaffte und ihn in dem bestärkte, was er ohnehin zu tun vorhatte. Felix war spontan und kreativ, das wurde zumindest von ihm behauptet, das Beängstigende daran war aber, daß er ein Publikum für seine Spontaneität und Kreativität brauchte, daß er nicht allein arbeiten konnte. Oft mußte er ihr jede Zeile gesondert vorlesen, ihr jede Formulierung extra präsentieren, als wolle er sie immer wieder von der besonderen Masse kosten lassen, aus der er seine Gerichte zubereitete. Und am liebsten hätte er es gehabt, wenn sie jedes Buch, das er las, auch gelesen hätte, damit sie auch gleich Bescheid wüßte, wenn er zitierte oder auch nur eine Anspielung machte. Es war faszinierend gewesen, die ersten Jahre. Diese Art von Gemeinsamkeit war das, was sie sich erträumt hatte. Das Gefühl zu haben, nie ausgeschlossen zu sein, sondern alles mitzumachen, mitzuerleben, bis dann die Zwillinge gekommen waren und sie es nicht mehr geschafft hatte, weiter in dem Maß auf Felix einzugehen. Und eines Tages war ihr zu Bewußtsein gekommen, daß diese Gemeinsamkeit sehr einseitig gewesen war, daß sie ein gutes Auditorium abgegeben, bestenfalls wohlmeinende Kritik geäußert hatte. Sie merkte es vor allem daran, daß Felix ihr kaum zuhörte, wenn er nach Hause kam und sie ihm von den Kindern, die ihr eine ganz neue Dimension der Zärtlichkeit eröffnet hatten, erzählte, von deren Krabbelversuchen, den Meinungen des Kinderarztes und so weiter, Dinge, die sie beschäftigten, die den Großteil ihres Tages ausmachten, wohingegen Felix sie immer wieder unterbrach und von sich und seiner Arbeit zu reden begann. [...]

Anfänglich, gleich nach der Trennung, hatte sie es als große Erleichterung empfunden, den Tag nur mehr zwischen den Zwillingen und sich selbst aufteilen zu müssen. Eine Zeitlang hatte sie den Eindruck einer großen über sie gekommenen Beruhigung gehabt, und sie hatte mit den Zwillingen ausgedehnte Spaziergänge gemacht und sich, wenn sie schliefen, ebenfalls aufs Bett gelegt und gelesen. Sie hatte selten gekocht, nur das Notwendigste für die Kinder, und hatte sich lange beinah jeden Kontaktes enthalten, die wiedergewonnene größere Freiheit im Umgang mit ihrer Zeit genießend, und wenn es schon nicht Glück war, was sie dabei empfand, so war sie es doch lang genug zufrieden, mit den Zwillingen so für sich hin zu leben. Von ihr aus hätte dieser Zustand, zumindest rückblickend, noch lange andauern können, doch stellte sich heraus, daß das, was Felix ihr monatlich schickte, kaum dazu ausreichte, die Zwillinge zu versorgen. Ihre Mutter, die nicht verstehen konnte, wie sie sich in ihrem Alter und bei ihrem Aussehen so hatte zurückziehen können, verschaffte ihr dann die Stelle beim Doktor, den ihre Mutter offenbar von früher her kannte. Sie konnte sich nicht über ihre Arbeit beklagen. Es war etwas anderes, was sie noch am Abend vor dem Einschlafen mit Grauen erfüllte, wenn sie daran dachte: daß mit dem Aufstehenmüssen um eine bestimmte Zeit, ein ganzer Tag ins Rollen kam, dessen Ablauf feststand, ein Ablauf, der mit Zähneputzen begann und mit Zähneputzen endete, dazwischen aber waren die Zwillinge mit ihrer Einteilung des Tages und sie mit ihrer Einteilung des Tages, und je besser die Einteilung funktionierte, desto mehr freie Zeit konnte ausgespart werden, aber freie Zeit wozu? Es schwindelte ihr, wenn sie darüber nachdachte, wie ihre freie Zeit aussah. Einmal in der Woche abends ausgehen, einmal im Monat ins Theater und einmal ins Konzert. Zweimal ins Kino, zweimal die Woche Fernsehen mit den Zwillingen und früh schlafen gehen und dazwischen immer wieder einmal einen Mann für die Nacht . . . es waren dies die Dinge, die dazugehörten, die sie sich zuteilte, um das zu erfüllen, was sie für das Leben hielt, um die Zeit nicht zu verschlampen, sie erinnerungslos werden zu lassen. Und je länger sie dieses Leben lebte, desto mehr hatte sie Angst vor einem Mangel an Erinnerung, der sich für sie sogar in der Vergeßlichkeit niederschlug, sodaß sie ständig einen kleinen Block in der Tasche ihres weißen Mantels mit sich herumtrug, auf dem sie zum Beispiel notierte, was sie auf dem Heimweg noch besorgen wollte, damit der Abend und der nächste Morgen glatt verliefen, daß es nicht wegen fehlender Zigaretten oder vergessener Semmeln zu einer jener Paniken kam, die ihr mühsam vor sich selbst und den anderen aufgebautes Bild von der tüchtigen, attraktiven jungen Frau, die den Haushalt mit der linken Hand erledigte, so sehr ramponierten. [...]

Und jetzt kommt die Überraschung, sagte Felix, die ich euch in meinem letzten Brief angekündigt habe. Die Zwillinge konnten sich an diesen Brief nicht mehr erinnern und wandten ihren Blick nicht von dem Hund. Also, fuhr Felix fort, der Hund gehört euch. Er ist mein Weihnachtsgeschenk.

Den Zwillingen verschlug es vorerst die Rede. Sie sahen sich bloß gegenseitig an, dann aber fielen beide gleichzeitig Felix um den Hals und bedankten sich mit sovielen Worten, daß sie erst später dazukam, auch etwas zu sagen.

Nein, rief sie, das kannst du mir nicht antun. Aber da wußte sie schon, daß sie diesmal ihr Teil abbekommen hatte. Daß die Zwillinge es ihr nie im Leben verzeihen würden, wenn sie den Hund nicht behalten durften, und schaudernd begann sie sich ihr Leben mit dem Hund – wo sollte er tagsüber bleiben? wer würde nachts mit ihm auf die Straße gehen? – vorzustellen.

Und nachdem Felix sich am späten Vormittag verabschiedet hatte, der Hund hatte ihn über den Zwillingen schon vergessen, schloß sie sich in ihr Schlafzimmer ein, warf sich aufs Bett und fing zu schluchzen an. O du, rief sie wütend und biß dabei in die Decke, o du . . . und wenn sie die Augen schloß, sah sie nichts als schmutzige Hundepfoten und dazu hörte sie Kläffen und Gewinsel. Dabei war sie sich nicht einmal sicher, ob Felix überhaupt wußte, was er ihr da angetan hatte. Ob er wußte, daß er damit ihr ganzes mühsam zurechtgerücktes Leben durcheinanderbrachte, ein Leben, das sie mit soviel Ausdauer überschaubar gemacht hatte, mit dem sie gerade erst angefangen hatte, zurechtzukommen. Und da wußte sie, daß sie ihn nie mehr auf diese freundliche Art würde wiedersehen können, daß sie nun auch vor ihm würde auf der Hut sein müssen, wie vor all den anderen auch, wie immer sie heißen mochten.

Frischmuth, Barbara: Unzeit. In: Haschen nach Wind. Erzählungen. Salzburg: Residenz Verlag, 1974. S. 109-143, [zit. S. 110-114, 116-120, 122-123, 142-143]
© 1974 Residenz Verlag, Salzburg.

Weitere Textempfehlung:
Böhlau, Helene: Halbtier. Ein Frauenroman von Helene Böhlau. Berlin, Wien: Ullstein & Co, 1918. [S. 21-25]
© Ullstein 1918 Berlin

Hans-Christian Kirsch

Hans-Christian Kirsch (Frederik Hetmann) wird am 17. Februar 1934 in Breslau geboren und verbringt seine Kindheit in Niederschlesien, Berlin und Frankfurt am Main. 1945 flüchtet er mit seiner Familie nach Thüringen und 1949 in die englische Besatzungszone.

Nach seinem Abitur studiert Kirsch in Frankfurt am Main, München und Madrid Pädagogik, Anglistik, Romanistik, Philosophie und politische Wissenschaft. Kirsch unterrichtet 1956 bis 1960 als Lehrer an der Höheren Handelsschule in Wiesbaden. Er unternimmt mehrere Studienreisen nach Irland, England, Spanien, in die USA, nach Südamerika, Japan, China, Arabien, Afrika, die er in 33 Bänden „Reiseerzählungen" verarbeitet.

1962 bis 1972 arbeitet er als freier Schriftsteller. Neben Märchen sind Biographien herausragender Persönlichkeiten thematische Schwerpunkte seiner vielfältigen und umfangreichen Arbeit. 1972 wird er Lektor und Herausgeber der „Jungen Reihe" im Otto Maier Verlag. Seit 1978 ist er wieder als freier Autor, Herausgeber und Übersetzer tätig.

Werke u.a.:

1961	Mit Haut und mit Haar
1968	Einladung nach Spanien
1976	Bob Dylan. Bericht über einen Songpoeten
1976	Rosa L. Die Geschichte der Rosa Luxemburg und ihrer Zeit
1984	Konrad Adenauer
1986	Großes Geld. Jakob Fugger und seine Zeit

Verbrennung einer spanischen Witwe

Die junge Witwe Rosita ist nach dem Tod ihres Mannes aufgrund finanzieller Umstände gezwungen, wieder in das Haus ihrer Mutter ziehen. Um ihre Unabhängigkeit zu wahren beginnt sie gegen den Widerstand ihrer Familie in einer Exportfirma zu arbeiten.

(jf)

Kirsch, Hans-Christian: Verbrennung einer spanischen Witwe (Ausschnitt)

Es begann nicht erst damit, daß ihr Mann vor zwei Jahren plötzlich gestorben war, nachdem sie nur sechs Jahre miteinander gelebt hatten.
Das wußten alle.
Es begann damit, daß sie in diesen sechs Jahren eine ausnehmend glückliche Ehe mit Manuel geführt hatte. Sie würde es nie fertigbringen, wieder zu heiraten.
Er war Schiffsbauingenieur gewesen, ihr Manolito. Er war ein Mann gewesen, mit dem Wind über eine Frau kam und Salzgeschmack zwischen ihre Lippen. Daß sie ein halbes Jahr nach ihrer Hochzeit noch glücklich miteinander waren und es ihn nach keiner anderen Frau verlangte, hatte noch niemanden erstaunt. Aber danach waren die Fragen der älteren Schwester gekommen und das ungläubige Kopfschütteln der Mutter. Warum geht er nie in den Barrio?
Der Barrio war, jenes Viertel des roten Lichts, das jede kleine Stadt in diesem Land besitzt. In den Kneipen bedienen Frauen, die nach einer heftigen Sauferei mit der Männerclique in einem Hinterzimmer jedem für fünfundzwanzig oder fünfzig Peseten zu Willen sind. Sollte sie ihrer Schwester antworten: Er hat's nicht nötig? Sollte sie ihrer Mutter sagen: ich erlebe ein Glück, das du vielleicht nie gekannt hast?
Ihre Art war es, zu schweigen und lächelnd die Schultern zu zukken. Aber dieses Lächeln gab zu vielen Vermutungen Anlaß. Die Schwestern tuschelten über höchst sündige Freuden, die wohl auch unter dem Schutz des heiligen Sakraments der Ehe nicht erlaubt waren. Von der Mutter wußte sie, daß sie viel für sie betete, deswegen. Nun, eine Freude war's gewesen, seine Hände auf ihren Schulterblättern zu spüren, große Hände, ledern und doch in den Fingerspitzen mit einem genauen Gefühl für Vorsicht und Härte begabt, und seinen Körper schwer lastend auf ihren Brüsten und jenem Teil ihres Leibes, von dem man ihr als Kind beigebracht hatte, man dürfe ihn nie benennen.
Manolito hatte viele Namen dafür gewußt und erfunden, und keiner war ihr schmutzig oder gemein vorgekommen. So hatte er selbst noch das Namenlose an ihr lebendig gemacht, daß man es spüren konnte und daran denken, wie man an Wind denkt oder an Salz oder an große springende Fische. Er hatte auch mit ihr über seine Arbeit gesprochen und über seine Gedanken. Auch das war ungewöhnlich, und sie wußte, warum sie gut daran tat, nicht zu ihrer ältern Schwester oder zu anderen verheirateten Frauen davon zu sprechen. Sie hätten es un-

passend gefunden. In diesem Land teilt ein Mann seine Gedanken nicht mit einer Frau.

Gewiß, sie erinnerte sich auch an Zeiten des Schmerzes, wenn sie ihr Glück, sich zu lieben und miteinander zu reden, an jene Grenze gebracht hatte, wo jeder erkennen mußte, dass sie trotz allem noch zwei Menschen blieben. Aber dieser Schmerz, den sie offensichtlich stärker empfand als er, hob nicht jene Freude über das Gefühl auf, ganz und gar lebendig zu sein, das sie durch Manuel entdeckt hatte. Bis ihn ein Eisenträger erschlug.

Es gab Geflüster unter den Frauen ihrer Bekanntschaft, bei ihren Schwestern. Sie hörte einmal den Satz: die gerechte Strafe des Himmels. Darüber lachte sie trotz ihrer Trauer. Sie wäre nicht in das Haus ihrer Mutter zurückgekehrt, wie es die Sitte war, wenn nicht ihre materielle Situation sie dazu gezwungen hätte. Eine Rente bekam sie nicht. Manuel war nicht vermögend gewesen. Ihre Familie besaß Geld. Es war selbstverständlich, daß ihre Familie für sie und Chiquitín sorgte.

Sie wußte, was dieser Schritt bedeutete. Eine Frau von zweiunddreißig Jahren ist in der Küche begraben, wenn sie Witwe geworden ist und sich weigert, wieder zu heiraten. Leben empfängt sie nur noch aus zweiter Hand: durch den Klatsch über gewagte Liebschaften, unheilbare Krankheiten und erstaunliche Lotteriegewinne; auf dem Weg zur Kirche aus dem Straßenbild; im teilnahmslosen Gesicht eines Priesters, der die Totenmessen liest.

Über ein Jahr war das so gegangen. Niemand sollte ihr vorwerfen, sie sei ungeduldig gewesen. Sie hatte versucht, sich zu fügen. Sie hatte versucht, jene Rolle zu spielen, die die Familie von ihr erwartete. Sie hatte „ja" gesagt zu dem Gefängnis, auch wenn sie nicht an eine Bestrafung glaubte. Aber es kam die Zeit, da sie es nicht mehr aushielt, Leben aus zweiter Hand zu beziehen, in sparsam zugemessenen Rationen. Sie entschloß sich, die Stellung in der Exportfirma anzunehmen. Es gab Ärger.

Kirsch, Hans-Christian: Verbrennung einer spanischen Witwe. In: Neunzehn deutsche Erzählungen. Nymphenburger Verlagshandlung, 1963 (Bücher der Neunzehn). S. 203-225, [zit. S.207-209]
© 1963 List Verlag, München.

Robert Schneider

Robert Schneider wird am 16. Juni 1961 in Bregenz geboren und im Alter von zwei Jahren von einem Bergbauer-Ehepaar adoptiert. Er wächst in Meschach auf, einem österreichischen Bergdorf in den rheintalischen Alpen. 1981 bis 1986 studiert er Komposition, Theaterwissenschaft und Kunstgeschichte in Wien. Mit seinem Debüt-Roman „Schlafes Bruder", der verfilmt wurde, gelang ihm ein internationaler Erfolg. Sein zweites Buch, das Theater-Monolog-Stück Dreck wurde mit 43 Inszenierungen zum meistgespielten Theaterstück der Saison 1993/94, wofür er den Dramatikerpreis der Potsdamer Theaterwerkstatt erhält. Sein Schaffen wird mit weiteren Preisen gewürdigt, u.a. Preis des Landes Baden-Württemberg für Volkstheaterstücke (1990), Abraham-Woursell-Award zur Förderung junger europäischer Autoren (1990), Eliette-von-Karajan-Literaturpreis der Salzburger Osterfestspiele (1994).

Werke u.a.:

1992 Schlafes Bruder
1993 Dreck
1998 Die Luftgängerin
2000 Die Unberührten
2001 Der Papst und das Mädchen
2002 Schatten

(jf)

Dreck (1993)

Ein Mann betritt die Bühne mit einem Strauß Rosen in der Hand. Er fängt an aus seinem Leben zu erzählen. Er heißt Sad, ist 33 Jahre alt und Araber. An den Abenden verkauft er Rosen, um sein Studium der Philosophie und Literatur zu finanzieren. Er erzählt, wie er nach Deutschland kam, weil er vor dem Krieg in seinem Heimatland floh. (Ich bin ein Desateur! Ich wollte Deutsch lernen, nicht Krieg!). Er beschreibt seine ersten Eindrücke von Deutschland, seinen illegalen Aufenthalt, seine Probleme und Wünsche, seinen Alltag, kurzum sein Leben. Er beschreibt den Hass der Inländer, der sich gegen ihn entlädt. Er übernimmt in seine Reden den Hass teilweise und beginnt somit, sich selbst zu hassen. Er wiederholt die üblichen Vorurteile der Deutschen gegenüber Ausländern. Aus seinem Mund gesprochen merkt man jedoch, wie naiv und dumm diese Argumente gegen die Fremden sind. Seine Rede steigert sich immer mehr, sie wird leidenschaftlicher und verzweifelter. Er redet, er schreit schließlich gegen das ganze Publikum an, an dem sich seine Wut und Verzweiflung entlädt.

Schneider, Robert: Dreck (gekürzte Fassung)

Er setzt sich.
Ich möchte meinem Verlangen noch einmal Ausdruck verleihen, euch zu sagen, wie sehr ich dieses Land liebe. Es ist mir ein wirkliches Bedürfnis. Dieses schöne Land mit den tiefgrünen Seen, den schneeblauen Bergen, der großen Kultur und der wunderbaren Denker. Zwar lebe ich nur in dieser Stadt, in diesem Zimmer und bei Nacht, und ihr könntet mich fragen: Hast du jemals am Ufer unserer tiefgrünen Seen gestanden? Hast du jemals unsere schneeblauen Berge bestiegen? Hast du unsere Kultur und unsere wunderbaren Denker denn überhaupt jemals verstanden? Das könntet ihr mich fragen. Ich würde vor euch dastehen und erröten. Das heißt: Noch dunkler im Gesicht werden. Ich würde versuchen, meinen Kopf aus der Schlinge zu ziehen, indem ich immer wieder betonen würde, wie sehr ich euer Land liebe. Und die Sprache, die man in eurem Land spricht. Dann möchte ich noch einmal erwähnen, daß ich mich wirklich noch kein einziges Mal auf eine dieser Parkbänke mit den gußeisernen Füßen gesetzt habe. Ich bin in diesem Punkt sehr eigen, ich weiß.

Gut, ich benutze hin und wieder eine öffentliche Toilette. Aber nur im alleräußersten Fall. Und was die öffentlichen Toiletten im ganzen angeht, möchte ich es einmal so formulieren: Es ist richtig, dass wir unseren Kot in unhygienischer Weise absetzen. Mit wir meine ich den südländischen Typus. Das hängt mit unserer falsch verstandenen Ernährung zusammen. Aber gibt es nicht auch unter euch welche, die sich hin und wieder falsch ernähren?

Ich werde diese Frage jetzt anders formulieren, wobei ich gleich sage, daß ich sie nicht wirklich ernst meine. Die Frage: Scheißt immer nur der Ausländer daneben? Ich sagte, ich meine die Frage nicht wirklich ernst!
Er schweigt.
Und dann möchte ich euch noch das mit auf den Heimweg geben, damit ihr, wenn euch draußen ein paar schwarze Augen ansehen, nicht mehr Angst haben müßt: Es ist immer noch euer Land. Vergeßt das nicht.

Denkt, wenn euch ein paar schwarze Augen ansehen: Das ist mein Land, und ich lasse mir mein Land von keinem verdrecken. Von einem Ausländer schon gar nicht. So müßt ihr denken, liebe Freunde. Mich nicht falsch verstehen! Freunde sage ich wegen der psychologischen Wirksamkeit. Nicht falsch verstehen. FREUNDE! Ihr könnt euch zum Beispiel folgendes vornehmen, für die Zukunft: Denkt jeden Morgen daran, wie viele Ausländer, Türken, Albaner, Griechen, Iraner, Araber, Polen, Russen, Rumänen – die Nationalitäten beliebig fortsetzen! – , wie viele Ausländer an diesem Tag – legal oder illegal – die Grenze dieses Landes passieren werden. Denkt das beim Aufwachen. Zehn? Fünfzehn? Zwanzig? Hundert? Dreihundert? – Die Zahl beliebig erhöhen! So.

Dann überlegt – vielleicht an eurem Arbeitsplatz wenn es Ärger gegeben hat –, für wie viele dieser Immigranten – legal oder illegal – soll ich denn eigentlich noch schuften und Steuern zahlen? Für zehn? Fünfzehn? Zwanzig? Hundert? Dreihundert? – Die Zahl je nach Ärger in die Höhe treiben!

Beim Mittagessen in eurem Stammlokal – wenn ihr zu Recht feststellt, daß die Preise immer saftiger werden und daß sie sich innerhalb eines Jahres fast verdoppelt haben – beim Mittagessen könntet ihr den Blick durch euer Stammlokal schweifen lassen und zu zählen anfangen: Einer, zwei, sieben, zehn Ausländer in meinem Stammlokal. Wenn die Zahl das Maß des Erträglichen übersteigt, unbedingt das Stammlokal wechseln! Ihr solltet überhaupt anfangen, die nackten Zahlen sprechen zu lassen und nicht die Gefühle. Solltet rechnen und euch einmal hinsetzen und ernsthaft darüber nachdenken, wie das alles weitergehen soll. Die Miete zum Beispiel. Überlegt einmal, weshalb sich die Wohnungsmieten innerhalb eines Jahres – das darf man hier ruhig sagen – verdoppelt haben. Überlegt das einmal! Und wenn euch nichts dazu einfällt, studiert die Türschilder in eurem Hausblock. Geht hinunter zur Wechselsprechanlage, stellt euch davor und versucht, die Namensschilder zu entziffern. Nicht, daß es gleich jeder sieht. Ihr könnt so tun, als hättet ihr die Wohnungsschlüssel vergessen. Entziffert die Namensschilder und fängt an, zu zählen: Einer zwei, sieben, Antic, Behain, Abbas, zehn fremde Parteien in meinem Haus. Ich bin sicher, daß wenn ihr vor der Wechselsprechanlage eures geliebten Hauses steht, euch etwas zu den horrenden Wohnungsmieten einfallen wird. Ich bin mir sogar ziemlich sicher. Todsicher. Man sollte die nackten Zahlen sprechen lassen. Nicht so sehr die Gefühle. Man sollte überhaupt mehr zählen. Und ihr werdet bald feststellen, daß das Zählen zu einer unerträglichen Gewohnheit wird. Unerträglich. Das werdet ihr bald feststellen. Aber ihr müßt einmal anfangen damit. Am Sonntagnachmittag zum Beispiel. Wenn es regnet und die Kinder aufsässig werden und euch Schwanz und Möse und Arschloch an den Kopf geworfen haben. Geht einmal hinunter auf eure Gasse und zählt die Autos. Die BMW's der Siebener-Klasse, die dicken Mazdas und die silbergrauen Volvos. Seht einmal hinter die Windschutzscheibe und fangt an, die schwarzen Augen zu zählen. Und wenn euch, während ihr die schwarzen Augen zählt, nichts dazu einfällt, denkt an die stetig steigenden Zinsen eurer Bankkredite.

Und überlegt einmal ganz nüchtern, ohne Voreingenommenheit: Wieso kann sich der den BMW der Siebener-Klasse leisten? Wie kommt der zu seinem dicken Mazda? Und warum fährt der einen silbergrauen Volvo? Aber wenn unsereins einen Kredit haben will, machen sie lange Gesichter in der Bank.

JA HEISSE ICH HASSAN??!!

Er löscht eine Kerze.

Das wollte ich euch mit auf den Heimweg geben. Niemand von euch heißt Hassan. Und wenn die in der Bank wieder ein langes Gesicht machen, schreit ihnen das in ihr langes Gesicht: Daß ihr nicht Hassan heißt. Ihr müßt euch wehren. Das wollte ich euch mit auf den Heimweg geben.

Schneider, Robert: Dreck. Leipzig: Reclam, 1993. [zit. S. 54-60]
© 1993 Reclam Leipzig

Juan Goytisolo

Juan Goytisolo, am 5.1.1931 in Barcelona geboren, erlebt bereits als Kind den Bürgerkrieg mit, was sein literarisches Werk entscheidend prägt. Goytisolo studiert Jura in Barcelona und Madrid und lebt seit 1956 in Paris. Goytisolo gehört zur jüngeren Generation spanischer Schriftsteller. Sein Werk ist in erster Linie durch Kritik an der Francoherrschaft geprägt.

Werke u.a.:

1954	Juegos de Manos (Die Falschspieler, 1958)
1966	Señas de Identitdad (Identitätszeichen, 1985)
1970	Reivindicatión del Conde Don Julián (Rückforderung des Conde Don Julián, 1976)
1976	Disidencias (Dissidenten, 1984)

Johann ohne Land (1981)

Das Thema, die verlorene Heimat, deutet bereits der Titel an, der sowohl auf den englischen König John Lackland, als auch auf den Autor selbst anspielt, der sich zur Entstehungszeit des Romans außerhalb seines Heimatlandes aufhält. In sieben verschiedenen Textsequenzen lässt Goytisolo verschiedene Zeiten, Räume und Personen auftreten, in denen der Ich-Erzähler unter verschiedenen Masken erscheint. In „Juan sin tierra" versucht Goytisolo die Konsequenzen für Zivilisation und Kultur zu analysieren, die sich seiner Meinung nach aus dem „Zerbrechen der Einheit von Gesicht und Hintern" ergeben.

(c.b.)

Goytisolo, Juan: Johann ohne Land (Ausschnitt)

nun, meine Söhne, warum, glaubt ihr, hat man euch aus den fernen Urwäldern Afrikas hierher gebracht, wenn nicht, um euch durch die Arbeit zu erlösen und euch den rechten Weg des christlichen Heils zu weisen?: erschreckt nicht über die Mühen, die zu ertragen euer Los ist: Sklave wird euer Körper sein. aber frei ist die Seele, um aufzusteigen zu dem glücklichen Ort der Auserwählten: deshalb schickten wir unsere Kanonenboote und Briggs und ließen euch das salzige Wasser überqueren: in Ketten und Fußfesseln, damit euch der Teufel nicht anstiftete, zu einem wilden, unzivilisierten Leben, zu dem verwerflichen Müßiggang der rohesten Tiere zurückzukehren: gegen euch selbst haben wir euch verteidigt: auf daß ihr euch eines Tages niederlassen könnt zur Rechten des Vaters, versunken in das Glück und Entzücken tausend erhabener Visionen: mit einer Seele, die so weiß ist wie das reinste Weiß des Zuckers: der Herr der Zuckerrohrplantage in der Höhe wird euch mit lächelnder Miene betrachten, und niemand wird euch die schwarze Farbe, das krause Haar, die platte Nase, die viehischen dicken Lippen zum Vorwurf machen: dort oben wird ein für allemal eure Drangsal, euer Elend ein Ende haben: die Weiße Jungfrau wird euch an ihren Tisch laden und mit ihren eigenen Speisen bewirten: anstatt in der stinkenden Schwärze zu verkümmern und ewig ihren Makel zu tragen, werdet ihr nach und nach fortschreiten in eurer geistigen Artung und die schädliche und düstere Beschaffenheit eurer Seele verbessern: der Herr in der Höhe hat sich eures Zustands erbarmt und wird euch befreien aus der traurigen Dunkelheit, in der ihr lebt, durch ein Leben der Reinigung und der Buße: was für eine berauschende, tröstliche Aussicht!: die Sklaverei ist die göttliche Gnade, kraft derer ihr in den Himmel eingehen werdet in vortrefflicher, makelloser Weiße: der Sohn Gottes überwacht, wie der Aufseher, Tag und Nacht eure Arbeit: und so wie der Plantagenaufseher hier unten das Schneiden, Aufladen und Einfahren beaufsichtigt und die Alten und die Kinder nicht übersieht, die die liegengebliebenen Stengel aufsammeln, und dann ins Werk geht und die Fawcett kontrolliert und nach den Sklaven an den Siedebecken und am Ofen sieht und nach denen, die die Zuckerhüte ins Freie tragen, sie trocknen, auslesen und verpacken, so führt der Aufseher dort oben täglich Buch über euer Tun: nichts vergißt er, alles schreibt er auf: denn ein Zuckersiedemeister ist auch er: ganz wie Messié La Fayé: habt ihr ihn gesehen mit seinem steifen Hut und seinem Cut, wenn er die Kessel im Reinigungshaus prüft? nur er kennt die Geheimnisse des Zuckers, die Art von Rohr, die am besten taugt, den richtigen Grad der Konzentration, die Menge Kalkmilch, die man für den Zuckerrohrsaft zur Scheidung benötigt: ebenso kennt der Zuckersiedemeister in der Höhe die Schlupfwinkel und Geheimnisse der Seele: er weiß, wer mit fröhlichem Herzen arbeitet und wer nur aus Furcht vor der Peitsche, wer die Strafen ergeben hinnimmt und wer sie nur zähneknirschend erduldet: was ihr auch tut, sagt oder denkt, er schreibt es augenblicklich auf: täglich besucht er den Vater und zeigt ihm die Personalakte: in der Zuckerfabrik führt Don Agustín Buch über die Neugeborenen, die Kranken, die Toten, die Entsprungenen und die Verletzten: der andere Herr liest auch die Aufzeichnungen des Aufsehers und wacht in der Höhe über die Sklaven der Plantage: auf den Feldern und in der Fabrik, in der Zuckerrohrmühle und bei den Kesseln, in den Lagerhäusern und im Trockenschuppen, in der Destillerie und in den Schmieden: wer die Ochsen führt, sieht er, wer das Holz hackt, wer das Zuckerrohr einführt, wer die Bagasse wegbringt: eines Tages wird das Ende der Welt kommen, und es wird sein wie der Namenstag des Herrn und der Geburtstag des jungen Herrn und der jungen Fräulein: denn ebenso wie Don Agustín den Ratschlägen des Aufsehers folgend straft und verzeiht, so wird Gott nach den Aufzeichnungen und Büchern die Seelen der Sklaven verdammen oder erlösen: die weißen auf die eine Seite und die schwarzen auf die andere: die einen, damit sie verpackt und in den Himmel geschickt, die anderen, damit sie in die Hölle geworfen oder ins Reinigungshaus gebracht werden: die geläuterte und reine, kristallische und vollkommene Seele des gehorsamen Negers, des fügsamen Sklaven, ist wie der weiße Zucker mit seinen glänzenden Körnern ohne jegliche Schlacke und Unreinheit: aber so ist keine Seele: alle haben Verschmutzungen wie der Dünnsaft oder der grünliche Zucker, der aus den Verdampfern kommt: um geläutert zu werden, müssen sie einen langen Reinigungsprozeß durchmachen: zuerst kochen die Seelen in den Kesseln wie der Zuckersaft im Jamaika-Gang, wo er von einem Kessel zum nächsten geleitet wird, um sich abzusetzen, zu klären und die richtige Konzentration anzunehmen: in jedem Kessel verdicken sich die Säfte und verdampfen, sie verlieren ihre Derbheiten und Rückstände: habt ihr die Verunreinigungen gesehen, die der Zuckersaft als gelben Schaum abstößt?: so reinigt und klärt sich die Seele Tag für Tag und Jahr für Jahr dank dem süßen Joch, das euch die Arbeit auferlegt: und nach all dem, meine Söhne, ist der geklärte Dicksaft noch nicht gut genug: man muß ihn in das Kühlbecken füllen und kräftig rühren, bis er kristallisiert: so verhält es sich auch mit der Seele: wir müssen ebenfalls den Sirup vom Zucker trennen und diesen in die Formen füllen und reinigen: die Fügsamkeit, die Ausdauer läßt die grünen und unreinen Säfte ablaufen: nach und nach klärt sich der Zucker obenauf, aber bloße Bereitwilligkeit und ein gutes Herz sind noch nicht genug: ist es nicht so, daß man gewässerte Tonerde nehmen muß, damit das Wasser durch den festen Zucker sickert und den Sirup mitnimmt, der noch an den Kristallen haftet?: nun, dasselbe macht der Aufseher mit euch, wenn er euch niedrige und undankbare Aufgaben zuteilt: damit die schwarze Farbe abläuft und ihr euch läutert:

und so, wie die Reinigung des Zuckers dreißig oder vierzig Tage dauert, kann die der Seele dreißig oder vierzig Jahre dauern: aber was bedeutet diese lächerliche Zeitspanne im Vergleich mit der unsterblichen Glorie, die euch der Ewige Vater bietet! verflucht deshalb nicht euer Geschick und verliert nicht den Mut: all diese Leiden sind notwendig für die vollkommene Reinigung eurer Seele: eines Tages wird man sie an die Sonne bringen und zum Trocknen auslegen wie den Zuckerhut: dann wird der Aufseher von dort oben mit der Machete kommen und den Hut mit einem Schlag zerteilen von der weißen Schicht der Unterseite bis zu dem dunklen Teil der Spitze: und es wird sein wie der Tag des Jüngsten Gerichts: die schwarzen Seelen werden verloren sein auf ewig wie der verbrannte Zukker, den man wegwirft: das sind die Mascobados und Cucuruchos voller Schmutz und Unreinheiten, die niemand würde kaufen wollen: der mittlere Teil des Hutes, das sind die bräunlichen Zuckerteile, die noch einmal gekocht und gereinigt werden müssen, bis in ihren Seelen nicht eine Spur der Sünde mehr übrigbleibt: und die reinen Stücke der Unterseite, die vortrefflichen, weißen, das sind die Sklaven, die mit Fleiß und Eifer alle Gebote des Aufsehers erfüllt haben: gerettete Seelen, arktische Steppen, ewige Gletscher von nordischer Weiße!

Goytisolo, Juan: Johann ohne Land. Aus dem Spanischen von Joachim A. Frank. Frankfurt am Main: Suhrkamp, 1988. [zit. S. 32-36]
© Juan Goytisolo 1975 und 1977
© dt. Ausgabe Suhrkamp Verlag Frankfurt am Main 1981.

Weitere Textempfehlung:
Roth, Joseph: Hiob. In: ders.: Werke in drei Bänden. Bd. 2. Köln, Berlin: Kiepenheuer & Witsch, 1956. S. 5-137, [S. 73-75; 76-77]

Brecht, Bertolt: Die jüdische Frau. In: ders.: Werke. Stücke 4. Furcht und Elend des III. Reiches. Hg. von Werner Hecht [u.a.]. Frankfurt am Main: Suhrkamp Verlag, 1988. [S. 385-390]

Hahn, Ulla: Das verborgene Wort. Stuttgart, München: DVA, 2001. [S. 189–195]

4. Biologische/demographische Aspekte

Andreas Nebelung

Zwischen Leben und Tod
Leibliche Erfahrungen, ihre kulturelle Einbettung und moderne Normierung

Eine alte Frau hat Tag für Tag stärkere Schmerzen. Sie geht von Arzt zu Arzt, kommt ins Krankenhaus, wird entlassen, wird wiederholt operiert, kommt auf die Pflegestation. Irgendwann stirbt sie. Sie hat keine Nachkommen.

Ein solcher Todesfall ist kein Ausnahmefall. Eher ist er Normalfall. Er ereignet sich täglich in Krankenhäusern, in Alten- und Pflegeheimen, in den Lagern der modernen Gesellschaft; oder aber, wenn wir es von der Seite der Geburt her betrachten, in Aldous Huxleys Brut- und Normzentrale und dessen Direktion BUND. Zwischen Geburt und Tod spielt sich ein normiertes Leben ab. Die täglichen Normen bestimmen mit Aussagen wie: „Das ist gesund, schön, begehrenswert" und „Das ist krank, hässlich, lebensunwert" unser Körperempfinden. Die moderne politische Normalität erstellt darüber hinaus Statistiken über Geburtensterblichkeit, Lebenserwartung, Belegungszahlen von Krankenhäusern und wie sich diese in Arbeitsmarktzahlen, Bilanzen, Börsengewinnen, Machbarkeiten und Wählerstimmen übersetzen und damit abstrahieren lassen. Wenn Politik leibliche Lebenserfahrungen in Planungsdaten und Zahlen überführt, so soll im folgenden mit dem französischen Philosophen Michel Foucault von **Biomacht** gesprochen werden. Eine solche „Schöne neue Welt" wird im Roman von Aldous Huxley beschrieben.

Eigene, leibliche Lebenserfahrungen aber lassen sich weder verdrängen, noch bestreiten: Sie sind *meine* **ästhetische Wahrheit**, die individuelle Wahrheit der eigenen Wahrnehmungen. Und diese Wahrheit gründet in eigener Sinnlichkeit und eigener Empfindsamkeit. Eine ästhetische Wahrheit lässt sich nicht durch mehr Bewusstsein, bessere Begriffe oder Statistiken herstellen. Sie ist eingebettet in die je eigenen leiblichen Erfahrungen. Diese ästhetische Wahrheit wird von der modernen Biomacht: durch Körperpolitik zu industrialisieren versucht: Sie wird Teil eines Gesundheitssystems und – wie bei Huxley – seiner Lagerverwalter und Direktoren.

Die Frage, die unsere leibliche Selbstbestimmung begründet, lautet: *Wie will ich leben, und das heißt doch, gebären, lieben, leiden und sterben?* Eine solche ästhetische Frage ist für die gesellschaftlichen Systeme – als da sind: Wissenschaft, Wirtschaft, Recht, Politik, Erziehung, Kirche und eben Gesundheit – völlig unerheblich. Die Antwort auf die Frage: wie will ich leben? hängt davon ab, wo wir leben wollen bzw. müssen:

- In unser alltäglichen Lebenswelt, bestehend aus Selbstverständlichkeiten: hier entscheidet kollektive Bewährung und damit eine moralische Wahrheit
- In rationalen Systemen, bestehend aus Informationen: Hier entscheidet die sachliche Bewährung und damit eine logische Wahrheit
- In der – ggfs. natürlichen – Umwelt beider, individuell, allein, abseits: Hier entscheidet die individuelle Bewährung und damit die ästhetische Wahrheit

Der Gegensatz zwischen unserer eigenen, Heimat bietenden **Lebenswelt**, in der wir uns sorgen, krank sind und irgendwann sterben dürfen und den gesellschaftlichen **Systemen** ist nicht überbrückbar. Doch wo wird dieser Gegensatz, diese Entfremdung beschrieben, wo wird getrauert, aufbegehrt und vorgedacht? Es sind Kunst und Literatur, die die ästhetische Wahrheit von Leben, Sexualität, Krankheit und Tod ausdrücken. Als Alternative zu System und Lebenswelt bietet sie für individuelle Lebensgeschichten die unheimliche Heimstätte der **Umwelt**. Nur hier lebt der Mensch frei in seiner vollen Individualität und nicht als Person in einer Lebenswelt oder als Kommunikationseinheit in einem rationalen System.

1. Leben als individuelle Kultur-Natur-Verbindung

Betrachten wir die Unterschiede von System, Lebenswelt und Umwelt etwas genauer: Der Mensch ist ein natürliches, freies und individuelles Wesen. Das scheint vielen Menschen so selbstverständlich, dass sie es – wie viele Denker, Soziologinnen, Ökonomen und Politikerinnen auch – vergessen haben. Das **Vergessen der eigenen Natürlichkeit** scheint eine kulturelle (!) Verdrängungsleistung zu sein, die in westlichen Gesellschaften notwendig ist, um immer beschleunigter und naturferner fortschreiten zu können. Die eigene Natürlichkeit wird Umwelt. Wären sich die Menschen ihrer natürlichen und individuellen Beschränktheit, Endlichkeit, natürlichen Eingebundenheit bewusster, würden sie wahrscheinlich vorsichtiger, schonender und rücksichtsvoller ihren Mitlebewesen, ihren natürlichen Grundlagen und auch sich selbst begegnen. Der Mensch ist als ein nacktes, individuelles Wesen schutzlos und so schutz- und kulturbedürftig. In Gefängnissen, Psychiatrien, Altenheimen, Gefängnissen und Konzentrationslagern wird er dieser Kultur, dieses Schutzes beraubt. Andererseits überrascht der natürliche Leib den Menschen durch Krankheit, Schmerz, Tod, aber auch durch Euphorie, Ekstase, Freude. In diesen Überraschungen meldet sich die Natur des eigenen Körpers, die vom Geist im entfremdeten Normalzustand nicht mehr als eigener Leib wahrgenommen wird. Diese Überraschungen sind für ihn selbst und für andere befremdliche Umwelt; zum Beispiel in der Biographie Anna Wimschneiders, wenn bei der Dreizehnjährigen die Blutungen ohne es zu wissen (!) beginnen.

Die kulturellen Schalen, mit denen der Mensch sich umhüllt, kleidet und schützt, gelten normalerweise als **kulturelle Errungenschaften**. Das leuchtet unmittelbar ein, zum Beispiel beim Phänomen des Hauses: Ein Haus schützt, bietet einen Schlafplatz und einen Treffpunkt. Selbst als Kindergarten, Schule, Krankenhaus, Altenheim, Behinderteneinrichtung oder Gefängnis gilt das Haus als gesellschaftliche Organisations- und damit kulturelle Ordnungsleistung. Diese Institutionen haben als gesellschaftliche Definitions- und Kontrollmacht des Natürlichen ebenso *auch* eine Nachtseite: Sie bestimmen auch, wer und was als leistungsstark, krank, behindert, alt oder verbrecherisch zu gelten hat. Sind sie dadurch – wie bei Huxley – auch eine kulturelle Züchtungs- und Züchtigungsstation, ein modernes Lager.

Zwischen Leben und Tod sind wir weder reine Natur und damit Umwelt, noch reine Kultur und damit System oder Lebenswelt. Wir bleiben eine ambivalent Kultur-Natur-Verbindung und drücken dies durch die unterschiedenen Begriffe „Kultur" und „Natur" aus. Wir sind das, was wir selbst sprachlich unterscheiden. Solche Unterscheidungen sind Zwischenräume, Felder leiblicher und eben ästhetischer Erfahrungen, in denen wir sorgende, sinnliche und empfindsame Wesen auf der Welt sind. Beim Nachdenken darüber müssen wir auf eben jene Unterscheidungen zurückgreifen. Mit den nachfolgenden Unterscheidungen strukturieren, ordnen und begreifen wir das gesellschaftliche Feld, in dem sich unser Leben kulturell abspielt. Und dieses **Feld der Unterscheidungen** wird gesellschaftlich als Herrschaftsfeld strukturiert, normiert, rationalisiert. Wer bestimmt, wie auf dem Feld gespielt wird? Was wird als wertvoll und was wird als aussonderungsbedürftig definiert? Die Kriterien der Auswahl für

- gesund und krank
- intelligent und dumm
- alt und jung
- leistungsstark und schwach
- sexuell aktiv und inaktiv
- behindert und normal
- sexuell normal und abweichend
- lebenswert und lebensunwert

werden kulturell durch Werte und gesellschaftlich durch Normen bzw. Regeln – also Gewohnheiten und Gesetze – festgelegt. Damit wird behauptet: Nicht das individuelle Ich – und seine ästhetische Wahrheit – bestimmt sich selbst, sondern – je nach Theorie – lassen sich folgende Ursachen für Fremdbestimmung unterscheiden:

1. Kulturelle Werte wie Freiheit, Gleichheit, Zusammenhalt
2. Der soziale Status wie Einkommen, Bildung, Beziehungen
3. Die Diskursmacht wie Definitionsgewalt, Sprachkompetenz, Kommunikationsmedien
4. Die systemische Macht wie Politik, Wirtschaft, Wissenschaft, Kirche

Diese Konstruktionsmächte lassen aber häufig vergessen, welch lebendige Natur den Menschen mit seinen Mitlebewesen verbindet, lassen vergessen, dass wir selbst eine hybride Kultur-Natur-Verbindung sind. Mittels der Unterscheidungen und der Fremdbestimmungsursachen gerät nun unser Leben in ein Machtspiel, in ein **symbolisches** Zeichen- und Interpretationsspiel, was als lebendig und lebenswert und was als krank und aussonderungsbedürftig zu gelten hat. Insbesondere totalitäre Staaten formen aus symbolischer Macht **faktische** Biomacht. Sie herrschen über Leben, Krankheit und Tod. Aber sie sind auch – wie im Nationalsozialismus – Interpretationsmächte, was als schön und gesund zu gelten hat. Nun ist dies die These von Michel Foucault und seinen Nachfolgern: Auch ‚demokratische' Gemeinwesen kontrollieren und disziplinieren die Körper und das Leben der Menschen, faktisch als Gesundheitssystem und symbolisch mittels Medien und Werbung. Als Beispiel lassen sich Werbestrategien benennen: Wer gilt als vital, gesund, dynamisch, und was gilt als lebenswert?

Anfang und Ende unserer natürlichen Existenz sind unausweichlich: Geburt und Tod. Zwar wird auch hier gesellschaftlich versucht einzuwirken durch pränatale Diagnostik von Erbgutschädigungen, Gentechnologie, Abtreibungen, Folter, Tötungen. Diese Art von Biomacht zeigt den gesellschaftlichen Wunsch, die Natur und damit auch den natürlichen Teil des Menschen definitiv zu bändigen, Natur und Mensch vor allem naturwissenschaftlich und biopolitisch Herr zu werden. Diese gesellschaftliche Naturbeherrschung führt dazu, dass sich der Mensch gesichert und versichert wähnt. Sie wird verstärkt durch kulturelle Verkünstlichung und Virtualisierung: Je kultivierter, hygienischer, abstrakter und virtueller der Mensch lebt, desto größer ist die **Überraschung**, wenn sich seine Natur als Umwelt negativ meldet: als Schmerz, als Versagen, als nahender Tod ebenso wie als zerstörte Naturgrundlage oder als Unfall.

Es gibt Phasen in der menschlichen Existenz, in denen Menschen empfindsamer für die Überraschungen der Umwelt/Natur sind: in der Pubertät, in Krisenzeiten wie der Mitte des Lebens, in allen Sinnkrisen wie etwa Arbeitslosigkeit oder Partnerverlust, bei existenziellen Erfahrungen wie Abenteuer und Unfälle. Hier kann es vorkommen, dass der Mensch individuell umkehrt, aussteigt, ein anderes Leben beginnt, seine ästhetische Wahrheit sucht. Solche Ereignisse können sich auch gesellschaftlich verdichten: **Neue soziale Bewegungen** entstehen. Die Lebensreformbewegung und die anthroposophische Bewegung um 1900, die spiritualistische Bewegung und ökologische Bewegung um 1975, die Tierrechtsbewegung und der Veganismus um 1985 und heutzutage Attac. Diese Bewegungen rufen zu einer neuen Selbstwahrnehmung der eigenen Natur auf. Sie versuchen Leben, Sexualität, Krankheit und Tod anders zu bestimmen als die kulturellen Systeme. Sie versuchen zu überzeugen, dass der Sinn unserer leiblichen Erfahrungen nicht in seiner Funktion für die gesellschaftlichen Erfordernisse liegt, sondern im kulturellen und ökologischen Eingebundensein der je eigenen individuellen Lebensgeschichte und Lebenswelt.

Nun gibt es aber nicht nur die sozialen Bewegungen, in denen über ein grundsätzlich anderes Leben nachgesonnen wird. Es gibt auch die Welt der **Kunst und Literatur**. Und hier finden sich vorzugsweise nicht die großen Zusammenhänge, die gesellschaftlichen Macht- und Zeichenspiele, sondern hier zeigt sich in kleinen Geschichten und Erzählungen, wie sich in individuellen Biographien die leiblichen Erfahrungen abspielen: selbst- *und* fremdbestimmt. Literatur vermag nun im besten Falle genau das: Individuelle und soziale Geschichten zu erzählen, die in Leid und Freude so anrühren, ohne dass ihre kulturelle Verursachung ausgeblendet wird. Und hier zeigen sich dann qualitative Unterschiede: Im schlechten Roman wird die Schönheit, Freude und Heiligkeit des Lebens typisiert, die kulturellen oder auch individuellen Ursachen bleiben übersehen. Kunst dagegen hält die Schwebe, zeigt das Dazwischen, die Ambivalenz von Selbst- *und* Fremdbestimmung, die Nuancen der individuellen Erfahrungen vor dem Hintergrund ihrer kulturellen Bedingtheit. Zuweilen werden dann noch Zufluchtsstätten, Utopien und andere Heimaten gesucht. Vorzugsweise ist das der eigene Innenraum, sind es die eigenen Erfahrungen. Doch ihre ästhetischen Wahrheiten werden Umwelt. Auch im eigenen Lesen und Versinken im Text werden wir zur Umwelt und an uns wird – wie unmerklich auch immer – der Anspruch ästhetischer Wahrheit und Wahrhaftigkeit gestellt.

2. Wie lassen sich die nachfolgenden Texte lesen?

Literaturen lassen sich nicht nur *ästhetisch* lesen, im Hinblick auf Stilmittel und Zeichenkonstruktion; oder *psychologisch*, im Hinblick auf die individuelle seelische Befindlichkeit der Beteiligten. Sie lassen sich auch (a.) *unterscheidungslogisch* lesen, im Hinblick auf die Unterscheidungen, die verwendet werden. Sie lassen sich (b.) *kulturtheoretisch* lesen, an welchen Grundwerten sich ein Text orientiert. Und sie lassen sich (c.) *soziologisch* lesen, im Hinblick darauf, wie sich individueller Sinn sozial entfaltet oder sozial zerbrochen wird.

Die Unterscheidungslogik gesund-krank, die inhaltliche Sinnlogik „Welchen sozialen Sinn hat es, krank zu sein?" und die kulturelle Handlungslogik „Hat Krankheit einen kulturellen Wert?" sind immer aufeinander bezogen. Ohne dass vorher Unterscheidungen und kulturelle Muster eingeführt werden, macht die Auswahl einer Handlung keinen Sinn. Häufig muss man sich als Lesende(r) die Unterscheidungen, die der Erzählung voraus liegen, hinzudenken. Ein Roman über das Selbstbestimmungsrecht auf Abtreibung oder Leben unterstellt eine reale Fremdbestimmung durch das politische und rechtliche System, ohne dass diese auch gezeigt würde.

a. Unterscheidungslogisch ist interessant, welche Unterscheidungen – zum Beispiel gesund-krank, normal-behindert – gewählt werden. Werden Krankheit und Gesundheit, werden Leben und Tod plakativ ohne Bezüge nebeneinander gesetzt oder gibt es subtile Übergänge, feine Verschiebungen, Brüche, Ironisierungen? Die Ebene der Unterscheidungslogik zeigt uns, wie Autorin oder Autor ihre Erzählung konstruieren, was sie ausschließen, dadurch, dass sie Figuren so oder anders stilisieren. Werden ihre Figuren nur als fit, jung, selbstbewusst, schön und dynamisch gezeichnet? Oder zeigen sich Zeichen des Verfalls, des Altwerdens? Werden diese Zeichen abgewertet, dramatisiert oder gehören sie zum Leben der Figur selbstverständlich dazu? Unterscheidungslogisch arbeiten die meisten Autorinnen und Autoren subtil oder verdeckt, in dem sie die andere Seite, und das heißt, meist die Seite der Krankheit, des Todes, des Leidens, der Schmerzen, des Altwerdens, der Behinderung verschweigen. Daher wurden hier gerade solche Texte ausgewählt, die die dunkle Seite der menschlichen Existenz beschreiben wie bei Oe, Camus und Wolf. Normalliterarisch werden hier häufig nur Hass als Gegensatz zur Liebe und Mord als Gegensatz zur sozialen Ordnung ins Spiel gebracht, aber meist nur, um am Ende die Liebe oder die soziale Ordnung wie Gemeinschaft oder Familie zu belobigen. Eine andere hier wichtige Unterscheidung ist die von Begehren und Unlust. Meist gelingt die sexuelle Liebe, weil die Körper als begehrenswert gezeichnet werden. Ob im Film, im Roman, den soziologischen Umfragen und Statistiken: die erste und die folgenden sexuellen Vereinigungen werden beschönigt, damit Potenz, Macht, Lust und Spaß unbefragt gelten können. Das Hereinbrechen der Pubertät aber bleibt problematisch wie die Beispiele bei Wimschneider, McCourt, Berkéwicz zeigen. Andere sexuelle Phantasien werden in den Texten von Brantenberg und Berkéwicz wichtig. Im Gegensatz dazu gilt der ordnungsgemäße Akt zwischen einem jungen oder mittelalten Mann und einer ebensolchen Frau unbefragt. Noch subtiler arbeiten die Autorinnen und Autoren mit dem Thema Krankheit oder Behinderung: In normalen Erzählungen und Romanen werden Krankheit, Tod oder Behinderung nur als vorübergehendes Leid dargestellt, dessen Sinn es ist, überwunden zu werden. In den vorliegenden Erzählungen dagegen werden sie existenziell gedacht: bei Oe, Hellmann, Zickgraf und Rothmann.

b. Kulturtheoretisch: Kulturtheoretisch lassen sich vier wertgebundene Lebensformen als Umgang mit Leben, Tod, Krankheit, Begehren unterscheiden:

a. Gelassen-schicksalsgläubig , da das Leben zufällig oder göttlich bestimmt ist
b. Unabhängig-modern, da das Leben nur individuell selbstverantwortet werden kann
c. Helfend-elitär, da das Leben durch Priester, Ärzte, Väter gesichert wird
d. Solidarisch-kommunikativ, weil alle Menschen gleich hilfsbedürftig sind

Die beiden ersten Lebensformen sind individualistisch orientiert. Ein besonders eindrückliches Beispiel eines fatalistischen Typus (a) zeigt Camus mit einer alten Frau. Freiheit (b) – zum Beispiel die Dreizehnjährige bei Berkéwicz – und Solidarität (d) – das Beispiel Kroetz – sind nicht durch göttliche oder staatliche Regeln abgesichert. Der problematische Normalfall bleibt der helfende (c) wie die Textauszüge von Raabe, Wimschneider und Duvanel zeigen: Eliten wie Väter, Priester, Experten, Ärzte bestimmen, was als krank, lebendig oder sexuell normal zu gelten hat.

c. Soziologisch interessant ist nun, in welchem sozialen Kontext wie entschieden wird und wie diese Entscheidungen legitimiert werden. An welchen Orten und zu welchen Zeiten leben die Figuren? Zum Beispiel im Dorf wie bei Wimschneider, Kroetz und McCourt. Der Sinn einer Entscheidung ist orts- und zeitgebunden. Wie sieht dieser Kontext aus? Und wie greift die lokale Gemeinschaft ins alltägliche Leben ein? Wo zeigt sich in der individuellen Existenz die ökonomische Fremdbestimmung des Sinns? Die dargestellten Figuren können sich – theoretisch gesehen – in drei Welten aufhalten:

Welt 1: In einem System, vorzugsweise bei der Arbeit wie bei Davis oder da, wo sie dafür hergerichtet werden: zum Beispiel in einer Klinik bei Oe, Hellmann, Zickgraf, Rothmann. Hier sind sie meist völlig fremdbestimmt. Raum, Zeit und Sinn sind weitgehend vorgegeben. Die Rollen sind festgelegt. Hier ist der Mensch eigentlich nackter Mensch, genormter Teil eines Systems, denn hier kann er in der Regel nicht mitbestimmen. Die Ordnung des Verhaltens wird überwacht. Die Ordnung der Systeme kann literarisch gerechtfertigt oder als unberechtigt gezeichnet werden. Im ersten Fall haben wir das Muster des autoritären Romans, im zweiten Fall sein Pendant: den sozialkritischen Text.

Welt 2: In der Umwelt des Systems kann der Mensch als Arbeitsloser, Outlaw, Aussteiger, Beatnik, Hobo, Obdachloser, als Reisender oder –

wie in den meisten vorliegenden Texten – als Außenseiter da sein. Hier ist er fremdbestimmt freigesetzt oder selbstgewählt frei. Die Umwelt ist immer Umwelt eines Systems, Umwelt einer lebensweltlichen Ordnung oder aber einfach das Dunkel der Nacht. Literarisch findet sich häufig diese Welt in Reise- und Aussteigerromanen, aber auch in gesellschaftskritischen Geschichten. In unseren Beispielen sind es die Hauptpersonen bei Berkéwicz und Brantenberg. In ihnen begehrt etwas Anderes, das mit dem Etikett ‚lesbisch' nur unzureichend beschrieben wäre. Denn in der Umwelt der normalen Systeme wohnt die Sehnsucht, während im System sich diejenigen wechselseitig versichern, „die nichts von der Sehnsucht kannten" (Berkéwicz): „sie warteten, bis es dunkel wurde" (Brantenberg). Unschuld und Begehren können ebenso als Umwelt interpretiert werden, wie bei die beginnende Sexualität einer Dreizehnjährige bei Wimschneider: „ich wache vom Schieben und Schobern auf dem Bauch auf"; und wie die Unschuld der dreizehnjährigen Catalina bei Duvanel: sie „träumt", „braucht nur sich" und geht nicht zur Schule – aus Dummheit. Sie steht Onkel Manuel zur Verfügung.

Welt 3: Der Mensch kann aber auch in seiner Lebenswelt, in seiner Familie, in seinem Dorf oder Wohnviertel leben zum Beispiel bei Wolf, Camus, Wimschneider, Brantenberg, Mc Court, Kroetz, Duvanel, Hofmannsthal. Hier ist er einfach da. Selbst- und Fremdbestimmung fallen zusammen, sind schwer zu unterscheiden. Will er diese Welt verlassen, so kann er aussteigen in die Natur oder Weite oder einsteigen, ins System. Die Lebenswelt finden wir literarisch häufig, zum Beispiel bei Kroetz und Wimschneider im Heimatroman, auch hier wieder kritisch, deskriptiv oder beschönigend.

In den jeweiligen Unterscheidungen, in diesen drei Welten und vier Lebensformen entfalten sich individuell: **Unterschiede**, kulturell: **Wert** und sozial: **Sinn** zwischen Leben und Tod, oder eben nicht. In allen Erzählungen werden Unterschiede entfaltet, wird Wert fraglich und Sinn gebrochen. Nichts ist selbstverständlich. Literarisch arbeiten heißt, die natürlichen und kulturellen Überraschungen vor allem negativ zu beschreiben: wie den Besuch Onkel Manuels bei Duvanel. Sie erzeugen Angst, zumindest aber Unsicherheit, sie brechen herein als fremde Macht. In Klinik, Schule, Kirche oder der Brut- und Normzentrale könnte man darauf gefasst sein, aber – und das ist der immer noch der literarische Regelfall – zu Hause, in unsere Lebenswelt bricht das Unheil unerwartet herein. Diese **Ästhetik des Schrecklichen** kann langsam, unmerklich oder aber plötzlich daherkommen, organisiert durch Klinik, Beerdigungsinstitute, Schule, Kirche oder einfach so, beim Abendbrot bei Wolf und Camus und in Oberösterreich: das Beispiel Kroetz. Die negativen Überraschungen erzeugen das Unbehagen und die Unsicherheit, von der wir hofften, sie – immer besser fortschreitend – kulturell gebändigt zu haben. Gerade deshalb treffen sie uns um so härter. Sie kommen in den Zwischenzeiten und den Zwischenräumen, die wir nicht ordnen oder bestimmen können, die wir allzu häufig normierend zu begrenzen hoffen. Hier zwischen Geborenwerden und Tod, in den **Zwischenräumen** und Zwischenzeiten ereignen sich aber gerade die ästhetischen Erfahrungen und Wahrheiten, ereignet sich nicht nur das Negative wie Vergewaltigung und Unterdrückung, sondern eben auch Lust, Erotik und – der Zauber der Innigkeit.

3. Der Leib im Text

Im folgenden unterscheide ich vier Grundformen leiblich-ästhetischer Erfahrung wie sie in den Texten beschrieben werden:

- Leben: Geburt, Kinderwunsch, Schwangerschaft
- Sexualität: Begehren, Lieben, Wille, Pubertät, Prostitution
- Krankheit: Gewalt, Leiden, Behinderung
- Tod: Sterben, Mord, Alter, Endlichkeit

Diese Phänomene sind auch (!) kulturell geprägt, weil in ihnen sich der Sinn des Lebens als **wertgebunden** zeigt. Was eine Kultur als wertvoll, wertlos oder unwert ansieht, macht sie zur Kultur – oder eben nicht. Im Trend gleichzeitiger Bürokratisierung und Technisierung äußert sich eine kulturelle Auflösung von Sorge, die sich entweder in solidarischen Formen überliefern lässt oder die wir allein mit auf unsere Reisen in die Umwelt nehmen.

Leben

Der deutsche Denker Friedrich Nietzsche unterscheidet eine dionysische von einer apollinischen Lebensweise. Eine klare, vernünftige gesellschaftliche Ordnung mit ihrer kontrollierten, asketischen Lebensform nennt Nietzsche apollinisch. Der apollinischen Ordnung setzt Nietzsche das dionysische Leben, die Ekstase, den Rausch, das Begehren entgegen. Wo lebt der dionysische Rausch noch, wenn leibliche Erfahrungen mangels Natur nicht mehr gemacht werden? Im Fitnessstudio, beim Counter-strike-Spielen oder beim Sport? Die existenziellen Erfahrungen einer Geburt, des Leidens und Sterbens werden seltener. Das Leben lebt sich schlecht ohne Medikamente: Medikamente gegen das Leid wie Antidepressiva, Schlafmittel und Kokain, Medikamente für den Rausch wie Viagra und red bull, Medikamente, um so weiter machen zu können: Kaffee, Alkohol, Nikotin, um Huxleys „Schöne neue Welt" zu überstehen.

Das Leben aber, insbesondere die Geburt eines Kindes, ist ohne seinen ökonomischen Kontext nicht hinreichend erfasst. Bei Mercé Rodoreda wird die Situation des Mangels durch Magie getröstet: Die „Jerichorose" umschreibt und verdunkelt das Geheimnis der Geburt. Wie bei Rodoreda so wird die Geburt bei Wilhelm Raabe als Geheimnis wie auch als Frauensache beschrieben. Männer erfahren die Geburt aus zweiter Hand. Während das Glück bei Raabe keinen Unterschied zwischen arm und reich macht, so spielt das Geld, das immer zu wenig ist, bei Franz Xaver Kroetz die Hauptrolle. Ohne Geld keine Kinder. Gerade heute heißt es: Kinder sind teuer. Sie treten immer mehr in Konkurrenz zu den Bedürfnissen der Erwachsenen. Würde man das Kinderkriegen von Anfang an bürokratisch und technisch organisieren, in Brutöfen, wie der BUND bei Huxley vorschlägt, würde aus dem ökonomischen ein technisch-bürokratisches Problem. Ob ökonomisch, technisch oder bürokratisch: die zumeist männliche Vertreibung des Wunders der Geburt gelingt nicht. Huxley schlägt aber auch eine Utopie vor, die sich der falschen Alternative von technisch-bürokratischem-asketischem System und ausbrechender Sexualität (Umwelt) entzieht: „Einzig eine neue Naturmythologie (...), eine nichttranszendente und (...) realistische Mythologie (...) des Lebens und der menschlichen Persönlichkeit wird (...) die inneren Widerstände bieten, die nötig sind, um den Geschlechtstrieb in Liebe zu verwandeln." Dies wäre eine neue und zugleich alte, heidnische Form, „die von der kritischen Intelligenz einer nachnietzscheanischen Jugend respektiert werden kann."

Sexualität

Der sexuelle Wille, sich zu vereinigen, lässt sich auf vielen Ebenen finden: im Bett, beim Kuss, im lebenslangen Zusammenhalt. Die geschlechtliche Zuneigung ist ein Teil dessen, was euphorisch Liebe genannt wird. Manchmal gilt der Sex auch schlicht als Rückkehr, als Wunsch, ins mütterliche Paradies zu entfliehen. Der Eros ist – in psychoanalytischer Sicht – nicht ohne sein Pendant zu verstehen: die Destruktion. Vereinigung und Zerstörung bleiben die beiden extremen Gegensätze des menschlichen Verlangens. Die Zufälligkeit und Plötzlichkeit sexuellen Begehrens scheint zunächst natürlich-hormonell bedingt. Doch wird das Begehren daneben über kulturelle Werte, soziale Statussymbole oder durch erotische Zeichen hergestellt – oder normalerweise verhindert.

Daher spielen viele der Geschichten auf dem Land, in der Heimlichkeit, denn gerade hier wird die Sexualität tabuisiert und ins Geheimnis abgedrängt. Verbotene Sexualität findet sich gerade bei Kindern und Jugendlichen. Bei Ulla Berkéwicz wird das verbotene Verlangen einer 12-Jährigen verdoppelt: als unendliches Verlangen nach ihrer Deutschlehrerin. Die Jugendlichen werden mit diesen Geheimnissen allein gelassen: Sie wissen – wie Wimschneider zeigt – nicht einmal, wann ihre Pubertät beginnt: mit „Beulen" und schmerzhaftem „Bluten". Danach muss die Jugend eine zumeist kirchliche „Belehrung über die Pflichten des jeweiligen Standes" über sich ergehen lassen. Das schlechte Gewissen gründet im Geheimnis der Sexualität, genauer in den sozialen Tabus um Reinlichkeit. Das soziale Verbot, nicht begehren zu dürfen, schützt die soziale Ordnung. Und doch kommt es – vielleicht gerade deshalb – zum Begehren: Es hat gesellschaftshistorisch einen eindeutigen Ursprung: Es ist die leidenschaftliche Liebe der Romantik. Die Steigerung dieser Form „der romantischen Verehrung der Leidenschaft" bei Huxley ist der Karneval. Der Karneval wird zum kulturellen Bild dessen, was bislang als unnormal gilt. Homoehe, Transsexualität, Frauenliebe: hier wird das Begehren inszeniert. Doch in den Dörfern, auf dem Land ist die Welt – im Klischee – noch in Ordnung: Religiös wird reinlich unterteilt in gutes und böses Verhalten und so der Eros unterdrückt. Dies gilt vor allem für lesbische Neigungen, wie Gerd Brantenberg sie zeigt. Sie werden tabuisiert, nicht nur weil sie die heilige Familie, sondern die gesellschaftliche Reproduktion im Ganzen in Frage stellen. Im Gegensatz dazu steht die soziale Funktion der Prostitution wie sie bei Adelheid Duvanel versteckt angedeutet wird, wie sie sich in Wirklichkeit versteckt. Prostitution – auch die der Kinder – dient dem ökonomischen Überleben in einer extrem polarisierten Gesellschaft: Macht contra Ohnmacht, arm contra reich, Mann contra Frau. Ein armes, ohnmächtiges (farbiges?) Mädchen ist der Willfährigkeit ihres Onkels ausgesetzt.

Krankheit

Man merkt, dass man lebt, häufig erst dann, wenn man leidet. Das Ich steht im Fluss der Empfindungen, der Leidenschaften. Wenn Krankheiten kommen, wenn sie sich als Schicksal zeigen, dann werden leibliche Selbstbestimmung und ästhetische Wahrheit des Menschen nicht nur fraglich, sondern der Mensch wird sich seiner selbst bewusst: Er ist dann heilungsbedürftiger und nackter Mensch. Wenn die Krankheit als kurze körperliche Krise interpretiert wird, dann nimmt das Selbstbild des Menschen als souveränes, autonomes Selbst keinen Schaden. Souveränität und zerbrechliche Nacktheit ist diejenige Unterscheidung, die dem Selbstbild des Menschen zugrunde liegt. Dem Individuum wird durch die Bürokratisierung des Lebens die eigene Souveränität abgesprochen. Es ist ein großer Unterschied, ob der Angriff auf die eigene eingebildete Souveränität als Schicksal wie etwa bei Krankheit, Behinderung, Alter oder als soziales, politisches, wissenschaftliches Konstrukt erlebt wird. Diese Konstrukte treten häufig in Form der Hilfe, Betreuung oder gar als Vorsorge auf. Der weiße Kittel des Arztes als Farbe der Reinheit steht für Gesundheit und Heilung. Dem Souveränitätsanspruch des Menschen und der Bio-Politik liegt die Angst vor der Endlichkeit, der totale Kontrollverlust zugrunde. Der moderne Mensch glaubt nicht ans Schicksal, glaubt nicht an die tradierte Hilfe der Familie oder Nachbarschaft. Er will so schnell es geht, fit gemacht werden. Das eigene, gesunde Ich erscheint ihm als legitimer Anspruch. Dieser Anspruch wird in Krankheit und Behinderung untergraben.

Besonders eindrücklich wird dies in dem Text von Kenzaburo Oe geschildert. Er beschreibt seinen autobiographischen Widerwillen gegen sein eigenes schwerstbehindertes Kind. Das „pflanzenhafte Wesen", das „Monster" gilt ihm nicht als Mensch. Und auch der Klinikchef fragt: „Wollen sie das Ding sehen?" Die Entmenschlichung beginnt mit der Sprache. Doch die Dehumanisierung setzt mit jeder Krankheit ein, insbesondere bei AIDS, wie Cristopher Davis zeigt. AIDS wird konsequent sozial ausgeschlossen, aus dem ökonomischen wie aus dem Rechtssystem. Bei Beate Hellmann ist die Krankheit die Hölle, von der nur der

Tod befreien kann. Aber das Gesundheitssystem ist eben nicht an humanem Tod oder Gesundheit, sondern an Krankheit interessiert. Dies liegt auch in der Ausbildung des Gesundheitssystems begründet, wie Cordula Zickgraf beschreibt: Es wird jemand Arzt, der „hat keine Ahnung vom Seelenleben seiner Patienten." Dem liegt soziologisch gesehen ein Missverständnis zugrunde: Im System gibt es keine Menschen. Aber genau dagegen opponieren die meisten literarischen Texte. Wie bei Rothmann, der zeigt, worauf das Gesundheitssystem basiert: „Und dass wir mitunter verpflichtet sind, die Todesart zu wählen, die den Patienten so lange wie möglich am Leben hält, auch das nennt man Medizin."

Tod

Die Steigerung der Krankheit ist der Tod. Diese größtmögliche Kränkung kann der Mensch fast nie ertragen. Das Sterben ist, häufiger als man denkt, ein langer Weg des Abschiednehmens vom Leben. Es gibt dafür Anzeichen. Der Tod kann auch plötzlich hereinbrechen wie beim Mord oder Herzinfarkt, oder er kann – bei Folterungen – als zynisches Spiel mit dem Leben daherkommen. Das Leben kann als Vorspiel des Todes interpretiert werden. Das Bewusstsein der eigenen Endlichkeit wird jedoch täglich verdeckt: durch Konsum, Spaß, Drogen oder einfaches Weiter-Machen. Damit jedoch wird die moderne Gesellschaft als ganze fraglich: Wenn sie keine solidarische Kultur der Sorge angesichts der menschlichen Endlichkeit entfalten kann, wenn sie sich bürokratisch oder faschistisch der Idee der normierten Fitness und normierten Gesundheit verschreibt, dann kann sie nicht Kultur (von lateinisch colere: pflegen, achten) genannt werden. Der Umgang mit Sterben, Alter, Behinderung und Krankheit ist das Erkennungszeichen einer menschlichen Kultur.
Die Klinik, das Altenheim und Huxleys Brut- und Normzentrale werden zu Symbolen des Unmenschlichen, ebenso wie das moderne Lager einer Klinik in den Geschichten von Rothmann und Oe. Durch Beerdigungsorganisationen wird der Tod verwaltet, wie Demski nachdrücklich schildert. Hinter allem steht – jedenfalls in dem Text Hofmannthals – der schnöde „Mammon", der uns vom Leben entfremdet und uns in den Tod stößt: Der „Jedermann" bildet hier eine klassische Figur. Und all das wird verdrängt vergessen, „um funktionstüchtig zu bleiben", wie Christa Wolf betont; oder aber Gott – bei Camus – untergeordnet, „diesem letzten Übel", dem die alte Frau „restlos ausgeliefert war". Dies nennt

Camus das „enttäuschende Alleinsein mit Gott". Doch auch am Ende – wie McCourt beschreibt – gibt es Aufgaben zu verteilen: „Oma (...), wer wird das Kind in den Sarg legen? (...) Das ist die Aufgabe der Mutter."

Gerade literarische Texte zeigen eindringlicher als soziologische, wie polarisiert der gesellschaftliche Alltag ist. Und sie zeigen auch, dass soziologische Kategorien helfen zu verstehen, aber viel zu abstrakt sind, um den je individuellen ästhetischen Wahrheiten gerecht zu werden. Die ästhetische Wahrheit leiblicher Erfahrungen bedarf aber – wenigstens um der Vergleichbarkeit willen – des soziologischen Denkens. Doch diese Abstraktionsgewinne dürfen nicht zu Lasten alltäglich-individueller, ästhetischer Wahrheiten gehen. Denn sonst wird soziologisches Denken zu einem System abstrakter Erfordernisse wie Gesundheit, Macht und Gewinn, die sie sich biopolitisch zu verwirklichen beginnen. Die zentrale Differenz zwischen Literatur und Soziologie ist dann genau diese: Literatur opponiert gegen die Dehumanisierung – in Systemen wie zum Beispiel Gesundheit, Kirche und Wirtschaft – individuell und ästhetisch. Für soziologisches Denken ist die Entmenschlichung Voraussetzung ökonomischen oder technischen Fortschritts geworden. Sie kann zwar angeklagt werden, ist aber nicht rückgängig zu machen. Die Suche nach Ausstiegsmöglichkeiten, Alternativen und Utopien hat sich in Kunst und Literatur zurückgezogen. Die Literatur ist die unheimliche Heimat aller Einzelnen.

Kommentiertes Literaturverzeichnis

Die folgenden Werke können nicht verstanden werden, wenn wir sie nicht in einer nietzscheanischen Tradition sehen. Nietzsche – und nach ihm Merleau-Ponty, Foucault und Waldenfels – hat nur den Leib und nicht den Geist als wahrheitsfähig erachtet. Der Mensch verleibt sich etwas ein, und er spürt, ob es ihm gut tut. Das „gut tun" ist ein ästhetisches Wahrheitskriterium, und damit wird die Frage der individuellen Leiberfahrung zu einer Frage der persönlichen Gesundheit und im Ganzen zu einer der Lebenskunst gemacht. Darüber lässt sich weniger soziologisch reflektieren und begrifflich philosophieren als vielmehr nachdenken.

Agamben, G.: Homo sacer. Frankfurt/M. 2002
    Agamben sieht den Menschen in der Moderne eingesperrt in Lager. Alle modernen Systeme gleichen Lagern. Wie Orwell geht er davon aus, dass Menschen sich in allen modernen Systemen entwürdigend organisieren und dass nur der einzelne Mensch seine Würde erhalten kann.

Foucault, M.: Die Geburt der Klinik. München 1973 *und* Foucault, M: Die Sorge um sich. Sexualität und Wahrheit 3, Frankfurt/M. 1989
   Foucault beschreibt in seinen Büchern gesellschaftliche Systeme (Psychiatrie, Gefängnis, Klinik etc.) als Herrschaftssysteme. Diese Systeme vernichten den humanistischen Grundgedanken. Dieser lautet: Der Mensch entwirft sich frei als individueller Mensch und wird dabei von anderen Menschen sozial unterstützt. Das Drama der Moderne lautet: Eine moderne Konstruktion von Menschlichkeit gibt es nicht. Eine authentische und menschliche Moderne wäre eine, die der freien Sexualität mindestens Zwischenräume ermöglichte.
Heidegger, M.: Sein und Zeit. Tübingen 1986
   Für Heidegger zeichnet sich das menschliche Leben dadurch aus, dass es seine Endlichkeit bedenken kann. Im Andenken an den jederzeit möglichen Tod werden wir uns unseres Daseins in der Zeit bewusst. Erst mit diesem Todesbewusstsein gewinnt unser Leben Qualität, wird Leben eigentlich erst möglich.
Merleau-Ponty, M.: Phänomenologie der Wahrnehmung. Berlin 1966 und Waldenfels, B.: Das leibliche Selbst. Frankfurt/M. 2000
   Merleau-Ponty und Waldenfels interpretieren den Menschen als ein vorwiegend leiblich bedingtes Wesen. Der Leib entsteht in der sinnlichen Wahrnehmung. In der Sinnlichkeit wird das Innere des Körpers mit dem Äußeren der Umwelt verbunden. Dadurch entsteht ein atmosphärischer dritter Raum – so Gernot Böhme – ein Zwischenraum zwischen Innen und Außen.

Huxley, Aldous: Schöne neue Welt.

Aldous Leonard Huxley wird am 26. Juli 1894 in Godalming (Surrey) geboren. Er stammt aus einer angesehenen Gelehrtenfamilie, wird in Eton erzogen und studiert in Oxford. Nach dem 1. Weltkrieg arbeitet er als Journalist und Kunstkritiker. 1923 verlässt er England und hält sich u.a. in Italien und Südfrankreich auf, ab 1938 lebt Huxley in Kalifornien. Unter dem Einfluss der buddhistischen Lehre entwickelt er sich in Kurzgeschichten und Romanen vom amüsiert beobachtenden Satiriker zum leidenschaftlichen Reformator, der in der mystischen Verbindung von östl. Weisheit und westl. Naturwissenschaft einen Ansatzpunkt zur Heilung unserer Welt sieht. Am 22. November 1964 stirbt er in Hollywood.

Werke u.a.:

1923	Antic Hay	(Narrenreigen, 1983)
1925	Those Barren Leaves	(Parallelen der Liebe, 1948)
1928	Point Counter Point	(Kontrapunkt des Lebens, 1930)
1932	Brave New World	(Schöne neue Welt, 1954)
1948	Ape and Essence	(Affe und Wesen, 1951)

Schöne neue Welt (1954)

Huxleys „schöne neue Welt" ist eine negative Utopie, die „im Jahre 632 nach Ford" (beginnend mit der Herstellung des ersten Ford T-Modells) angesiedelt ist. Es ist die Welt einer konsequent verwirklichten Wohlstandsgesellschaft, in der Form und damit die Idee von Massenproduktion und -konsum an die Stelle der Religion getreten sind. Alles erscheint machbar, auch die Herstellung der Menschen mit bestimmten Eigenschaften. Höchstes erlangtes Ziel ist die absolute Statik des Erreichten. In dieser völlig formierten, gleichförmigen Welt sind keine Tragödien mehr möglich und jede Art von Individualismus erscheint als „asozial".

(nr)

Huxley, Aldous: Schöne neue Welt. (Ausschnitte)

Ein grauer, gedrungener Bau, nur vierunddreißig Stockwerke hoch. Über dem Haupteingang die Worte: BRUT- und NORM-ZENTRALE BERLIN-DAHLEM. Darunter, auf einem Schild, der Wahlspruch des Weltstaats: GEMEINSCHAFTLICHKEIT, EINHEITLICHKEIT, BESTÄNDIGKEIT.

Der riesige Saal zu ebener Erde ging nach Norden. Durch die Fenster fiel verdünntes Licht, eiskalt und hart trotz dem Sommer vor den Scheiben draußen und der tropischen Hitze des Raumes selbst, und suchte gierig irgendeine drapierte Gliederpuppe, irgendeinen saftigen Akademieschinken, fand aber nur das Glas und Nickel und frostig glänzende Porzellan eines Laboratoriums. Hier war alles winterlich. Die Arbeitskittel der hier Beschäftigten waren weiß, ihre Hände staken in blassen, leichenfarbenen Gummihandschuhen. Das Licht war gefroren, tot, gespenstisch. Nur von den gelben Rohren der Mikroskope lieh es sich eine gewisse lebendige Fülle und lag wie Butter längs der blanken Zylinder, ein satter Streif nach dem andern, die endlose Reihe der Arbeitstische entlang.

„Und dies", sagte der Direktor, die Tür öffnend, „ist der Befruchtungsraum."

Dreihundert Befruchter standen über ihre Instrumente gebeugt, als der Brut- und Normdirektor den Saal betrat. Kaum ein Atemzug unterbrach die Stille, kaum ein gedankenverlorenes Vor-sich-hin-Summen oder -Pfeifen störte die allgemeine angespannte Vertieftheit. Eine soeben eingetroffene Gruppe sehr junger, sehr rosiger und sehr unerfahrener Studenten folgte aufgeregt und ein bißchen beklommen dem Direktor auf den Fersen. Jeder hielt ein Merkheft in der Hand, in das er, sooft der große Mann den Mund auftat, krampfhaft kritzelte. Aus erster Quelle – eine besondere Gunst. Der Brut- und Normdirektor von Berlin legte Wert darauf, seine neuen Studenten höchstpersönlich durch die einzelnen Abteilungen zu führen.

„Nur damit Sie eine Idee vom Ganzen bekommen", erklärte er in solchen Fällen. Irgendeine allgemeine Idee mußten Sie natürlich haben, um ihre Arbeit mit Verständnis verrichten zu können, andererseits aber auch nicht zuviel von einer Idee, wenn sie brauchbare und zufriedene Mitglieder der menschlichen Gesellschaft werden sollten. Die kleinen Einzelheiten sind es bekanntlich, die tüchtig und glücklich machen. Gesamtüberblicke sind notwendige Übel für den Geist. Nicht Philosophen, sondern Laubsägebastler und Briefmarkensammler bilden das Rückgrat der Menschheit.

„Morgen", fuhr der BUND fort und lächelte ihnen mit einem nicht ganz geheueren Wohlwollen zu, „beginnt für Sie der Ernst der Arbeit. Für Gesamtüberblicke werden Sie dann keine Zeit haben. Inzwischen..." Inzwischen war es eine besondere Gunst: direkt vom Erzeuger ins Merkheftchen. Die Jungens kritzelten wie besessen.

Hochgewachsen und sehr mager, aber stramm, schritt der Direktor in den Saal voraus. Er hatte ein kräftiges Kinn und große, ziemlich vorstehende Zähne, grade noch von den vollen, üppig geschwungenen Lippen bedeckt, wenn er schwieg. Alt? Jung? Dreißig, fünfzig, fünfundfünfzig? Schwer zu sagen. Übrigens ergab sich die Frage gar nicht, denn in diesem Jahre der Beständigkeit, 632 n. F., fiel es niemand ein, sie zu stellen.

„Ich werde beim Anfang anfangen", sagte der BUND, und die ganz Gewissenhaften unter den Studenten vermerkten seine Absicht in ihren Heftchen: *Beim Anfang anfangen!* „Das hier sind die Brutöfen", sagte er mit einer schwungvollen Handbewegung. Er öffnete eine abgedichtete Tür und zeigte ihnen die vielen Gestelle voll bezifferter Reagenzgläser. „Der wöchentliche Eingang an Ovarien. Ständig bei Bluttemperatur gehalten. Die männlichen Gameten", hier öffnete er eine andre Tür, „müssen dagegen bei 35, statt bei 37 Grad gehalten werden. Volle Bluttemperatur macht unfruchtbar. Böcke in Barchent zeugen keine Zicklein."

An die Brutöfen gelehnt, gab er den unleserlich über die Seiten flitzenden Bleistiften eine kurze Beschreibung des modernen Befruchtungsvorgangs, sprach selbstverständlich zuerst von dessen chirurgischer Einleitung mittels „einer freiwillig zum Gemeinwohl auf sich genommenen Operation, die überdies noch mit einer Prämie in der Höhe von sechs Monatsgehältern verbunden ist", beschrieb hierauf das Verfahren, um das exstirpierte Ovar am Leben zu erhalten und weiterzuentwickeln, ging dann auf die Frage der Optimaltemperatur, des Salzgehalts und der Viskosität über, erwähnte die Nährlösung, in der die abgetrennten und ausgereiften Eier aufbewahrt wurden, führte seine Schützlinge an die Arbeitstische und zeigte ihnen, wie diese Flüssigkeit aus den Reagenzgläsern abgezogen und tropfenweise auf die vorgewärmten Objektträger der Mikroskope geträufelt wurde, wie die in ihr enthaltenen Eier auf Entartungen untersucht, gezählt und in einen porösen Behälter übertragen wurden und – hier ließ er sie der Prozedur zusehn – wie man diesen Behälter in eine warme Nährbouillon voll freischwimmenden Spermatozoen tauchte – Mindestgehalt 100.000 auf den Kubikzentimeter, so betonte er – und wie nach zehn Minuten der Behälter aus der Flüssigkeit gehoben und sein Inhalt neuerlich untersucht wurde. Waren einige Eier unbefruchtet geblieben, wurde er flugs nochmals und, wenn nötig, noch mehrmals eingetaucht. Dann kamen die befruchteten Eier zurück in die Brutöfen, wo die Alphas und Betas bis zur endgültigen Abfüllung auf Flaschen blieben, während die Gammas, Deltas und Epsilons schon nach sechsunddreißig Stunden herausgenommen und dem Bokanowskyverfahren unterzogen wurden.

„Bokanowskyverfahren", wiederholte der Direktor, und die Studentlein unterstrichen das Wort in ihrem Heftchen.

Ein Ei – ein Embryo – ein erwachsener Mensch: das Natürliche. Aber ein bokanowskysiertes Ei knospt und sproßt und spaltet sich. Acht bis sechsundneunzig Knospen – und jede Knospe entwickelt sich zu einem vollausgebildeten Embryo, jeder Embryo zu einem vollausgewachsenen Menschen. Sechsundneunzig Menschenleben entstehn zu lassen, wo einst nur eins wuchs: Fortschritt. „Das Bokanowskyverfahren", schloß der BUND, „besteht im wesentlichen aus einer Reihe von Unterbrechungen des Entwicklungsverlaufs. Wir hemmen das normale Wachstum, und, so paradox es klingt, das Ei reagiert darauf durch Knospung."
Reagiert durch Knospung. Die Bleistifte waren geschäftig am Werk.

Der Direktor wies auf ein sehr langsam laufendes Band, auf dem soeben ein volles Reagenzgläsergestell in einen großen Metallkasten befördert wurde; ein andres Gestell verließ ihn soeben. Der Mechanismus surrte leise. Der Durchgang der Röhrchen dauerte acht Minuten, wie der Direktor erklärte. Acht Minuten starker Röntgenbestrahlung waren ungefähr das Äußerste, was ein Ei aushalten konnte. Einige gingen zugrunde; die am wenigsten empfänglichen spalteten sich in zwei; die meisten trieben vier Knospen; manche acht. Alle wurden in die Brutöfen zurückgebracht, wo sich die Knospen zu entwickeln begannen; dann, nach zwei Tagen, wurden sie plötzlicher Kälte ausgesetzt und so im Wachstum angehalten. Nun trieben die Knospen ihrerseits zwei, vier oder acht Knospen. Wenn es so weit war, erhielten sie eine fast tödliche Menge Alkohol zugesetzt, trieben daher abermals Knospen, KKK, und dann, wenn Knospe aus der Knospe der Knospe entsprungen war, ließ man sie sich in Ruhe weiterentwickeln, da nochmalige Hemmung meist verhängnisvoll wirkte. Unterdessen war das ursprüngliche Ei bereits auf dem besten Weg, zu acht bis sechsundneunzig Embryos zu werden – doch gewiß eine gewaltige Verbesserung der Natur! Identische Simultangeschwister, aber nicht lumpige Zwillinge oder Drillinge wie in den alten Zeiten des Lebendgebärens, als sich ein Ei manchmal zufällig teilte, sondern Dutzendlinge, viel Dutzendlinge auf einmal.

„Dutzendlinge", wiederholte der Direktor mit weitausholender Armbewegung, als verteilte er Almosen. „Viele Dutzendlinge." Ein Student war töricht genug, zu fragen, wo da der Vorteil liege. „Aber, lieber Freund!" Der Direktor drehte sich mit einen Ruck nach ihm um. „Begreifen Sie nicht? Ja, begreifen Sie denn das nicht?" Er hob den Zeigefinger mit feierlicher Miene. „Das Bokanowskyverfahren ist eine der Hauptstützen menschlicher Beständigkeit."

Eine der Hauptstützen menschlicher Beständigkeit.

Menschen einer einzigen Prägung, in einheitlichen Gruppen. Ein einziges bokanowskysiertes Ei lieferte die Belegschaft für einen ganzen kleineren Fabrikbetrieb.

„Sechsundneunzig völlig identische Geschwister bedienen sechsundneunzig völlig identische Maschinen!" Seine Stimme bebte fast vor Begeisterung. „Da weiß man doch zum erstenmal in der Weltgeschichte, woran man ist!" Er zitierte den Wahlspruch des Erdballs: „Gemeinschaftlichkeit, Einheitlichkeit, Beständigkeit." Goldene Worte. „Wenn sich das Bokanowskyverfahren unbegrenzt vervielfältigen ließe, wäre das ganze Problem gelöst." Gelöst durch gleiche Gammas, identische Deltas, einheitliche Epsilons. Millionlinge. Massenerzeugung endlich in der Biologie angewendet.

„Aber leider", der Direktor schüttelte den Kopf, „können wir nicht unbegrenzt bokanowskysieren." Sechsundneunzig schien die Höchstgrenze zu sein, zweiundsiebzig ein gutes Durchschnittsergebnis. Mit einem und demselben Ovar und den gleichen männlichen Gameten möglichst viele Gruppen identischer Simultangeschwister zu erzeugen, war die Bestleistung (leider nur eine zweitbeste), und sogar die war schwierig.

„Denn die Natur braucht dreißig Jahre, um zweihundert Eier zu voller Reife zu bringen. Unsere Aufgabe, jetzt und hier, ist es, die Bevölkerung auf ihrem heutigen Stand zu stabilisieren. Fünfundzwanzig Jahre lang Zwillinge herauströpfeln zu lassen – welchen Zweck hätte das?" Offenbar gar keinen. Aber zum Glück hatte die Lähmann-Methode den Reifevorgang ungeheuer beschleunigt. Jetzt konnte man wenigstens mit hundertfünfzig reifen Eiern binnen zwei Jahren sicher rechnen. Befruchtung und Bokanowskysierung – mit andern Worten: Multiplikation mit zweiundsiebzig – und man erhielt, in hundertfünfzig Schüben einheitlicher Dutzendlinge, durchschnittlich fast elftausend Geschwister, deren größter Altersunterschied zwei Jahre nicht überstieg.

„In Ausnahmefällen können wir aus einem einzigen Ovar mehr als fünfzehntausend Individuen erzielen." Er winkte einen blonden, rotbäckigen jungen Mann herbei, der grade vorüberging. „Herr Päppler!" Der rotbäckige junge Mann näherte sich grüßend. „Können Sie uns die Höchstziffer für ein einzelnes Ovar sagen?"

„Sechzehntausendzwölf in unserer Zentrale", erwiderte Päppler prompt. Er sprach sehr rasch, hatte lebhafte blaue Augen und fand offenkundiges Vergnügen am Herunterrasseln von Zahlen. „Sechzehntausendzwölf in hundertneunundachtzig einheitlichen Gruppen. Natürlich gab es noch viel schönere Erfolge in einigen tropischen Zentralen", schnatterte er weiter. „Singapur hat oft über sechzehntausendfünfhundert erzielt, und Mombasa hat tatsächlich die Siebzehntausendgrenze überschritten. Aber die dort sind gegen uns eben unfair im Vorteil. Sie sollten sehn, wie ein Neger-Ovar auf Hirnlappenextrakt reagiert! Unglaublich, wenn man an europäisches Material gewöhnt ist. Und doch", setzte er auflachend hinzu, und Kampflust leuchtete aus seinen Augen und das Kinn war herausfordernd gehoben, „und doch gedenken wir sie zu schlagen, wenn es geht. Ich arbeite gegenwärtig an einem hervorragenden delta-minus Ovar. Erst achtzehn Monate alt. Schon zwölftausendsiebenhundert Kinder fertig, teils entkorkt, teils im Embryonalzustand. Und noch immer rüstig. Wir werden sie noch schlagen!"

„So ist's recht, nur immer wacker vorwärts!" rief der Direktor und klopfte Päppler auf die Schulter. „Kommen Sie mit und lassen Sie unsere jungen Freunde Ihres Fachwissens teilhaftig werden!"

[...] Er führte ihnen den einfachen Mechanismus vor, mittels dessen jeden sechsten und siebenten Meter alle Embryos gleichzeitig geschüttelt wurden, damit sie sich an Bewegung gewöhnten. Er wies auf die ernste Bedeutung des sogenannten „Entkorkungstraumas" hin und zählte die Vorsichtsmaßregeln auf, die durch zweckdienliches Training des Embryos in der Flasche den gefahrbringenden Schock auf ein Mindestmaß herabdrückten: Er erklärte ihnen, wie das Geschlecht des Embryos in der Nähe von Meter 200 geprüft und die Flasche bezeichnet wurde: ein T für männliche, ein Kreis für weibliche, und für solche, die empfängnisfrei werden sollten, ein Fragezeichen, schwarz auf weißem Grund.

„Denn natürlich", sagte Päppler, „ist Fruchtbarkeit in der überwiegenden Mehrzahl aller Fälle nur lästig. Denn ein einziges fruchtbares Ovar auf je zwölfhundert könnte für unsere Zwecke wirklich vollauf genügen. Aber wir wollen eben reiche Auswahl zur Verfügung haben, und selbstverständlich muß man sicherheitshalber immer gewaltigen Spielraum geben. Daher lassen wir dreißig Prozent der weiblichen Embryos sich normal entwickeln. Die andern erhalten während des weiteren Umlaufs alle vierundzwanzig Meter eine Dosis männlichen Sexualhormons.

Ergebnis: sie werden in unfruchtbarem Zustand entkorkt, sind völlig normal gebaut, bis auf" – wie er zugeben mußte – „eine ganz, ganz schwache Neigung zu Bartwuchs, aber empfängnisfrei. Garantiert empfängnisfrei. Und damit gelangen wir endlich aus dem Bereich bloßer sklavischer Nachahmung der Natur auf das viel interessantere Gebiet menschlicher Erfindung."

Er rieb sich die Hände. Es war ja klar, daß man sich nicht damit begnügte, Leibesfrüchte einfach ausreifen zu lassen; das konnte doch jede Kuh.

„Wir prädestinieren und normen auch. Wir entkorken unsere Kleinlinge als vergesellschaftete Menschen, als Alphas oder Epsilons, als künftige Kanalreiniger oder künftige..." Er hatte „künftige Weltaufsichtsräte" sagen wollen, verbesserte sich aber und sagte. „künftige Brutdirektoren."

Der BUND quittierte das Kompliment mit einem Lächeln.

Sie kamen an Meter 320 auf Regal 11 vorüber. Ein junger beta-minus Mechaniker arbeitete mit Schraubenzieher und -schlüssel an der Blutsurrogatpumpe einer Flasche. Das Summen des Elektromotors wurde um Bruchteile eines Tons tiefer als er die Muttern lockerte. Tiefer, tiefer... Noch ein letzter Ruck, ein Blick auf den Drehzahlmesser und er war fertig. Er ging zwei Schritte weiter, die Reihe entlang, und begann die gleiche Arbeit an der nächsten Pumpe.

„Verringerung der Umdrehungsgeschwindigkeit", erklärte Päppler. „Das Blutsurrogat zirkuliert langsamer und fließt daher in längeren Abständen durch die Lunge, führt also dem Embryo weniger Sauerstoff zu. Es geht nichts über Sauerstoffdrosselung um einen Embryo unter pari zu halten." Wieder rieb er sich die Hände.

„Ja, wozu wollen Sie denn Embryos unter pari halten?" fragte ein Student naiv.

„Schafskopf!" brach der Direktor sein langes Schweigen. „Ist Ihnen denn nicht eingefallen, daß ein Epsilonembryo auch eine Epsilonumwelt, nicht nur eine Epsilonerbmasse haben muß?"

Offenbar war es ihm nicht eingefallen. Er schämte sich. „Je tiefer die Kaste", sagte Päppler, „desto weniger Sauerstoff." Das erste dadurch betroffene Organ war das Gehirn. Dann kam das Knochengerüst dran. Bei einer Sauerstoffzufuhr von siebzig Prozent der normalen erhielt man Zwerge, bei weniger als siebzig augenlose Ungeheuer.

„Die gänzlich wertlos sind", schloß Päppler.

Dagegen – seine Stimme wurde vertraulich und eifrig – wenn man ein Verfahren zur Verkürzung der Wachstumsperiode entdecken könnte, welch ein Triumph, welch ein Segen für das Gemeinwohl! „Denken Sie an das Pferd!"

Sie dachten daran. Erwachsen mit sechs Jahren, der Elefant mit zehn. Der Mensch jedoch mit dreizehn noch nicht geschlechtsreif, erst mit zwanzig voll erwachsen. Daher natürlich, als Frucht solcher verspäteten Entwicklung, die menschliche Intelligenz.

„Aber bei Epsilons", bemerkte Päppler sehr mit Recht, „brauchen wir keine menschliche Intelligenz."

Brauchten keine und bekamen auch keine. Der Verstand eines Epsilons war wohl mit zehn Jahren reif, der Körper aber erst mit achtzehn arbeitsfähig. Lange, überflüssige, vergeudete Jahre der Unreife. Wenn man die körperliche Entwicklung beschleunigen könnte, etwa bis zur Wachstumsgeschwindigkeit eines Kalbs, wie kolossal die Ersparnis für die Allgemeinheit!

„Kolossal!" murmelten die Studenten. Päpplers Begeisterung war ansteckend.

Huxley, Aldous: Schöne neue Welt. Roman. Frankfurt am Main: Fischer Taschenbuch Verlag, 1981. S. 16-25.
© 1953 by Aldous Huxley und Herberth E. Helitschka

Mercé Rodoreda

Mercè Rodoreda wird 1908 in Barcelona geboren. Die Autorin besucht die Schule nur drei Jahre lang; literarische Bildung erwirbt sie als Autodidaktin. Bis zu ihrer Flucht vor den Franco-Truppen 1938 hat Rodoreda bereits fünf Bücher veröffentlicht, darunter den Roman „Aloma". Mit einer Gruppe katalanischer Intellektueller hält sich Mercè Rodoreda zunächst im Exil in Frankreich auf, bevor sie vor den deutschen Truppen nach Genf flieht. Dort schreibt sie 1962, nachdem sie über 20 Jahre lang nicht publiziert hat, ihren Roman „Auf der Plaça del Diamant", der später auch verfilmt wird. Mercé Rodoreda stirbt 1983 in ihrer katalanischen Heimat.

Werke u. a.:

1938   Aloma (Aloma, 1991))
1961   La mort i la primavera (Der Tod und der Frühling, 1996)
1967   La meva Cristina i altres contes (Der Fluß und das Boot, 1986)
1974   Mirall trencat (Der zerbrochene Spiegel, 1982)

Auf der Plaça del Diamant (1978)

Erzählt wird die Lebensgeschichte von Colometa, einer Frau aus dem Volke in Barcelona. Als junges Mädchen verliebt sie sich bei einem Tanz auf der Plaça del Diamant in ihren späteren Mann Quimet. Sie verloben sich, sparen sich das Geld für eine bescheidene Wohnung zusammen und heiraten.

(nr)/(cw)

Rodoreda, Mercé: Auf der Plaça del Diamant (Ausschnitte)

Als mein Vater erfuhr, daß ich schwanger war, was Quimet ihm gesagt hatte, kam er mich besuchen und sagte nur, daß unser Familienname ja sowieso ausstirbt, ganz egal, ob es ein Junge oder ein Mädchen wird. Und Senyora Enriqueta wollte andauernd wissen, ob ich Gelüste hätte.

– Wenn es dich nach etwas gelüstet, sagte sie, dann faß dich bloß nicht an, oder höchstens nur an den Po.

Und dann erzählte sie mir ganz abscheuliches Zeug über Gelüste: Gelüste nach trockenen Trauben, nach Kirschen, nach Leber ... aber das allerschlimmste Gelüst, sei das Gelüst nach Ziegenkopf. Sie habe mal eine Frau gekannt, sagte sie, der es nach Ziegenkopf gelüstete. Und das Gelüst nach Ziegenkopf habe sie dann später wieder, in klein natürlich, auf dem Gesicht des Kindes dieser Frau gesehen, und zwar im Schatten der Augen und im Schatten der Ohren. Und dann erklärte sie mir weiter, daß jedes Lebewesen im Wasser entsteht, zuerst das Herz, dann, nach und nach, die Nerven und die Adern, und dann die Knochen. Und die Knochen, die die Wirbelsäule bilden, sagte sie, die bestehen aus Knochen und aus Knorpel, immer ein Stückchen Knochen und dann ein Stückchen Knorpel, denn sonst würden wir nicht in den Bauch hineinpassen und könnten uns dort nicht so zusammenrollen. Und wenn der Bauch der Mutter länger wäre, und geräumiger, könnten wir ausgestreckt darin liegen und hätten ein Rückgrat wie ein Besenstiel, und nicht mal als Kinder könnten wir uns dann bewegen. Im Sommer sagte mir die Hebamme, daß viel frische Luft und Meeresbäder gut für mich seien.

[...] Seine Mutter schenkte mir Wickelbänder, die sie noch von Quimet hatte, als er klein war, und Senyora Enriqueta brachte mir Nabelbinden, mit denen ich nichts anzufangen wußte. An einem Ende der Wickelbänder waren durch einen Spitzeneinsatz Bändchen gezogen, und eigentlich sahen sie mehr nach Mädchen aus. Mein Vater sagte, wenn es ein Junge wird, solle er Lluis heissen, und wenn es ein Mädchen wird, Margarida, wie die Urgroßmutter mütterlicherseits, wo der Familienname ja nun sowieso schon verloren ist. Aber Quimet sagte, ob Pate oder nicht, nur er und niemand sonst bestimmt, was für einen Namen der Junge oder das Mädchen bekommt. Nachts, wenn er zu Bett ging, und er saß ja immer lang am Tisch und zeichnete Pläne, machte er das Licht an und allen erdenklichen Lärm, damit ich aufwachen sollte, wenn ich schon eingeschlafen war, und fragte:

Spürst du ihn schon?

Und wenn Cintet und Mateu uns besuchten, sagte er ihnen: Das wird ein Prachtkerl!

Ich weiß nicht, wie ich ausgeschaut habe, rund wie eine Kugel mit zwei Beinen unten und einem Kopf oben. Einmal, an einem Sonntag, zeigte mir die Mutter von Quimet etwas sehr Komisches: es war eine Art trockene Wurzel, ganz zusammengeknüllt, und sie sagte, daß das eine Jerichorose sei, die sie noch von damals hätte, als Quimet auf die Welt kam; und wenn ich soweit wäre, würde sie sie ins Wasser legen, und wenn sich die Jerichorose dann im Wasser öffnet, würde ich mich auch öffnen. [...]

II

Der erste Schrei machte mich fast taub. Nie hätte ich gedacht, daß meine Stimme so schrill und so langanhaltend schreien kann. Und daß all diese Schmerzen oben mit einem Schrei und unten mit einem Kind aus meinem Bauch herauskommen könnten. Quimet lief den Gang auf und ab und betete ein Vaterunser nach dem anderen. Und als die Hebamme einmal aus dem Zimmer ging, um heißes Wasser zu holen, da sagte er zu ihr, grün und gelb im Gesicht, das hätte ich mir alles ersparen können, wenn...

Und wenn ich einen Augenblick Ruhe hatte, kam seine Mutter zu mir ans Bett, beugte sich herunter und sagte, ach, wenn du wüßtest, was Quimet mitmacht... Die Hebamme schlang ein Handtuch zwischen zwei Bettstangen, und ich mußte mich daran festhalten, damit ich mehr Kraft habe. Als fast alles vorbei war, brach zu guter Letzt noch eine Bettstange; ich hörte eine Stimme, und in meinem Zustand damals konnte ich nicht erkennen, wer da sprach, und ich hörte, wie die Stimme sagte, fast hätte sie es erwürgt.

Als ich wieder atmen konnte, hörte ich ein Wimmern, und ich sah, wie die Hebamme ein Geschöpfchen, das mir gehörte, an den Beinen hochhielt wie ein kleines Tier und ihm mit der flachen Hand auf den Popo klopfte, und auf meinem Nachttisch stand die Jerichorose und hatte sich ganz geöffnet. Wie im Traum ließ ich meine Hand über eine Blume der gehäkelten Decke gleiten und zog ein Blatt heraus. Sie sagten mir, daß noch nicht alles zu Ende sei und ich jetzt das Häuschen des Kindes hinauspressen müsse, und sie ließen mich nicht schlafen, obwohl mir die Augen zufielen... Ich konnte nicht stillen. Die eine Brust war klein und flach wie immer, die andere voller Milch. Quimet sagte, daß er sich schon gedacht hätte, daß ich ihm mit so einem Scherz kommen würde. Der Junge – es war ein Junge – wog bei der Geburt knapp vier Kilo; einen Monat später waren es nur noch zweieinhalb.

Rodoreda, Mercé: Auf der Placa del Diamant. Roman. Aus dem Katalanischen von Hans
  Weiss. Frankfurt am Main: Suhrkamp Verlag, 1987. S. 60-66.
© Mercè Rodoreda 1979
© der dt. Ausgabe Suhrkamp Verlag, Frankfurt am Main 1979.

Wilhelm Raabe

Biographische Angaben und Inhalt siehe Kapitel 3, S. 241

Raabe, Wilhelm: Der Hungerpastor (Ausschnitt)

Arme Leute und reiche Leute leben auf verschiedene Art in dieser Welt; aber wenn die Sonne des Glücks in ihre Hütten, Häuser oder Paläste fällt, so vergoldet sie mit ganz dem nämlichen Schein die hölzerne Bank wie den Sammetsessel, die getünchte Wand wie die vergoldete; und mehr als ein philosophischer Schlaukopf will bemerkt haben, daß, was Freude und Leid betrifft, der Unterschied zwischen reichen und armen Leuten gar so groß nicht sei, wie man auf beiden Seiten oft, sehr oft, ungemein oft denkt. Wir wollen das dahingestellt sein lassen; uns genügt es, daß das Lachen nicht Monopol und das Weinen nicht Servitut ist auf diesem rundlichen, an beiden Polen abgeplatteten, feuergefüllten Ball, auf welchem wir uns ohne unsern Willen einfinden, und von welchem wir ohne unsern Willen abgehen, nachdem uns der Zwischenraum zwischen Kommen und Gehen sauer genug gemacht wurde.

In armer Leute Haus schien jetzt die Sonne, das Glück beugte sein Haupt unter der niedern Tür und trat lächelnd herein, beide Hände offen zum Gruß darbietend. Es war hohe Freude über die Geburt des Sohnes bei den Eltern, dem Schuster Unwirrsch und seiner Frau, welche so lange darauf gewartet hatten, daß sie nahe daran waren, solche Hoffnung gänzlich aufzugeben.

Und nun war er doch gekommen, gekommen eine Stunde vor dem Feierabend! Die ganze Kröppelstraße wußte bereits um das Ereignis, und selbst zum Meister Nikolaus Grünebaum, dem Bruder der Wöchnerin, welcher ziemlich am anderen Ende der Stadt wohnte, war die frohe Botschaft gedrungen. Ein grinsender Schusterjunge, der seine Pantoffeln, um schneller laufen zu können, unter den Arm genommen hatte, brachte die Nachricht dahin und schrie sie atemlos dem Meister in das weniger taube Ohr, was zur Folge hatte, daß der gute Mann während fünf Minuten viel dümmer aussah, als er war. Jetzt aber war er bereits auf dem Wege zur Kröppelstraße, und da er als Bürger, Hausbesitzer und ansässiger Meister die Pantoffeln nicht unter den Arm nehmen konnte, so war davon die Folge, daß ihn der eine treulos an einer Straßenecke verließ, um das Leben auf eigene Hand, oder vielmehr auf eigener Sohle, anzufangen.

Als der Oheim Grünebaum in dem Hause seines Schwagers anlangte, fand er daselbst so viele gute Nachbarinnen mit Ratschlägen und Meinungsäußerungen vor, daß er sich in seiner jammerhaften Eigenschaft als alter Junggesell und ausgesprochener Weiberhasser höchst überflüssig erscheinen mußte.

Er erschien sich auch in solchem Lichte und wäre beinahe umgekehrt, wenn ihn nicht der Gedanke an den in dem „Lärmsal" elendig verlassenen Schwager und Handwerksgenossen doch dazu gebracht hätte, seine Gefühle zu bemeistern. Brummend und grunzend drängte er sich durch das Frauenvolk und fand endlich richtig den Schwager in einer auch nicht sehr beneidenswerten und leuchtenden Lage und Stellung.

Man hatte den Armen völlig beiseite geschoben. Aus der Kammer der Wöchnerin hatte ihn die Frau Tiebus hinausgemaßregelt; in der Stube unter den Nachbarinnen war er auch vollkommen überflüssig; der Gevatter Grünebaum entdeckte ihn endlich kümmerlich in einem Winkel, wo er zusammengedrückt auf dem Schemel saß und Teilnahme nur an der Hauskatze fand, die sich an seinen Beinen rieb. Aber in seinen Augen war noch immer jener Glanz, der aus einer anderen Welt zu stammen scheint: der Meister Unwirrsch hörte nichts von dem Flüstern und Schnattern der Weiber, er sah nichts von ihrem Durcheinander, er sah auch den Schwager nicht; bis dieser ihn an den Schultern packte und ihn auf nicht sehr sanfte Art ins Bewußtsein zurückschüttelte.

„Gib'n Zeichen, daß du noch beis labendige Dasein bißt, Anton!" brummte der Meister Grünebaum. „Sei'n Mensch und'n Mann, wirf die Weibsleute 'raus, alle, bis auf – bis auf die Base Schlotterbeck dort. Denn obschonst der Deibel die Graden und die Ungraden nimmt, sie ist das doch die einzigste drunter, die 'nen Menschen wenigstens alle Stunde einmal zu Worte kommen läßt. Willst du nicht? Kannst du nicht? Darfst du nicht? Auch gut, so faß hinten meine Jacke, daß ich dich sicher aus dem Tumult bringe; komm die Treppe herauf und laß es gehen, wie es will. Also der Junge ist da? Na gottlob! Ich dachte schon, wir hätten wieder vergeblich gelauert."

Durch die Weiber schoben sich seitwärts die beiden Handwerksgenossen, gelangten mit Mühe auf den Hausflur und stiegen die enge, knarrende Treppe hinauf, welche in das obere Stockwerk des Hauses führte, allwo die Base Schlotterbeck ein Stübchen, eine Kammer und eine Küche gemietet hatte, und wo also die Familie Unwirrsch nur noch über ein Gemach gebot, welches so mit Gegenständen von allerlei Art vollgepfropft war, daß für die beiden ehrenwerten Gildebrüder kaum noch der nötige Platz zum Niederhocken und Seelenaustausch übrigblieb. Kisten und Kasten, Kräuterbündel, Maiskolben, Lederbündel, Zwiebelbündel, Schinken, Würste, unendliche Rumpeleien waren hier mit wahrhaft genialer Geschicklichkeit neben-, unter-, vor- und zwischeneinander gedrängt, gehängt, gestellt, gestopft und geworfen, und kein Wunder war's, wenn der Schwager Grünebaum hier seinen zweiten Pantoffel verlor.

Aber die letzten Strahlen der Sonne fielen durch die beiden niedrigen Fenster in den Raum; vor den Nachbarinnen und der Frau Tiebus war man in Sicherheit. Auf zwei Kissen setzen sich die beiden Meister einander gegenüber nieder, reichten sich die Hände und schüttelten sie während wohlgezählter fünf Minuten.

„Gratulabumdum, Anton!" sagte Nikolaus Grünebaum.

„Ich danke dir, Nikolaus!" sagte Anton Unwirrsch.

„Vivat, er ist da! Vivat, er lebe hoch! – nochmals, ab-‚ schrie aus vollem Halse der Meister Grünebaum, brach aber ab, als ihm der Schwager die Hand auf den Mund drückte.

„Nicht so laut, um Gottes willen nicht so laut, Niklas! Die Frau lieht hier gerade unter uns und hat so schon ihre liebe Not mit den Weibern."

Raabe, Wilhelm: Der Hungerpastor. In: Hoppe, Karl (Hrsg.): Wilhelm Raabe. Sämtliche Werke. Braunschweiger Ausgabe. Sechster Bad. Freiburg, Braunschweig: Verlagsanstalt Herman Klemm, 1953. S. 7-10.

Franz Xaver Kroetz

Franz Xaver Kroetz wird am 25. Februar 1946 als Sohn eines Finanzbeamten in München geboren und wächst in Simbach (Niederbayern) auf. 1961 ist er zuerst Schauspielschüler in München, später am Max-Reinhardt-Seminar in Wien. Dieses verlässt er 1964 und verdient sich seinen Lebensunterhalt mit Gelegenheitsarbeiten. In dieser Zeit schreibt er erste Drehbuch- und Dramenentwürfe und übernimmt Engagements an kleineren Theatern. 1971 ist er Regieassistent in Darmstadt und ab 1972 Hauptautor an den Städtischen Bühnen in Heidelberg. Von 1972 bis 1980 ist er DKP-Mitglied und lebt seit 1974 in Kirchberg (Chiemsee) und München.

Werke u.a.:

1983	Furcht und Hoffnungen der BRD
1971	Heimarbeit
1981-1983	Der Mondscheinknecht
1981	Nicht Fisch nicht Fleisch
1972	Stallerhof
1980	Der stramme Max

Oberösterreich (1976)

Ein Ehepaar aus kleinbürgerlichem Milieu träumt von der scheinbar weiten Welt des Fernsehens. Ihr Konsumdasein wird jedoch unterbrochen, als die Frau ihrem Mann gesteht, dass sie ein Kind erwartet. Er jedoch glaubt, dass ihre finanzielle Situation ein Kind nicht zulässt und will es abtreiben lassen. Die Frau setzt sich aber durch und bekommt das Kind. Am Ende des Stücks ist die finanzielle Situation noch schlechter, da der Ehemann seinen Führerschein verliert (durch Alkohol) und somit auch seinen Beruf als Verkaufsfahrer.

(ar)

Kroetz, Franz Xaver: Oberösterreich. *(Ausschnitt)*

Dritter Akt

Erste Szene

In der Küche. Anni spült ab. Heinz sitzt am Tisch. Abend.
HEINZ Wenn, man ein Kind hat, hörn die Schwierigkeiten nimmer auf.
ANNI Wenn ich gwußt hätt, daß du so reagierst, hätt ich dir überhaupts nix gsagt und hätt dich einfach überrascht, wenn es soweit is. -
HEINZ Dann hätts aber ein Unglück gebe, das garantier ich dir!
ANNI Was der Mensch denkt.
HEINZ Man muß sich zum Helfn wisse. Wenn ich viel Geld hab, weil ich ein reicher Mann bin, dann kann ich zehn Kinder habn und es fallt ned ins Gewicht.
ANNI Alle können nicht reich sein, das geht nicht.
HEINZ Oder wenn ich jemand bin vor dem unsereiner einen natürlichn Respekt habe muß, dann kann ich leicht ein Vater sein. Manchmal, wenn mir in die Firma fahrn und zu spät dran sind, dann schaut der Tourenleiter bloß und sagt kein Wort. Aber ich komm mir vor wie ein Würschtl. Und wenn ich dann denk, daß ich jetz ein Vater werde soll, als Lieferant *lacht*, mit einem schlechtn Gewissen wegen Zuspätkommens – *Schüttelt den Kopf.*
Pause.
ANNI Man muß an das Lebn glauben, Heinz.
Heinz schaut Anni lang an.
ANNI Ich tu es nicht, Heinz. Brauchst gar ned um den heißn Brei herumredn.
Pause.
Ich spür es, Heinz.
HEINZ Schmarrn.
ANNI Wenn ich mich konzentrier, spür ich es.
HEINZ Keine drei Monat. Das is so groß wie ein Frosch.
ANNI Einen Frosch spürst auch, wennst ihn in der Hand hast.
HEINZ Hast nix zum In-der-Hand-Habn.

Pause.

ANNI *hochdeutsch*: Das ist ein Lebewesen so wie mir.

Pause.

Ich geb nicht nach.

HEINZ Weilst stur bist.

ANNI Dann bin ich ebn stur.

Pause.

HEINZ Zum Vatersein gehört die Reife,

ANNI Ausredn.

HEINZ Keine Ausredn. – Ich will schon ein Kind habn. Jeder will ein Kind habn, das is doch selbstverständlich.

ANNI Ebn.

HEINZ Aber nicht so. Ich will mich hinstelln können vor das Kind und sagn: das is dein Vater, schau, auf den. Kannst du stolz sein, weil er etwas erreicht hat im Lebn. So soll es sein. Der is jemand.

ANNI Das kann man immer noch nachholn.

HEINZ Kann man nicht. Jetz kann ich ohne weiteres einen Kurs mache und das Abitur nachholn.

ANNI Auf einmal.

HEINZ Jeder fangt einmal an. Schau, der Beweis. *Er holt aus seiner Tasche einen Reklameaufruf eines Fernlehrinstitutes, wo man das Gewünschte in Form von Marken auf die Antwortpostkarte klebt.* Was hab ich draufgeklebt, von die ganzn Möglichkeitn? Abitur. *Zeigt es.* Und jetz wandert es in den Postkastn. Wirst es sehn. Wenn das Kind da ist, sind einem alle Hände gebundn –.

ANNI Was der fantasiert.

HEINZ Weilst du bloß die Sonnenseitn siehst.

ANNI Ich versuch, aus allem das Beste zu machen und das is mein gutes Recht. Das laß ich mir von niemand nehmen. Überall gibt es Kinder, wohin man schaut.

HEINZ Wenn das Kind da is, is es aus mit der Arbeit für dich.

ANNI Da gibts den Mutterschutz.

HEINZ Vierzehn Tag. ,

ANNI Sechs Wochen. Sechs Wochen vorher und nachher.

HEINZ Das glaub ich nicht.

ANNI Schaust nach, steht alles drin im Lexikon.

HEINZ Wo?

ANNI Unter Mutterschutz.

HEINZ *geht ins Wohnzimmer; nimmt ums dem Regal den Band ...:* Mutterschutz. *Liest, kommt in die Küche zurück.* Mutterschutz, der arbeitsrechtliche Schutz der werdenden Mütter und Wöchnerinnen. In der Bundesrepublik Deutschland enthält das Emgesetz vom 24. 1. 1952 ein Beschäftigungsverbot für die Zeit von sechs Wochen vor bis sechs Wochen nach der Niederkunft. In Klammern: Bei stillenden Müttern, acht bis zwölf Wochen nach der Niederkunft.

ANNI Genau.

Pause.

HEINZ Und wenn die sechs Wochen vorbei sind? Ein Kind lebt lang.

ANNI Dann schaut man sich nach einer Tageskrippe um.

HEINZ In der Großstadt.

ANNI Wenn man sich anstrengt, findet man was.

HEINZ Oder nicht.

ANNI Du suchst ebn immer das Schlechteste heraus.

HEINZ Weil das eine Illusion is. Weil es viel zuwenig Krippn gibt, das weisst du genauso gut wie ich.

Pause.

Außerdem: was braucht der Mensch ein Kind, wenn er es nach sechs Wochn in die Krippe gebn muß. Ein Kind hat bloß einen Sinn, wenns eine Mutter hat, ein Waisenkind kann ein jeder haben.

ANNI Dann laßt man es eben daheim. Fertig.

HEINZ Dann verdienst du aber nix mehr.

ANNI Na.

HEINZ Ich hab, wenn ich sämtliche Überstundn ausnutz, 900 Mark.

ANNI Mit einem Kind hat man Steuerermäßigung und Kindergeld von Der Firma wegen der Belastung.

HEINZ Sagn mir neunhundertfünfzig, netto! Die Wohnung kostet -

ANNI Schreib es doch auf.

HEINZ Genau. Machn mir eine Bilanz, und fällen einen Urteilsspruch über das Kind. *Holt Bleistift und Zettel.* Gerechtigkeit muß sein. Zuerst die Wohnung: 385 Mark.

ANNI Licht, Gas, Wasser und Heizung – 80 Mark ungefähr. – Schreibn mir siebzig.

HEINZ Wiest es willst, wo es dein Fach. 135 Mark Autorate, Unterhalt Auto 100 Mark im Monat rund. Das is von mir errechnet.

ANNI Genau.

HEINZ Ratenzahlungen für den Wohnzimmerschrank 63 Mark –

ANNI Den hätts ned braucht.

HEINZ Das hätt man vorher wissen müssn. Farbfernseher 89 Mark fünfzig und meine neue Ziehharmonika 35 Mark fünfundsiebzig.

ANNI Zigarettn.

HEINZ Ich 20, du zehn. 60 Mark, 90 Mark gesamt. Kleinigkeiten, das musst du wissen!

ANNI Kegelabend 10 Mark, Kino auch 10 Mark, Radio Fernsehen 8 Mark 50 Monatlich, Hör zu 4 Stück, im Monat, 3 Mark 60, der Stern, bloß einmal im Monat, 1 Mark 50, Frisör für mich einmal, 12 Mark 30, Buchgemeinde 6 Mark fünfzig, 1 Kiste Bier und eine halbe Limo alle 1,4 Tage, also doppelt, 16 Mark, 32 Mark mit Trinkgeld. – Fertig.

HEINZ Fertig. *Rechnet zusammen, es dauert Lange.*

Anni fängt zu weinen an.

HEINZ Weinst. – Weinen tät ich an deiner Stell nicht.

ANNI Weil es soviel is.

HEINZ Zamrechnen. *Rechnet weiter.* Eintausendundzweiundfünfzig Mark und 65 Pfennig genau.

ANNI Die 624 Mark Sparen sind vergessen wordn.

HEINZ Die lassn mir jetzt weg, die falln ned ins Gwicht und machen es noch komplizierter.

ANNI Genau. – Was kann man einsparen?

HEINZ Gehn mir es durch. Wohnung. Nix. Strom, Gas, Wasser, Heizung 70 Mark.

ANNI Nein.

HEINZ Genau. – Das Auto. *Pause.* Wenn man es verkaufen tät. *Pause.*

ANNI Tätst es hergebe?

HEINZ Ganz ungeschoren wird man ned herumkommen, wenn man ihn zurückgibt, weil man mehr Ratn zahle muß, als er wert is, nach Gebrauch.

ANNI Klar.

HEINZ Wo er hervorragend gepflegt is – allerdings ohne Garage – wird man ihm und die Ratn mit 500 Mark draufzahln los sein.

ANNI Wo 800 auf dem Konto sind.

HEINZ Genau. Hundert Mark Unterhalt fallt dann auch weg.

ANNI Aber eine Monatskarte für die Straßenbahn brauchst du dann.

HEINZ Schreibn mir 30 Mark extra.

ANNI Ja.

HEINZ Der Wohnzimmerschrank kann ned zurückgegeben werden, gebrauchte Möbel sind wertlos.

ANNI Das hätt man vorher wissn müssen.

HEINZ Wo er schön is, da kann man nix sagen.

ANNI Weiter.

HEINZ Der Fernseher.

ANNI Wenn man den Schwarzweiß noch hätt, könnt man ihn Zurückgebn.

HEINZ Wo er in Zahlung gangen is.

ANNI Leider.

HEINZ Kauft is kauft, da gibt es keine Gnade.

ANNI Nein. Und einen Fernseher braucht man schon.

Pause.

Aber wo du das Auto aufgibst, is es jetz an mir. *Lächelt.* Der Fernseher kann zurückgegeben werden.

HEINZ Da werde mir aber auch draufzahln.

ANNI Wieviel?

HEINZ Das muß erst festgestellt werde. Streichn mir die Rate und tun so, als tätn mir ned draufzahle.

ANNI Das gilt ned.

HEINZ Behaltn is das geringste Verlustgeschäft. Wie bei der Ziehharmonika.

ANNI Nein, die tät ich dich nie verkaufn lassn, weil das dein Hobby is, die Musik. Das braucht der Mensch.

HEINZ *nickt:* Wo ich mich schon dran gewöhnt hab. – Zigaretten.

ANNI Ich hör auf zum Rauchen, sofort.

HEINZ Ab der Geburt.

ANNI Sofort. Das is keine Kunst, wenn man weiß, was man dafür kriegt. 30 Mark weg.

HEINZ Aufhören kann ich nicht, aber es einschränken. Nicht mehr 20, sondern 15.

Rechnet.

Nochmals 15 Mark weg. Bleibt 45 Mark.

ANNI Genau. Weiter.

HEINZ Kegelabend weg. Kino weg. Rundfunkgebühren, entweder – oder. gebn mir den Farbfernseher auf? Ersatzlos und mit Verlust?

Große Pause.

ANNI Ja. Da ham mir Fernsehen gnug, wenn ein Kind da is, wirst es Sehen!

HEINZ Genau. Rate Fernseher weg! 6 Mark Fernsehgebühren weg. 2,50 Mark Radio bleibt! *Pause.* Fernsehzeitung und Illustrierte.

ANNI Weg, weg.

HEINZ Frisör.

ANNI Weg.

HEINZ Meine Frau geht zum Frisör, darauf besteh ich.

ANNI Das kann man selber viel schöner machen.

HEINZ Bitte. Buchgemeinde weg. Bier und Limo.

ANNI Weniger.

HEINZ Jawohl die Hälfte.

ANNI Oder ganz?

Pause.

HEINZ Ganz! Fertig.

ANNI Wieviel bleibt?

HEINZ Ausrechnen.

Rechnet.

Pause.
Eine komplizierte Rechnung! 451 Mark und 40 Pfennig Gewinn.
ANNI Das langt.
HEINZ Abzüge sind da: 102 Mark 65 Pfennig Differenz zu meinem Verdienst –
ANNI Warum?
HEINZ Weil ich bloß 950 Mark verdien und du nix mehr.
ANNI Ja.
HEINZ Insgesamt warn es 1052 Mark und 65 Pfennig. Das geht, weil deine 600 Mark zu mir kommen.
ANNI Ja, ja, ausrechnen.
HEINZ Und neuer Abzug 30 Mark für die Straßenbahnkarten.
Rechnet.
318 Komma 75 Mark bleiben.
Pause.
Viel is das nicht.
ANNI Ja.
HEINZ Für drei Personen.
ANNI Zwei und ein Baby.
HEINZ Babynahrung soll teuer sein, heißt es.
ANNI Stimmt.
HEINZ 318 Mark und 75 Pfennig für drei Personen, Verpflegung und Kleidung.
Rechnet.
3 Mark 54 Pfennig für jeden pro Tag.
Pause.
Viel is das nicht.
ANNI Nein.
HEINZ Wo man alles abgezogen hat, was eim Freude macht im Leben.
ANNI Vielleicht hast dich verrechnet.
HEINZ Rechnen mir es gemeinsam noch mal durch. Es soll gerecht zugehn.
ANNI Ja.

Zweite Szene

Heinz und Anni vor einem Schaufenster mit Kinderwägen.

HEINZ 295 Mark. *Pause.* Ich will nicht sage müssen: das is dein Vater der ein Ausfahrer is. Milka-Produkte fahrt dein Vater aus.

ANNI Mir ham es gut, Heinz.

HEINZ Aber Freiheit hab ich keine. Wenn ich frei sein tät, dann tät ich ein Kind wolln. So nicht. Wie steht man da vor dem Kind? Wenn man Abteilungsleiter ist oder Inspektor, dann kann das Kind einen Stolz haben und man ist automatisch respektiert.

ANNI Weilst nicht zufrieden bist.

HEINZ Ich hab es mir so denkt: einmal kommt der Tag, da sagt man, jetzt hat man alles erreicht, jetzt will man auch ein Kind habe, das es schön hat. Aber so.

ANNI Du tust ja grad so, als wenn ein. Kind etwas Unmögliches wär, was sich keiner leistn kann.

HEINZ Ich hab mich nicht verrechnet, wiest weißt.

ANNI Ein Kind kostet Geld, das is klar.

HEINZ Und bewiesn.

ANNI Man schaut die Kinderwägen an und weiß es.

HEINZ Ich bin noch ned so weit. Noch will ich kein Kind habe. Später. So was muß man überlegn. Später is besser. Wenn ich das Abitur hab, rede mir weiter.

ANNI Das kann aber lang dauern.

HEINZ Laß mir Zeit. Ich brauch sie Anni. Treibn mir es jetzt ab und probiern es ein andermal. Is besser! Schau, was ein Kinderwagen kostet!

ANNI Wo ich es eh seh!

Dritte Szene

Auf dem Fußballplatz.

Heinz und Anni.

HEINZ Es gibt eh viel zuviel Menschen auf der Welt.

ANNI Ein Kind is ein Kind.

HEINZ Ein Kind bringt alles durcheinander. Jetz is leicht, wos in alle Zeitungen steht.

ANNI Will aber ned abtreibn.

HEINZ Leise.

ANNI Wer hat angfangt davon?

HEINZ Weils mir keine Ruh laßt.

ANNI Kein Interesse mehr, der Mensch.

HEINZ Weilst dumm bist.

ANNI Dann bin ich ebn dumm, aber abtreibn laß ich es nicht, das kannst Dir aus dem Kopf schlagn.

HEINZ Leise hab ich gsagt.

ANNI Ich hab es leise gsagt.

HEINZ Immer noch zu laut.

ANNI Dann sind es deine Ohren.

Pause.

HEINZ Wo ich sogar einen Doktor hätt.

ANNI Bist krank?

HEINZ Brauchst es bloß sage. Mit dem Kopf nicken genügt.

ANNI Hast keinen Doktor! Angeber!

HEINZ Soll ich es dir beweisen?

ANNI Das kannst du nicht, weilst du nix Unanständiges tust.

HEINZ Das is meine Sach.

Pause.

ANNI Ein echter Doktor?

HEINZ Ein echter. Mit einer Praxis. 100%ig. Glaubst da tät ich nicht aufpassen, daß das fachmännisch gemacht wird? Da paß ich schon auf, das glaubst.

Große Pause.

Brauchst es bloß zulassen und es passiert. Besser wie der kann man es sich gar ned wünschen. 800 Mark kostets und is vorbei.

Pause.

ANNI Willst kein Vater sein?

HEINZ Doch, aber später. Jetz sieht man, sich nicht hinaus.

Pause.
ANNI Ich tät mich schon hinaussehn.
HEINZ Weilst ned bis drei denkst.
ANNI Ich hab ebn ein Herz.
Pause.
HEINZ Glaubst ich nicht?

Vierte Szene

Heinz und Anni am ganz frühen Morgen in der Wohnung

Anni weint.
HEINZ Jetz beeilst dich, oder glaubst, der Doktor hat sonst nichts zum tun?
ANNI Müssn mir pünktlich sein?
HEINZ Sonst steht man gleich in eim schlechtn Licht.
Pause.
Wirst sehn, wenn es vorbei is, bist selber froh. Jetz weinst, aber wenn es vorbei ist, bist selber froh. Alles hat wieder die Ordnung, wos braucht. Wie mir es geplant ham.
ANNI Die Bilanz.
HEINZ Genau. Alles is zum Zahln und man überschaut es. Ich will dir nix einredn, was ich ned selber glaub, aber ein Kind is ein Faktor, wo kein Mensch überschaut. Da, ich hilf dir in den Mantel.
Pause.
ANNI Weils feig bist, Heinz.
Heinz schweigt.
Weilst von einem Kind Angst hast, das dein eigenes is. Weilst es nicht habn willst, wost es nicht einmal gsehn hast. Vielleicht tät es dir gfalln. Das kann man doch ned wissen, im vorhinein.
HEINZ Gehn mir jetz?
Pause.
Redn mir unterwegs weiter. Im Auto. Sonst kommen mir zu spät.
ANNI Ich fahr nicht, weil ich dableib.

Pause.

HEINZ Was man ausgmacht hat, muß man einhaltn.

ANNI Ich hab nix ausgmacht,

HEINZ Aber ich. Mit dem Doktor. Der wartet auf uns!

ANNI Das is mir Wurscht.

Pause.

Das Kind bleibt.

HEINZ Mir kriegn aber eine Rechnung, weil mir den ausgmachtn Termin ned einghaltn ham.

ANNI Da kann man keine Rechnung kriegn, weil es verbotn is, eine Abtreibung.

HEINZ Wenn ich mit eim Doktor einen Termin ausmach und ned komm, aus eigenem Verschuldn, dann kriegt man eine Rechnung wegen verlorener Zeit. Das is amtlich.

ANNI Aber nur wenn es erlaubt is.

HEINZ Was man ausmacht muß man einhaltn.

ANNI Ich nicht. Weil ich da keinen Wert drauf leg. Nachdem ich alles weiß.

HEINZ Weilst alles besser weißt und dir nix sage laßt. Das is es.

ANNI Nein, aber Wissn macht stark. *Zieht den Mantel aus.*

Fünfte Szene

Kalte, späte Nacht. Anni schläft. Heinz kommt heim.

ANNI Heinz, was is?

HEINZ Nix. Schlaf

ANNI Warum machst einen Lärm?

HEINZ Mach keinen Lärm.

ANNI Freilich ich hör es genau.

HEINZ Spät.

ANNI Hast einen Rausch?

HEINZ Nein.

Pause.

ANNI Freilich hast einen Rausch.
Pause.
HEINZ Jetz is passiert.
ANNI Was?
HEINZ Jetz is passiert.
Pause..
ANNI Hats einen Unfall gebn?
HEINZ Nein.
Pause.
Bloss Führerschein hab ich keinen mehr.
ANNI Nein
HEINZ Weils ihn mir abgnommen ham.
ANNI Ja?
HEINZ Weil ich in eine Kontrolle kommen bin.
ANNI Hams dich blasen lassn?
HEINZ Blase hams mich lassn. Und dann hams mich aufs Revier verordnet und eine Blutprobe gmacht.
ANNI Und dann?
HEINZ Da gibts noch kein Ergebnis. Die Medizin. Aber die Polizei sagt, daß es keine Chance gibt, das sehn die schon am Blasen.
ANNI Ein Schlag des Schicksals.
Pause.
HEINZ Jetz is aus.
Pause.
Wenn man keinen Führerschein hat, kann man kein Lieferant sein.
ANNI Zamhaltn muß man dann. Jetz kommst ins Bett zu mir, das is das wichtigste, wost zitterst, weilst frierst.
Er kriecht weinend zu Anni ins Bett.

Sechste Szene.

Am Sonntagnachittag. Heinz und Anni im Wohnzimmer. Heinz übt auf seiner Ziehharmonika. Anni liest den »stern«.

HEINZ Daß mich ins Lager versetzen für die drei führerscheinlosen Monat, hält ich mir ned denkt.

ANNT Weilst du immer alles schwarzsiehst.

Pause.

HEINZ *lächelt:* Das Lager is natürlich kein Vergleich mit der Selbständigkeit auf der Tour. Weniger Geld is es natürlich auch.

ANNI Sein mir froh, daß es jetz passiert is. Jetz passiert es nimmer so schnell –

HEINZ Bestimmt ned. Aber die 400 Mark Geldstrafe sind schon schlimm.

ANNI Da kommen mir a na drüber weg, wo ich noch mitverdien und dann den Mutterschutz krieg.

HEINZ Besser jetz wie später.

ANNI Ja.

Pause.

Hast du das gelesen?

HEINZ Was?

ANNI „Mord aus Verzweiflung".

HEINZ Nein, das muß ich übersehe habe.

ANNI Soll ich es vorlesn?

HEINZ Wenn es interessant is.

ANNI Interessant nicht, aber voll Spannung. *Liest.* Mord aus Verzweiflung, Fragezeichen. In der Nähe von Linz, Oberösterreich, brachte der einunddreißigjährige Kürschner Franz M. seine Ehefrau um, indem er sie schlafend im Ehebett erschlug. Bei der Polizei sagte der Mann, der sich nach einem Nervenzusammenbruch selbst stellte, den Beamten: Ich habe es getan, weil sie schwanger war und einer Abtreibung nicht zustimmte, obwohl es gegen die Vernunft war. Er fuhr fort: Da sind mir die Nerven durchgegangen. Aber Mörder bin ich keiner, das weiß ich, weil es unabsichtlich war. Der Prozeß beginnt voraussichtlich im Oktober.

HEINZ Aus?

ANNI Ja.

HEINZ Menschn gibts. Wo das Ähnlichkeit mit uns hat. Da können mir mitredn.

ANNI Schmarrn, du bist doch kein Mörder.

HEINZ Das is der Unterschied.

ANNI Ebn.

Pause.

Weißt daß ich ein Los gekauft hab bei der Fernsehlotterie?

HEINZ Weilst eh nix gwinnst!

ANNI Warum denn nicht? Andere gewinnen auch. Spielst mein Lieblingslied.

HEINZ Wennst es willst. Aber ned zu laut, am Sonntagnachmittag.

ANNI Die werdn schon noch schaue, die Nachbarn, wies da zugeht, wenn mir erst das Kind ham.

HEINZ Da muß man sich auch nach der Deckn streckn.

ANNI Nein. Das Kind is eine Ausnahm. Das muß anders werdn wie mir, sonst hält das ja alles keinen Sinn. Von Anfang an. – Hoffnungsvoll.

HEINZ Soll ich oder soll ich jetz nicht?

Anni lächelt, nickt. Heinz spielt „Wien, Wien, nur du allein".

Kroetz, Franz Xaver: Oberösterreich. In: Ders.: Oberöstereich. Dolomitenstadt Lienz. Maria Magdalena. Münchener Kindl. Frankfurt am Main: edition Suhrkamp. 2. Auflage, 1976. S. 30-42.
©Suhrkamp Verlag, Frankfurt am Main 1972. Erstausgabe.

Weitere Textempfehlung:
Huxley, Aldous: Moden der Liebe. In: Schwerin Christoph (Hrsg.): Der goldene Schnitt. Große Essayisten der Neuen Rundschau 1890-1960. Frankfurt am Main: S. Fischer Verlag, 1960. S. 392-399

Ulla Berkéwicz

Ulla Berkéwicz wird am 5. November 1951 in Gießen als Tochter eines Arztes geboren. Sie besucht 1966 die Schauspielschule in Frankfurt und ist seit 1969 an großen deutschen Bühnen als Schauspielerin engagiert. Sie ist Verlegerin des Suhrkamp Verlages und lebt in Frankfurt.

Werke u.a.:

1982 Josef stirbt
1984 Michel, sag ich
1987 Adam
1988 Maria Maria
1991 Nur wir
1991 Engel in schwarz und weiß
1999 Ich weiß, daß du weißt

(ar)

Berkéwicz, Ulla: Das Geheimnis von Fräulein Doktor Faußt (Ausschnitt)

Ich war als Zwölfjährige in die Flachstadt gekommen. Hatten wir vorher in einer Hügelstadt gelebt, in einem Haus, in dem die Standuhren schlugen und die guten Geister uns den blauen Schutzmantel umlegten, hatte das Haus unter Bäumen gestanden, in deren Schatten ich die Welten auf der anderen Seite des Lichts erkennen konnte, hatten die von dort mir herübergeflüstert, daß einmal einer kommen wird, als König oder Bettelmann, lebten wir jetzt unter den Steinen. Kein Baum in der Flachstadt, keine Blume, die man sich hatte pflücken können und ins Haar stecken als Zeichen des Widerstands. Nur draußen am Fluß siedelten einzelne Siedler im Grün zwischen den Lagerhallen, verloren wie in Alaska. Die Strichmenschen gingen auch am Sonntag nicht zur Stadt hinaus, trieben sich in den Straßen, rieben sich an den Ecken, besaßen ihren Besitz, maßen mit ihrem Maß, eine Elle lang, was länger ist, wird abgeschnitten. Die Nacht war grün und rot von ihren Winkern, in mein Zimmer platzte alle zweieinhalb Minuten die Riesenbombenbrust des Neon-pin-up von gegenüber: zwei steile Hütchen in der roten Mitte, Funkensprühen aus den Hütchen, Brüstewippen, Zucken, Beben, batsch! Hinter dem Haus stampfte eine Maschinenfabrik meinen Schlaf ein, brachen Maschinenwesen durch die Hauswand, zerstampften in Grund und Boden, mich und meine ganze Familie. Dabei sollte mein Bett mich trösten, die ersten Träume von dem, der kommen würde, und die letzten aus Märchenland. In meiner Schule: Mädchen, aufgewachsen in der Flachstadt, Strichmenschen schon mit zwölf, ohne Sehnsucht, leer und leer, so daß es zieht, so daß du meinst, der Wind fährt in sie, heult dort drinnen. Die Lehrer Monster, bucklige, hinkende Ungeheuer, Schreckmasken, wie sie dir im Fieber hochsteigen. Kurze Röcke, von jenen so verboten wie lange Gedanken, Seelen wurden geknebelt, blutig geschlagen, weil der Holzstock verboten war.

Einmal geriet eine junge schöne Engländerin, gekauft von Mädchenhändlern, mußte ich denken, in das Kollegium. Und ich hing an ihrer Schönheit und konnte die Stunden mit ihr kaum erwarten, süchtig nach der Freiheit, aus der sie zu kommen schien und die sie so schön hatte werden lassen. Aber nach drei Monaten war sie verschwunden, und ich wurde den Gedanken nicht los, daß die Monster sie gefressen hatten. Nicht zerrissen und verschlungen, sondern aufgeschnitten als Belag für die Schulbrote, die sie mit der unseligen Schulspeisung einweichten und runterspülten. Meine schöne Mutter verlor ein Kind, mein schöner Vater wurde dick, mein Bruder wurde krank, meine Großmutter starb, ich fing an, Gedichte zu schreiben: Rot welkt der Himmel vorbei/Bäume, rot wie ein Schrei/Glocken läuten Glut/ohnmächtig schlägt die Wut. Und schlich nachts aus der Wohnung und schrieb mit roter Farbe „Schweine" an eine Wand. Ich schrieb „Verdammte Schweine" und schlich wieder zurück.

Und da begann sich etwas zu bilden: Ich saß, lag, stand und erkannte Unbekanntes in mir, erkannte, daß das Unbekannte sich in meiner Mitte sammelte und aufstieg, vom Bauch in die Brust, vom Hals in den Kopf. Aus diesem Kopf floß Bunt, breitete sich aus, schwappte über die Flächenhorizonte, wilde Überflutung, Wirbel im Buntwasser, und dann, soweit das Auge sieht, nur noch die schwere, glatte Scheibe Ich, die mir davonschwamm. Sie maßen meine Gehirnströme und gaben mir Pillen, die ich ins Klo warf, denn das Außerordentliche der Empfindung gefiel mir, und ich suchte sie immer wieder und mit allen Mitteln zu erregen: stieg nachts in Kirchen ein, ging im Sturm aufs Feld, sang Gedichte wie Psalmen, versuchte unterm Mond zu wandeln. Und dann begegnete ich ihr. Sie kam im neuen Schuljahr als Deutschlehrerin in meine Klasse. Sie nannten sie Fräulein, das Fräulein Doktor Faußt. Sie war es, die ich lieben konnte, mit der ich fühlen konnte, für die ich einstehn wollte. Sie mußte im zweiten Wechsel stecken wie ich im ersten, Haare und Haut weiß, Wimpern weiß und die weißen, weißen, trockenen Lippen. Das Weiß der wasserblauen Augen von roten Äderchen durchsprungen. – Sie hat geweint heut nacht, mußte ich denken, ihr Kummer ist alt und traurig, er knarrt, mußte ich denken und sehen, wie sie unruhig war, wie die weißen Hände durch die Luft flogen, aufgeschreckte kleine Spatzengeschwader, und hören, wie die junge Stimme brach von einem Wort zum andern und noch vor Satzende hoffnungslos endete. Ihr Kummer rast und schreit nicht, liegt erschlagen von den Steinen der Stadt und wimmert bloß, mußte ich denken und sehen, wie sie gebeugt ging und den Kopf so tief, und hätte ihr gern in Tag- und Nachtarbeit eine Aufrichte gebaut, aber sie war scheu und verschlossen und sah die Zeichen nicht, die ich ihr machte. Sie las uns Gedichte vor, und indem sie las, ging ihr Atem schneller und das Fräulein wurde jünger, Rosa kam ins Weiß, und sie begann zu leuchten von dem Strahl, von dem sie sich treffen ließ, und dann zu brennen und mich anzustecken, so daß ich lichterloh durch den Tag und noch im Schlaf überall in jedem dunklen Flachstadtwinkel Brände setzen konnte von dem Feuer. Dichterfeuer, die Lohe, schrieb ich mir ins verschlossene Buch. Aber sie las nur die sehnsüchtigen, die Klagegedichte, und wenn der Schrei am schrillsten war, konnte sie am hellsten werden. Mir gefielen die Gedichte, und ich las mich immer weiter in die Verzweiflung dieser Welt und konnte nicht genug davon bekommen. Aber die andern beklagten sich zu Hause, und die Eltern schrieben Briefe an die Direktorin, man möge das Fräulein darauf hinweisen, daß es sich an den Lehrplan zu halten habe. In den Pausen wurde heimlich geraucht, wir standen zu vieren und fünfen in den engen Schulklos, die Zigarette ging um, wir zogen sie glühend, und diejenigen, die nichts von der Sehnsucht kannten, wie sie in den Gedichten steht, kannten doch die nach Erwachsensein, was ihnen so viel hieß wie frei sein und selbst sein und mehr und besser, und das Rauchen führte, solange der Zug aus- und einging, scheinbar direkt darauf zu. Wir zeigten einander die Brüste, und eine hatte Riesenbrüste, die sagte, das Fräulein wurde am Ohne-Kerl-Sein noch verrückt.

Berkéwicz, Ulla: Das Geheimnis von Fräulein Doktor Faußt. In: Ders.: Maria Maria. Drei Erzählungen. Frankfurt am Main: Suhrkamp, 1988. S. 66-71.
© Suhrkamp Verlag Frankfurt am Main 1988

Anna Wimschneider

Biographische Angaben und Inhalt siehe Kapitel 3, S. 250

Wimschneider, Anna: Herbstmilch (Ausschnitt)

Eines Tages fiel mir auf, das ich auf der Brust zwei Beulen bekam. Ich erschrak sehr, getraute mich aber nicht zu fragen, um nicht ausgelacht zu werden. Ich wußte nicht, wie das kam. Die Beulen wurden von Woche zu Woche größer. Immer wenn ich mich gewaschen habe, waren sie schon wieder größer geworden. Ich war sehr beunruhigt. Ich drückte sie, sie waren ganz weich. Ich dachte, da ist Luft drinnen. So ging ich zur Nähschatulle, nahm eine dünne Nadel, stach hinein, damit die Luft herauskommt. Aber das tat weh. Ich war froh, daß die Beulen wenigstens nicht weh taten und dachte, der Himmelvater wird schon wissen, warum ich die habe. Ich wünschte mir, eine andere Frau zu sehen, ob die wohl auch sowas hat. Da machte ich nun die Augen auf und sah eine Frau, die hatte noch viel größere. Das beruhigte mich etwas. Einmal brachte mein Vater Eier zu der Familie eines Oberstudiendirektors. Dessen Frau gab nun dem Vater eine Menge alter, oft auch zerrissener Wäsche mit. Aber die konnte ich mir ja flicken. So kam ich zu meinen ersten Hosen, der Zwickel war nicht mehr drinnen, ich nähte eben einen rein. Und die Kopfkissen waren, als ich sie geflickt hatte, unsere schönsten. Oft kamen Leute zu uns, die mich gelobt haben, weil alles so aufgeräumt war, besser als in anderen Häusern, wo die Mutter noch da war. Der Vater lobte mich auch. Das reizte mich, noch fleißiger zu sein. Wenn ich dann recht fleißig war, sagte der Vater, wenn du ganz fleißig bist, kriegst du ein Radl, und eine neue Hose kauf ich dir auch. So eine mußt du dann ja haben. Wenn du schnell fährst, reißt dir der Wind den Kittel in die Höhe, da sieht man sonst alles! Das hab ich mir alles vorgestellt, und ich konnte es gar nicht erwarten, bis es soweit war. Aber es sind noch viele Jahre vergangen, dann hab ich ein gebrauchtes Rad bekommen und eine neue Hose auch. Die würden junge Leute heute einen Liebestöter nennen. Ich hab mich sehr darüber gefreut. Als ich dann einmal nach Neuhofen fuhr und zurück, gings ein bißchen bergab, und da hab ich daran gedacht, was der Vater einmal gesagt hat. So probierte ich das aus. Plötzlich wurde die Kiesstraße immer dreckiger, mir riß der Wind den Rock hoch, ich wurde immer schneller, dann waren da Wagengeleise und Pferdespuren, ich konnte nicht mehr bremsen und flog mit aller Wucht an einen alten Birnbaum an der Straße. Ach du lieber Gott, war ich froh, daß es niemand gesehen hat. Das Rad war verbogen, und mir ist alte Rinde von dem Birnbaum im Gesicht steckengeblieben, Blut tropfte von meinem Gesicht auf das Kleid, ich mußte das Rad heimschieben. Die Geschwister haben mir die Rinde aus der Haut gezogen, und der Vater hat mich recht geschimpft und gesagt, wenn du so dumm bist, ist es um dich nicht schade.

Eines Tages, ich war 14 Jahre alt, war meine Hose naß, na sowas, ich muß ja gar nicht aufs Klo, ich schaute nach und erschrak ganz furchtbar. Mein Gott, nun muß ich sterben, dachte ich und erinnerte mich an die Mutter, die auch so geblutet hat und dann gestorben ist. Ich habe mich an einem sicheren Platz versteckt und bitterlich geweint. Nach einer Weile suchten sie mich überall, im Stall, in der Scheune, im Haus. Da kam ich dann aus dem Versteck hervor und alle sahen, daß ich sehr geweint hatte. Da fragten sie mich, warum. Ich sagte, ich habe so große Schmerzen im Bauch. Der Vater sagte, so schlimm ist es wohl nicht, du wirst nicht gleich sterben. Ich schwieg. Nun machte ich mir aus einer alten braunen Decke eine Einlage, die ich mit Sicherheitsnadeln befestigte, und das Bluten verging von selbst wieder. Da hab ich alles gewaschen und heimlich unter der anderen Wäsche getrocknet und wurde wieder fröhlich, weil ich nicht gestorben bin.

Aber nach einer Zeit kam das wieder, nun war es nicht mehr so schlimm, weil ich ja beim erstenmal auch nicht gestorben bin. Einmal kam ich zur Krämersfrau um ein Pfund Zucker. Die war auch Hebamme. Sie fragte mich nun aus, ob ich Blutungen habe, und klärte mich insoweit auf, daß das alle Frauen haben. Sie schenkte mir auch einen Gürtel und sechs Damenbinden, nun war ich gut ausgestattet, und wieder ein Stück aufgeklärt.

Wimschneider, Anna: Herbstmilch. München: R. Piper, 1989. S. 48-51.
© 1984 by Piper, München

McCourt, Frank: Die Asche meiner Mutter.

Biographische Angaben und Inhalt siehe Kapitel 3, S. 220

Mc Court, Frank: Die Asche meiner Mutter. (Ausschnitt)

Mam sagt uns, geht ins Bett, in einer Minute kommt sie nach, sobald sie mit Lamans letzter Tasse Tee auf den Speicher geklettert ist. Oft schlafen wir ein, bevor sie hochklettert, aber es gibt Nächte, da hören wir sie sprechen, grunzen, stöhnen. Es gibt Nächte, da kommt sie gar nicht herunter, und Michael und Alphie haben das große Bett für sich. Michael sagt, sie bleibt oben, weil es für sie zu schwer ist, im Dunklen herunterzuklettern.

Er ist erst sieben, und er versteht es nicht. Ich bin dreizehn, und ich glaube, sie machen da oben die Aufregung. Ich weiß Bescheid über die Aufregung, und ich weiß, daß sie eine Sünde ist, aber wie kann sie eine Sünde sein, wenn sie in einem Traum zu mir kommt, in dem amerikanische Mädchen in Badeanzügen auf der Leinwand im Lyric Cinema posieren, und ich wache vom Schieben und Schobern auf dem Bauch auf? Es ist eine Sünde, wenn man hellwach ist und Hand an sich legt, so wie die Jungs auf dem Schulhof darüber geredet haben, nachdem Mr. O'Dea uns das sechste Gebot vorgebrüllt hatte, du sollst nicht ehebrechen, und das bedeutet, unreine Gedanken, unreine Worte, unreine Taten, und das ist Ehebruch, Säuisches im allgemeinen.

Ein Redemptoristenpriester kläfft uns die ganze Zeit im Hinblick auf das sechste Gebot an. Er sagt, Unreinheit ist eine so schwere Sünde, wie sich die Jungfrau Maria abwendet und weint. Und warum weint sie, ihn Knaben? Sie weint euretwegen und um dessen, was ihr ihrem geliebten Sohn antut, willen. Sie weint, wenn sie die lange trübe Vedute der Zeit entlangblickt und mit Schrecken des Schauspiels innewird, welches ihr Knaben von Limerick bieten, die sich beflecken, die sich beschmutzen, die an sich herummachen, die Raubbau treiben an sich selbst, die ihre jungen Körper besudeln, welche die Tempel des Heiligen Geistes sind. Unsere Liebe Frau weint über diese Scheußlichkeiten, weiß sie doch, daß ihr jedesmal, wenn ihr an euch herumspielt, ihren heißgeliebten Sohn ans Kreuz nagelt, daß ihr Ihm abermals die Dornenkrone auf das teure Haupt rammt, daß ihr jene greulichen Wunden abermals öffnet. In einer

Todesqual des Durstes hängt Er am Kreuze, und was bieten Ihm jene perfiden Römer an? Einen Toilettenschwamm, in Essig und Galle getaucht, und schieben ihn Ihm in Seinen armen Mund, einen Mund, dessen Lippen sich außer zum Beten kaum je bewegen, denn Er betet auch für euch, ihr Knaben, sogar für euch, die ihr Ihn an jenes Kreuz genagelt habt. Bedenkt die Leiden unseres Herrn.

Bedenkt die Dornenkrone. Bedenkt in euerm Sinn eine kleine Nadel, die euch in den Schädel getrieben wird, die Qual des Stechens, des Durchbohrens. Bedenkt sodann zwanzig Dornen, die in euern Schädel getrieben werden. Denkt, sinnt über die Nägel nach, die Seine Hände, Seine Füße zerrissen. Könntet ihr auch nur einen Bruchteil jener Qual ertragen? Nun nehmt wieder jene Nadel, jene schlichte Nadel. Stecht euch damit in die Seite. Vergrößert diese Empfindung um ein Hundertfaches, und ihr werdet von jener schaurigen Lanze durchbohrt. Oh, ihr Knaben, der Teufel will eure Seelen. Er will euch bei sich in der Hölle, und wisset dies, daß jedesmal, wenn ihr an euch herumspielt, jedesmal, wenn ihr euch der niedrigen Sünde der Selbstbefriedigung hingebt, dann nagelt ihr nicht mit Christus ans Kreuz, dann legt ihr einen weiteren Schritt auf dem Wege zur Hölle als solcher zurück. Tretet hinweg vom Abgrund, ihr Knaben. Widersteht dem Teufel und laßt eure Hände, wo Sie sind. Ich kann nicht damit aufhören, an mir herumzuspielen. Ich bete zur Jungfrau Maria und sage ihr, es tut mir leid, daß ich ihren Sohn wieder ans Kreuz genagelt habe, und ich werde es nie wieder tun, aber ich kann nicht anders, und ich schwöre, ich werde zur Beichte gehen, und danach, danach ganz bestimmt, werde ich es nie wieder tun. Ich will nicht in die Hölle, wo mich in alle Ewigkeit Teufel durch die Gegend jagen und mit heißen Heugabeln piksen werden.

McCourt, Frank: Die Asche meiner Mutter. München: Luchterhand Verlag, 1996. S. 395-397.
© 1996 Luchterhand Verlag München

Weitere Textempfehlung:
Ebenda, S. 111-113

Gerd Brantenberg

Gerd Brantenberg wird 1941 in Oslo geboren. Sie wächst in der norwegischen Kleinstadt Fredrikstad auf. Brantenberg studiert Englisch, Geschichte und Staatswissenschaft und ist ab 1971 als Lehrerin tätig. Von Beginn an beteiligt sie sich aktiv an der neuen Frauenbewegung und ruft die lesbische Bewegung Norwegens ins Leben. Sie ist Mitbegründerin des Krisenzentrums in Oslo und einer homosexuellen LehrerInnengruppe. 1978 gründet Brantenberg ein literarisches Frauenforum, das Frauen zum Schreiben und Veröffentlichen ermuntern soll.

Werke u. a.:
1977 Egalias døtre (Die Töchter Egalias, 1987)
1979 Sangen om St. Croix (Mädchenwelten, 1982)
1983 Favntak (Umarmungen,1984)
1985 Ved fergestedet (Am Pier, 1993)

In alle Winde (1991)

In alle Winde beschreibt die Schwierigkeiten des Erwachsenwerdens im Norwegen der sechziger Jahre. Über die Vergangenheit wird geschwiegen, ganz besonders, wenn die Eltern Nazikollaborateue waren; von Sexualität „spricht man nicht"; schon gar nicht, wenn es um Homosexualität und „Lesbisch-sein" geht, da es sich hierbei um Tabuthemen handelt.

(nr)/(cw)

Brantenberg, Gerd: In alle Winde. (Ausschnitte)

Sheila F. Mayfield, 6, Aberdeen Road, Edinburgh 5. I love you.
    Inger starrte die Worte an. Das war pervers. Trotzdem hatte sie das geschrieben. Hier stand endlich das, was alle zum Kotzen gebracht hätte. Sie sehnte sich nach etwas, nach dem sich zu sehnen absolut verwerflich war. Sie wußte, daß sie kriminell wäre, wenn sie ihre Sehnsucht in die Tat umsetzte. Es gab Gesetze dagegen, das wußte sie. Aber um was es sich

dabei genau handelte, wußte sie nicht. Sie sehnte sich nur danach, noch einmal um ein Kerngehäuse zu kämpfen. Inger starrte ihre verbotenen Worte an. Sie hatte schon einmal so etwas gemacht. Das war lange her. Sie hatte Gott erzählt, daß sie Beate liebte. Dann hatte sie die Blätter aus dem Buch gerissen und verbrannt. Jetzt versprach sie sich, diese hier niemals zu verbrennen. Nur wenn sie der Wahrheit ins Auge sah, konnte sie sie bekämpfen.

Dann lag sie zwischen ihren kalten blankets und sheets und bekämpfte die Wahrheit. Aber bald fand ihre Hand den Weg zu der Stelle zwischen ihren Beinen, und danach benahm sie sich wie ein Tier, mit ihrem Kopf konnte etwas nicht in Ordnung sein, so, wie sie sich aufführte. Sie beschloß jedesmal, daß nun aber das letztemal wäre, doch es passierte wieder, es passierte einfach, und sie mußte sich aufführen, als ob sie total wirr im Kopf wäre, und dann kam Sheila und legte mitten in der Finsternis der Pantomime die Hand auf ihr Knie, und sie explodierte vor Wonne.

Warum bin ich kein Mann? dachte sie. Wäre ich ein Mann, wäre das mit den Frauen völlig in Ordnung. Ich denke und fühle wie ein Mann, und hier stehe ich mit hochgesteckten Haaren mit fünfundzwanzig anderen Frauen vor einer Wand im Cavendish Ball Room und versuche, auf einen Mann zu hoffen, daß die Schwarte kracht. Da kommt sogar einer. Er sieht mich. Ich sehe, daß er mich sieht, und ich versuche, auszusehen, als ob ich ihn sehe, indem ich in die andere Richtung blicke, und vielleicht findet er mich hübsch, oder jedenfalls hübsch genug, um mit mir zu tanzen. Aber ich bin ein Wolf im Schafspelz.

[...]

So war das Leben. Sie lag sich hindurch. Das ist die Wahrheit. Was für eine Rolle spielte es, daß sie ganz phantastisch und fließend Englisch lernte, schlagfertige Geschichten über das Leben schrieb, die alle zum Lachen brachten, wenn sie nie jemanden lieben konnte? Sie würde sich durch das Leben schwindeln müssen. Die Frauen, in die sie sich verliebte, würden davon nie erfahren dürfen, und dann war es doch genauso als ob sie sie durch ihre bloße Anwesenheit schon betrog. Sie wußten ja nicht, wie sie sich darüber freute, und deshalb schien sie diese Freude zu stehlen. Würde sie ihr ganzes Leben als Diebin und Lügnerin leben müssen?

Wo war der Mann, der sie davor retten konnte?

Inger wartete auf ein Gefühl, das sie nie gehabt hatte. Sie wartete auf einen Mann, der kommen würde, und wenn er sie berührte, würde sich das ganze Leben verändern. Sie wartete auf das Glück. Fast wie auf ein

Haus – mit Farben, wie sie noch nie jemand gesehen hatte, und einem Himmel, der ein anderes Blau zeigte. Warum wohnte das Glück nur in Büchern? Wann konnte es nicht herauskommen? Obwohl ja die Menschen in den Büchern auch nur unglücklich waren? Aber sie waren auf glückliche Weise unglücklich. Das war der Sinn eines Buches.

[...]

Sie saßen in Elsas Zimmer und übten „Bella figlia dell'amore". Sie hatten gerade ihre erste Oper gesehen. Der Held singt eine gewaltige Arie, als er seine Tochter tot in einem Sack findet. Das war beeindruckend. Aber schließlich war es halb zwei, und Elsa wollte ins Bett gehen. „Ja, mach das nur", sagte Inger. Sie hatte im Grunde noch keine Lust zu gehen. Da drehte Elsa sich zu ihr um und sagte: „O nein, wir wollen hier keine lesbischen Tendenzen."

Diese Bemerkung verjagte Inger aus dem Zimmer – nach einer angemessenen Pause, die beweisen sollte, daß sie nicht beeindruckt war. Nun war ihr Paß ausgeschrieben worden. Stud. phil. Inger Holm. Besondere Kennzeichen: Lesbische Tendenzen.

Glaubte Elsa etwa, sie wollte sie nackt sehen?

Hielt sie lesbische Tendenzen für einen Stoff, den ihr ganzes Wesen ausstrahlte eine Art zäher Materie, die alle anderen Frauen unter der Kleidung umschloß? Was glaubte sie eigentlich?

Inger saß in ihrem 30 m² großen Zimmer und zitterte. Ihr Blut wogte vor Scham. Was sollte sie mit ihren lesbischen Tendenzen machen? Das Wort allein war schon widerwärtig.

Aber es stimmte ja. Sie war gern mit Elsa zusammen. Sie wollte nicht gehen. Sie wollte noch eine Weile bei ihr sein. Bei Elsa war es lustig. Fragte sie sich nicht immer, wenn sie Drammensveien herunterkam und bei der Straßenbahnhaltestelle um die Ecke bog, ob Elsa wohl zu Hause war? Sie wußte genau, an welchem Punkt des Weges sie Elsas Fenster erblicken würde – unter dem Turm. Schon einige Meter vor dem Punkt fragte sie sich, ob oben wohl Licht sein würde. Die lesbischen Tendenzen strebten dem Licht zu. Immer wieder dasselbe. Warum gewöhnte sie sich das nicht ab?

[...]

Es war ihre Mutter die ihr damals erzählt hatte, daß es homosexuelle Menschen gab. Inger war zehn Jahre alt und stand am Küchenfenster und sah Kurt Randeff vorbei gehen. Er hatte immer ein Käppchen auf dem Kopf, trug im Nacken lange Haare und hatte einen Gang wie eine Frau. Er redete auch komisch, blieb an Häuserecken stehen, und die

Jungen scharten sich um ihn, denn er war wohl ziemlich witzig, und obwohl er in den Stimmbruch gekommen war schien er nicht so recht wieder herausgefunden zu haben. Jedenfalls ging er vorbei, und Inger fragte: „Du, Mama, warum ist der da so komisch?" Und Mama erklärte, daß es Männer gab, die sich in Männer und Frauen, die sich in Frauen verliebten. und daß solche Menschen „Homosexuelle" genannt wurden. Inger fand das ungeheuer seltsam. „Weißt du, der wäre lieber eine Frau", sagte Mama.

Ach? dachte Inger. Das möchte er also? Dann kann er mein Geschlecht kriegen, und ich nehme Seins. Und jedesmal, wen sie später in Nygaardsgata an ihm vorbeikam, dachte sie: Da geht der, der mein Geschlecht bekommen kann! Ich kann wirklich nichts damit anfangen. Doch er ging nichtsahnend vorbei. Aber nun dachte Inger: Wenn Mama mir das damals nicht erzählt hätte, dann hätte ich als Kind nicht gewußt, daß es so etwas gibt, und sie war immer überzeugter, daß sie homosexuell geworden war, weil ihre Mutter ihr die Wahrheit über Kurt Randelff erzählt hatte.

[...]

„Aber er will doch Hanoi bombardieren", sagte Marit und sah ihr ins Gesicht. „Bist du mit ihm zusammen?" Es war eine Frage, die überhaupt nichts mit ihren üblichen Themen zu tun hatte. Aber es war spät, und Joan Baez sang. Und außerdem hatte Inger eine Kerze angezündet. „Mit Goldwater?" Sie lachten. „Nein, mit Frank." Inger zündete sich eine Zigarette an. „Ich könnte mir nicht vorstellen, mit jemandem zusammenzusein, mit dem ich politisch nicht übereinstimme", sagte sie dann. „Hm", meinte Marit. „Ich sehe euch immer zusammen." – „Ja, er möchte mich gern heiraten." Sie überlegte, ob sie Marit von den vielen gedruckten Visitenkarten erzählen sollte. „Als er zuletzt hier war, hat er versucht, mich zu küssen, aber da mußte ich weinen." – „Warum mußtest du weinen?"

Sie versuchte sich mit einem Bericht über ihre Reise nach Deutschland zu retten. Und als sie sich eine Weile gerettet hatte, fragte Mark: „Aber warum mußtest du weinen?"

Inger schwieg. Ich weiß doch genau, warum ich geweint habe. Es ist ganz schnell gesagt. In vier Worten. Rose Mary fehlt mir. Aber Marit Heimstad aus Lisleby war der letzte Mensch auf der Welt, der diesen Kummer akzeptieren würde. „Warum mußtest du weinen?" fragte Marit. Sie saß auf dem Stuhl in der Ecke, und Inger saß auf dem Sofa, und Marit drehte eine Zigarette nach der anderen und hatte nur diese eine Frage, die sie eine Stunde lang wiederholte.

Inger saß da und hörte die Stimme, die fragte und fragte. Warum konnte sie denn nicht aufhören? Sie würde doch nie darauf antworten. Marit war keine besonders tolerante Person. Sie akzeptierte die Leiden der Landesverräter nicht. Sie konnte kein einziges Unrecht sehen, das ihnen nach dem Krieg zugefügt worden war. Wie konnte sie da ein Unrecht akzeptieren, das nicht einmal erwähnt wurde? Sitz du nur da und frag und frag, Marit. Du bekommst nie eine Antwort! „Warum mußtest du weinen?" fragte Marit. „Rose Mary hat mir gefehlt. Weißt du, ich glaube, ich bin homosexuell", sagte Inger.

Schweigen. Marit saß da und hatte es gehört. Zum zweitenmal in ihrem dreiundzwanzigjährigen Leben hatte Inger diese Worte zu einem anderen Menschen gesagt. Und sie hatte eine Sterbensangst.

Da sagte Marit mit ruhiger, langsamer Stimme: „Du bist nicht die einzige, weißt du..." Inger blickte auf. Sie war nicht die einzige? Sie sah Marit an. Wer in aller Welt war gemeint? Wenn sie nicht die einzige war, mußte es noch eine geben. Wo?

„Ich habe mich das auch schon oft gefragt", sagte Marit.

Du?! dachte Inger. Wie in aller Welt kannst du homosexuell sein?! Du siehst doch ganz normal aus. Du kommst ja sogar aus Lisleby. Du hast blonde Haare und blaue Augen. Und du gehst mit ganz normalen Schritten über den Rasen in der Studentensiedlung in Sogn. Du trägst eine karierte Hose und eine hellblaue Jacke. Wie in aller Welt kannst du einfach behaupten. homosexuell zu sein?

Aber sie hatte es gesagt.

Da saßen sie. Zwei junge Frauen. Im selben Zimmer. Und beide hielten sich für homosexuell. Die Entfernung zwischen ihnen betrug drei Meter.

Sie blieben sitzen. Die Kerze brannte herunter, abwechselnd nahmen sie sie, denn die Streichhölzer waren ihnen ausgegangen, und zündeten ihre selbstgedrehten Zigaretten an. Und als auch die alle waren, ging Marit nach Hause. Am nächsten Tag, als Inger wach wurde, dachte sie: Marit. Hier bin ich. Und da ist sie. Jetzt sind wir zu zweit. Und dann ging sie zu ihr.

Kaum stand sie in ihrem Zimmer, da legte sie auch schon die Arme um Marit. Marit wich zurück. „Wir müssen uns erst besser kennenlernen", sagte sie. „Besser kennenlernen? Aber wir kennen uns doch schon, seit wir zwölf waren und uns auf der Eisbahn getroffen haben!" – „Schon, aber wir kennen uns nicht." – „Doch!" widersprach Inger. Sie umarmten sich, lehnten sich aneinander an und fingen an, sich zu küssen, sie streichelten sich gegenseitig über den Rücken, ein Trost, aus dem bald Lust wurde. Sie zogen die Gardinen vor und löschten das Licht, aber das brachte nicht viel, denn es war hellichter Tag, und es war sehr seltsam, einen Frauenkörper so zu sehen, zusammen mit einem anderen Frauenkörper, sie wagten einfach nicht hinzusehen, sie warteten, bis es dunkel wurde.

Brantenberg, Gerd: In alle Winde. Roman. Aus dem Norwegischen von Gabriele Haefs. München: Verlag Frauenoffensive, 1991. S. 62, 67-68, 107-108, 109-110, 291-293.
© 1989 Gerd Brantenberg, Oslo
© deutsche Übersetzung: Verlag Frauenoffensive, München 1991

Weitere Textempfehlung:
Duvanel, Adelheid: Catalina. In: Vormweg, Heinrich (Hrsg.): Erzählungen seit 1960 aus der Bundesrepublik Deutschland, aus Österreich und der Schweiz. Stuttgart: Reclam, 1983. S. 304-308.
© 1980 Luchterhand Verlag Darmstadt, Neuwied

Kenzaburo Oe

Kenzaburo Oe wird am 31. Januar 1935 in dem Dorf Ose auf der Südinsel Shikoku geboren. Von 1954 bis 1959 absolviert er ein Studium der französischen Literatur in Tokyo, schreibt seine Examensarbeit über Sartre. Oe macht während des Studiums erste literarische Versuche, die früh auf Anerkennung stoßen. 1958 bekommt Oe den Akutagawa-Preis verliehen. Er gehört des weiteren 1960 zu den Mitbegründern der „Wakai Nihon no kai" („Gruppe Junges Japan"). Bei einer Chinareise trifft er auf Mao Zedong, 1961 lernt er Sartre kennen. 1994 wird ihm der Nobelpreis für Literatur verliehen. Oe gehört zu den bedeutendsten zeitgenössischen Schriftstellern Japans.

Werke u.a.:

1964   Eine persönliche Erfahrung
1967   Der stumme Schrei

Eine persönliche Erfahrung (1964)

Der Roman schildert den Protagonisten Bird, der sich wegen der bevorstehenden Geburt seines ersten Kindes in einer Lebenskrise befindet. Schon durch seine Ehe fühlt er sich gefangen, jetzt sieht er seine Freiheit völlig entschwinden und sein Traum einer Afrikareise rückt ins Unerreichbare. Er entgleitet ins völlige Gefühlschaos, als er erfährt, dass sein Sohn mit einer schweren Missbildung zur Welt gekommen ist.

(cw)

Oe, Kenzaburo: Eine persönliche Erfahrung (Ausschnitt)

Endlich legte der Klinikchef aber doch die Pfeife von den feuchten dikken Lippen zurück in die zur Schüssel geformte Handfläche, und indem er mit einem Male Birds Blick erwiderte, sagte er mit einer für diesen Ort unverhältnismäßig lauten Stimme: „Wollen Sie sich das Ding erst mal ansehen?"
„Ist es denn tot?" fragte Bird stammelnd.

Der Chefarzt hatte zunächst eine mißtrauische Miene aufgesetzt: wie konnte Bird so etwas annehmen? Gleich darauf aber löschte er diese durch ein unbestimmtes Lächeln aus: „Durchaus nicht. Zur Zeit jedenfalls schreit es tüchtig, und seine Körperbewegungen sind kräftig."

Bird hörte, wie neben ihm seine Schwiegermutter einen geradezu auffällig tiefen Seufzer tat. Hätte sie nicht den Mund mit dem Ärmel verdeckt, es hätte dreist geklungen wie das Aufstoßen, das ein Mann, der zuviel getrunken hat, von sich gibt, und hätte nicht nur Bird, sondern auch die Ärzte aufgeschreckt. War die Schwiegermutter völlig aus der Fassung geraten, oder signalisierte sie Bird im voraus die Tiefe des Morasts von Schwierigkeiten, in den er und seine Frau geraten waren? Das eine oder das andere mußte es sein.

„Nun, wollen Sie das Ding sehen?" [...]

„Nein, erklären Sie mir es doch bitte, bevor ich es sehe", sagte Bird, noch immer Abwehr in den Maschen seines Herzens gegenüber dem vom Arzt gebrauchten Wort vom „Ding", aber mit einer zunehmend tiefer erschreckten Stimme.

„Es ist wahr, wenn man es unvorbereitet sieht, ist man wirklich entsetzt. Als es ankam, war ja selbst ich erschrocken!" Völlig unerwartet, während er dies sagte, röteten sich plötzlich die dicken Augenlider des Klinikchefs, und er brach in ein, kindisch kicherndes Lachen aus. Dieses Lachen, das war es gewesen, was da eine Weile schon unter der behaarten Haut des Arztes sich verborgen und den verdächtigen Eindruck erweckt hatte; in Gestalt jenes unbestimmten Lächelns war es allmählich hervorgesickert. Einen Augenblick lang starrte Bird wütend auf den noch immer kichernden zottelhaarigen Klinikchef, dann erst wurde ihm klar, daß es ein Lachen aus Verlegenheit war. Dieser Arzt hatte zwischen den Beinen der Frau eines Fremden ein einfach nicht zu beschreibendes Monster hervorgeholt. [...] Bird wandte den Blick von ihm ab, und während er die wilden Wirbel von Zorn und Grauen in seinem Inneren unter Kontrolle hielt, fragte er: „Man erschrickt, sagen Sie; aber wie sieht es denn aus?"

„Sie meinen, äußerlich betrachtet? Man möchte glauben, es hätte zwei Köpfe. Es gibt da ja so ein Stück von Josef Wagner ‚Unterm Doppeladler'. Wirklich entsetzlich." Der Klinikchef wäre beinahe abermals in das kichernde Lachen ausgebrochen, doch diesmal konnte er gerade noch an sich halten. „Ist es etwa wie bei siamesischen Zwillingen?" fragte Bird mit verzagter Stimme.

„Nein, es sieht nur so aus, als ob es zwei Köpfe wären. Wollen Sie nun das Ding sehen?"

„Und medizinisch...?" Bird zögerte.

„Es ist eine Gehirnhernie. An einer defekten Stelle des Schädelknochens hat sich Gehirninhalt herausgedrückt: Seit ich geheiratet und die Klinik eingerichtet habe, ist das mein erster Fall dieser Art. Ein ganz ungewöhnlich seltener Fall. War ich erschrocken!"

Gehirnhernie. Bird versuchte es sich vorzustellen, aber er vermochte sich durchaus kein konkretes Bild davon zu machen." Besteht denn Hoffnung, daß ein Kind mit einer – wie sagen Sie? – Gehirnhernie, daß so ein Kind ganz normal heranwächst?" fragte Bird, noch immer wie benommen und eigentlich ohne Zusammenhang.

„Hoffnung, daß es normal heranwächst!" rief der Klinikchef plötzlich lauter und heftiger und mit einem Ton der Erregung in der Stimme. „Es ist eine Gehirnhernie, verstehen Sie? Selbst wenn man die Schädeldecke auftrennte und das hervorgequollene Gehirn zurückpreßte, käme dadurch auch nur ein menschliches Wesen von pflanzenhafter Funktion zustande, könnte man schon von Glück sagen. Normal heranwachsen – sagen Sie: ja, was verstehen Sie eigentlich darunter?"

Er wandte sich kopfschüttelnd, wie erstaunt über Birds Unverstand, an die jungen Ärzte, die neben ihm saßen. Und beide, sowohl der Arzt mit dem Glasauge wie auch der andere, ein offenbar schweigsamer Mann, von der hohen Stirn bis zum Halsansatz verhüllt von der gleichen ausdruckslosen, braunen Haut, beeilten sich, zurückzunicken und starrten Bird dann mit dem strengen Blick von Prüfern an, die im mündlichen Examen einen fehlerhaft antwortenden Studenten zurechtweisen.

„Das heißt also, es wird bald sterben?" fragte Bird.

„Wohl nicht sofort. Bis morgen wird es vielleicht noch am Leben, bleiben, vielleicht auch noch länger. Es ist ein recht vitales Kind", sagte der Klinikchef sachlich. „Nun, was wollen Sie tun?"

Bird, verwirrt wie ein garstiger Zwerg, der Prügel bezogen hat, erwiderte nichts. Was hätte er denn aber auch tun können? Erst trieb ihn der Klinikchef wie ein heimtückischer Schachspieler in eine Sackgasse, und dann fragte er: Was wollen Sie tun? Was soll ich denn tun? Mich auf die Knie werfen und weinend losbrüllen?

„Falls Sie es wünschen", sagte der Arzt in einem Tonfall, als legte er ihm eine Rätselfrage vor, „ich kann Sie an die Universität N. weiterempfehlen, an die Klinik der medizinischen Fakultät; vorausgesetzt, Sie wünschen das."

„Wenn es sonst keinen anderen Weg gibt...", sagte Bird aus bloßer Vorsicht, nachdem er versucht hatte, durch einen Nebel des Verdachts zu stoßen, ohne aber einen einzigen Anhaltspunkt ausmachen zu können.

„Es gibt keinen anderen Weg", sagte der Arzt bestimmt, und er setzte hinzu: „Jedenfalls haben wir so die Befriedigung, daß getan wurde, was möglich war."

„Und wenn wir es weiter hier lassen, so wie es ist, geht das nicht?" fragte die Schwiegermutter.

Nicht nur Bird, auch die drei Ärzte starrten die plötzliche Fragerin erschrocken an. Die Schwiegermutter saß unbewegt wie zuvor, als hätte der melancholischste Bauchredner dieses Erdkreises gesprochen. Der Klinikchef betrachtete sie eindringlich, als taxierte er sie. Dann sagte er mit einem geradezu unangenehm offenen Ton der Selbstverteidigung: „Ausgeschlossen. Das geht nicht, es handelt sich schließlich um einen Fall von Gehirnhernie."

Die Schwiegermutter hörte sich das an, und auch jetzt, noch immer den Ärmel vor dem Mund, machte sie nicht die kleinste Bewegung.

„Bringen wir es also in die Universitätsklinik", sagte Bird entschlossen. [...]

„Ich lasse einen unserer Ärzte im Krankenauto mitfahren, es ist also für diese Zeit absolut keine Gefahr", sagte er, nachdem die beiden von ihm instruierten Ärzte hinausgegangen waren, offensichtlich tief erleichtert darüber, daß er die zweifelhafte Last los wurde, und stopfte sich abermals die Pfeife.

„Ich danke Ihnen."

„Die Frau Schwiegermutter wird wohl der jungen Wöchnerin Gesellschaft leisten. Aber Sie, wollen Sie nicht die nassen Kleider wechseln? Bis der Ambulanzwagen vorbereitet ist, wird es zwanzig Minuten dauern."

„Ja, das werde ich tun", sagte Bird.

Der Klinikchef trat nun ganz dicht an Bird heran, und mit einer übertriebenen Vertraulichkeit, als ob er einen schmutzigen Witz erzählte, flüsterte er: „Natürlich können Sie eine Operation verweigern, verstehen Sie?"

Oe, Kenzaburo: Eine persönliche Erfahrung. Aus dem Japanischen von Siegfried Schaarschmidt. Frankfurt am Main: Suhrkamp Taschenbuch Verlag, 1991. S. 30-35.
© by Kenzaburo Oe, 1964
© der deutschen Übersetzung Suhrkamp Verlag Frankfurt am Main, 1972

Christopher Davis

Christopher Davis wird in Oakland (Kalifornien) geboren. Er wächst in einer kriminellen Umgebung auf, weshalb er im Alter von 13 Jahren zusammen mit seiner Mutter an den Stadtrand von Philadelphia zieht. Christopher Davis lebt heute mit seinem Lebensgefährten in New York. 1991 erhält er den Career Award vom „American Academy and Institute of Arts and Letters".

Werke u.a.:

1987   Joseph and the Old Man
1988   Valley of the Shadows
1990   The Boys in the Bars

Philadelphia (1994)

Andrew Beckett ist ein junger, erfolgreicher Anwalt, der sich auf dem Weg nach ganz oben befindet. Doch Andrew Beckett ist an Aids erkrankt. Um seiner beruflichen Karriere nicht zu schaden, verheimlicht er seine Krankheit und auch die Tatsache, dass er homosexuell ist, vor seinem Arbeitgeber, der renommierten Kanzlei Wyant & Wheeler. Andrew lebt mit seiner Krankheit, sein Lebensgefährte Miguel steht ihm dabei voll zur Seite. Alles ist in bester Ordnung, bis seine Arbeitgeber plötzlich von seiner Krankheit zu wissen scheinen oder vielleicht doch nur vermuten. Andrews Leben verändert sich schlagartig.

(cw)

Christopher Davis: Philadelphia. (Ausschnitt)

Er nahm sie mit zum Tisch, griff nach dem Telefonbuch und überlegte, welche Kanzlei er beauftragen sollte. Seine erste Wahl waren Peterson, Lebigh, Monroe & Smith gewesen, doch leider vertraten sie manchmal auch Wyant & Wheeler oder einzelne Partner der Kanzlei, und das würde nach dem Standesrecht zu einem Interessenkonflikt führen. Dasselbe galt für Andrews zweite Wahl. Aber es war sicher leicht, eine Kanzlei zu finden, die seinen Fall übernehmen würde: Wyant & Wheeler standen, wie es ein Zeitungsreporter einmal ausgedrückt hatte, in dem Ruf eines Rudels von Dobermännern, und es gab genug Anwälte, die die Gelegenheit zur Rache gern nutzen würden.

Andrew beschloß, sich zuerst an Rodney Baileys Kanzlei zu wenden. In der Hoffnung, nicht auf Bailey selbst zu stoßen, meinte er, die würde mit Vergnügen die Chance nutzen, Wyant & Wheeler dafür eins auszuwischen, daß sie ihr, dass sie ihr den Highline-Fall abgenommen hatten. Andrew verabredete sich für den nächsten Tag um zehn Uhr vormittags mit Mr. McDermott, einem ihrer Prozeßbevollmächtigten. Mr. McDermott war ein großer Mann, der schwer gearbeitet hatte, um aus dem irischen Einwanderer-Milieu herauszukommen. Sein Büro war elegant eingerichtet. An den Wänden hingen abstrakte Expressionisten. Er war tadellos gekleidet. Genau nach Vorschrift sahen die gestärkten weißen Manschetten einen Zentimeter breit unter den Ärmeln des dunkelblauen Maßanzugs hervor. Er kannte Andrews Ruf und begrüßte ihn überschwenglich. Er nahm an, Andrew wolle mit ihm über einen Wechsel von Wyant & Wheeler zu seiner Kanzlei reden, und das schien ihm durchaus erwägenswert. Anwälte wie Andrew Beckett gab es selten. Sie verfügten über einen besonderen Funken Brillanz, vielleicht auch Intuition, der sie dazu befähigte, ein ganzes Dickicht von Zusammenhängen schnell und klar zu durchleuchten. Manche Anwälte schaffen das nie und andere nur mit hartnäckiger Verbissenheit.

„Ich habe natürlich schon viel von Ihnen gehört, Mr. Beckett", sagte Mr. McDermott. Er schüttelte ihm die Hand, bat ihn Platz zu nehmen und setzte sich selbst hinter seinen Schreibtisch. „Was können ich und meine Kanzlei für Sie tun?"

„Ich möchte Wyant & Wheeler wegen beruflicher Diskriminierung verklagen", sagte Andrew offen heraus.

„Sie wollen was?"

„Sie haben mich gestern fristlos entlassen, weil ich AIDS habe", sagte Andrew. „Meine Chancen zu gewinnen stehen gut."

Mr. McDermotts Herzlichkeit war mit einem Schlag dahin.

„Sie wollen Wyant & Wheeler verklagen? Sie wollen, daß ich gegen Wyant & Wheeler klage?"

„So ist es", sagte Andrew. „Honorar wie üblich: Sie erhalten ein Drittel der Entschädigungssumme."

„Junger Mann", sagte Mr. McDermott, „Sie haben keine Chance."

Und nichts konnte ihn umstimmen, also war Andrew nach zehn Minuten wieder draußen. Mr. McDermott reichte ihm nicht die Hand, als er ging. Danach eilte er sofort ins Bad und wusch sich volle fünf Minuten lang die Hände.

„Du wirst dir noch die Haut von den Händen schrubben", sagte einer seiner Partner. „Nur etwas Tinte", gab Mr. McDermott zurück.

In den beiden folgenden Wochen wiederholte sich diese Szene Tag für Tag. Kaum hörte ein potentieller Anklagevertreter von Andrews Krankheit und seinem Plan, Wyant & Wheeler wegen Diskriminierung zu verklagen, gefror das Gespräch, und Andrew wurde so schnell hinauskomplimentiert, wie es die Regeln der Höflichkeit gerade noch zuließen. Fast jedesmal waschen sich der Anwalt oder die Anwältin gründlichst die Hände, sobald Andrew gegangen war. Für Andrew war dies alles andere als ermutigend. Es fehlte ihm die interessante Tätigkeit im Büro, die früheren Kollegen und die Gespräche mit den Mandanten. Es fehlte ihm die intellektuelle Herausforderung seiner Arbeit, die erregende Atmosphäre einer Verhandlung und der kleine Adrenalinstoß, wenn er vor den Richter trat. Sein Fall hatte auch einen finanziellen Aspekt: Weil er entlassen worden war, erhielt er keine Erwerbsunfähigkeitsrente, und weil Wyant & Wheeler ihm aus „aus gewichtigem Anlaß" gekündigt hatten, hatte er auch kein Anrecht auf eine Abfindung. Seinen letzten Scheck für zwei Tage Arbeit bekam er zugeschickt, und das war das Ende seiner Beziehung zu Wyant & Wheeler, zumindest aus deren Sicht.

Auch für Miguel war es schwer. Andrew war immer zu Hause, wenn er nicht gerade auf der Suche nach einem Anwalt war. Sogar die Besuche bei Dr. Gillman waren seltener gewoben, weil er sich einen Katheter hatte legen lassen und seine Infusionen nun zu Hause bekam. Das ungewohnte Nichtstun deprimierte ihn. Seine Stimmung wurde immer schlechter, und eines Mittags explodierte er dann aus nichtigem Anlaß. Er schrie Miguel an, weil er der Meinung war, daß dieser einen Fisch zu lange gekocht hatte.

„Hör mal", sagte Miguel. „ich kann es einfach nicht glauben, daß wir jetzt über das Essen zu streiten anfangen. Du mußt dich zusammenreißen. Such dir ein Hobby oder so etwas."

„Ich bin Anwalt!" schrie Andrew. „Ich kann einfach nicht herumsitzen und Briefmarken oder Schmetterlinge oder sonst etwas sammeln!" Er stieß seinen Stuhl zurück, lief die Treppe hinauf und schaltete den Fernseher genau in dem Augenblick ein, in dem Joe Millers Werbespot lief, in dem es hieß: „Wenn Sie durch die Schuld anderer verletzt worden sind, dann steht Ihnen möglicherweise Schmerzensgeld oder eine Barentschädigung zu." Der ist es, dachte Andrew: Er ist schwarz, weiß also, was Diskriminierung bedeutet, und er ist kein schlechter Anwalt. Bei der Grobplanung der Argumentation kann ich ihm behilflich sein. Andrew griff nach dem Telefon und wählte.

Christopher Davis: Philadelphia. Aus dem Amerikanischen von Monika Blaich und Klaus Kamberger. München: Goldmann Verlag, 1994. S. 78-81.
© 1993 TriStar Pictures. Inc. All rights reserved.
© der deutschen Ausgabe 1994 by Wilhelm Goldmann Verlag, München.

Weitere Textempfehlung:
Hellmann, Diana Beate: Zwei Frauen. Roman. Stuttgart, München: Lizenzausgabe des Deutschen Bücherbundes. S. 208-211, 227-229.

Cordula Zickgraf

Cordula Zickgraf entschließt sich, nach der mittleren Reife Krankenschwester zu werden. Während ihrer Ausbildung erkrankt sie und wird in einer Uniklinik stationär behandelt. Aus dieser Krankenhauszeit entsteht später ihr erster Roman „Ich lerne leben, weil Du sterben musst" (1979). Nach ihrem Krankenpflegeexamen arbeitete Cordula Zickgraf zunächst in verschiedenen Krankenhäusern, in der ambulanten Krankenpflege und mehrere Jahre bei einem niedergelassenem Internisten. Heute ist sie u.a. freiberuflich als Schriftstellerin tätig.

Werke u.a.:

1987   Mit einem Bein im Leben
1989   Ein Stück eigenes Leben
1991   Treffpunkt Spielplatz
2000   Die Vier von der Au
2002   Der Sohn des Piloten

Ich lerne leben, weil Du sterben mußt (1979)

Cordula ist eine junge Lernschwester, die an einer Schilddrüsenüberfunktion leidet. Während ihres 20-tägigen Krankenhausaufenthaltes lernt sie Aranka kennen, die an Krebs erkrankt ist und nur noch wenige Wochen zu leben haben wird. Zwischen Aranka und ihr entwickelt sich eine besondere Freundschaft. Durch das Miterleben von Arankas Krankheitsverlauf, die unmittelbare Nähe und das Erleben ihres Sterbens bekommt Cordula eine andere Haltung zu ihrem eigenen Leben.

(cw)

Ich lerne leben, weil Du sterben mußt. (Ausschnitte)

Dreizehnter Tag
Gespräch mit Studenten

– Ich bin Medizinstudent und wollte Sie fragen. ob Sie bereit wären, einer kleinen Gruppe Ihre Krankengeschichte zu erzählen.
~ Von mir aus. Wo und wann denn?

– Ich würde Sie heute um achtzehn Uhr abholen, das ist unten im Erdgeschoß.
~ Geht in Ordnung!
– Vielen Dank, auf Wiedersehen.
Mal etwas Abwechslung, denke ich. Wollen die zukünftigen Weißkittel etwa von mir was dazulernen? Ich bin ziemlich aggressiv auf die Studenten. Sie haben mir persönlich zwar nichts getan, aber ich erlebe sie hier und da auch bei uns in K. Kaum haben sie einen weißen Kittel, fühlen sie sich schon wie die Großen. Sie müssen zwar brav dem Assistenzarzt gehorchen, spielen sich aber dafür umso mehr vor den Patienten auf. Wenn ich sie so stolz durch die Gänge schreiten sehe oder mit ihrem gerade erlernten Vokabular zu den Patienten sprechen höre, dann müßte ich eigentlich lachen, wenn's nicht zugleich auch ein wenig traurig wäre. Klögner, der bei mir die Anamnese erhoben hat, ist so ein Typ, der wegen seines guten Abiturs einen Studienplatz bekommen hat, und weil Vater und Mutter es so wollten, wird aus ihm bald ein junger Herr Doktor werden, nur, leider: er hat keine Ahnung vom Seelenleben seiner Patienten.

Ich verbringe den Rest des Tages im Bett, halb dösend, halb schlafend, kümmere mich nicht sonderlich um Aranka. Sie hat Besuch – und meine schlechte Laune akzeptiert.

Punkt achtzehn Uhr kommt der Student und holt mich ab. Ich ziehe meinen Morgenmantel über; vorher hatte ich mich mit etwas Wimperntusche aufgefrischt. Mein Gesicht ist recht schmal geworden, etwas Farbe um die Augen macht sich gut. Ich werde in einen ziemlich kleinen Raum geführt; zehn junge Männer sitzen um einen Tisch. Ich muß grinsen und aufpassen, daß ich nicht plötzlich loslache – ich weiß auch nicht warum, aber ich finde das Ganze einfach komisch.

Auf einem etwas abseits stehenden Stuhl soll ich Platz nehmen, mir gegenüber setzt sich der Interviewer.
– Wie wir Ihnen schon sagten, sind wir eine Gruppe von Medizinstudenten und möchten gerne von Ihnen etwas über Ihre Krankengeschichte erfahren.
~ Wenn Sie mir Fragen stellen wollen – bitte!
– Ja, wie hat denn das bei Ihnen angefangen?
~ Ich hatte damals einen sehr schnellen Puls – auch in Ruhe; häufig Kreislaufbeschwerden, Bluthochdruck; plötzlich bekam ich Knöchelödeme – Zeichen einer beginnenden Herzschwäche.
Ich bin doch froh, etwas über meine Krankheit aussagen zu können. Allerdings werde ich bald unterbrochen.

– Wir sind Studenten im zweiten Semester und haben von der Pathologie noch gar keine Ahnung. Wir hätten gerne etwas über Sie als Patientin gewußt. Wie fühlen Sie sich?
~ Beschissen!
Allgemeines Grinsen.
– Können Sie das etwas näher ausführen?
~ Ich bin sauer, weil ich zuwenig informiert werde. Ich liege hier schon bald vierzehn Tage herum, nach jeder Visite werde ich frustrierter.
– Ja, weshalb denn?
~ Ich meine, daß es mein Recht ist, von den Ärzten besser über meine Krankheit aufgeklärt zu werden. Ich habe eine Hyperthyreose – mein Hausarzt schickte mich hierher, um abklären zu lassen, ob ich operiert werden müsse. Eigentlich sollte es nur ein paar Tage dauern. Jetzt hat sich allerdings etwas an meinem Blutbild verändert. Es wird mir ständig Blut abgenommen, aber niemand hat mir gesagt warum. Ja, neulich sagte mir der Doktor, daß sich meine Leukos vermindert hätten. Ich bin Schwesternschülerin und kann mit der Aussage schon etwas anfangen. Aber Patienten, die davon überhaupt keine Ahnung haben, die würden sich ganz schön Gedanken machen – doch zum Gesundwerden trägt das bestimmt nicht bei!
– Glauben Sie nicht, daß man als Patient den Doktor darauf ansprechen könnte?
~ Ach, das wird doch schon getan; dann heißt es immer: mal abwarten, mal sehen. Ich fühle mich oft einfach wie ein Gegenstand, den man betrachtet. Zum Beispiel: Bei der großen Chefvisite stehen manchmal zehn Ärzte um einen herum. Sie betasten, drücken, horchen. Ich glaube, manchmal vergessen sie, daß sie es mit ihresgleichen, nämlich mit Menschen, zu tun haben.
– Wie erleben es Ihre Mitpatientinnen?
~ Genauso – und gerade weil sie mit den hingeworfenen Fachausdrücken nichts anfangen können! Und wenn man dann im Bett liegt und nachdenkt, dann fragt man sich: Was hat der Doktor damit gemeint, ist das jetzt schlimm...? und so weiter. Ich finde es bedauerlich, wenn sich eine Patientin von ihrer Mitpatientin, die nun zufällig Krankenschwester ist, erklären lassen muß, was krankenhausresistente Keime sind.
– Glauben Sie nicht, daß Zeitmangel eine Rolle spielt?
~ Nein, sicher nicht. Es wird soviel am Patientenbett gesprochen, nur ist es eben für den Betreffenden unverständlich. Das ist mir alles so deutlich geworden, seitdem ich selbst krank bin.

Ich gehe ja auch oft bei den Visiten mit, aber da ist mir das alles nicht so aufgefallen. Nun muß ich oft an die Blicke der Kranken denken. Sie versuchen aus der kleinsten Geste des Arztes etwas zu erraten. Es ist ein hilfloser und flehender Ausdruck in diesen Gesichtern. Ich erlebe nun alles selbst und mache wahrscheinlich das gleiche Gesicht. Ich habe Zeit zum Nachdenken – mir geht das unwahrscheinlich nach.
– Sie haben schlechte Erfahrungen gemacht. Wie müßte nach Ihren Vorstellungen der ideale Arzt sein?
~ Es gibt keinen idealen Menschen, deshalb auch keinen idealen Arzt. Aber ich habe einmal eine Ärztin kennengelernt, die ist einfach prima. Sie ist zum einen fachlich in der Lage, die richtige Diagnose zu stellen, zum anderen setzt die sich auch mal ans Bett und erlaubt dem Patienten, all seinen Schmerz von der Seele zu reden, und beantwortet seine Fragen.
– Aber manchmal ist es auch so, daß die Ärzte wirklich noch nicht genau wissen, was der Patient hat, daß es also noch gar nichts zu informieren gibt?
~ Das kann man dem Patienten doch sagen! Und oft geht es doch gar nicht nur um die Information, sondern der Kranke hat das Bedürfnis, mit dem Doktor zu reden, denn im Grunde genommen kennt er diesen Menschen doch gar nicht, dem er hier so großzügig seine Gesundheit in die Hände legt... Kein Mensch wird zum Beispiel sein Auto einem Wildfremden verleihen – da würde doch jeder sagen: Der spinnt wohl. Was aber macht der Kranke? Von heute auf morgen gibt er sein Leben in die Hand des Arztes; ich meine, daß er da schon mal die Möglichkeit zu einem persönlichen Gespräch haben sollte. – Aber vielleicht wollen Sie ganz andere Fragen an mich stellen.
– Nein, nein, wir sind hier ganz beim Thema. Woran fehlt es also Ihrer Ansicht nach?
~ An der Menschlichkeit. Mir ist das alles zu unpersönlich. Fehlt nur noch, daß der Patient auf dem Fließband am Doktor vorbeirollt, der ihm dann einen Stempel mit dem Wort „gesehen" auf die Brust drückt. [...]

Achtzehnter Tag
Wut und Widerstand
~ Drum möchte ich jetzt heim, ich brauche mal wieder Schlaf, ohne Valium, ohne Mogadan – verstehen Sie?
– Ja, aber das mit Ihren Ohnmachten ist noch nicht geklärt.
~ Gut. Wenn die Untersuchungen noch länger dauern, dann möchte ich auf die Privatstation verlegt werden. Vielleicht werde ich dann besser informiert.

– Das können Sie natürlich gleich, selbstverständlich.
~ Das hab ich mir gedacht. Ist es nicht möglich, daß Sie mir sagen, wie lange Sie mich noch hierbehalten wollen?
– Ja, wir wollten Sie morgen noch zu einer Psychologin schicken, und wenn die grünes Licht gibt, dann können Sie übermorgen heim.
~ Wie schön, daß ich das heute noch erfahre. Was versprechen Sie sich von der Psychologin?
– Na irgendwoher muß diese Umfallerei doch kommen?
~ Interessant. Wenn Sie mit Ihrem Latein zu Ende sind, dann schicken Sie die Leute zum Psychologen. Nun gut, mir soll's recht sein, denn dann weiß ich, daß ich übermorgen heimkomme, wenn's vom Psychologen abhängig gemacht wird. Ich verstehe mich mit diesen Leuten recht gut. Ich war letztes Jahr sogar beim Psychiater – ja, der hat auch nichts gefunden. Ich bin leider normal.
Renner und Schneider sind jetzt sehr kurz angebunden.
– Also machen wir's so – o.k.? sagt Renner.
~ Geht in Ordnung!
Man muß immer erst einen Riesenzirkus machen, damit man an die Herren rankommt – ich finde das alles höchst lächerlich, allerdings auch sehr bedauerlich. Weil ich zufällig Eltern mit Geld habe und mit der Privatstation kommen kann, wird mir auf einmal Auskunft gegeben. Was ist mit den vielen anderen kranken Leuten, die kein Geld haben? Die werden vor vollendete Tatsachen gestellt – die dürfen nicht aufmucken. Das ist wirklich ein Skandal!

Kann ich denn in so einem verlogenen System überhaupt noch Krankenschwester werden? Vielleicht erst recht – mit dem Versuch, dagegen zu arbeiten, für den Patienten zu arbeiten, nicht für das Krankenhaus. Nach diesem Gespräch gehe ich einen Stock tiefer ins Treppenhaus und sehe aus dem offenen Fenster in einen häßlichen Hinterhof. Ich für meinen Teil bin froh, daß ich übermorgen heim kann, bin froh, daß ich den beiden Weißkitteln doch so in etwa meine Meinung gesagt habe. Aber wie soll das nur weitergehen. wie machen es andere kranke Leute in so einer Situation? Zum Psychologen soll ich. Jetzt nach drei Wochen Krankenhausaufenthalt – reif für den Psychologen? Das ist ein Armutszeugnis für unsere Ärzte. Ich kam ins Krankenhaus wegen einer organischen Erkrankung, zur Abklärung, ob operiert werden sollte. Sicher, das mit dem Blutbild kam hinzu, aber wegen der Leukozytenverminderung schickte mich ja schon mein Hausarzt in die Uniklinik. das hat der selber schon festgestellt. Ich werde nun aus dem Krankenhaus entlassen – reif für den Psychologen und mit einer angeblich organischen Erkrankung, an der man überhaupt nichts abgeklärt hat. Ich bin noch mal gut davongekommen – ich weiß auch, daß ich; bei dem Gespräch mit der Psychologin gut wegkommen werde. Aber ich will, in Gedanken, das Spiel mal weiter spielen: Angenommen, ich wäre noch etwas labiler, hätte keinen Ehemann, der mich aufrichtet, keinen Vater, der bezahlen kann, wüßte noch weniger in bezug auf Krankheiten und hätte den Ärzten alles geglaubt; ich hätte mich doch bestimmt nicht getraut, die Tabletten nicht mehr einzunehmen! Kein Mensch hat mir damals gesagt, daß die zur Beruhigung dienen. Ich hab das bei der Visite aus dem Untereinandergemurmel herausgehört, und außerdem kannte ich die Tabletten vom Aussehen.

Ich hätte weiter Abend für Abend Valium genommen, auch wenn ich gar nicht unruhig gewesen wäre, hätte mich weiter in meine Gedanken vergraben, wäre weiterhin zusammengeklappt – vielleicht irgendwann mal total. Ja, dann wäre eine Psychotherapie fällig gewesen. Die Ärzte haben ja alles getan, was in ihrer Macht steht. Was will man ihnen vorwerfen?

Zickgraf, Cordula: Ich lerne leben, weil Du sterben mußt. Ein Krankenhaustagebuch. Mit einem Vorwort von Dr. med. Paul Becker. Stuttgart, Berlin: Kreuz Verlag, 1979. S. 118-121, 166-167.
© Kreuz-Verlag Stuttgart 1979

Aktuelle Ausgabe:
Zickgraf, Cordula: Ich lerne leben, weil Du sterben musst. Ein Krankenhaustagebuch. Allitera Verlag München 2001

Weitere Textempfehlungen:
Rothmann, Ralf: Stier. Frankfurt am Main: Suhrkamp, 1993. S. 342-345;
Camus, Albert: Camus, Albert: Licht und Schatten. In: Ders.: Kleine Prosa. Reinbek bei Hamburg: RoRoRo Taschenbuchverlag, 1961. S. 45-49.
Wolf, Christa: Kindheitsmuster. In: Hilzinger, Sonja: Christa Wolf. Werke in 12 Bänden. Band 5. München: Luchterhand, 2000. S. 560-563.

Eva Demski

Eva (Katrin) Demski ist am 12. Mai 1944 in Regensburg geboren. Die Tochter eines Bühnenbildners wächst in Regensburg, Wiesbaden und Frankfurt am Main. auf. Nach dem Abitur 1964 beginnt sie Germanistik, Philosophie und Kunstgeschichte in Mainz und Freiburg zu studieren. In den folgenden Jahren arbeitete sie als Dramaturgieassistentin an den Städtischen Bühnen in Frankfurt sowie als freie Lektorin für Theaterverlage. Sie verfasst zahlreiche Essays über politische und literarische Themen. Zudem veröffentlicht sie meist autobiographisch angelegte Romane. Zeit- und sozialkritische Aspekte in Demskis Werken werden besonders deutlich in ihrem dritten Roman, „Scheintod" (1984). Eva Demski lebt in Frankfurt..

Werke u. a.:

1979   Goldkind
1981   Karneval
1987   Hotel Hölle, Guten Tag

Scheintot (1984)

Frankfurt am Main, Ostern 1974. Ein Anwalt wird tot in seiner Kanzlei im Bahnhofsviertel gefunden. Natürlicher Tod, Mord oder Selbstmord? Die Polizei stellt die Leiche sicher. Seine Frau, die seit Jahren von ihm getrennt lebt, ist plötzlich gezwungen, sich mit seiner Arbeit, seinem Leben - und ihrer Liebe zu ihm auseinander zu setzen. Er war ein Anwalt der linken Szene, Strafverteidiger, Theoretiker der Revolution. Was weiß sie eigentlich von diesem für sie noch so lebendigen Toten? Stille Trauer ist der Frau nicht vergönnt.

(nr)/(cw)

Demski, Eva: Scheintot (Ausschnitte)

Als der Beerdigungsorganisator vor der Frau stand, hatte sie den Eindruck, sein an vielen Sterbefällen geschärfter Blick sähe sogleich die Besonderheit dieses Todes.

Wo möchten Sie sitzen? fragte sie. Er hängte seinen weichen dunklen Mantel über die Lehne eines verläßlich aussehenden Sessels. Den Schaukelstuhl verschmähte er.

Zunächst, meine herzliche Teilnahme, sagte er, denken Sie nicht, ich sage das aus Routine. In meinem Beruf darf es keine Routine geben. Ein so junger Mensch wie Ihr Mann! Man kann schwer einen Sinn dahinter erkennen.

Er saß da wie eine Frau, die Knie fest aneinandergepreßt, die runden Arme vor der Brust verschränkt. Nichts in seinem Gesicht gab einem eine Hilfe, um es sich zu merken, kein Bart, keine Narbe, keine Brille.

Für Unordnung ist die Trauer zu schade, sagte Herr Marder. Aber der Trauernde kann keine Ordnung halten! Dafür sind wir da.

Er zeigte auf unsichtbare Helfer, mit einer weiten Armbewegung nahm er etwas zusammen, das die Frau sich nicht vorstellen konnte. Er benahm sich, als würde er über einige Engel gebieten. Seine schwarze Mappe lag vor ihm auf dem Tisch. Sie dachte nach, ob es ungehörig sei, wenn sie eine Kerze anzündete.

Möchten Sie etwas trinken? fragte sie.

Es redet sich leichter, sagte er.

Was ist ein richtiges Trauergetränk, fragte die Frau, ich habe keine Erfahrung. Es ist sehr früh, daß Sie sie machen müssen, sagte Herr Marder freundlich. Ich würde ein wenig Sherry vorschlagen, wenn Sie so etwas dahaben. Das kräftigt auch. Sie haben sicher seit dem Unglück nichts gegessen, wenn ich mir die Bemerkung erlauben darf.

Die Frau nickte und fühlte sich dünn. Sie war dankbar dafür, daß dieser Mann sie mit einer Fürsorge umgab, die sie danach würde bezahlen können, die sie zu keiner Dankbarkeit verpflichtete. Er hatte einen Beruf wie ein Masseur oder ein Telefonseelsorger. Sie war sich auch ganz sicher, daß er nach diesem Nachmittag alles vergessen würde, was sie ihm gesagt hatte.

Herr Marder öffnete seine schwarze Tasche und nahm einen Stapel Papiere heraus auf dessen oberstem Blatt sie nichts Verdächtiges entdecken konnte. Sie hatte eigentlich große bunte Bildtafeln mit Särgen und Blumenarrangements erwartet.

Noch haben wir ja den Feiertag, sagte Herr Marder. Ich kann also erst morgen mit der Gerichtsmedizin wegen der Freigabe in Verbindung setzen. Freigabe von was? Der Körper des Mannes war zum erstenmal gefangen.

Wir nehmen ihn tot oder lebendig, murmelte die Frau.

Was heißt das, er muß freigegeben werden? fragte sie Herrn Marder laut.

Pardon? sagte der höflich, was hatten Sie zuvor gesagt?

Ach nichts, antwortete sie, aber sie sah dem höflichen, stillen Mardergesicht an, daß er sie genau verstanden hatte.

Sie wissen doch, sagte Herr Marder, die Freigabe – das ist immer so bei einem auch nur geringen Zweifel an der Todesursache des Verstorbenen. Da, gerade bei Ihrem werten Gatten mußte man der Sache doch auf den Grund gehen! Ein junger Mensch wie er, das kann man doch nicht so ohne weiteres akzeptieren! Da müssen Begründungen her! Er regte sich ordentlich auf.

Sie schämte sich ein wenig und ihr schien, als ginge sie mit dem Tod ihres Mannes schlampig um.

Es ist mir ein schauerlicher Gedanke, daß man mit ihm machen kann, was man will, dort! sagte die Frau. Und dann gibt man ihn einfach frei!

Ich verstehe Sie gut, antwortete Herr Marder und häufte seine Papiere in eine neue Ordnung. In diesen Fällen haben es die einfacheren Angehörigen leichter. Die stellen sich das Ganze gar nicht erst vor.

Wie meinen Sie das? fragte sie mißtrauisch und dachte: Das ist ein Rechter.

Die einfacheren Angehörigen haben es sowieso leichter, sagte Herr Marder geduldig, weil sie nicht so viel an Vorher denken. Sie überlegen nur, wie es weitergeht, erst recht, wenn ein Geschäft da ist oder Kinder und kein Testament. Darüber werden Sie gar nicht nachdenken! sagte er vorwurfsvoll. Doch, ich verstehe Sie gut. Aber lassen Sie die Gerichtsmedizin meine Sorge sein. Man kann das ganz spurlos machen. Alles kann man spurlos machen, glauben Sie mir.

Die Frau spürte einen Gedanken heraufkommen, den sie wieder herunterzuschlucken versuchte, weil sie ihn noch nicht brauchen konnte, weil sie sich vor ihm fürchtete. Das mit dem Spurlosmachen. Eine Zeitlang vielleicht ging das; die paar Tage über der Erde. Aber dann kam der Boden drüber, und unter dem Boden verändert sich alles, schnell und lautlos, man weiß nicht, wie.

Der Beerdigungsexperte breitete mit einer entschlossenen Fächerbewegung seine Papiere aus. Da waren dann doch Bilder, aber dezente in Schwarzweiß. Das sah auf den ersten Blick alles sehr kleinkariert und spießig aus, diese Särge, einer wie der andere hell oder dunkel, mit mehr oder weniger Wülsten, mit mehr oder weniger Metallbeschlägen. Nichts dabei für den Mann. Kein geeignetes letztes Haus.

Er ist aber sehr groß, sagte sie stolz und verzweifelt zu Herrn Marder, als hätte der noch eine Geheimmappe für Könige bei sich.

Wir haben auch da das geeignete. Sie hatten sich sicher etwas Ungewöhnliches gedacht. Aber, liebe junge Frau, das ist bei Lebzeiten, das Ungewöhnliche. Das brauchen Sie nicht von mir.

Sie suchte einen Sarg aus, einen hellen Sarg, dessen Bild ihr keinen Eindruck von seiner Größe gab.

Das ist ein würdiges Modell, sagte Herr Marder. Ich hätte Ihnen zu dergleichen selbst geraten.

Was kostet das eigentlich, fragte die Frau, nicht so sehr, weil sie es wissen wollte, als weil sie dachte, daß sich die Frage gehörte.

Sie werden sicher im Leistungsrahmen der Versicherung bleiben. Da bräuchte ich auch noch die Unterlagen. Sie müssen sich dann um nichts mehr kümmern. Für diese Dinge sind meinesgleichen da. Der Verstorbene hatte sicher eine große Familie, viele Freunde.

Die Antwort blieb ihr im Hals stecken, das »ja« wollte einfach nicht heraus.

Familie weiß ich nicht so genau, antwortete sie wie in der Schule, Eltern, ein paar Tanten – ich weiß nicht. Kollegen, sicher. Auch Freunde, sagte sie eifrig und schämte sich, weil sie den Mann unentwegt weiter verriet.

Ich frage nur wegen der Karten, die gedruckt werden sollen, sagte Herr Marder beruhigend, wieviele es sein sollen. Ich bringe sie Ihnen morgen vorbei. Den Text machen wir nachher noch, auch den für die Anzeige. Morgen wird man es lesen können.

Meinen Sie, daß es dann erst wahr ist? sagte sie.

Viele empfinden es so, antwortete Herr Marder, vor allem junge Hinterbliebene. Ihnen ist es noch ein Schlag, wenn sie auf den schwarzen Seiten einen Freundesnamen finden. Und es wird ja viele junge Hinterbliebene geben im Fall des Verstorbenen.

An zweierlei dachte sie jetzt: an den Jungen, den jungen Hinterbliebenen, und daran, daß Herr Marder offenbar zur gleichen nächtlichen heimlichen Gesellschaft gehörte wie der Mann und manche seiner Freunde. Sie sah es ihm nicht an, ihm war nichts anzusehen. Sie spürte es, sein glattes, ernst-freundliches Gesicht, seine Fürsorge, seine unbewegten Augen, die hellen runden Hände, die die Papiere in immer neue Ordnungen schichteten. Er gehört dazu, dachte sie und fühlte sich beruhigt, so, als sei damit sicher, daß die Besonderheit des Mannes respektiert würde. Am liebsten hätte sie es Herrn Marder gesagt. Aber vielleicht wußte er es schon.

Vielleicht hundert? fragte die Frau vorsichtig – hundert Karten? Es wären ihr im Moment nicht einmal zehn Menschen eingefallen, denen sie eine hätte schicken wollen. Aber die werden schon noch kommen, dachte sie.

Ja. Hundert, sagte Herr Marder und notierte etwas. Vielleicht jetzt noch die Ausstattung, bevor wir zum Text kommen?

Was für eine Ausstattung? fragte die Frau.

Nun, sagte Herr Marder und lehnte sich zurück, wobei unter seiner dunklen Weste sich ein bescheidener Bauch wölbte, die Bekleidung des Verstorbenen.

Da war der Mann im Herzen der Frau plötzlich eine große Puppe, die in Windeseile Kleider wechselte, in immer anderen Farben erschien, wie in einem Diavortrag, klick, sie sah es ganz deutlich. Sein Cutaway, das schwarze Jackett, die weitfallenden asselfarbenen Hosen. Das Ding war so teuer gewesen, sie hatten damals gar kein Geld gehabt, aber er hatte ihn sich gewünscht und war damit zum zweiten Staatsexamen gegangen. Die Kommilitonen hatten sogar vergessen zu lachen. Die Jeans mit dem dünnen, bestickten fliederfarbenen Seidenhemd, aus dessen Halsausschnitt er gern ein paar Brusthaare schauen ließ. Die Kettchen. Die billigen Ringe, kostbar nur an seinen knochigen Händen, deren Gelenke immer knackten. Der Smoking, so schön und nach Maß mit einer untadelig gebundenen Schleife.

Auch er ohne Geld gekauft, eine wirkliche Not hatte es gegeben nach dem Smoking! Da war er noch in seiner Verbindung gewesen und hatte keinen dieser blöden Bälle ausgelassen. Klick, klick. Immer neue Dias, in ihrem Kopf, ihr Mann in all seinen Kostümen. Die Robe! Da stand er in der Robe, den linken Arm anklagend erhoben und wies auf sie, die weiße Pikeefliege deutlich sichtbar.

War dies sein Kleidungsstück? Darin leben, ja. Darin tot liegen? Das schmale, enge schwarze Lederzeug, Kostüm für seine Nachtseite, die die Frau jetzt erst genau kennenlernen würde Aber da standen zwei Figürchen in dem Lederzeug, er und der Junge. So wird er nicht allein liegen, dachte sie. Sein Capemantel, wie Aristide Bruant, mit dem gleichen großen Hut, mit dem er der Zivilstreife spöttisch die Verfolgung leichtgemacht hatte. Der silbergraue Flanell mit den engen, engen Hosen, den hatte die Frau ihm geschenkt von einem unerwartet hohen Honorar. Immer mehr Bilder, und geduldig wartete Herr Marder, der auch das zu wissen schien.

Was ziehen Sie ihnen denn normalerweise an? fragte sie mühsam. In all den bunten und schwarzen Kleidern, die ihr an der kleinen Figur ihres

Mannes erschienen waren, konnte sie ihn sich lebendig vorstellen, aber nicht liegend und ohne Bewegung. Außerdem schienen ihr seine Kleider unpassend für diesen Zweck.

Es gibt da mehrere Möglichkeiten, sagte Herr Marder, eigentlich lassen sich auch nur ältere Herren in ihrem besten Anzug begraben. Oder in einer Uniform. Die klassische Ausstattung ist das Totenhemd, für welches es wieder verschiedene Ausführungen gibt.

Der Frau wurde alles zu langwierig. Aus was sind die? fragte sie.

Es gibt sie von Papier bis Seide! antwortete Herr Marder.

Seide! sagte sie. Da meinte sie wieder das Lachen des Mannes zu hören, aber schon weiter entfernt.

Ich hatte es mir gedacht, sagte Herr Marder, die Sargausstattung auch die bessere Form?

Ja, antwortete sie.

Sie setzten noch den Text der Anzeige auf. Die Frau bestand auf einer einfachen Mitteilung in eindrucksvoller Größe. Keine weiteren Worte, keine Zusätze, keine Sprüche.

Soll der Beerdigungstermin in drinstehen? sagte Herr Marder.

Den hab ich doch noch gar nicht, sagte sie, schluchzend, ich muß ja warten, bis sie ihn aufgeschnitten haben!

Morgen haben Sie den Termin in der Zeitung, sagte Herr Marder tröstend, machen Sie sich keine Gedanken! Marder handelt für Sie!

Demski, Eva: Scheintot. München, Wien: Hanser Verlag, 1984. S. 84-89, 165-167.
© 1984 Hanser Verlag München, Wien

Hugo von Hofmannsthal

Hugo von Hofmannsthal wird als Sohn des Bankiers Hugo von Hofmannsthal und dessen Frau Anna Maria (geb. Fohleutner) am 1. Februar 1874 in Wien geboren; die Familie ist österreichisch-jüdisch-lombardischer Herkunft. Er besucht das Gymnasium in Wien. 1891 findet die erste Begegnung mit Stefan George statt, in dessen „Blättern für die Kunst" werden viele seiner Gedichte unter dem Pseudonym Loris veröffentlicht. Ab 1892 studiert Hofmannsthal Rechtswissenschaften bis zur ersten Staatsprüfung und Romanistik (ab 1895) an der dortigen Universität (1898 Dr. phil.). Die ersten lyrischen Dramen wie „Der Tod des Tizian" (1892) oder „Der Tor und der Tod" (1893) entstehen. 1901 zieht sich Hofmannsthal aus dem Wiener Gesellschaftsleben in das nahe gelegene Rodaun zurück. Eine enge Zusammenarbeit mit Richard Strauss beginnt 1906, Hofmannsthal verfasst einige Opernlibretti. Am 15. Juli 1929 stirbt Hugo von Hofmannsthal in Rodaun.

Werke u.a.:

1911	Der Rosenkavalier
1911	Jedermann
1912	Ariadne auf Naxos
1919	Die Frau ohne Schatten
1921	Der Schwierige
1923	Der Unbestechliche
1928	Der Turm

Jedermann (1911)

Gott will einen Gerichtstag halten über alle Menschen, die durch die ständige Mißachtung seiner Gebote in Sünde leben und beauftragt im Vorspiel des Stückes den Tod, Jedermann vor den göttlichen Richtstuhl zu bringen, damit dieser Rechenschaft ablege über sein irdisches Leben.

(nr)

Hofmannsthal, Hugo von: Jedermann. Das Spiel vom Sterben des reichen Mannes. (Ausschnitt)

JEDERMANN
Ach Gott, wie graust mir vor dem Tod,
Der Angstschweiß bricht mir aus vor Not
Kann der die Seel im Leib uns morden
Was ist denn jählings aus mir worden?
Hab immer doch in bösen Stunden
Mir irgendeinen Trost ausfunden.
War nie verlassen ganz und gar,
Nie kein erbärmlich armer Narr.
War immer wo doch noch ein Halt
Und habs gewendet mit Gewalt.
Sind all denn meine Kräft dahin,
Und alls verworren schon mein Sinn,
Daß mich kaum mehr besinnen kann,
Wer bin ich denn: der Jedermann,
Der reiche Jedermann allzeit.
Das ist mein Hand, das ist mein Kleid
Und was da steht auf diesem Platz,
Das ist mein Geld, das ist mein Schatz,
Durch den ich jederzeit mit Macht
Hab alles spielend vor mich bracht.
Nun wird mir wohl, daß ich den seh
Recht bei der Hand in meiner Näh.
Wenn ich bei dem verharren kann
Geht mich kein Graus und Ängsten an.
Weh aber, ich muß ja dorthin,
Das kommt mir jählings in den Sinn.
Der Bot war da, die Ladung ist beschehn,
Nun heißt es auf und dorthin gehn.
Wirft sich auf die Truhe.
Nit ohne dich, du mußt mit mir,
Laß dich um alls nit hinter mir.
Du mußt jetzt in ein andres Haus
Drum auf mit dir und schnell heraus.
Die Truhe springt auf.

MAMMON *richtet sich auf. Groß*
Ei Jedermann, was ist mit dir?
Du bist ja grausamlich in Eil
Und bleich wie Kreiden all die Weil.

JEDERMANN
Wer bist denn du?

MAMMON
Kennst vom Gesicht mich nit
Und willst mich dorthin zerren mit?
Dein Reichtum bin ich halt, dein Geld,
Dein eins und alles auf der Welt.

JEDERMANN *sieht ihn an*
Dein Antlitz dünkt mir nit so gut
Gibt mir nit rechten Freudenmut
Das ist gleichviel, du mußt mitgehen.

MAMMON
Was solls, kann alls von hier geschehen,
Weißt wohl, was ich in Mächten hab,
Sag was dich drückt, dem helf ich ab.

JEDERMANN
Die Sach ist anderster bewandt
Es ist von wo um mich gesandt.

MAMMON *ein langer Blick*
Von –

JEDERMANN *schlägt die Augen nieder*
Ja, es war ein Bot bei mir.

MAMMON
Ist es an dem, du mußt von hier?!
Ei was, na ja, gehab dich wohl
Ein Bot war da, daß er ihn hol
Dorthin, das ist ja schleunig kommen
Hab vordem nichts derart vernommen.

JEDERMANN
Und du gehst mit, es ist an dem.

MAMMON
Nit einen Schritt, bin hier bequem.

JEDERMANN
Bist mein, mein Eigentum, mein Sach.

MAMMON
Dein Eigen, ha, daß ich nit lach.

JEDERMANN
Willst aufrebellen, du Verflucht! du Ding!
Will ihn nehmen.

MAMMON *stößt ihn weg*
Du, trau mir nit, dein Wut acht ich gering,
Wird umkehrt wohl beschaffen sein.
Ich steh gar groß, du zwergisch klein.
Du Kleiner wirst wohl sein der Knecht
Und dünkts dich, anders wärs gewesen,
Das war ein Trug und Narrenwesen.

JEDERMANN
Hab dich gehabt zu meim Befehl.

MAMMON
Und ich regiert in deiner Seel.

JEDERMANN
Warst mir zu Diensten in Haus und Gassen.

MAMMON
Ja, dich am Schnürl tanzen lassen.

JEDERMANN
Warst mein leibeigner Knecht und Sklav.

MAMMON
Nein, du mein Hampelmann recht brav.

JEDERMANN
Hab dich allein gedurft anrühren.

MAMMON
Und ich alleinig dich nasführen.
Du Laff, du ungebrannter Narr,

Erznarr du, Jedermann sieh zu
Ich bleib dahier und wo bleibst du?
Was ich in dich hab eingelegt
Darnach hast du dich halt geregt.
Das war ein Pracht und ein Ansehen
Ein Hoffart und ein Aufblähen
Und ein verflucht wollüstig Rasen,
War alls durch mich ihm eingeblasen,
Und was ihn itzt noch aufrecht hält
Daß er nit platt an' Boden fällt
Und alle Viere von sich reckt
Und hält ihn noch emporgestreckt
Das ist allein sein Geld und Gut
Da hier springt all dein Lebensmut.
Hebt eine Handvoll Geld aus der Truhe und läßt es wieder fallen.
Fällt aber in die Truhen zurück
Und damit ist zu End dein Glück.
Bald werden dir die Sinn vergehen
Und mich wirst nimmer wiedersehen.
War dir geliehen für irdische Täg
Und geh nit mit auf deinen Weg,
Geh nit, bleib hier, laß dich allein
Ganz bloß und nackt in Not und Pein.
Ist alls um nichts dein Handausrecken
Und hilft kein Knirschen und Zähneblecken,
Fährst in die Gruben nackt und bloß,
So wie du kamst aus Mutter Schoß.
Bückt sich, die Truhe springt zu.

Hofmannsthal, Hugo von: Jedermann. Das Spiel vom Sterben des reichen Mannes. In: Schoeller, Bernd (Hrsg.): Hugo von Hofmannsthal. Gesammelte Werke in zehn Einzelbänden. Dramen III. 1893-1927. Frankfurt am Main: S. Fischer Verlag, 1979. S. 54-57.
Copyright 1945, 1946, 1947 by Bermann-Fischer Verlag A.B., Stockholm
Copyright 1948 by Bermann-Fischer/Querido Verlag N.V., Amsterdam
Copyright 1949, 1950, 1952, 1953, 1954, 1955 by S. Fischer Verlag GmbH, Frankfurt am Main
© S. Fischer Verlag GmbH, Frankfurt am Main 1956, 1957, 1958
Für diese Zusammenstellung:
© Fischer Taschenbuch Verlag GmbH, Frankfurt am Main, 1979

Glossar

abhärmen:	sich sorgen
Abhub:	Abschaum
Ackerkrume:	Krume: zum Ackerbau benutzte, oberste Bodenschicht (20-30 cm stark) mit reicher Mikroflora und -fauna und hohem Humusgehalt
Adjunkt:	Amtsgehilfe, Gehilfe
Agonie:	Todeskampf
Agora:	1) Volksversammlung in der griech. Polis; 2) von Säulen umschlossener rechteckiger Markt- oder Versammlungsplatz
Akribie:	höchste Genauigkeit, Sorgfalt
Ameublement:	veraltet Wohnungs-, Zimmereinrichtung
Anger:	zentraler, in Gemeindebesitz befindlicher Platz innerhalb eines Dorfes, der vielfach dessen Grundrissform bestimmte, teilweise als Viehweide diente und auf dem sich der Löschteich befand, später häufig mit öffentlichen Gebäuden bebaut
Antipodisch:	gegenüberliegend
Arpeggios:	Akkord, Vortragsanweisung
Arrondisment:	dem Departement untergeordneter Verwaltungsbezirk in Frankreich
Bagasse:	Pressrückstand bei der Rohrzuckergewinnung
Bamsen:	Bams: Kind
Binsen:	Stauden Pflanzengruppe: Gräser
Botokuden:	Mensch mit schlechtem Benehmen; Ungebildeter
Bourgeoisweiber:	Bourgeoisie: wohlhabendes Bürgertum, Marx: herrschende Klasse der kapitalistischen Gesellschaft, Produktionsmittelbesitzer
Bridge:	Kartenspiel
Brigade:	1) militärisch: kleinster Großverband aller Truppengattungen, der selbständige Kampfaufträge durchführen kann 2) in kommunistischen Staaten kleinstes Kollektiv von Industrie- bzw. Landarbeitern
Brodem:	Qualm, Dampf, Dunst; Nebel
bukolisch:	Werke poetischer Kleinkunst, die im Hirtenmilieu spielen; Hirtendichtung
Cherub:	das Paradies bewachender Engel
Cinecittà:	italienisches Filmproduktionszentrum bei Rom
debussyisch:	Debussy: Für den von ihm geschaffenen impressionistischen Stil ist eine neue Klangsinnlichkeit charakteristisch, mit noch tonaler Harmonik, bei der Dissonanzen als Klang-Farbwerte eingesetzt sind.
Debütantin:	erstmalig auftretende Anfängerin
Dechant:	Dekan, Zwischeninstanz zwischen Bischof und Pfarrer
Dekret:	Beschluss, Verordnung, behördliche, richterliche Verfügung

Demi-vierge:	[lat.-fr.; „Halbjungfrau", Wortschöpfung des franz. Romanschriftstellers Marcel Prévost]; (in der Sexualwissenschaft) Mädchen, das zwar sexuelle Kontakte, aber keinen Geschlechtsverkehr hat
Departement:	Verwaltungsbezirk in Frankreich
Dezennium:	Zeitraum, Jahrzehnt
Disposition:	Verfügung
distinguiert:	betont vornehm, sich von anderen (vornehm) unterscheidend
dolce far niente:	„süß ist's, nichts zu tun" (ital.)
Einbeizen:	Vorbereitung von Werkstoffen und Verbrauchsgütern durch Behandlung mit Lösungen von Säuren, Salzen o.ä.
en passant:	franz.: nebenbei, im Vorübergehen, beiläufig
Enklave:	vom eigenen Staatsgebiet eingeschlossener Teil eines fremden Staatsgebietes
Epigone:	Nachahmer ohne eigene Ideen (bes. in Literatur und Kunst); unbedeutender Nachfolger bedeutender Vorgänger
Eskapismus:	(Psychologie) [Hang zur] Flucht vor der Wirklichkeit u. den realen Anforderungen des Lebens in eine imaginäre Scheinwirklichkeit;
exaltiert:	aufgeregt, überspannt, empfindsam
Expedient:	Abfertigungsbeauftragter in der Versandabteilung einer Firma, Ausfertiger, Versender
extrapolieren:	aus dem Verhalten einer Funktion innerhalb eines mathematischen Bereichs auf ihr Verhalten außerhalb dieses Bereichs schließen
Flözen:	Flöz: bergmännische Bezeichnung für eine Schicht nutzbarer Gesteine (z.B. Kohle)
frenetisch:	stürmisch, rasend, tobend
Fron:	dem Lehnsherren zu leistende Arbeit, Zwangsarbeit
Gaffky-Skala:	Gaffky (Georg Theodor August), 1850-1918, dt. Bakteriologe
gassenbübisch:	jungenhaft
Genius:	[lat.; eigtl. „Erzeuger"] (hist.) im röm. Altertum Schutzgeist, göttliche Verkörperung des Wesens eines Menschen, einer Gemeinschaft, eines Ortes
Glorie:	Ruhm, Herrlichkeit; Heiligenschein
Goldenes Zeitalter:	Bezeichnung für eine angeblich ideale Vorzeit, nachweisbar in altindischen und antiken (z.B. Hesiod, Vergil) Quellen
Goldparmänen:	Apfelsorte mit rötlich-gelber Schale
Gravität:	(veraltet) [steife] Würde
Grog:	[engl.; nach dem Spitznamen des engl. Admirals Vernon: "Old Grog"] heißes Getränk aus Rum (auch Arrak od. Weinbrand), Zucker u. Wasser
Hagestolz:	Junggeselle
Hähnchenkasserolle:	Kasserolle: Schmortopf

Hektar:	Flächen- und Feldmaß (=100 ar = 10000 m²); Zeichen: ha
Herkulisch:	riesenstark

indifferent:	unbestimmt, gleichgültig, teilnahmslos, unentschieden, unparteiisch
infam:	ehrlos, niederträchtig, schändlich, bösartig jemandem schadend
Interieur:	Ausstattung eines Innenraumes
Intonieren:	Töne mit der Stimme oder einem Instrument in einer bestimmten Tongebung hervorbringen

Janitscharen:	[(türk.) „neue Streitmacht"] vom 14.Jh. bis 1826 die Kerntruppe des osman. Sultans

Kabriolett:	(Cabriolet) [frz.], leichter zweirädriger Einspänner; meist mit Verdeck
Kaffernpfad:	Kaffern: Bantustämme in der Republik Südafrika; heute abwertende Bezeichnung
Kandelaber:	mehrarmiger Kerzenleuchter; Straßenbeleuchtung
Karbol:	(ugs.) Karbolsäure
Kentauren:	mischgestaltige Fabelwesen der griech. Mythologie (menschl. Oberkörper mit Pferdeleib)
Köcher:	Behälter für Pfeile
Kommisbrote:	Kommiß: Militärdienst
Konglomerat:	Zusammenballung, Gemisch; Anhäufung
Konnex:	Zusammenhang, Verbindung; persönlicher Umgang
konspirativ:	verschwörerisch
Kuben:	Kubus (sing.): Würfel; dritte Potenz einer Zahl

lakonisch:	kurz, wortkarg
Libertinage:	Zügellosigkeit, Ausschweifung
Luzidität:	1. Helle, Durchsichtigkeit. 2. Klarheit, Verständlichkeit.

Macchie:	charakteristischer immergrüner Buschwald des Mittelmeergebietes
Malter:	alte dt. Volumeneinheit von territorial unterschiedlicher Größe, v.a. für Getreide
memento mori:	[lat.: „gedenke des Todes"]; Vorfall, Gegenstand der an den Tode gemahnt
Minarett:	Moscheeturm, auf dem der Muezzin die Gebetsstunde ausruft
mokant:	spöttisch
Mondänität:	auffällige Eleganz
Morgen:	altes dt. Feldmaß; zwischen 0,255 und 0,388 ha; häufig 0,25 ha = 25a = 2500 m²
Müppen:	Asoziale

Nargileh:	orientalische Wasserpfeife
Narzissmus:	krankhafte Verliebtheit in die eigene Person; Ichbezogenheit
Nephrit:	Stein, der gegen Nierenleiden helfen soll
Nuancierung:	Differenzierung

Obristen:	Dienstgrad: veraltet für Oberst; auch für Mitglied einer Militärjunta
Odium:	Abneigung; übler Beigeschmack; Makel
Ovationen:	begeisterter Beifall, Huldigung

Pantomime:	Darstellung einer Szene nur mit Gebärden und Mienenspiel
Parchentfabrikant:	Parchent: oberdeutscher Berufsübername für mittelhochdeutsch: „barchant" für den Barchentweber - dicht gewirktes Mischgewebe aus Leinen und Baumwolle wurde durch die Araber in Europa verbreitet
Paroxysmus:	medizinisch: anfallartige Steigerung von Krankheitserscheinungen;
Patina:	(ital.) grünlicher Überzug bzw. Schutzschicht auf Kupfer, Edelrost
perfide:	hinterhältig, hinterlistig, tückisch, untreu
Periodika:	regelmäßig erscheinende Zeitschriften, Jahrbücher
Phrygana:	Felsenheide; der Garigue entsprechender Vegetationstyp im Mittelmeergebiet.
polemisieren:	1) eine Polemik: ausfechten, gegen eine andere literarische oder wissenschaftliche Meinung kämpfen 2) scharfe, unsachliche Kritik üben; jmdn. mit unsachlichen Argumenten scharf angreifen
Possen:	derber, lustiger Streich; Scherz
Präfekt:	oberster Verwaltungsbeamter eines Departements in Frankreich
Präludium:	Einleitung; oft frei improvisiertes musikalisches Vorspiel
Prima:	früher die letzten beiden Klassen im Gymnasium (Unter- und Oberprima = 12. und 13. Klasse)
Protektionskinder:	geförderte, begünstigte Kinder
providentiell:	von der Vorsehung bestimmt
psychedelisch:	in einem bes. durch Rauschmittel hervorrufbaren euphorischen, tranceartigen Gemütszustand befindlich, oder einen solchen hervorrufend
Purgatorium:	Fegefeuer, Vorhölle

Quai:	Straße entlang des linken Ufers der Seine
Quantentheorie:	Theorie über mikrophysikalische Erscheinungen und Objekte

rachitisch:	an Rachitis leidend; Rachitis: durch Mangel an Vitamin D hervorgerufene Krankheit, Knochenerweichung
Raine:	Einfassung; Ackergrenze; (schweiz./süddt.) für Abhang
räsonieren:	(veraltet) vernünftig reden, Schlüsse ziehen; (abwertend) a) viel und laut reden; b) seiner Unzufriedenheit Luft machen, schimpfen
Redemtoristenpriester:	Priester der 1732 gegründeten, speziell in der Missionsarbeit tätigen kath. Kongregation vom allerheiligsten Erlöser
Relais:	als Schalter wirkendes elektromechanisches Bauelement dessen Arbeitsstromkreis durch Änderung physikalischer Größen, meist jedoch durch elektronische Größen betätigt wird. Arbeits- und Stromkreis sind galvanisch voneinander getrennt
Relaisanker:	Teil des Relais

Repositorium:	(veraltet) Büchergestell, Aktenschrank
Repressalie:	Vergeltungsmaßnahme, Druckmittel
Rotunde:	kleiner Rundbau, runder Raum; (veralt) rund gebaute Toilette
Scheffel:	alte dt. Volumeneinheit, v.a. für Getreide, Mehl und Früchte
Soutane:	Gewand der kath. Geistlichen
Spinoza:	niederländischer Philosoph. Bedeutendster Systematiker des Rationalismus und Pantheismus.
Spintisierstübchen:	Spintisieren: (ugs.) grübeln, ausklügeln, fantasieren
Subalterne:	Untergeordnete, Unselbständige
surselvisch:	bündnerromanisch: „über dem Wald"
Sütterlinschrift:	Schreibschrift nach dem dt. Pädagogen u. Graphiker Sütterlin. Frakturschrift, die 1935-41 als ›Dt. Schreibschrift‹ an den dt. Schulen eingeführt war
Tatar:	Angehöriger eines Mischvolkes im Wolgagebiet in Südrußland, in der Ukraine u. Westsibirien
Tertia:	früher Bezeichnung für die 4. (Untertertia) und 5. (Obertertia) Klasse des Gymnasiums (8. und 9. Schuljahr)
Thermopylen:	etwa 7 km lange Engstrecke in M-Griechenland, zw. dem Malischen Golf und dem Fuß des Kallidromon, heute etwa 4 km breit; am westl. Eingang Schwefelthermen.- Berühmt durch die Vernichtung eines Teils der griech. Truppen unter dem spartan. König Leonidas (480 v.Chr.) durch das pers. Heer Xerxes')
Tortur:	Folter, Qual, Quälerei, Plage
unterminieren:	untergraben, vernichten
Vanitas:	nichtiges Treiben; Mahnung an die Vergänglichkeit irdischen Glücks
Vedute:	naturgetreue Wiedergabe einer Landschaft, eines Stadtpanoramas
Weihe:	Greifvogel
Weiler:	mehrere beieinanderliegende Gehöfte, kleine Gemeinde
Xerokopieren	ablichten, reproduzieren
Zweites Vatikanisches Konzil:	Neuregelung der Liturgie, in den Aussagen über die Kirche, u.a. über die Kollegialität der Bischäfe, über die Religionsfreiheit und über die Ökumene

Verzeichnis der Mitarbeiter

Bonacker, Thorsten, Prof. Dr.; Institut für Soziologie an der Philipps-Universität Marburg, Ketzerbach 11, 35032 Marburg

Lüdtke, Hartmut, Prof. Dr.; Institut für Soziologie an der Philipps-Universität Marburg

Nebelung, Andreas, Prof. Dr.; Am Weinberg 11a, 35037 Marburg; z.Zt. École d'Humanité, Haus Sandra, CH-Hasliberg

Sturm, Gabriele, HD Dr.; Institut für Soziologie an der Philipps-Universität Marburg

Zoll, Ralf, Prof. Dr.; Institut für Soziologie an der Philipps-Universität Marburg [Kontaktadresse: Ralf Zoll, Zur Burg 2, 35285 Gemünden; Fax 06453-6369]